우리는 누구인가
우리는 어디로 가는가

일러두기

_이 책이 나오기까지 지난 40년간 동·서양의 많은 지혜서와 역사서, 정치·경제 비평서를 읽었다. 일일이 열거하기 힘들 정도다. 수백 권이다. 문명을 지배한 과거 제국(帝國)들과 현대 국가들의 흥망성쇠, 위인들의 사상사, 인류 전쟁사 등에 관심이 많았다. 또한 지난 10년간 국내 신문과 잡지에 실렸던 정치·경제·문화 관련 기사와 사설을 읽고 배우며 집필에 녹였다. 모든 분들께 감사의 마음을 전한다. 이 책 속에 그분들의 나라사랑 정신을 표현하고자 노력하였다.

_이 책을 쓰기 위해 많은 다독다상량(多讀多商量)의 시간이 필요했다. 가장 많이 읽고 인용한 글은 《월간조선》과 《조선일보》의 기사들이다. 두 매체는 우리 사회의 현재와 과거, 미래를 가장 종합적으로 들여다볼 수 있는 프리즘이다. 많은 문장들을 책 속에 인용했다. 출처를 밝히려 했으나 미비한 부분이 있을지 모르겠다. 또 기억 속에 저장된 지식을 응용해 글을 쓰는 과정에서 일부 원문과 비슷하거나 닮을 수 있음에 송구함을 전한다.

_이 책에 삽입된 사진들은 《조선일보》 사진 아카이브에 있는 것들이다. 전두환 노태우 김영삼 김대중 노무현 박근혜 문재인 대통령 사진은 우정사업본부가 《조선일보》에 제공한 사진들이다. 이승만 대통령과 김구 사진은 연세대가 《조선일보》에 제공했다. 세월호 사진은 전남도 수산자원과가 《조선일보》에 제공했다.

영광의
대한민국
진실된
바른 역사의 서술

우리는
누구인가

우리는
어디로 가는가

심훈가 종손 **심천보** 지음

차례

추천사

우리가 사랑하는 민족시인 심훈(沈熏) 선생의 종손(宗孫)인 심천보(沈天輔) 선생께서 대한민국 희년(稀年)을 회상하신 저서 발간을 축하드립니다.

저자의 80년 삶의 궤적이 고스란히 투영된 이 작품은 시종여일하게 '역사적 인물 중심'으로 전개되고 있어 '역사서'로서의 가치를 지닌 데다 해방 정국에서 오늘에 이르기까지 체계적이고 조직적인 서술이 읽는 이의 역사 인식에 큰 도움이 되리라 믿습니다.

민족흐름의 명암(明暗)을 안정된 접근방식과 균형감각으로 신생 대한민국의 숨결을 진솔하게 담아 낸 노고가 솔찬합니다. 무엇보다 건국이념(建

國理念)을 중심으로 설정한 애국적 시각이 놀랍거니와, 나의 아버님이신 이승만(李承晚) 대통령의 〈자유민주주의〉 사상을 '민족의 발전근거'로 제시한 우남 사랑이 참으로 반갑고 고맙습니다.

무릇 경세가(經世家)는 하늘의 이치(理致)를 알고, 시국의 움직임을 알고, 사람의 마음을 알아야 한다고 하였습니다. 경세가답게 저자는 날카로운 비판의 날까지 세워 가감 없이 쓴 소리를 토로함으로써 스승다운 면모가 든든합니다. 지식의 본령(本嶺)이 '저항'이라는데 조상으로부터 나라사랑, 역사사랑 정신을 이어받은 지식인 심천보 선생의 글들이 감동입니다.

이 나라 계몽문학의 거목(巨木)이신 심훈 선생 일가로서 유감없이 애국정신을 발현해 주신 훌륭한 역작을 거듭 경하(慶賀) 드립니다.

감사합니다.

2020년 10월 23일
이화장(梨花莊) 이인수(李仁秀) 정치학 박사

서문

  광복 후 자랑스럽고 찬란했던, 한강의 기적을 이룬 대한민국의 운명이 그 막바지 언덕에서 헐떡이고 있어 참으로 걱정입니다. 나라를 잃고 모국어를 잃었으며 이념갈등과 6 · 25 상흔(傷痕)이라는 파란만장한 역사 속에서 산업화와 민주화를 이뤄낸 나라가 아닙니까.

  그러나 저는 지금 대한민국의 여러 면을 돌아보면서 희망보다 걱정이 앞섭니다. 기적의 성공시대가 끝나고 3만 달러 시대에서 2만 달러 시대로 후퇴한다면, 그 이유는 지도자들과 국민 전체에 책임이 있습니다.

  제가 이 책을 마련한 이유 중 하나는, 젊은이들에게 한반도 5000년 역사에서 지난 70여 년의 현대사가 가장 자랑스러운 시기였다는 것을 강조하고 싶어서입니다. 지금 우리는 낙원에 있습니다. 젊은이들이 헬 조선을 외치고 있지만 산업화 · 민주화의 신화를 창조한 성공과 부흥의 역사를 묻어

버릴 수는 없습니다. 지난 역사를 부정부패, 친일, 정경유착, 군사독재로 부정하는 패배적인 역사관을 배제하고 젊은이들에게 올바른 역사관을 심어 주고 싶습니다.

또 하나는 대한민국에 '건국 대통령 기념관'이 없다는 사실이 무척 슬픕니다. 한국의 보수세력은 한국 사회를 이끌어온 주류였음에도 마땅히 했어야 할 '건국 대통령 기념관'조차 마련하지 못해 답답하기만 합니다. 나아가 울분이 솟습니다. 제게 소원이 하나 있습니다. 이 책이 잘 팔리면 그 수익을 '건국 대통령 기념관' 건립에 쓰고 싶습니다. 부족하다면 종자돈으로 몇 평의 땅이라도 사놓고 싶은 마음 간절합니다.

지금 우리는 기적의 부흥을 지켜내느냐, 포퓰리즘에 휘둘려 경제 파탄의 위기 속으로 빠져들어 가느냐의 기로에 서 있습니다. 미국과 서양을 등에 업은 해양세력과 손잡은 자유민주주의 시장경제를 지키느냐, 통제경제 전체주의를 신봉하는 중국 대륙의 세력으로 끌려가느냐의 싸움이 시작되었습니다. 건전한 대한민국의 미래를 건설하기 위하여 우리 조상들의 슬픈 역사, 망국에 이르게 한 당파싸움과 세력다툼, 국정의 실책들을 뒤돌아보고 또 누가 어떻게 지금의 기적을 일으켰는가의 주역들, 정치·경제·군사 면에서 돌아보고자 합니다. 지난 세기 한반도에서 일어난 많은 사건들을 보다 진실한 시각에서 서술하고자 했습니다. 그리고 대한민국의 미래를 좀 더 건전하게 설계하기 위하여 몇 가지 제안들을 담았습니다.

나라든 조직이든 개인이든 간절한 염원을 담은 혼(魂)이 있어야 전진합니다. 혼은 목청 높여 합창으로 외치는 멋있는 구호, 그 이상입니다. 혼을 통해 자기 인생의 열정을 쏟게 하는 힘이 생깁니다. 가난하던 박정희 시대,

"우리도 잘살아보세!"라는 구호가 바로 민족혼이었습니다. 민족정기와 힘을 한곳으로 모으고 정열을 불러일으킬 수 있었습니다.

유감스럽게도 지금 젊은이들에게서 민족혼을 찾을 수 없습니다. 자기 장래 걱정밖에 모릅니다. 편안한 삶을 누리기에 바쁩니다. 나라가 망하는 것은 머리 좋은 사람이 없어서가 아니라 용감하고 의리를 중시하는 사람이 적어서입니다.

나이 80에 못자리 정해 놓은 저 같은 사람이 이런 책을 쓰는 것은 돈을 벌고자도 아니요, 유명해지고자 하는 것도 아닙니다. 오직 대한민국의 장래가 걱정되어 더 좋은 방향이 없나를 생각하면서 썼다는 것을 생각하시며 읽어주시기 바랍니다. 어떤 개인이나 특정 세력을 공격하기 위해 쓴 글이 아닙니다.

이 책의 판매수익 대부분은 '건국 대통령 기념관' 벽돌을 쌓는 데 보태고 싶습니다. 저보다 앞서서 이를 위해 애 쓰신 분들이 얼마나 많겠습니까. 그분들과 힘을 합쳐 저도 벽돌 몇 장 더 쌓는데 도움이 되고 싶습니다. 한 장 한 장 올리다 보면 언젠가는 늠름한 건물이 되겠지요. 성원해 주실 것을 믿습니다.

저는 책을 쓰는 전문가가 아닙니다. 팔십 평생 처음 쓴 글이니 매끄럽지 않고 반복되는 서술도 있겠고 투박하게 느껴지실 수도 있습니다. 그러나 나라를 걱정하는 심정으로 맨손으로 가파른 돌산을 기어오른다는 각오로 온 정열을 쏟았습니다.

지난 10여 년간 역사책들과 주요 일간지, 월간지를 꼼꼼히 읽으며 나름 밑줄을 긋고 생각을 보태었습니다. 세상을 걱정하는 많은 분들의 글을 읽고, 인용하였으며 그분들의 외침도 많이 반영해 한국 사회가 가야 할 길을 찾고 싶었습니다.

우리의 과거를 돌아보면서 미래를 걱정하면서 심사숙고하는 기회가 되기를 희망합니다. 읽어 주셔서 감사합니다.

2020년 12월 충남 당진에서

심훈가의 종손 심천보

프롤로그
나의 80년 人生경험

　사람이 80년을 살다 보면 많은 것을 겪습니다. 저는 1940년 충남 당진에서 심훈가(家)의 종손으로 소설《상록수》의 주인공인 박동혁의 실존 인물 심재영의 맏아들로 태어났습니다. 아버지께서 19세 때 농촌계몽 운동을 하시러 당진시 송악읍 부곡리에 내려와 1930년에 지으신 그 집에서 태어났고 지금도 살고 있습니다.

　어린 시절 1시간 동안 자갈길을 걸어서 국민학교를 다녔습니다. 송악읍 부곡리는 그때 참으로 벽촌 중의 벽촌이었습니다. 삽교천 제방 길도 없고 서해대교도 없던 시절입니다.

　버스로 서울에 가려면 부곡리에서 15km 떨어진 당진읍에서 신례원을 거쳐 150km를 달려야 했습니다. 배편도 있었는데 한진포구에서 인천 가는 똑딱선을 6시간을 타고 내려서 다시 인천~서울행 버스를 타야 했지요. 꼬

박 하루가 걸리던 먼 길이었습니다. 그러나 지금은 서해안 고속도로를 타고 1시간 반이면 서울을 갈 수 있습니다.

1951년 겨울, 국가고시제였던 시절 중학교 입학시험을 보려고 15km를 걸어 당진중학교로 시험을 보러 갔습니다. 6·25동란 중이라 아침저녁으로 한 번씩 다니는 버스 시각을 맞출 수 없었기 때문이죠.

쌀 두 되를 짊어지고 당진읍 길가 초가집 여인숙을 찾아갔습니다. 그 쌀로 저녁밥과 이튿날 아침밥, 또한 잠까지 해결할 수 있었고, 다음 날 긴 시험을 치르고 자갈길을 걸어 집으로 되돌아왔습니다. 지금 그 자갈길이 4차선으로 포장되어 집에서 15분이면 당진에 갈 수 있습니다. 버스는 1시간마다 다닙니다. 부곡리는 한 면이 바다를 향해 있고, 넓은 갯벌이 몇km에 걸쳐 펼쳐져 있습니다. 그때와 비교하면 당진의 현재 모습은 상전벽해(桑田碧海)라는 말이 딱 들어맞는 모습이지요.

1979년 삽교천, 2000년 서해대교가 완공되면서 당진시와 부곡리 주변은 한국의 많은 여타 지역과 마찬가지로 눈부신 발전을 하였습니다. 갯벌이 공장지대로 변하고 4차선 산업도로가 들어서고 철강회사, 제약회사, 협력업체 등 커다란 부곡공단이 세워졌습니다. 공업화를 향한 커다란 경제 발전이라 하겠습니다.

한국의 구석구석 그 찬란한 발전상은 기적과도 같으며, 벽촌이었던 부곡리에서 태어난 저는 가끔씩 이러한 한국의 현실이 꿈이 아닌가 생각이 들기도 합니다. 같은 연배의 많은 분 또한 비슷한 생각을 할 것으로 판단됩니다.

지난 세기 한국은 전무후무할지 모르는 위대한 경제 발전과 민주화의 역사를 이루었습니다.

이제 세계 10대 경제 대국에 들고 국력과 국위 면에서 세계가 주목할 만큼 성장했습니다. 하계와 동계올림픽, 월드컵, 이 모두를 개최한 국가는 전세계 통틀어 소수에 불과합니다. 한국이 선진국 반열에 든다고 외칠 수 있습니다. 참으로 피와 눈물과 헌신과 노력으로 점철된 격동의 시기였습니다. 한 유명한 역사가는 "위대한 역사는 거저 이루어지지 않는다. 피와 눈물과 그 꿈을 향한 뼈를 깎는 희생이 필요하다"라고 하였습니다.

5000년의 기나긴 우리 민족의 역사에서 광복 후 70여 년의 세월은 참으로 짧은 기간입니다.

그런데 그 짧은 세월 동안 꼴찌로 가난하던 한국이 기적처럼 세계 10위의 자랑스러운 나라로 어떻게 성장했는지, 외세에 눌려 눈물과 가난과 핍박의 세월에서 어떻게 벗어났는지, 그 뒤에 숨은 공로자들의 발자취를 바른 시각에서 돌아보기를 원했습니다.

그리고 무엇보다 이 부흥의 기적을, 자랑스러운 대한민국을 어떻게 하면 현세에서 무너뜨리지 않고 후세에 물려줄 수 있을까 하는 방안을 생각했습니다.

깊이, 또 깊이 생각하며 많은 선각자 정치인의 발자취와 의견과 제안을 기록하였습니다. 이것이 이 책의 제일의 목적입니다.

그리고 집안 어른들이 애타게 그리시던 새로운 세상, 더 밝은 세상이 다시 오기를 바라면서, 이 어려운 세대가 빨리 지나고 우리가 모두 희망하는 세상이 한반도에 다시 오기를 바라면서 이 글을 여러분 앞에 바칩니다.

1

광복 이후 한국 현대사 개관

광복 이후 한국 현대사를 먼저 개관하고자 한다. 한반도가 겪은 현대사는 어쩌면 지난 역사에서 고려와 조선왕조를 다 합친 것만큼 격동의 세월이었다.

광복이 있었고 좌우 이념으로 갈라진 신탁통치 찬반의 파동이 있었다. 분단시대 최초의 통일 정부를 꿈꾸던 좌우합작 운동, 대한민국 단독정부 수립과 동족이 서로 총칼을 겨눈 6·25전쟁이 발발했다. 잿더미 위에서의 복구 몸부림, 4·19혁명과 5·16군사정변, 경제개발 5개년 계획과 베트남전 참전, 새마을운동, 포항제철 건립, 경부고속도로 개통, 3저(低) 호황과 북방정책, 수도권 신도시 건설, 역사 바로 세우기, IMF 외환위기, 한일월드컵, 저출산 고령화 시대, 김대중·노무현 정권과 이명박·박근혜 정권의 출현, 탄핵 등 숨 가쁜 격동의 시간이었다.

파란만장한 곡절 속에서도 남한은 경제적·정치적으로 계속 발전을 거듭하여 오늘에 이르렀다. 기적이 아니고 무엇인가. 발전과 변화의 원동력은 어디서 왔을까. 왜 고려와 조선 왕조는 한 번도 강력한 국권을 세우지 못하였는가.

대한민국 현대사를 살펴보면서 그 해답을 얻고자 한다. 왕조들의 정치와 체제, 그리고 지금의 정쟁도 살펴보면서 우리가 답습하지 말아야 할 것도 살펴보고 싶다.

1945년 8월 15일 한반도 해방

한반도의 독립은 일본 군국주의 패망의 결과였다. 1945년 8월 15일, 일제의 무조건적 항복으로 2차 세계대전이 끝나면서 36년 만에 일제 지배에서 벗어날 수 있었다. 반만년 역사에서 이보다 더 기쁜 날이 있었을까. 도요토미 히데요시(豊臣秀吉)가 죽고 임진왜란이 종식되던 날보다 더 뜻깊은 날이었다.

당시 한국 외에도 중국, 인도네시아, 베트남, 싱가포르, 필리핀, 대만 등도 일본의 식민 지배에서 벗어나 해방을 맞았다.

8·15 해방은 그렇게 준비 없이 찾아왔다. 당시 일본은 미군이 본토에 상륙하면 최후의 1인까지 일전을 벌인다는 각오였다. 그러나 히로시마, 나가

사키에 원폭이 투하되면서 전쟁은 종지부를 찍을 수 있었다.

갑자기 맞이한 광복은 한국에 혼란만 가중했다. 미·소 간의 이해충돌, 신탁통치 찬반갈등, 한반도 내 좌·우 세력의 충돌 등은 명백한 지휘체계가 없던 당시로선 불가피한 현실이었다. 이념의 대립 속에 3년간 격동의 세월이 흘렀고 남북 통합을 이루지 못한 채 결국 1948년 8월 15일 대한민국 정부가 세워졌다.

1945~1948년 한반도 분단과 소련의 전략

한반도 분단과 관련해 옛 소련의 역할에 대해 언급할 필요가 있다. 일본과 중립조약(1941년)을 맺고 불가침 관계를 유지해 오던 소련은 일본의 항복 선언을 불과 6일 앞둔 1945년 8월 9일 대일(對日)전쟁에 참전, 승전국 지위를 얻게 된다. 소련의 스탈린은 이미 얄타회담(1945년 2월)과 포츠담회담(1945년 7월) 등을 통해 소련이 일본과의 전쟁에 돌입하게 될 경우 얻을 수 있는 이익을 요구해 왔다.

한국은 공산주의 혁명 체제의 소련과 국경을 함께하는 나라였기에 일본의 패망과 함께 이제는 소련의 영향을 강하게 받을 수밖에 없는 처지가 되었다.

한반도 분단은 이념과 체제를 달리하는 미군과 소련군이 한반도를 나누어 점령하고 무장해제를 함에 따라 시작되었다. 소련군은 38도선 이북의 일본 관동군이 점령했던 지역의 무장해제와 항복을 맡았고 미군은 38도선 이남을 책임졌다. 결국 우리 민족은 광복의 기쁨을 만끽하자마자 분단이 그어졌고 신탁통치 여부를 두고 대립하게 되었다.

1945년 12월 27일 모스크바에서 전후(戰後)처리를 논의하던 미국, 영국, 소련 3개국 외무장관은 한국에 대해 5년간 신탁통치를 결정했다. 즉각적 독립을 기대했던 한국인에게 커다란 충격이었다.

신탁통치 결정이 알려지자 신탁통치 반대를 '제2의 독립운동'으로 간주하고 대대적인 반대에 나섰다. 이승만, 김구, 그리고 임시정부 세력들이 반대에 앞장섰다. 그러나 좌익 계열의 생각은 달랐다. 신탁통치가 소련의 후견 아래 공산주의 정부를 만들 것임을 분명히 하며 '신탁통치 찬성' '인민공화국 사수' '김구·이승만 타도' 등을 구호로 내세우며 공산정부 수립의 길로 나아갔다.

결국 모스크바 3상 합의에 의한 신탁통치안은 좌절되었고, 유엔은 대한민국이 신탁통치 없이 자주독립국의 길을 가도록 했다. 이에 유엔 감시 하에 최초의 자유민주적 선거(1948년 5월 10일)를 거쳐 제헌의회 구성과 제헌의회에 의한 헌법을 제정하고 1948년 8월 15일 대한민국 정부를 수립하게 되었다.

반면 북한에서는 그해 8월 25일 인민회의 대의원 선거가 흑백투표 방식으로 실시되어 9월 2일 최고인민회의를 구성하였다. 최고인민회의는 1947년 11월부터 제정에 착수해 온 '헌법'을 공식적으로 채택하였고, 9월 9일 김일성을 수상으로 하는 조선민주주의인민공화국 정권을 수립하였다. 이로써 한반도에 두 개의 정권이 탄생하게 되었고, 민족의 여망이던 통일 한국의 꿈은 사라졌다.

소련이 모스크바 3상 회의에서 약속한 5년간의 신탁통치를 반대한 이유는 남한에 미군이 5년 이상 주둔하여 자유주의 나라를 세우고 국력을 강화하는 것을 원치 않았기 때문이다. 예상대로 북한에는 소련 지원을 받은 강력한 공산주의 정부가 들어서 남한을 정복할 수 있는 전쟁 준비가 조속히 이루어졌다. 남한은 1948년 대한민국이 세워졌으나 나라를 외침으로부터 방어할 수 있는 능력은 아주 미약하였다.

미국은 체면을 구기지 않을 정도로 남한을 안정시켜 놓고 1949년 몇 백명의 고문단만을 남겨놓고 남한 땅에서 완전 철수했다. 당시 독일과의 2차 세계대전, 일본과의 태평양전쟁을 끝낸 상태여서 몹시 지쳐 있었다. 멀리 있는 한반도까지 신경 쓸 수 없는 형편이었다.

1950년 6월 25일 한국전쟁 발발

1950년 6월 25일 새벽 북한군은 38선 전역에서 남침을 개시했다. 이 전쟁을 두고 6·25전쟁, 6·25사변, 6·25동란, 6·25전란, 한국동란, 한국전쟁(the Korean War), 조선전쟁, 항미원조전쟁, 김일성의 난(亂) 등 다양하게 기술한다. 2000년 한국정치학회는 이 전쟁의 명칭과 성격에 대해 논의한 뒤 '6·25전쟁'으로 명명하였다.

북한은 60만 대군을 이끌고 한반도의 무력통일을 위해 남침을 시작하였다. 10만 명의 국군은 순식간에 서울을 잃었고 불과 한 달여 만에 낙동강 방어선까지 밀렸다.

9월 15일 맥아더 장군의 인천상륙작전과 9월 28일 서울 수복은 오랜 한국 역사에 길이 남을 사건이다. 풍전등화(風前燈火)의 한국이 다시 일어설 수 있었던 것이다. 파죽지세로 압록강까지 올라갔던 유엔군은 그러나 100만의 중공군에 밀려 다시 서울까지 후퇴하였다.

1953년 7월 휴전까지 3년에 걸친 수많은 전투와 폭격으로 전 국토가 초토화되고 400만 명이 목숨을 잃었다. 한국 정부 문서에 따르면 6·25전쟁으로 한국군의 손실은 전사 13만7000여 명, 부상 70만9000여 명, 실종 13만1000여 명 등 총 98만7000여 명에 달한다. 한국의 민간인 피해는 피(被)학살자 12만3936명, 사망자 24만4663명, 부상 22만9625명, 납북자 8만4532명, 행방불명 33만312명, 북한군에 강제 징집된 자 40만여 명, 경찰관 손실 6816명 등 총 140만여 명에 이른다.

6·25전쟁은 남북한 사회·경제 기반을 완전히 무너뜨렸다. 남한의 경우

60만 동의 가옥과 900여 개의 공장이 파괴되었으며, 농업 생산 또한 27%가 감소되어 국민총생산이 14%나 감소하였다. 휴전 직후 남한에서는 200만 명 이상이 전쟁으로 삶의 터전을 잃고 거리를 방황했다.

그러나 6·25전쟁은 그 피해가 전쟁 자체로 끝나지 않은 데 더 큰 비극이 있었다. 남북한 모두 냉전 대결과 유지, 분단의 고착에 많은 희생을 감수해야 했다. 여기에 더해 전쟁 중 발생한 이산가족, 부역자 문제 등은 국민 사이에 씻지 못할 상처들을 남겼고 아직도 멍에로 남아 있다.

1948년 8월 15일 초대 대통령으로 취임한 이승만은 1960년 4·19혁명으로 하야하기까지 많은 치적을 남겼다. 전쟁 후 재건을 위해 교육 강화 정책을 강력하게 펼쳤으며, 6·25전쟁 동안에는 미국과 유엔의 참전을 끌어내 중공과 북한의 침략을 격퇴, 봉쇄했다.

휴전 직후 1953년 10월 1일 한미방어조약을 이루어 낸 것도 이승만의 업적 중 하나다. 이 조약은 대한민국이 고도성장을 할 수 있게 만든 반석과 다름없다. 이후 계속된 미국의 지원으로 남한은 경제성장, 민주화까지 이루었으니, 역설적이나마 6·25전쟁은 축복이었다고 할 수 있다. 물론 '멍에'와 '축복', 어느 쪽이 더 무거운지는 역사가 판단하리라.

만일 전쟁 없이 1948년 이후 남한과 북한이 각기 독립 정권을 유지하였다면 남한은 오래전에 이북의 공산화 작전에 말려 흡수당했을 것이라는 게 나의 판단이다.

1953~1960년 전후 회복기, 이승만의 역할

이승만 대통령은 초토화된 남한, 세계에서 제일 가난한 나라를 이끌었다. 한때는 나라 재정의 50%가 미국의 무상원조였다고 한다. 이승만 시대에 정주영 신화, 이병철 신화, 김우중 신화가 잉태되었으며 부정부패의 원성이 있었을망정 시장경제와 자유민주주의의 소중함도 점점 커져갔다.

1960년 3월 15일 제4대 대통령 선거와 제5대 부통령 선거가 있었다. 국회에서 선출했던 초대 대통령을 포함, 3선으로 12년을 통치했던 자유당 이승만 대통령은 민주당 조병옥 후보가 갑작스레 사망함에 따라 단독 후보로 88.7%의 득표율을 얻어 4선에 쉽게 당선했다. 이기붕 자유당 부통령 후보 역시 79.2%라는 압도적 득표율로 민주당 장면 후보를 눌렀다.

이승만의 당선은 예상된 것이었지만 이기붕의 부통령 당선은 집권당인 자유당 당원들을 비롯하여, 경찰과 공무원이 가담한 부정투표에 의한 것이었다. 전국적으로 유령유권자 조작, 4할 사전투표, 입후보 등록의 폭력적 방해, 관권 총동원에 의한 유권자 협박, 야당인사의 살상, 투표권 강탈, 3~5인조 공개투표, 야당 참관인 축출, 부정 개표 등이 자행되었다.

부정선거를 목격한 대구·마산 지역 고등학생들이 학원 자유화와 부정선거를 규탄하며 시위를 벌이기 시작했다. 서울을 비롯한 대도시의 대학과 고등학교, 중학교까지 시위가 확산되었다. 특히 마산에서 규탄시위를 하다 실종된 김주열 학생의 참혹한 주검이 바다에서 발견되었다.

4월 18일 동원된 정치폭력배들이 부정선거 규탄시위를 하고 돌아가는 고려대생을 집단폭행해 다수의 사망자와 부상자가 발생한 사건은 전국적 대규모 부정선거 규탄 및 선거무효·재선거 요구 시위로 이어졌다.

4월 19일부터 부정선거 규탄은 물론 자유당의 부정부패를 비난하는 대학생 및 중·고등학생들의 대대적인 시위가 전국적으로 일어났다. 24일까지 경찰의 발포로 186명의 희생자와 6000여 명의 부상자가 발생하였다. 대학교수들까지 참여하는 재선거 실시 요구에 직면하자 결국 4월 26일 이승만은 대통령직에서 물러났다. 이기붕 부통령 당선자와 가족은 동반 자살하고 말았다.

하야한 이승만 대통령은 하와이에서 조국을 바라보면서 살다가 쓸쓸히 친지의 셋방에서 91세로 세상을 떠났다. 평생을 조국 독립과 나라를 위해 살았던 분의 마지막이었다.

이 대목에서 한 가지 분명히 언급해야 할 '사건'이 있다. 원자력 개발과 관련한 이승만 대통령의 의지다. 1956년 7월 8일 워커 쉬슬러 박사(미국 아이젠하워 대통령의 과학 고문)를 만난 이승만 대통령은 원자력 발전의 꿈을 대담하게도 꾸었고 재임 중 꿈을 위해 노력했다. ▲원자력 전담기구 ▲연구소 설립 ▲유학생 파견이라는 방안을 즉각 실행에 옮겨 한국의 원전 생태계가 발돋움할 수 있게 토대를 만들었다.

1950년대 원조자금으로 실험용 원자로를 들여왔고 서울대와 한양대에 원자력학과를 설치했다. 여러 해에 걸쳐 정부 관리와 대학생, 기업체 관계자, 엔지니어 등을 뽑아 해외에서 철강, 전력, 원자력 산업 기술을 배워오도록 했다. 이들은 원자력을 넘어 한국 과학기술 전반의 튼튼한 뼈대를 이뤘다.

관련 행정 조직으론 이미 1956년 3월 9일 문교부에 설치한 원자력과가 있었다. 그해 2월 3일 미국과 맺은 원자력협정이 계기였다. 1958년 3월 11일 공포된 원자력법은 원자력과를 원자력원으로 격상하는 방안을 담았을 만큼 원자력 발전에 공을 들였다. 원자력 정책을 심의 · 의결하는 원자력위원회, 연구개발을 담당하는 원자력연구소, 행정업무를 맡는 사무총국을 산하기관 · 조직으로 두도록 했다.

한국원자력연구원은 국책연구소 1호였다. 이승만 대통령은 원자력 기술을 개발해 일본을 이기라는 뜻에서 1959년 삼일절에 원연을 열었다. 원연의 연구에 힘입어 한국이 개발한 원전은 세계적 수준의 기술을 갖추게 됐다. 그러나 현 정권이 들어서면서 미래를 알 수 없게 됐다. 탈(脫)원전 정책 때문이다.

1960~1979년 박정희 시대

1960년 4 · 19혁명이 일어나 이승만 대통령이 하야하고 한반도 정세는 앞을 내다보기 어려운 혼란에 빠졌다. 걷잡을 수 없는 정치 풍파가 지난 후 5 · 16혁명이 터졌다. 박정희 소장이 이끄는 혁명군이 정부를 접수, 18년간의 박정희 시대가 열렸다. 1961년 당시 한국의 개인소득은 연 82달러로 북한의 180달러에 훨씬 못 미쳤다.

박정희 대통령은 가난 극복을 위한 대규모 건설사업과 국토개발, 수출드라이브 정책, 중화학공업에 대한 과감한 투자 등을 펼쳤다. 그는 일본의 경제발전 과정에 대해 상당히 알고 있었다(김정렴 전 대통령 비서실장 증언). 일본의 경우도 근대화 초기에는 생사(生絲)와 차(茶) 수출로 시작해 경공업-중화학공업의 단계를 거쳐 일제 말에는 미국을 상대로 전쟁을 벌일 수 있을 정도의 강국으로 성장했다.

다음은 김 전 비서실장의 증언이다. 그는 최장수 대통령 비서실장으로 역사에 기록돼 있다.

〈…박정희 정부가 수출 지향 전략으로 전환한 1964년 11월 30일, 우리나라의 수출은 1

억 달러를 돌파했다. 박충훈 상공부 장관은 11월 초부터 경제사절단을 이끌고 유럽 장기 출장 중이었다. 그 며칠 전부터 11월 말이면 수출 1억 달러를 달성할 수 있을 것으로 예상되고 있었다.

밤 11시30분 경 "드디어 1억 달러를 달성했다"는 보고가 들어왔다. 모두 만세를 부르며 환호했다. 나는 이 소식을 지금 당장 박정희 대통령에게 보고할지 여부를 놓고 잠시 고민하다가 청와대로 전화를 걸었다. 전화를 받은 부속실 직원에게 "상공부 차관인데, 수출 관계로 대통령께 급히 보고드릴 사항이 있다"고 하자, 박 대통령을 연결시켜 주었다.

— 각하, 수출 1억 달러를 달성했습니다.

"정말이오? 1억 달러, 1억 달러를 달성했단 말이지…. 정말 수고했소. 상공부 직원들에게 수고했다고 전해 주시오."…〉

박정희의 경제개발은 한국을 자급자족 체제에서 세계분업 체제에 속한 나라로 이행시켰다. 역사상 처음으로 내국민의 소비가 아니라 다른 나라 국민들의 소비를 위한 제품들을 만들게 되었던 것이다. 그 결과 산업화를 실현할 수 있었고, 높은 생산성도 이끌어 낼 수 있었다. 그야말로 한강의 기적을 앞당긴 것이다.

대한민국은 2017년에 3만1734달러로 국민소득 3만 달러 시대를 열어 2018년 3만3564달러(3693만원), 2019년 3만2115달러(약 3743만원)를 기록했다. 반면 북한은 2017년 현재 국민소득이 1200달러(약 142만원) 정도로 알려지고 있다.

박정희가 이끈 정부는 기라성 같은 사업가, 근로자, 우골탑이라는 말이 나올 정도로 교육에 힘쓴 부모들, 또 사회운동가들과 함께 오늘날의 대한민국 기틀을 마련하였다.

1979~1980년 유신체제의 종말

하지만 긍정적인 면과 함께 부정적인 면도 드러났다. 정경유착과 빈부격차의 심화, 관치금융, 부정부패, 지역 간의 불균형 발전 등으로 인한 사회적 갈등이 심화되었다. 박정희 정권은 긴급조치 1~9호를 발동해 민주화 요구를 막았고 결국 1979년 부마사태에까지 이르렀다.

부마사태에 대한 대처방안을 놓고 권부(權府) 안에서 갈등이 벌어지자 민심의 이반을 목격한 김재규 중앙정보부장이 1979년 10월 26일 박정희 대통령을 시해하면서 유신체제가 갑자기 막을 내렸다. 이날을 10·26사태라고 부른다.

김재규에 대한 평가는 엇갈린다. 김재규는 박정희 독재 정권이 잘한 일도 많지만 계속되는 반독재 운동과 사회불안으로 물러날 때가 되었다고 판단한 것이다. 만일 박 대통령이 30년 독재를 계속하였다면 한국의 상황은 비참하였을지 모른다. 이집트, 필리핀, 칠레 등 장기 독재의 말로는 장기 혼란인 것이 그 방증이다.

이런 관점에서 "김재규는 나라를 위하여 할 일을 하고 세상을 떠난 사람" 이라는 평가가 최근 나온다. 과거 정부에서는 아무도 꺼내지 못한 말이다. 육군은 2019년 12월 "김재규 사진을 육군 3군단과 6사단(김재규가 사단 장을 지낸 부대)에 걸었다"고 밝혔다. 10·26 이후 처음이었다.

1980~1987년 전두환 시대

유신체제가 무너진 후 국무총리이던 최규하가 통일주체국민회의에서 대통령으로 선출되었다. 최규하 정부의 정식 출범을 앞둔 1979년 12월 12 일 10·26사태 수사를 위해 설치된 계엄사령부 합동수사본부(본부장 전두 환 국군보안사령관)는 정승화 육군참모총장 겸 계엄사령관을 박정희 대 통령 암살사건에 연루되었다는 이유로 체포하였다.

이를 역사는 '사태' '군사정변', 혹은 '쿠데타'로 기술해 오다 민주화 과정 을 거치며 쿠데타로 공식화하였다. 12·12사태 후 전두환 등의 군부 세력 은 정치적 영향력을 점차 키워나갔다. 이후 최규하 대통령에게 정권을 승 계 받아 1988년 노태우 대통령에게 정권을 물려줄 때까지 8년간 집권하였 다.

전두환 정권 당시 발생한 큰 비극이라면 1980년 5월 18일 일어난 5·18 광주 민주화운동을 꼽을 수 있다. 1995년 서울지방검찰청과 국방부가 발 표한 '5·18 관련사건 수사결과'에 따르면, 5월 18일 이래 10일간의 유혈사 태로 민간인 166명, 군인 23명, 경찰 4명이 사망했다. 그 외에 행방불명으로 공식 인정된 사람이 47명이다. 민주화를 외치는 광주 시민들을 향해 군이 유혈진압(流血鎭壓)한 이 사건은 당시 국민에게 큰 충격을 주었다.

전두환 대통령에 대해서는 부정적인 평가가 앞서지만 박정희 대통령의 경제정책을 계승하여 눈부신 성장을 안겨줬다는 점은 박수 받을 일이다. 또 1987년 6·29선언으로 대통령 직선제를 부활시킴으로써 군부 독재에서 무혈로 민간 정부를 탄생시켰다는 평가도 나온다. 이는 세계 어느 역사에서도 볼 수 없는 오직 한국, 한국인만이 자랑할 수 있는 쾌거였다. 또 박정희 대통령 사후 혼란에 빠진 나라를 부여잡고 박정희 신화를 살려 후세에 물려준 지도자이기도 하다.

사람들은 막연한 공(功)보다 뚜렷한 과(過)에 몰두하는 경향이 있다. 전두환 전 대통령은 5·18민주화운동의 무력 진압자로 대통령직에서 물러난 후에도 많은 고역과 모욕을 당하고 있다. 2018년 5월 자신의 회고록에서 고(故) 조비오 신부의 명예를 훼손한 혐의로 고발됐고 결국 법정(광주지법)에 섰다.

고려 이후, 한반도에서 수많은 민중봉기가 있었다. 우선 떠오르는 것만 해도 이시애의 난, 이괄의 난, 정여립의 난, 동학농민운동, 임오군란, 4·19혁명, 부마(부산·마산)항쟁 등이 있다. 5·18민주화운동 또한 한반도에서 일어난 많은 난리 중의 하나다. 너무나 슬픈, 한국인이라면 누구도 잊지 못할, 잊어서는 안 되는 사건이다. 그래서 5·18광장도 훌륭히 만들어 놓았다.

그러나 쿠데타로 정권을 잡은 군부 입장에서 5·18은 반드시 진압되어야 했고, 만일 그 민중봉기가 전국으로 확산되어 혼란에 빠졌다면 지금의 대한민국은 없을지 모른다.

우리 민족은 일제강점기를 거치며 "저항은 정의고 순종은 불의"라는 관념에 사로잡혀 있다. 물론 민주화운동이 나라 발전에 공헌한 사실을 간과할 순 없다. 독재 저항을 통해 민주주의 발전에 힘을 실어주었다.

다만 5·18민주화운동 당시 누가 발포 명령을 내렸는지, 북한군이 당시 광주에 내려왔다는 의혹, 헬리콥터에서 사격을 했는지 여부, 사망한 시민들의 시신을 어디에 묻었는지 등 역사적 진실은 규명돼야 하나 논란만 가중되고 있어 안타까울 따름이다. 일각에서는 역사의 뒤안길에 묻어두어야 한다는 이야기도 나온다.

1988~2012년 민주화의 시대

이 기간 노태우, 김영삼, 김대중, 노무현, 이명박 대통령이 재임했다.

열거한 다섯 분의 대통령은 박정희·전두환 대통령이 발동을 걸어놓은 기차에 올라타서 5년씩 무사히 한국을 이끈 훌륭한 분들이다. 평균 2~4%의 지속적인 경제성장을 이루며 오늘의 문재인 정권이 들어설 때까지 무난한 치적을 보인 분들이다. 좀 더 자세한 치적은 역사가 평가하리라. 이 기간 대표적 사건 몇 가지만 기술한다.

① **88 서울올림픽** : '88 서울올림픽' 이전, 전 세계는 서울올림픽이 제대로 개최될 수 있을지, 대회 운영 능력이 있을지 우려했다. 우리 스스로도 그랬다. 성공에 대한 확신 없이 불안해했다. 그럼에도 우리는 전 세계인의 스포츠 축제를 성공적으로 개최했다. 이를 계기로 전쟁의 상흔, 가난과 기아에 찌든 나라로 알려졌던 한국은 세계무대에 '신흥국'의 위상을 알릴 수 있

게 됐다. 박세직 서울올림픽조직위원장의 증언이다.

"서울올림픽으로 국가 이미지를 완전히 바꿀 수 있었습니다. 그 이전까지는 북한의 악의적인 선전과 우리 자신의 노력 부족 등으로 세계 대부분의 나라가 한국은 가난하고 나쁜 나라라는 이미지를 가지고 있었던 것이 사실입니다. 88 서울올림픽은 이 같은 이미지를 불식하고 정반대로 한국의 발전된 모습, 능력 있고 역동적인 모습, 수준 높은 문화와 전통을 지닌 국가의 모습으로 바꾸어 놓았습니다."

② OECD 가입 : 1960년대 초 대한민국은 1인당 국민소득 80달러 미만의 후진국이었다. 박정희 정권 시절 경제개발에 착수, 이후 연평균 8%의 고속성장이 지속되면서 1인당 국민소득은 1995년 1만824달러에 도달했다.

한국이 선진국 문턱에 이르면서 '선진국클럽'이라고 하는 경제협력개발기구(OECD) 가입을 논의하기 시작했다. 노태우 정부는 1990년 2월 관계

장관 회의를 열어 OECD 가입을 추진했다.

1990년대 중반 한국 경제는 GDP 규모 면에서 OECD 회원국 중 10위 수준에 이르렀지만, 다른 한편으로는 국제수지 적자와 수출 부진, 성장률 둔화 등으로 어려움을 겪으면서 국가경쟁력 강화를 위한 대책이 요구되고 있었다. 때문에 OECD 가입에 대해서도 '시기상조다, 가입 자체가 불필요하다'는 주장이 많았다. 하지만 OECD 가입을 계기로 경제구조를 선진화하고 국가신용도를 향상시키며 통상협상력을 제고(提高)할 수 있다는 주장도 적지 않았다.

결국 오랜 논의 끝에 김영삼 정권 시절이던 1996년 10월, 한국은 만장일치로 OECD 이사회의 가입 초청을 받았다. 국회의 동의를 거쳐 한국은 그해 12월 12일 OECD 29번째 회원국으로 가입하였다. 당시 OECD 가입은 대한민국이 선진국 대열에 진입했다는 국제적 인증으로 여겨졌다.

그러나 OECD에 가입한 지 1년 만에 외환위기에 봉착하면서, OECD 가입을 의식해 무리하게 금융자유화를 추진한 것이 국제통화기금(IMF) 위기를 불러왔다는 비판이 나오기도 했다.

③ **외환위기와 경제개혁** : 1997년 11월 21일 임창렬 재정경제원 장관이 국제통화기금 긴급융자 신청 사실을 발표하며 이렇게 말했다.

"정부는 금융 외환시장의 어려움을 극복하기 위해 국제통화기금에 유동성 조절자금을 지원해 줄 것을 요청하기로 했습니다."

아시아의 '신흥국'으로 승천하던 한국이 진흙탕에 처박히는 순간이었다. 한국이 외환위기에 빠질 줄은 정책 당국자는 물론 대부분의 국내외 시장 전문가들도 예상하지 못했다. 외환위기의 원인에 관해 크게 두 가지 견해가 나왔다.

첫째는 근본요인론이라 부를 만한 것인데, 중복과잉투자에 따른 대기업과 금융의 부실화, 정책 실패와 정실(情實) 자본주의의 폐단 등 총체적 부실화를 지적한다. 다른 하나는 자기실현론이다. 채무상환 능력에는 문제가 없는 일시적 유동성 부족 사태였는데, 투자자 등 시장 참여자들이 일제히 발을 뺐다는 것이다. 어느 주장만이 맞다고 할 수는 없다.

그러나 3저(低·낮은 금리, 낮은 유가, 낮은 환율) 호황 이후 거품경제의 붕괴로 경기가 침체되었고, 자본시장 개방과 환율 하락의 부담을 견디지 못하고 외환위기를 맞게 되었다.

IMF 사태가 터지자 한국 정부는 우선, 통화와 재정의 강력한 긴축정책을 폈다. 고금리로 기업 도산과 대량 실업 사태가 벌어졌다. 또 기업 부문에 대한 개혁도 진행되었다.

자동차와 반도체, 석유화학 등 중복과잉투자가 심한 사업은 대기업 간 사업 교환(빅딜)을 하거나 금융기관 주도로 기업개선작업(워크아웃)을 하였다. LG가 현대에 반도체 부문을 넘겼으며, 삼성은 자동차 사업을 포기했다. 아울러 사업부 매각이나 증자, 외자 유치, 자산재평가 등을 통해 부채비율을 낮추도록 하였다. 기업지배구조도 개혁하였다.

금융 부문의 구조개혁도 강도 높게 진행되었다. 부실 금융기관의 부실 자산을 떼어내고 공적자금을 투입하여 정상화하거나 폐쇄하였다. 종금사 30개 중 29개사가 정리되었으며 부실 은행이 영업 정지되고 인수되었다. 여기에 투입된 공적자금은 당시 GDP의 34.2%인 168조 원이나 되었다. 또 노동시장 유연화 조치로 정리해고제와 근로자파견제를 도입하였다. 많은 직장인이 눈물을 흘리며 몸담던 직장을 떠나야 했다.

부실 금융기관에 대한 공적자금 투입과 외환시장 개입, 실업대책비 등으로 정부 부채가 급속히 늘었다. 또 대량 실업의 결과, 중산층이 한꺼번에 붕괴되었다. 소득불평등을 나타내는 지니계수가 1997년 0.28에서 1998년 0.32로 급등하였다.

2012~2020년 혼돈의 시대

이 기간 박근혜 대통령이 탄핵당하고 문재인이 대통령이 되었다. 정치 세력의 변화는 극렬히 요동쳤다. 노무현 대통령 서거 후 완전히 사멸할 것 같았던 진보가 불사조처럼 살아나 정권을 잡고 의기당당 하던 보수 우파는 괴멸의 길을 걷고 있다. 권불 10년이요, 화무십일홍(花無十日紅)이라는 옛말이 그대로 맞았다.

문재인 대통령은 다 무너져가는 민주당을 붙들고, 노무현 대통령의 유언과 영정을 모시고 와신상담(臥薪嘗膽)의 10년을 보내며 최후의 승리를 얻었다. 그가 보인 진보 좌파 세력을 위한 의리는 가히 존경받을 만하다. 아아! 그가 보수라면 얼마나 좋을까!

과거 한나라당은 이명박·박근혜파로 나뉘어 싸우며 자기 파벌에만 힘을 실어주다 나라의 장래와 보수의 정체성을 잃었다. 그러는 동안 정권의 권좌에 있으면서도 지조 없는 무력증을 노출하였다. 광우병 사태와 촛불시위, 세월호 참사, 태블릿PC 조작의혹 등 수많은 일이 터져 나왔다.

무엇보다 '박근혜 탄핵'은 보수 우파의 몰락을 가져왔다. 촛불시위에 놀라 '호랑이에게 쫓기는 토끼처럼' 우왕좌왕하며 이합 집산한 행태는 집권정당의 모습이 아니었다. 문제는 문재인 정권이 나라를 잘 이끌어 부흥시

키느냐에 있다.

집권 절반을 넘긴 문재인 정권에 대해 "적폐청산의 이름으로 다 죽은 보수 우파의 몸에 칼을 꽂고 휘저으니 악취가 풍긴다"고 말하는 이가 적지 않다. 노무현 서거의 원한도 풀고 보수를 완전 궤멸시켜 박정희·전두환 시대처럼 독재시대를 만들려는 것이 아닌가 하는 우려의 시각이 많다. 이해찬 더불어민주당 전 대표는 2020년 8월 28일 퇴임 기자간담회에서 "정치가 완전히 뿌리내려서 흔들리지 않으려면 적어도 20년 가까이 걸린다. 안정적으로 정권이 재창출돼서 정권을 뿌리내리게 하는 게 가장 중요하다"며 20년 집권론을 강조했다.

그러나 지난 50년 세계사에서 진보 좌파가 장기 집권하여 잘된 나라는 하나도 없다. 이탈리아, 그리스, 스페인, 브라질, 아르헨티나, 쿠바, 베네수엘라 등 셀 수 없이 많다. 노조 달래기, 대기업 때리기, 무상복지, 공무원 늘리기 등으로 기업을 무너뜨리고 나랏빚을 무한정 늘려 파국으로 몰아넣었다.

한국은 분단국가다. 그리고 머리에 핵을 이고 있다. 경제와 안보는 동전의 양면과 같다. "오호통재라! 과연 우리 국운은 여기까지인가!" 하는 탄식이 여기저기서 들린다.

한국에서 보수 우파가 완전히 무너지는 날은 한국의 장례식 날이다. 살아 숨 쉬는 건전한 보수 우파 없이 한국의 미래는 없다.

'촛불혁명(시위)'에 대해 한마디 보탤까 한다. 당시 시민들은 청와대 안팎의 국정 농단에 분노해 촛불을 높이 들었다. 야당(더불어민주당)을 지지해서 촛불을 든 것이 아니었다. 들불처럼 번졌던 '촛불혁명'을 등에 업고 문재인 정권이 들어섰다.

이화여대 박성희 교수는 "문재인 정부가 무능한 야당에서 도덕성으로 무장한 촛불 정권으로 재빨리 변신하더니 정책으로 가르치고 역사로 훈계하며 국민 위에 군림하기 시작했다"고 평가했다. 문재인 정부는 '촛불'을 정부의 수식어로 내걸었다. "촛불혁명에 의해 국민의 힘으로 탄생한 정부"를 무한 반복한다. 심지어 청와대 본관에 30호 캔버스(90.9×72.7cm) 108개를 이어 완성한 당시 촛불집회 그림을 가져다 놓았다.

그러나 자유·상식·소통 같은 촛불의 가치는 간데없고 경제·교육 하향평준화와 무상복지, 북한 이슈만 넘쳐난다. 어찌 됐건 이 정부가 잘되기를 바란다. 촛불로 탄생한 정부답게, 촛불 민심이 제 것인 양 으스대지 않고 작은 생선을 뒤집어 굽듯 조심하며 국민의 마음을 살피기를 바란다. 촛불은 진보의 전유물이 아니다.

2

우리는 누구인가, 한국인의 조상은 누구인가

人必自侮然後 人侮之
家必自毀而後 人毀之
國必自伐而後 人伐之

사람은 반드시 스스로를 업신여긴 후에야 남이 그를 업신여기고
가문(家門)은 반드시 그 스스로가 망친 뒤에야 남이 그 가문을 무
너뜨리며
나라는 반드시 스스로가 멸망시킨 뒤에야 남이 그 나라를 멸망시키
는 법이다.
《맹자》에 나오는 말이다. 지금 우리나라는 핵폭탄을 머리에 이고 있
는데 내부는 우파 좌파 진보 보수… 끝없이 분열되어 싸우고 있다.
이 엄중한 사태를 어떻게 넘길 것인가. 앞이 보이지 않는다.
역사 공부를 하는 것은 과거를 배움으로써 미래를 준비하기 위함이
다. 우리 선조들이 세웠던 왕국들의 말로와 백성을 도탄에 빠뜨렸
던 비운의 사건들을 돌아보면서 과연 우리는 지금 한국이 처해있는
전무후무한 위기를 어떻게 대처해야 하나 생각해 보고 싶다.
고구려·백제·신라·고려의 멸망사, 임진왜란, 정묘호란, 한일합병
순서로 역사적 사건들에서 무엇을 배워야 하는지 돌아보려 한다.

(1)
백제 · 고구려 · 신라 · 고려의 멸망

"나라는 항상 내부의 분열과 부패로 쇠약해진 후에 외부의 침입으로 망했다."

여기서 나는 우리 조상들이 세웠던 나라들의 말년을 돌아보면서 왜 그 찬란했던 왕조들이 멸망에 이르고 다른 왕국이 시작되었나를 간단히 회고하면서 과연 현세에 우리가 배워야 할 것이 무엇인가를 생각해 보고자 한다.

① **백제의 멸망** : 백제의 중흥과 패망의 과정에서 기억해야 할 세 군주는 성왕 · 무왕 · 의자왕이다.

성왕(?~554) 대에 이뤄진 백제의 중흥은 그의 급작스런 죽음으로 위기에 빠졌다. 신라 진흥왕에게 빼앗긴 한강 유역을 되찾기 위해 보복전을 벌이다 관산성 전투에서 죽은 것이다. 성왕에 이어, 위덕왕(554~598), 혜왕

(598~599), 법왕(599~600)도 단명하긴 마찬가지였다.

무왕(600~641)은 추락하는 왕권을 추스르기 위해 몸부림친 왕이다. 그러나 8성의 귀족이 힘을 키워 왕권이 약화되고 국력이 소모된다. 그는 아들인 의자를 태자로 임명해 왕위 계승에 대한 귀족들의 간섭을 사전에 막으려 했다. 그리고 22부사를 장악, 왕권을 바로 세웠다.

백제의 마지막 왕 의자왕(641~660)은 고구려 군과 함께 신라의 30여 성을 빼앗는 등 왕권을 강화시켰다. 그러나 예식진 장군의 배신으로 의자왕은 신라·당나라 연합군에 항복하고 백제왕국은 멸망하게 된다.

② **고구려의 멸망** : 고구려는 기원전 1세기부터 서기 668년 보장왕까지 만주와 한반도 북부를 지배하던 나라다. 고구려의 찬란한 역사를 우리는 잘 알고 있다. 그러나 말년에 이르러 나라가 어지러워지고 조정이 내분에 휩싸인 틈을 타 침략한 나당 연합군에 멸망하게 된다.

나라가 어려워진 이유는 고구려 귀족 연립 정권에 변화가 생겼기 때문이다. 한 가문에서 권력을 독점하면서이다. 그 가문이 바로 연개소문 가문이다. 연개소문은 영류왕(618~642)과 100명에 가까운 많은 귀족을 처단하고 고구려 마지막 왕 보장왕(642~668)을 세워 자신의 군권과 인사권을 총괄하는 막리지가 된다.

그 후 연개소문은 탁월한 군사지도자로서 당 태종 이세민의 침략을 물리치고 고구려 부흥에 힘썼다. 고구려군과 당군이 치른 전투 가운데 안시성 전투는 근래 영화로 만들어질 정도로 지금까지 회자되는 전투다. 심지어 중국 정부 측이 영화 〈안시성〉을 두고 "우리 영웅(당 태종)을 비하한다"고 항의한 것으로 전해졌다.

그러나 연개소문의 고구려는 군권독재의 부패, 국제정세의 오판, 후계자 지명 실패 등으로 마지막 날을 맞이했다. 연개소문이 죽은 후 지배층의 분열이 일어났고 그의 아들인 연남생·남건·남산의 권력싸움 와중에 장남인 남생이 국내성의 귀족들과 함께 당에 항복해 버린 것이다. 국내성 등 6개 성과 10여만 호(戶)를 이끌고 이뤄진 대규모 투항이었다. 고구려는 저항할 힘마저 잃었고 668년, 나당 연합군의 침입을 막아내지 못하고 수도 평양성의 함락으로 찬란했던 역사는 막을 내린다.

③ **신라의 멸망** : 신라는 서기전 57년부터 서기 935년 56대 경순왕 때까지 삼국을 통일하고 약 1000년간의 찬란한 역사를 자랑하던 국가다. 신라의 삼국 통일 후 한반도는 실로 오랜만에 전쟁 없는 평화 시대를 맞았다.

신라는 통일을 전후하여 유교 정치이념이 도입되고 중앙 집권적 관료정치가 발달하였으며 왕실의 권위가 높아져 왕권은 더욱 강화되었다. 문무왕 때의 통일 왕국 형성, 그리고 신문왕 때의 귀족 세력 숙청은 전제 왕권의 확립에 중요한 토대가 되었다. 성덕왕 때에 이르러 신라의 전제 왕권은 안정되었는데 이 때 제작된 만파식적(萬波息笛)은 왕실의 번영과 평화를 상징하는 것이었다. 이 피리(만파식적)를 불면 적이 물러가고 병이 나았으며 가뭄에 단비가 내렸다고 한다.

그러나 780년 무렵부터 시작된 왕위 다툼으로 서서히 그 힘을 잃어갔다. 왕위 쟁탈전이 치열하여 왕권이 바로 설 수 없었고 그 결과 중앙 정부의 지방 통제력도 형편없이 무너져갔다. 이 때 최치원 등 6두품 지식인들은 신라 사회의 폐단을 시정하고, 새로운 정치 질서의 수립을 시도했지만, 중앙 진골 귀족들에 의해 탄압당하거나 배척당하였다. 백성의 삶은 피폐해지고 지방에서는 무장 호족들이 일어나 중앙왕권을 위협하였다.

한편, 중앙 진골 귀족들은 아직도 골품 제도에 집착하고 있었을 뿐만 아니라, 삼국 시대의 불교나 화랑도에서 항상 강조해 오던 국가 정신을 잊어버리고 자신들의 특권적 지위만을 유지하려 하였다. 더욱이 그들의 지나친 향락과 과중한 수취가 농촌 사회를 위기에 몰아넣고 있었으므로 호족 세력을 중심으로 한 지방 세력의 저항이 전국적으로 일어났다.

진성여왕 때 원종과 애노의 난을 시작으로 반란이 속출하게 된다. 그 반란 세력 중 견훤이 900년에 후백제를 세웠다. 궁예는 901년에 후고구려를 세운다. 그래서 아주 작아진 신라와 함께 후삼국 시대가 시작된 것이다.

왕건은 송악 지방의 호족 출신으로서 예성강 유역의 해상 세력과 힘을 합하여 그 일대에서 지배력을 강화해 나갔다.

918년에 궁예가 쫓겨나고 왕건이 왕위에 오른다. 왕건은 고려를 세운 뒤 신라와 후백제를 통합하여 한반도 통일의 대업을 이루었다.

④ **고려의 멸망** : 918년 왕건에 의해 건국되었고 34대 공양왕(1389~1392)까지 475년간 존속하였다.

대각국사 의천을 통해 불교가 유입되어 불교를 숭상하는 국가로 불교의 전성기를 이루었다. 12세기에 권력투쟁과 내분이 격화되면서 무신정변(1170)이 일어나 왕권이 약화되었고 약 100년간 고려는 무신들의 지배 밑에 있었다. 이 시대의 왕들(명종, 신종, 희종, 강종, 고종, 원종)은 실권이 없었다. 기억할 만한 왕이라면 고종(1213~1259)이다. 그는 40여 년을 왕위에 있었는데 이때 강화도 천도와 대몽 항쟁이 전개되었고 팔만대장경(八萬大藏經)이 조판되었다.

공민왕 때 홍건적이 두 차례나 침입하여 한때 개경이 함락되고 왕이 안동까지 피난하는 사태가 있었다. 한편, 왜구의 침입에 따른 피해는 더욱 커서, 전국의 해안지방을 황폐하게 하였다.

이에 고려는 적극적으로 남과 북의 외적에 대한 토벌 작전을 수행하게 되었는데, 최영과 이성계는 이 과정에서 큰 공을 세워 두터운 신망을 얻었다.

왜구의 토벌이 진행되던 때, 명은 원이 직속령으로 했던 철령 이북의 땅을 지배하겠다고 통보해 왔다. 이에 고려 조정은 요동을 정벌하는 것으로 대응하고자 하였다. 그러나 요동 정벌을 두고 고려 조정은 의견이 둘로 갈라졌다. 최영을 중심으로 하는 쪽은 출병을, 이성계를 중심으로 하는 쪽은 출병을 반대했다. 결국 최영의 주장에 따라 요동 정벌이 단행되었으나 이성계 등은 위화도에서 회군하여 반대파인 최영 등을 제거하고 정치적 실권을 장악하였다.(1388)

공민왕의 개혁이 실패한 후, 권문세족의 횡포는 더욱 심해졌다. 이러한 상황에서 사대부 층은 점차 고려 왕조 테두리 안에서의 점진적인 개혁을 추구하려는 온건파와 왕조 자체를 바꾸려는 적극적인 혁명파로 갈렸다.

이때, 다수의 사대부들은 대체로 정치적인 안정을 추구하는 온건파였다. 그러나 정도전 등의 혁명파는 위화도 회군을 계기로, 권문세족과 정몽주를 비롯한 온건파 사대부를 제거하여 이성계를 왕으로 추대하여 우왕, 창왕, 공양왕을 폐위하고 1392년 조선을 건국하였다.

(2)
임진왜란의 비극

마르코 폴로의《동방견문록》발간 이후 유럽인들은 동방을 동경하며 아시아로 진출을 추진한다. 향신료·금은보화를 원하는 세속적인 욕구와 기독교 포교의 종교적 이유가 교차하면서 서방세계가 동방세계에 막강한 영향을 주기 시작한다.

콜럼버스는 서쪽으로 돌아 미국을 발견했고, 스페인과 포르투갈은 동쪽으로 아프리카를 돌아 인도와 동남아에 도착하면서 아시아의 나라와 조선의 운명을 가르는 사건들이 터진다.

1543년 일본은 처음으로 포르투갈로부터 철포(鐵砲) 조총의 기술을 전수받는다. 일본은 조총의 위력에 반하여 엄청난 금액을 주고 처음으로 철포를 소유했고, 이것이 임진왜란에 영향을 주었다. 일본과 조선, 일본과 중국의 무력경쟁에서 일본이 우위를 점하는 시작이었다. 신숙주의 왜국연구

서《해동제국기》에 대마도 도주가 신무기 조총 2정을 조선 왕께 바치며 일본의 침략을 경고하였으나 무시되었고, '조총(철포)은 창고에서 녹슬었다'고 쓰여 있다.

도요토미 히데요시(豊臣秀吉)는 조총 대량 생산의 책임을 맡으면서 그 위력을 실감하고, 그 힘으로 일본을 통일하고 조선과 명나라를 칠 준비를 한다. 그때 조선은 연산군 폭정 이후 명종 대에 이르는 사대사화와 훈구·사림 세력 간의 계속된 정쟁으로 인한 중앙정계의 혼란, 사림 세력이 득세한 선조 즉위 이후 격화된 당쟁 등으로 임금이 정상적으로 정국을 운영하기 어려운 지경이었다. 설상가상 선조는 무능한 군주였다.

이이(李珥)는 '남왜북로(南倭北虜)'의 침입에 대처하기 위하여 십만 양병설을 주장하였으나 재정도 허약했고 사회는 문약에 빠져 근본적으로 국가방어책이 확립되지 못한 실정이었다.

선조는 수년 전부터 대마도로부터 들려오는 일본의 조선침략설도 무시했고, 일본에 통신사로 파견되었던 황윤일, 김성일의 보고도 결국 동인·서인의 당파싸움에 조선침략설은 무시되었다.

선전포고도 없이 일본의 침략이 시작된 것은 선조 25년 1592년 4월 14일이었다. 약 20만 명의 왜군이 부산을 통해 북으로 북으로 밀려오기 시작했다. 순식간에 경성을 점령하고 의주로 도망간 선조를 쫓기 시작했다.

한편, 바다에서는 조선 수군의 승전 소식이 이어졌다. 이순신이 이끄는 수군은 옥포에서 첫 승리를 거두었다. 이어 거북선을 이용한 뛰어난 전략으로 사천, 당포, 한산도 등에서 크게 승리하였다. 조선 수군의 활약으로 바다를 장악하게 됨으로써 일본군의 보급로를 차단하고, 전라도의 곡창지대를 보호할 수 있었다.

이후 명의 군대가 출병하면서 전세가 서서히 역전되어 갔다. 조선과 명의 연합군은 평양성을 탈환하고 일본군을 남쪽으로 내몰았다. 이때 권율은 행주산성에서 김시민은 진주성에서 크게 승리하였다. 이에 일본은 휴전을 제의하였다. 그러나 3년간 계속된 명과의 휴전 회담이 실패하자, 일본은 다시 쳐들어왔다.(정유재란, 1597)

그러나 이전과는 달리 조선군도 대비를 하고 있었기 때문에 전쟁은 일본의 뜻대로 진행되지 않았다. 이순신이 이끄는 조선 수군은 명량 해전에서 큰 승리를 거두었다. 조선 수군은 도요토미 히데요시가 죽은 이후 철수하는 일본군과 노량 해전에서 마지막 전투를 벌였다. 이 전투에서 수군은 크게 승리하였으나 이순신은 탄환을 맞고 전사하였다. 1598년 11월, 일본군이 조선에서 완전히 철수함으로써 일본과의 7년 전쟁이 끝났다.

조선은 일본의 침략으로 인명 피해는 물론, 막대한 경제적, 문화적 피해를 입었다. 전국의 논밭은 3분의 2가 황무지로 변하여 식량 문제가 심각하였고, 농민의 생활은 물론 나라의 재정도 어려워졌다.

전쟁 중에 수많은 조선인이 일본으로 끌려갔으며, 일부는 유럽 등지에 노예로 팔려 가기도 하였다. 또한, 불국사와 《조선왕조실록》을 보관해 둔 사고(史庫), 활자, 서적, 도자기, 그림 등 수많은 문화재가 불에 타거나 일본에 약탈되었다.

비운의 역사는 여기서 멈추지 않는다. 국가의 재정이 완전히 붕괴되어 왕정이 어려워지고 매관매직의 부패와 더 심한 당파싸움으로 어지러운 나라가 회복되기도 전에 병자호란이 들이닥친다.

(3)
정묘호란과 병자호란의 치욕

　임진왜란으로 초토화된 조선은 선조는 물론, 광해군과 인조의 통치 아래 재활의 노력을 하였으나 계속되는 당파싸움과 인조반정 후 인조의 결정적 실책 등으로 어지러움과 어려움이 계속되었다.

　이 무렵 만주에서는 여진족이 성장하여 후금(後金)을 세우고(1616) 명을 공격하기 시작하였다. 국력 쇠퇴로 후금의 공격을 막기 어려웠던 명은 조선에 지원군을 요청하였다. 광해군은 강성해지는 후금과의 직접적인 충돌을 피하기 위해 중립 외교 정책을 폈다. 광해군은 전후 어려운 사정을 들어 군사지원을 미루었고, 어쩔 수 없이 지원군을 파견하면서도 강홍립에게 상황에 따라 실리적으로 대처할 것을 지시하였다.

　이러한 광해군의 중립 외교 정책은 명에 대한 의리와 명분을 중시하는 양반 사대부의 비판을 받았다. 또한 광해군이 이복동생인 영창 대군을 죽이고 계모인 인목 대비를 핍박하자, 인륜에 어긋나는 정치를 한다는 비판의 목소리가 높았다. 이를 구실로 권력에서 밀려나 있던 서인이 중심이 되어 정변을 일으켰다. 이로써 광해군이 폐위되고 인조가 왕위에 올랐다.(인조반정, 1623)

정변으로 권력을 장악한 서인 세력과 인조는 친명배금의 태도를 취하였다. 이를 빌미로 후금(청나라)은 조선을 침략하였다.(정묘호란, 1627) 후금의 침략에 관군과 의병이 맞서 싸웠으나, 침략군을 물리치는 데에는 한계가 있었다. 후금 역시 명과의 전투가 더 중요한 상황이었기 때문에 일단화의가 이루어져, 조선과 후금은 형제 관계를 맺었다.

이후 국력이 더욱 커진 후금은 국호를 청(淸)으로 바꾸고 조선에 대해 군신 관계를 요구하였다. 명을 본격적으로 침략하기 전에 후방의 조선을 장악하려는 의도였다. 조선 정부가 이를 거절하자 청 태종은 직접 군사를 이끌고 조선을 침략하였다.(병자호란, 1636)

청군의 침략으로 한성이 위험해지자 인조와 일부 신하들은 남한산성으로 들어가 청군에 대항하였다. 청군에 포위되어 고립된 상황에서 최명길 등 일부 관리는 화의를 주장하였고, 김상헌을 비롯한 대다수는 끝까지 항전할 것을 주장하였다. 그러나 결국 45일간의 항전 끝에 청의 요구를 받아들여, 인조가 삼전도에 직접 나가 항복함으로써 전쟁은 끝이 났다.

삼전도의 굴복이란, 인조가 삼전도에서 곤룡포 대신 평민이 입는 남색 평복을 입고 세자를 비롯한 대신들과 함께 청 태종이 정좌한 수향단 앞, 수만 명의 적군이 지켜보는 앞에서 얼어붙은 땅에 엎드려 한 번 절하고 세 번 머리를 땅에 찍으면서 절하기를 세 번 반복하는 3배9고두례라는 치욕적 항복례를 실시한 것을 말한다.

병자호란으로 그동안 오랑캐로 여기던 여진족에게 굴욕적인 항복을 하고, 세자를 비롯한 많은 신하와 백성들이 청으로 끌려갔다. 청나라에 강제로 잡혀간 백성이 수만 내지 수십만이요, 청에 조공으로 바친 말과 식량, 그리고 처녀들도 셀 수 없이 많았다고 한다. 또 남자는 노예로, 여자는 장군이나 실력가의 노리개로 부려졌다는 기록이 있다. 여자들은 청에서 도망쳐 나와도 고향에 오면 화냥년(환향년)으로 천대받으며 평생 고통의 삶을 살아야 했다.

여기서 주목해야 할 것은 광해군과 인조, 그리고 그들이 거느리던 조정의 외교·국방 정책을 담당했던 신하들의 반목과 분열상이다.

정묘호란 후 1636년 병자호란이 일어나기까지 9년간 인조의 조정은 친명파, 친청파로 나뉘어 계속 싸우며 삼전도의 치욕을 당할 때까지 일관성 있는 외교 전략이 없었다.

지금의 대한민국도 당시와 다르지 않다. 북한이 개발한 핵과 장거리 미사일을 머리에 이고 있는 상태에서 친미·반미·친중·반중·친북·반북·친일·반일·좌파·우파로 나뉘어 다투고 있다는 탄식이 들린다. 과연 우리나라의 장래는 어떻게 귀결이 될까. 몹시 걱정스럽다.

(4)
이조 말년과 구한말의 비운

동아시아 3국의 개항과 근대화는 어떻게 전개되었을까?

19세기 들어 서양 열강의 압력을 받은 동아시아 3국은 결국 모두 개항하였다. 서양 열강이 최대의 시장으로 여겼던 청은 아편 전쟁에서 패하여 영국과 난징 조약을 체결하고 문호를 개방하였다.(1842) 이후 부분적으로 서양의 기술을 받아들여 근대화를 추진하였다.

일본은 군함을 앞세운 미국의 무력시위에 굴복하여 미·일 화친 조약을 맺고 개항하였다.(1854) 이후 메이지 유신을 통해 수립된 새 정부는 서양 문물을 적극적으로 수용하면서 근대적 개혁을 추진하였다.

조선은 프랑스와 미국의 침략에도 굴복하지 않았으나, 미국의 포함 외교를 본뜬 일본에 의해 불평등 조약인 강화도 조약을 맺고 개항하였다.(1876) 특히 조선은 일본에 무관세 무역까지 허용하여 경제적으로 큰 피해를 입었다. 이후 조선은 서양 문물을 부분적으로 받아들이며 근대화를 추진하였으나, 서양 열강은 물론 청과 일본의 간섭을 받았다.

동아시아 3국은 모두 불평등 조약을 맺고 개항하였다. 그러나 서양 문물을 받아들이는 정책의 차이, 열강의 침략과 간섭 그리고 이에 대응하는 과정에서 나타난 차이로 인해 각기 다른 근대화 과정을 겪게 되었다.

1868년 메이지유신 이후 일본과 조선의 싸움은 준비된 나라 일본과 당파싸움, 세도정치, 쇄국정책으로 세월을 보내던 나라의 운명적 대결이었다. 일본의 침략은 몇몇 친일파가 조선 전체를 팔아먹은 것이 아니라 시대의 변화를 읽지 못한 이조 말년 지도자들의 정치 · 외교 무능이 비극을 초래한 것이다.

연대별로 구한말 비운의 역사를 들여다보자.

1854년 일본 – 미국에 강제 개항

　　　　미국 · 영국 · 네덜란드 · 러시아와 통상조약 체결

1863년 12세 고종 즉위, 흥선대원군 10년 섭정 시작

1866년 병인양요

1867년 메이지 천황 등극

1868년 메이지유신 시작, 임오군란,

　　　　동학농민운동

1871년 신미양요 – 척화비 세움

　　　　　대원군 쇄국정책 발표

1874년 일본 – 대만 점령

1876년 조선 - 일본에 강제 개항 - 강화도 조약

1895년 청일전쟁 - 일본의 승리

1897년 고종황제 즉위, 대한제국 선포

1904년 러일전쟁 - 일본의 승리

1905년 일본 - 조선외교권 박탈 - 을사조약

1907년 일본 - 고종 퇴위 - 순종 즉위

1910년 한일합병

  청·일 전쟁의 패배로 한반도를 둘러싼 경쟁에서 청이 탈락한 가운데, 러시아와 일본은 대한제국과 만주를 둘러싸고 치열하게 대립하였다. 특히 러시아는 랴오둥 반도의 뤼순을 조차하는 등 만주의 이권을 독차지하려 하였다. 이에 세계 곳곳에서 러시아의 남하 정책을 경계하고 있던 영국은 재차 영·일 동맹을 맺어 일본을 지원하였다.(1902)

  이 무렵 러시아는 압록강 하류 용암포를 점령하여 군사 기지를 만들려고 하였다.(용암포 사건, 1903)

  러시아의 팽창이 한반도의 장악과 만주의 이권 확보에 위협이 된다고 우려한 일본은 영국의 지지를 등에 업고 전쟁을 준비하였다. 마침내 일본은 뤼순과 제물포에 있던 러시아 군함을 기습 공격하여 전쟁을 일으켰다.(러일 전쟁, 1904. 2.)

  러일 전쟁이 일어나기 직전 대한 제국은 국외 중립을 선언하였다.(1904. 1.) 그러나 일본은 전쟁 시작과 함께 한성을 점령하고 한일 의정서를 강제로 체결하였다.(1904. 2.) 이는 전쟁 수행에 필요한 경우 일본이 대한 제국의 영토를 마음대로 사용할 수 있도록 한다는 것이 주요 내용이었다.

일본은 전세가 유리해지자 제1차 한일 협약 체결을 강요하여(1904. 8.), 대한제국으로 하여금 재정고문에 일본인 메가타 외교 고문에 미국인 스티븐스를 채용하게 하였다. 이는 일본이 대한제국의 재정과 외교 문제에 본격적으로 간섭하기 위한 것이었다.

러일 전쟁에서 승기를 잡은 일본은 미국과 가쓰라-태프트 밀약(1905.7.)을, 영국과 제2차 영일 동맹(1905. 8.)을 맺어 두 나라로부터 대한제국에 대한 지배권을 인정받았다. 또한, 미국의 중재로 러시아와 포츠머스 강화 조약(1905. 9.)을 체결하여 러시아로부터 대한 제국에 대한 배타적 권리를 보장받았다.

이어 일본은 이토 히로부미를 보내 일본군을 동원하여 궁궐을 포위하고, 대신들을 위협하여 을사조약(제2차 한일 협약)에 서명하게 하였다.(1905. 11.)

이를 바탕으로 일본은 통감부를 설치하여 대한제국의 외교권을 장악하고 내정 전반에 걸쳐 간섭하기 시작하였다. 이로써 대한 제국은 일본의 보호국이 되었다.

고종은 을사조약의 부당성을 주장하며 이를 알리기 위한 외교 활동을 전개하였다. 특히 1907년, 네덜란드 헤이그에서 열린 만국 평화 회의에 이상설 이준 이위종을 특사로 파견하였다. 그러나 일본의 방해와 구미 열강의 무관심으로 성과를 거두지 못하였다. 오히려 일본은 이를 구실로 고종을 강제로 퇴위시켰다.(1907)

이어서 일본은 한일 신협약(정미 7조약)을 강요하였다.(1907) 이에 따라 통감이 대한제국의 내정을 장악하고 일본인들이 각 부의 차관에 임명되었다. 그리고 국권 강탈에 가장 큰 걸림돌이 될 수 있는 군대를 해산하였다.

이후 일본은 사법권(1909)과 경찰권(1910)마저 빼앗아 군사, 행정, 사법, 치안 등 모든 분야의 지배권을 장악하였다.

일본은 대한제국을 완전히 병합하기 위해 친일 단체인 일진회를 앞세워 합방 청원서를 제출하게 하였다. 마침내 일본은 군대와 경찰을 곳곳에 배치한 가운데 한국 병합 조약을 체결하였다.(1910. 8.) 이로써 대한제국은 일본의 식민지로 전락하였다.

갑오개혁(1894)과 을미개혁(1895)은 일본의 강요에 의해 시작되었지만, 신분제를 폐지하고, 왕실과 정부의 재정을 분리하였으며, 국왕의 권력을 제한하는 등 조선 사회를 근본적으로 개혁하려 시도하였다는 점에서 근대적인 개혁이라 할 수 있다.

특히, 실학자들의 개혁 요구와 그들의 사상을 발전적으로 계승한 개화파의 개혁 정책, 그리고 동학 농민 운동에 참여한 농민들의 개혁 의지가 반영되었고, 조선의 개화 각료들에 의해 자주적으로 진행되었으며, 독립협회 운동과 애국 계몽 운동에 커다란 영향을 끼쳤다는 점에서 민족적 역사 발전의 결과로 평가된다.

그러나 개혁 주도 세력이 일본의 무력에 의존하였고, 개혁을 추진하는 과정에서 국민의 동의를 얻어 내지 못하였으며, 조선의 군사력 강화를 꺼린 일본 때문에 군사력 강화를 위한 개혁이 제대로 이루어지지 못하였다는 한계가 있었다.

3

영광과 역경과 혼돈의 시대 사회상

대한민국은 5000년 역사에서 전무했고 또 후무할 지도 모르는 경제적·정치적 호황을 누리고 있다. 이 호황이 잠깐의 꿈은 아니기를 바란다. 훌륭한 역사는 거저 이루어지지 않는다는 말이 있다. "피와 땀을 흘리며 그 꿈을 위하여 끝없이 행진한 남녀들의 노력의 결산"이다.

중국·소련·일본에 눌려서 가난과 굴욕의 삶을 살아온 것이 몇 천년이었나! 이제 우리는 그들의 지배에서 벗어나 어깨를 나란히 겨루고 대등한 외교와 무역을 하면서 당당히 국제무대에 서 있다. 이러한 국가의 위상을 위하여 우리에게는 훌륭한 지도자들이 있었고, 그들의 뒤를 따라 국민은 밤과 낮을 잊고 열심히 일했다. 그렇게 우리는 감히 달성하지 못할 것 같던 고지에 올라와 있다.

해방 후 기적 같은 역사를 만들었다. 우리는 지금 30·50 클럽에 들어와 있다. GDP 3만 달러, 인구 5000만 이상인 미국·영국·프랑스·독일·일본·이탈리아·한국 등 7개 나라뿐이다. 이 중 6개 나라는 제국 세력으로 식민지를 소유했던 나라이고, 오직 한국만이 식민지였다. 언제나 그랬지만 세계는 다시 극심한 경제·과학·정치의 치열한 경쟁으로 들어가고 있다. 우리가 위치한 동북아도 4차 산업의 경쟁뿐 아니라, 북한의 핵이 남한의 안전을 위협하며 존망의 위험을 논해야 하는 2차 세계대전 때와 비슷한 격동의 세월이 다시 찾아왔다. 게다가 코로나19 팬데믹으로 경제마저 휘청이고 있다.

(1)
기적의 시간과 다시 마주한
격동의 오늘

귀 기울이지 않아도 문재인 정부에 대한 실망과 분노의 목소리가 곳곳에서 들리고 있다. 한 진보 학자(강준만)는 "착한 권력을 표방했거니와 자신들에겐 그런 DNA가 있다고까지 큰소리친 권력 집단이 내로남불(내가 하면 로맨스 남이 하면 불륜)의 화신이 될 때 어찌해야 할까"라고 반문할 정도다. 그는 이런 주장도 편다.

"정관계에 진출한 운동권 386은 대부분 막강한 학벌 자본을 자랑하는 사람들인지라 그 누구도 넘볼 수 없는 강력한 인맥의 혜택을 누리면서 강남 좌파로 변신하게 된다. 이들의 일상은 '내로남불'에서 자유롭기 어렵다. 기회만 있으면 '민주화 운동'이라는 훈장을 휘두르면서 도덕적 우월감을 과시하는 이들에게서 '겸손'을 찾기는 어렵다."

"문재인 정부의 불공정에 대한 비판은 사실상 불가능해진다. 끊임없이 군

사독재 시절을 환기시키면서 그 시절엔 말 한마디만 잘못해도 붙잡혀 들어가 고문까지 받았다는 점을 강조하는 사람들에게 불공정을 문제 삼는 건 '배부른 소리'이거나 극우 보수세력을 돕는 이적 행위로 간주되기 때문이다."

민심을 반영한 국민의 상소문도 쏟아지고 있다. 한 구절을 소개한다.

〈"전하, 지금 전하의 성총(聖聰)을 흐리게 하고, 민심을 요동케 하는 자들은 후안무치 (厚顔無恥)하기 그지없는 자들입니다.

내면의 소리는 알 수 없으나 겉으로는 당당합니다. 남의 잘못은 시시콜콜하게 자잘한 것까지 지적하면서 자신의 허물은 못 봅니다. 이를 서양의 심리학에서는 '낙관적 착각'이라고 부릅니다. '이중 잣대(double standard)의 정신승리'를 달리 표현한 말이옵니다.

자기가 보고 싶은 것만을 보는 자기중심적 확증 편향에 빠진 자들입니다. 태양이 자기를 중심으로 뜨고 진다는 천동설(天動說) 지지자들입니다. 다른 심리학 용어로 '이기적 편향' '자기 고양(高揚)적 편견'이라고 부릅니다. 큰 정의를 위해 작은 목소리는 외면해도 무방하다고 믿는 식입니다. 큰 불의를 위해 자신의 작은 허물은 괜찮다고 믿는 식입니다. 그런 점에서 효용론자이고 공리주의자들입니다. 50대 49.9라도 '0.1'이 앞서면 그게 대의

라고 믿어버립니다. 도덕적 역치가 낮은 자들입니다.")〉

　나는 이제 80이 되어 살날이 얼마 남지 않았다. 길지 않은 시간, 사랑하는 조국을 위하여 세상을 떠나기 전, 우리나라 국민과 지도자들의 성공과 과오를 짚어보면서 제발 중국과 일본의 가랑이 사이를 기어 다니며 목숨을 구걸하는 그런 날이 다시 오지 않기를 간절히 바랄 뿐이다. 상소문의 한 구절을 다시 인용한다.

〈"사실, 전하께서는 덕이 없으셔서 어린 백성을 두부 자르듯 편을 나누었습니다. 부자와 가난한 자, 자본가와 노동자, 무주택자와 유주택자, 강남과 비(非)강남, 원전과 친환경, 정규직과 비정규직으로 나누었습니다. 국민보다 진영, 국가 이익보다 이념, 나라보다 선거를 우선시하는 정파의 대변자였습니다. 탄핵된 선왕의 잘못을 고치기는커녕 거꾸로 내달렸습니다. 국정자해(自害)였습니다. 역병의 창궐로 민심이 흉흉한데 특정 교파를 역병의 온상으로 지목하는가 하면 방역에 전념해야 할 의사와 간호사들까지 갈라치기하시어 백성의 마음을 찢어발기어 더욱 신산(辛酸)스럽게 하였습니다.

　전하가 잘못한 일이 그믐과 삭일(朔日) 같아서, 태풍이 쓸고 간 강물처럼 멈출 기약 없이 흘러가고 있습니다. 희망을 접었습니다. 가망이 없습니다. 위망(危亡)의 화(禍)가 언제 닥칠지 백성들은 불길해하옵니다.

　전하, 그러나 지금이라도 그 못난 힘을 다하여 제발 저 똥통에서 헤어나셔서 특정 이념에 젖은 교활한 조정의 간신과 내시들을 먼저 내치소서. 장차 후세인들이 전하를 어떤 군왕으로 기억하겠습니까. 부디 통촉하소서. 바라옵건대 소인의 말을 저버리지 말고 국적(國賊)을 토죄(討罪)하여 기울어져가는 사직(社稷)을 보존하소서. 더는 퇴보하지 말며 분발하기를 엎드려 비나이다."〉

(2)
우리는 이승만 체제에 살고 있다

한반도의 역사는 희열과 비탄, 평화와 시련이 얽혀 있다. 과거에 있었던 사실은 부끄럽다고 하여 은폐할 수 있는 것이 아니며, 자랑스럽다고 하여 과장할 수 있는 것도 아니다. 역사는 거짓으로 꾸밀 수 없기 때문이다.

우리가 역사를 배우는 것은, 지난날의 영화로운 때를 감상적으로 즐기고자 함이나, 또는 어려웠던 때를 생각하며 분개하고자 함에 있지 않다. 우리는 역사를 봄에 있어서 마음은 보다 넓게, 그리고 눈은 보다 멀리 향해야 할 것이다. 즉, 역사를 공부하는 궁극적인 목적은, 과거에 대한 이해를 통하여 현재를 바로 인식하고, 미래를 올바로 설계함에 있는 것이다.

5000년 역사를 거치며 우리 민족이 겪은 가장 컸던 5개의 수난을 이야기하고 싶다. 이런 비극이 다시 일어나서는 안 된다는 다짐 하에 미래 세대를 위하여 모든 정책 방향이 세워져야 한다고 위정자들에게 말하고 싶다.

1. 임진왜란

2. 삼전도의 굴욕

3. 일제치하 36년

4. 6 · 25사변

5. 지난 5000년의 가난한 삶 – 보릿고개

두 번은 일본의 침략이었고 한 번은 중국의 침략, 한 번은 중공과 소련·동족(북한)의 합작이었다. 그리고 가난은 한반도 백성을 지난 5000년간 끊임없이 쫓아다니던 무서운 귀신과 같은 괴로움이었다.

우리의 과거는 슬픈 역사였다. 중국에 밟히고 일본에 눌리고, 가난하게 살아야 했다. 여자들은 권리가 없었으며, 왕권·관리들의 갑질과 부패, 한성(서울)은 일부 북촌 한옥을 제외하고 대부분 초가집이었다. 1948년 대한민국 정부가 이승만 지도하에 들어서면서 그 후 70여 년, 지금의 한국은 천국이다. 북한은 아직도 1948년 전의 조선 모습 그대로 집권자의 횡포, 공산당의 갑질, 가난의 대물림, 인권의 부재… 아마도 이조말, 구한말보다 더 비참한 상황일 것이다.

이 남한의 기적을 시작한 사람이 바로 이승만 대통령이다.

대륙 세력(소련과 중공)에 빨려 들어가서 공산화되는 것이 당대 정상적인 역사의 흐름이었는지 모른다. 그러나 공산주의에 맞서 자유민주주의를 천명하며 이승만 대통령은 오늘의 한국 부국강병을 시작하였다. 그런데 기념관도 동상 하나도 세울 수 없는 것이 비극적 현실이다. 단언컨대 이승만이 없었으면 대한민국은 없었을 것이다.

이승만은 한반도가 분단되어 소련이 지원하는 인민공화국이 이북에 설립될 것을 미리 내다보고 38선 이남에 자유민주주의 대한민국을 세워야 한다고 믿었다. 그런 확고한 신념이 없었으면, 1948년 대한민국은 출범하지 못했을 것이다. 6·25사변이 터졌을 때 그의 투지와 결단이 없었으면 대한민국은 세계지도에서 지워지고 말았을 것이다. 그 후 한강의 기적도 없었을 것이다.

대한민국은 지금도 이승만이 세운 정치·경제·교육·문화의 체제에 살고 있다.

대한민국 건국의 이념과 정치사상은, 이승만을 통한 자유민주주의, 자유시장경제였으나 그 바탕의 정신은 기독교의 정의·희생·봉사 등 건전한 가치관이었다. 이러한 건전한 사상이 떠받치는 기초를 이루면서 정치와 경제는 계속 성장하여 오늘 우리가 누리는 기적이 일어난 것이다.

불교가 신라와 고려의 근본정신으로 1500년을 이어왔고 유교사상이 조선의 통치이념으로 500년 동안 이어져 왔다. 그리고 대한민국은 기독교 정신을 바탕으로 광복 후 기적적인 발전을 누리고 있다. 모든 서구 근대국가의 탄생과 부흥의 역사는 기독교 사상의 산물임을 부인할 수 없다.

그러나 안타깝게도 지금 기독교는 정의·희생·봉사의 건전한 기본사상에서 이기주의적 종교의 형태로 변질되어 가고 있다. 여기다 386주사파의 민중 중심의 좌파 진보 사관이 득세하면서 한국은 사상의 빈곤 상태에 빠져 있다. 사상이란 한 인간과 가족·사회·공동체를 지탱하는 건전한 가치관을 뜻한다. 우리는 이 가치관을 급속히 잃어가고 있다.

경제 성장의 기적을 이끈 우파들은 자신이 수호하고자 하는 높은 수준의 사상과 자유주의 본질 등에 대한 자부심을 국민교육으로 가르치지 못했고 한미동맹, 국가보안법이라는 방패를 믿고 안이하게 대처하다 좌파의 자유주의 체제에 대한 집요하고 치열한 공격에 넘어졌다.

좌파 진보가 민주와 민족, 통일, 평등주의, 사회정의 등 강한 중독적 구호를 외치며 정치·사회·문화·언론을 장악하여 지금 한국 사회는 정신적 빈곤, 사상 빈곤, 경제 빈곤 상태에서 헤매고 있다.

몇 년 동안이었지만, 일본을 능가할 수 있다며 일본에 대고 거칠게 삿대질도 하고 한국의 기술을 배우고 모방하려고 아등바등하던 중국을 무시하던 시간들이 있었다. 이런 잠깐이나마 목에 힘을 주고 중국과 일본을 대할 수 있었던 기적의 한국 현대사를 쓸 수 있게 만든 이가 이승만 대통령이다.

자그마한 기념관, 하다못해 동상이라도 세워 고마움을 표시하는 것이 마땅하거늘, 현 집권 세력은 이승만 대통령이 남한을 김일성에게 바치지 못하게 만든 것이 그리도 한스러운가!

지금 우리는 이 풍요와 자유를 누릴 자격이 없지 않나 싶다. 현 정국은 사상의 극한 대결 속에서 경제와 사회정의가 함께 무너지고 있다.

기적은 오래가지 않는다. 대한민국 정부 수립 후 70여 년은 자유와 번영을 향한 쉼 없는 전진의 여정이었다. 건국의 고통, 6·25전쟁의 참화(慘禍), 군부독재, 민주항쟁, 외환위기의 질곡을 통과하면서 자유민주주의 사회를 이루었고, 해방 후 미국의 원조와 배급에 의존하던 최빈국이 세계 10위의 경제 대국으로 우뚝 섰다. 그런데 이제 그 기적의 역사가 막을 내리고 있다.

지금으로부터 100년, 200년이 지난 후 우리 후손들이 "그때 말이야! 1950년대부터 70년간은 우리나라도 아주 잘 살았는데 이래저래 해서 요 모양으로 쪼그라들었대! 순간 실수로 다시 중국·일본 가랑이 사이를 기어 다니는 신세가 되었대!"라고 탄식하지 않으리란 보장이 없다. 지금 나라가 가는 모양새를 보면 이 길이 자연스런 역사의 흐름이 될 것이다.

이 책을 쓰는 목적 중의 하나는 한반도 5000년간 못 이루던 경제적 부흥을 어떻게 이뤄 풍요와 높은 위상을 누리고 앞으로 어떻게 하면 우리 민족이 다시 종의 멍에를 지고 어려움을 겪지 않을지 일깨우는 데 있다. 내가 주장하는 모든 이론은 어떻게 하면 지금 현재의 국력과 위상을 후세에 온전히 물려주는가이다.

역사에 대한 평가는 어떤 색깔의 안경을 쓰고 보느냐에 따라 확연히 달라진다.

이승만·박정희·전두환 정권, 5·18민주화운동, 촛불혁명… 이들에 관하여는 확연히 다른 두 개의 평가가 나올 수 있다. 그러나 이 모든 사건이 한국 근현대사의 흐름 속에서 종합적, 복합적, 긍정적으로 작용하여 오늘 한국의 번영을 이루었다는 데에는 이의가 있을 수 없다. 지난 대한민국 현대사에서 일어났던 모든 사건과 정변들을 발전적인 시각에서 바라보며, 그렇게 초점을 맞추어야 미래로 발걸음을 옮길 수 있다.

(3)
한국 기독교의 영향과
이승만 체제

우리는 지난 70여 년 동안 이승만이 시작한 정치적·경제적 교육 체제에 살 뿐만 아니라 그의 기독교 정신 영향 밑에 또한 살고 있다. 200년 전에 전파된 가톨릭, 100여 년 전에 전파된 기독교, 그 새로운 희생정신 교육은 세브란스·배재학당·이화학당 등을 통하여 서양의 예수교 사상뿐 아니라 일제시대 많은 훌륭한 교육자들과 독립운동가를 길러왔다.

현재 한국의 교육제도는 서양, 특히 미국의 제도를 본받았고 1960년대부터 지금까지 매년 평균 수 만 명의 유학생이 미국의 기독교적 사회에서 학문을 배웠다. 이들은 이후 한국으로 돌아와 사회 각계각층에서 지도자로서 국가 발전에 기여한 바가 크다.

이승만 정부 당시 국회의원의 대다수가 기독교의 영향을 받은 사람이었고, 1970년대 이후 한국의 영향력 있는 지도자의 절반이 기독교인이라는 통계도 있다. 지난 반세기 한국이 기적의 성장을 하면서 가톨릭과 기독교가 사회정의 구현과 정신문화 신장에 막대한 영향을 미쳤다는 것은 부정할 수 없다. 고려는 불교의 시대요, 조선은 유교의 시대요, 대한민국은 기독교의 시대라고 할 수 있다.

기독교는 서양의 문물·문화의 중심 기반이다. 우리의 주거와 생활환경, 예컨대 의복, 머리 스타일, 교육제도와 자유민주주의 정치제도, 자본주의 시장체제 등 모두 서구 선진국의 형태를 닮아 있다. (그것이 꼭 옛날보다 더 좋다는 것은 아니다.)

나는 중학교 때까지 고향의 서당에서 천자문, 명심보감을 배웠다. 그러나 지금 공자·맹자를 가르치는 서원의 영향력은 크지 않다. 한국에는 훌륭한 사찰이 많이 있고, 불교를 숭상하는 사람도 많다. 그들의 사회공헌 또한 크다. 나는 미국에서 유학도 했고, 거기서 오래 살며 예수교회도 열심히 섬겼지만, 몸속 깊은 곳에는 공자·맹자의 가르침에 기초한 가족관계, 조상숭배 사상이 자리하고 있다. 이렇게 한민족은 불교·유교·기독교의 영향 아래 잘 조화를 이루며 살고 있다. 이 모두가 이승만 대통령이 세운 자유민주주의, 남녀평등, 자본주의 시장경제를 기반으로 한 1948년 8월 15일, 대한민국 건국으로부터 시작되었다.

(4)
3·1만세운동

　민족 대표들이 태화관에 모인 것은 1919년 3월 1일 오후 2시였다. 지방에 있던 길선주(평양)·유여대(의주)·정춘수(원산) 3명은 제 시각에 도착하지 못했고 김병조는 상해로 탈출해 참석자는 모두 29명이었다. 한용운의 사회로 3시쯤 시작된 선언식은 독립선언서의 낭독 없이 한용운의 간단한 연설과 독립만세를 삼창하는 것으로 끝났다.

　만세 소리를 듣고 놀라서 달려온 태화관 주인에게는 일제 경찰에 신고하도록 함으로써 피해가 가지 않도록 했다. 곧 연락을 받은 일제 경찰이 들이닥쳐 민족 대표 전원을 연행해 갔다. 그날 지방에서 뒤늦게 상경한 3명도 경찰에 자진 출두했다.

　한편 민족 대표 33인이 태화관에서 독립선언식을 준비하고 있을 때 파고다공원에 운집한 수천 명의 학생과 시민은 민족 대표들이 오기만을 기다렸다. 그러나 민족 대표들은 오지 않았고, 태화관에서 별도의 독립선언식을 준비하고 있다는 소식이 뒤늦게 들려왔다. 학생 대표들은 태화관으로 달려가 갑작스러운 장소 변경에 항의하는 한편, 파고다공원에서 독립선언서를 낭독할 것을 요구했다. 장소가 바뀐 이유는 자칫 비폭력 원칙이 깨질 경우 미국 등 열강의 호의를 얻어내지 못할까 하는 우려에서였다.

하지만 받아들여지지 않았고 학생들은 2시 30분쯤 독자적으로 독립선언식을 거행했다. 수천 명의 학생과 시민이 "대한독립만세"를 외쳤다.

뒤이어 동대문·남대문·서대문을 향해 시가행진에 돌입했다. 고종의 인산을 참관하러 전국 각지에서 모여든 사람들까지 시위에 참여해 인파는 삽시간에 수만 명으로 늘어났다. 만세 시위는 늦은 밤까지 계속되었다.

서울에서 독립만세 시위가 있던 3월 1일 평양·의주·선천·원산 등 이북 지역의 6개 주요 도시에서도 독립만세 함성이 하늘을 덮었다. 3월 2일에는 함흥·해주·개성 등으로까지 시위가 확산되어 이북 전역이 시위대의 물결로 휩싸였다. 3월 3일부터는 만세 소리가 충청·전라·경상·강원도 등 이남 전역으로 퍼지고 3월 중순경에는 요원의 불길처럼 전국 방방곡곡에서 만세시위운동이 일어났다.

3월 하순부터는 노동자·농민·학생·여성 등 계층을 초월한 전 민족적인 항일운동으로 발전했다. 상인은 철시하고 노동자는 파업하고 농민은 봉기했다. 이 과정에서 관공서를 파괴하는 폭력적인 양상도 일부 지역에서 나타났다. 5월 말까지 계속된 만세시위운동은 만주, 러시아령, 미주 지역에서도 거세게 전개되었다.

3·1만세운동은 한국의 독립 후까지 한반도 역사에 막강하게 긍정적 영향을 미쳤다. 한반도 내에서는 철권통치에서 문화통치로 넘어가 지식인들

의 활동과 타협하며 식민지 완전 차별 정책을 바로잡아 한국인에게 문화적 · 경제적 성공의 가능성이 열린 것이다.

국외적으로는 한민족의 독립 성취에 대한 위상을 높이고 여러 군데서 임시정부를 세워 형식적으로나마 일제에 항거하며 국내외로 한국인이 자주민인 긍지를 가지며 1945년 독립이 될 때까지 정신적으로 버틸 수 있는 힘이 되었다.

3 · 1운동이 미친 여파는 이 밖에도 여러 가지가 있다.

《동아일보》《조선일보》 창간의 허락이라든가 고려대학, 이화학당, 배재학당 등의 교육기관 창설도 3 · 1운동의 여파라 할 수 있다. 이광수, 심훈 등의 문학 활동도 제약을 받았으나 어느 정도 통제에서나마 이루어질 수 있던 것 또한 3 · 1운동 덕이라고 볼 수 있다.

또 상해에 임시정부가 수립되고 만주 · 러시아령 등에서 독립군의 무장투쟁이 본격화했으며, 10년간 지속된 조선총독부의 무단통치를 문화정치로 변화시켰다. 3 · 1운동 전까지만 해도 소수의 선각자나 혁명가가 담당했던 독립운동이었지만 이후 학생 · 여성 · 농민 · 노동자들이 본격적으로 합류하면서 독립운동의 기반이 대중적으로 확산되었다는 점에서도 3 · 1운동이 갖는 의미는 컸다.

3 · 1운동은 중국은 물론 아시아 · 중동 등 다른 피압박 민족에게도 선구가 되었다. 1919년 4월 시작된 인도 국민회의파의 비폭력 독립운동과 중국의 5 · 4운동, 6월 미국의 식민지 필리핀의 마닐라대와 영국의 식민지 이집트의 카이로대에서 일어난 독립운동에도 나침반 역할을 하며 전 세계 피압박 민족의 대표적인 독립 투쟁으로 평가받았다.

이처럼 3 · 1운동은 한국 역사상 일찍이 경험한 적이 없는 대규모 독립운동이자 대한민국의 역사를 민주주의의 길로 전환시킨 대혁명이었다. 또한 1차 세계대전 후 세계 피압박 민족의 독립운동 가운데 첫 봉화였고 정의, 인도, 인류 평화의 새로운 세계상을 그리며 용감하게 나아간 세계사적 사건이었다.

한편, 이병철과 정주영의 등장도 3·1운동과 관련이 있다. 상업 활동이 어느 정도 허락되어 상회(商會)의 형식으로나마 경제활동을 할 수 있었던 것도 3·1운동 이후 일제의 타협통치에 의한 한국인의 활동 범위가 많이 넓어졌기 때문이었다.

이병철과 정주영은 각각 1910년과 1915년에 태어났다. 그들을 '3·1운동 키즈'라고 부를 수 있는 것은 3·1운동이 선물한 문명과 제도의 혜택을 온몸으로 받은 세대이기 때문이다. 소년 정주영을 세상의 중심에 서게 한 한글신문, 소년 이병철에게 개화의 기쁨을 선물한 교육체계, 두 사람 모두에게 자본 축적의 기회를 준 조선인 창업제도는 3·1운동이 한민족에게 준 결실이었다.

역사학자들은 3·1운동에 대한 일제의 타협을 '기만적 술책'이라고 평가한다. 하지만 기만을 실력과 뚝심으로 극복하고 성장한 수많은 인재가 1960~70년대 역사의 전면에 등장해 지금의 대한민국을 만들었다. 3·1운동은 많은 의미를 담고 있다. (《조선일보》 2019년 4월 24일자 칼럼 '정주영을 뒷간에서 곳간으로 데려간 3·1운동' 참조)

(5)
대한민국 건국,
이승만의 나라 세우기

문재인 대통령은 대한민국 임시정부 수립 100주년인 2019년을 '건국 100주년'이 되는 해로 대대적으로 경축하겠다고 공언했었다. 그 바람에 대한민국은 건국 70주년을 맞는 2018년에는 생일잔치도 하지 못하고 넘어가고 말았다.

대한민국 출범은 우리 역사에서 처음으로 국민이 나라의 주인인 근대 민주국가가 세워졌다는 막중한 의의를 지닌다. 1919년 3월 1일 임시정부 수립은 그런 의미가 없다. 국토, 국민, 헌법이 있어야 나라가 선다. 국제적인 승인도 필요하다.

대한민국 임시정부는 1919년 성립되었다. 임시정부는 영토와 국민을 통치할 실질적 법적인 힘이 당시 없었다. 열국(列國)의 승인을 받을 수도 없었다. 따라서 대한민국 임시정부의 수립은 '대한민국을 수립하기 위한 임

시정부의 수립'을 의미하는 것이다. 임시정부 수립이 곧 '건국'이 아니라는 것은 당대의 독립운동가들도 인식하고 있었다. 대한민국 임시정부 건국강령(1941), 여운형이 만든 건국동맹(1944)과 건국준비위원회(1945)는 당시 독립운동가들부터 '건국은 일제로부터 광복한 이후의 과제로 인식하고 있었음'을 잘 보여준다.

연합국이 1943년 카이로선언을 통하여 한국의 독립을 약속했을 때 그것은 한국을 전체주의 국가의 위성국으로 만들려는 것이 아니었다. 한국을 제국주의의 지배로부터 벗어난 자유로운 독립국으로 만든다는 계획이었다. 이 계획을 배반한 것은 소련이었다. 스탈린은 북한을 점령하자마자 북한을 동유럽 형태의 위성국가로 만들겠다는 계획을 분명히 가지고 실행하였기 때문이다. 그나마 미국이 한반도 이남에서나마 자유로운 독립국가를 건설하려고 한 것은 한국인에게는 다행이었다.

미국이 가진 이러한 희망에 부응하는 자유민주주의 세력이 소련 군정 치하의 북한에서는 철저히 압살되었다. 그렇지만 미군정 치하의 남한에서는 성공적으로 활동할 수 있었다. 이승만 세력, 한민당 세력, 김구의 세력은 연합전선을 형성하여 미소(美蘇)의 신탁통치를 통해 궁극적으로 한반도를 공산화하려는 좌익 세력에 대항하였다.

이렇게 대한민국 건국 계획이 구체화되고 유엔의 감시에 의한 5·10 총선거를 실시하게 되었을 때 유감스럽게도 북한은 선거를 거부하였다. 김구 세력 역시 비현실적인 희망에 부풀어 선거를 거부하였고 남로당 세력은 노골적으로 선거 방해를 위해 제주 4·3사건을 일으켰다.

이런 과정을 거치며 1948년 5월 31일 제헌국회가 열렸고 이승만이 국회 의장으로 선출되었다. 제헌국회는 국호를 대한민국으로 정하고 헌법을 제정하였다. 이어 7월 17일 제정된 헌법을 공포하였다. 제헌헌법은 대한민국의 영토가 한반도와 그 부속 도서임을 분명히 하였다. 이어 이승만을 대한민국의 초대 대통령으로 선출하였다. 1948년 8월 15일 이승만 대통령은 "금년 8·15는 해방 기념 외에 새로운 대한민국의 탄생을 겸하여 경축하는 날"이라 하였다. 유엔은 이렇게 탄생한 대한민국을 한반도 유일의 합법정부로 승인하였다.

전체주의적 공산 세력의 방해와 저지에 대항하면서 성립된 대한민국의 건국은 그 자체로 자유민주주의 혁명이라고 할 수 있다. 한국의 역사상 처음으로 인민의 자유 의지에 의한 민주적 선거를 통하여 정부를 구성하고 국가를 수립하게 된 것이다. 미군정이 이 자유민주주의 혁명의 든든한 원군이었다. 이날로부터 대한민국의 인민은 주권을 가진 국민이 되었다. 폭력 없이 진정한 혁명이 이루어진 것이다.

그러나 문재인 정권은 노골적으로 1948년 8월 15일 대한민국 정부 수립

일을 부정하고 있다. 1990년대 전교조식 교육이 체계적으로 진행돼 "대한민국은 태어나지 말아야 할 나라" "이승만은 미국에 의해 세워진 나라를 세운 대통령"으로 폄훼하는 식의 교육이 중·고등학교 현장에서 일어나 자라나는 젊은이들에게 혼란을 주고 있다.

대한민국 건국을 부정한다는 것은 한국 현대사를 부정하는 것과 다르지 않다. 자유민주주의에서 자유를 빼고, 민중민주주의, 사회민주주의도 수용해야 된다는 식이다.

이러한 건국을 둘러싼 갈등의 원인은 1980년대 《해방 전후사의 인식》이라는 책이 퍼트린 반대한민국적 역사관에서 비롯된 것이다. 이제 영화, 드라마, 소설, 동화책은 물론 모든 학생이 필수적으로 읽는 교과서에까지 퍼져 있다. 우리 사회 모든 국민의 역사관에 깊이 뿌리 내리고 있는 것이다.

'피땀으로 경제 기적을 이룩한 우리나라를 친일파가 미국을 등에 업고 세운 부정한 나라' '근로자를 착취한 재벌들의 부로 이룩한 악의 근원인 나라'로 치부한다. 또 '북한은 친일파 청산을 잘 했다는 데 반해 대한민국은 친일파 청산을 안 했다. 대한민국은 친일파가 세운 나라다', '민족분단 책임은 미군과 대한민국에 있다' 등의 주장들로 인해 '대한민국은 태어나서는 안 될 나라'라는 판단에 이르고, 나아가 통일도 민족 정통성이 있는 북한 체제로 통일해야 한다는 결론에 도달하고 있다.

문제는 더 심각하다. 반대한민국, 반이승만을 넘어 박정희의 경제 부흥이란 기적의 역사도 부정한다. 경제 부흥뿐 아니라, 전 국토의 황폐해진 산림을 재녹화하고 40만의 화전민에게 살길을 마련하여 산에서 내려오게 한 것도 부정한다.

그러나 광복 이후 우리의 역사는 세계사에 없는 기적의 시간이었다. 자유와 풍요, 국방의 굳건함이 함께 있었다. 이승만 박정희, 그리고 미국의 덕이었다.

물론 대한민국은 출범 당시 흠도 있었지만 그 상처를 꿰매고 보듬어 여기까지 왔다. 산업화·민주화의 성취를 가져온 주역들에게 경의(敬意)를 표해야 마땅하다. 몇 년 전 박정희와 5·16을 '공모'한 황용주 전 MBC 사장 평전을 낸 안경환 서울대 명예교수는 "어떤 나라를 만들 것인지 고뇌한 그 세대 지식인들에게 위로와 경의를 표한다. 누가 뭐래도 대한민국의 역사는 성공한 역사"라고 했다.

안 교수는 노무현 정부 때 국가인권위원장을 지낸 진보 인사다. 언제까지 '우리 세대의 무지와 후속 세대의 경박한 오만'으로 대한민국을 만든 주역들을 모욕할 것인가.

1960~70년대 산업화 시대를 이끈 한국의 보수세력은 혁신의 주체로서 맡은 바 소임을 충실하게 수행했다. 산업화 시대의 한국 보수의 핵심세력은 농업중심 경제 시스템에서 산업화 시스템으로의 변모를 모색하던 혁신 관료와 기업인이었다. 이들은 단순한 경제발전을 모색했던 것에서 그친 것이 아니라 농경중심 사회에서 산업화 사회로의 혁신을 기획했고 주도했다. 한국이 행정, 교육, 사회, 문화 등 모든 분야에서 근대국가로서의 기틀을 마련한 것은 이러한 혁신을 위한 노력의 결과였다. 따라서 이승만과 박정희 체제에서 성장한 한국의 보수세력은 삶의 양식, 사고방식, 생산 시스템 등에 대한 대대적인 혁신운동을 주도한 것에 대한 자긍심을 가질 만한 충분한 자격이 있다. 원희룡 제주도지사는 이런 말을 하였다.

〈"한국의 보수는 대한민국의 세계적 도전을 가능하게 한 기틀을 마련하기도 했다.

폐쇄적 국가전략에서 벗어나지 못했던 관성에서 벗어나 과감한 세계진출 전략을 채택함으로써 경제 정치 영역의 세계적 경쟁에서 생존과 번영의 법칙을 체득할 수 있었던 것이다."〉

　좌파 지식인들과 386세대 운동권들은 이승만이 미국의 앞잡이가 되어 남북 분단을 획책했다고 주장한다. 하지만 역사적 사실은 정반대다. 이승만은 미국의 앞잡이로서가 아니라 미국과 맞서 싸우면서 대한민국을 건국했다.

　해방 후 38선 이남의 미군정 책임자가 된 존 하지 중장은 '태평양의 패튼' 소리를 듣던 야전 군인이었다. 오키나와에 있던 그의 24군단이 남한에 진주하게 된 이유는 일제가 항복할 당시 그의 부대가 한반도에서 가장 가까운 위치에 있었기 때문이었다. 당연히 그에게는 통치에 대한 경험도, 한국에 대한 최소한의 사전지식도 없었다.

　하지에게 명령을 내리는 기관은 미 국무부였다. 국무부에는 1940년대 내내 이승만과 갈등을 빚어온 앨저 히스 등 용공(容共) 성향의 리버럴한 관료들이 포진하고 있었다. 프란체스카 여사는 생전에 양자 이인수 박사에게 "이 박사는 평생 미 국무부와 싸웠다"고 술회한 바 있다.

　이승만은 1945년 10월 16일 귀국했다. 미 국무부는 맥아더 사령부와 하지 장군의 요청에 따라 마지못해 그의 귀국을 허용하면서도 '개인 자격'으로 귀국하는 것이라는 단서를 달았다. 이는 그해 11월 19일 환국한 임시정부 요인의 경우도 마찬가지였다.

　처음에 하지는 이승만을 환영했다. 남한의 안정을 위해서는 민중 사이에서 "우리 대통령 이승만 박사"라고 추앙받고 있던 이승만의 권위를 빌려야 한다고 생각했기 때문이다.

그러나 신탁통치 문제가 불거지면서 두 사람의 관계는 깨지고 말았다. 1946년 제1차 미소공동위원회(미소공위)가 실패로 돌아간 후, 미 국무부는 남한 정국의 안정과 미소공위의 원활한 운영을 위해서는 좌우익을 배제한 중도 세력의 양성이 필요하다고 판단했다. 미군정이 여운형과 김규식을 내세워 좌우합작운동에 나선 것은 이러한 방침에 따른 것이었다. 좌우합작운동은 일부 인사들이 상상하는 것처럼 분단을 거부하는 이 땅 지도자들의 정치적 각성의 산물이 아니라, 미군정의 정치 공작의 소산이었던 것이다.

이후 이승만과 하지의 관계는 급속히 악화되었다. 하지는 이승만과 그 지지 세력을 정치 무대에서 축출하기 위해 민주주의 원칙을 짓밟는 행위도 서슴지 않았다. 1946년 10월 말 실시된 남조선과도입법의원 민선(民選)의원 선거에서 우익 진영이 압승을 거두었다. 총 45명 중 34명이 이승만을 지지하는 우익 인사였다. 하지는 좌우합작위원회의 일방적 주장에 따라 타당한 이유도 대지 않고 서울·강원 지역의 선거 결과를 무효화했다. 이와 함께 과도입법의원 중 관선(官選)의원 대부분을 중도 내지 좌익 성향 인사들로 충원했다. 그들 중에는 미주 교민사회에서 일관되게 반이승만 활동을 해온 김원용과 김호도 포함되어 있었다.

여론조사 결과를 조작하기도 했다. 미군정 수석홍보관 그린 대령은 1946년 6월 방한한 이승만의 홍보자문역 로버트 올리버 박사에게 "여론조사에서 70%의 한국인이 이 박사를 선호하는 것으로 나타나자, 러치 장군(미군정장관)의 명에 따라 보고서 내용을 조작해서 이 박사의 지지율을 과반수가 되지 않도록 했다"고 털어놓았다.

이승만과 하지는 때로는 공개적으로, 또 때로는 상대방의 면전에서 직접적으로, 상대방에 대한 원색적인 인신공격을 서슴지 않았다. 올리버는 하지 사령관과 부사령관 겸 군정장관 러치 장군을 만났을 때의 일을 《이승만의 대미투쟁(Syngman Rhee and American Involvement in Korea 1942~1960)》에서 이렇게 기록했다.

〈…그들은 이 박사가 과대망상증으로 거의 정신이 나간 사람이라고 말한다. 실제로 하지 장군은 이 박사에게 은밀히 면담해 보도록 정신과 의사와의 만남을 주선하기도 했다. 하지는 "이 박사가 미군정에 더이상 효용가치가 없어져 가고 있으며 공개적으로 비난해서 그를 '파멸'시켜야 할지도 모르겠다"고 말했다.…〉

이에 대해 이승만은 방미(訪美) 외교로 맞섰다. 1946년 12월에서 이듬해 3월까지 미국을 방문한 이승만은 미국 조야 인사들과 만나 하지의 실정(失政)과 소련의 야욕을 비판하면서, 미국의 대한(對韓) 정책 변화를 촉구했다.

미 국무부는 이승만의 외교 활동에 방해로 맞섰다. 이승만이 패터슨 육군 장관과 만나려 하자 국무부 관리들은 "이승만이 한국 정계에서 가장 위험한 인물 중의 한 명이며, 어떤 한국인보다도 주한미군의 입장을 어렵게 만드는 인물"이라고 주장하며 두 사람의 만남을 무산시켰다.

하지만 이승만은 운이 좋았다. 1947년 3월 12일 트루먼 미국 대통령이 소련과의 협력노선을 포기하고 그리스 등 공산주의에 저항하는 나라들을 지원하겠다고 나선 것이다. '트루먼 독트린'이다. '트루먼 독트린'은 그동안 이승만이 주장해 온 반공·반소노선과 궤를 같이하는 것이었다.

'트루먼 독트린'에도 불구하고 미 국무부와 하지 사령관은 이전의 관성에서 쉽게 벗어나지 못했다. 미군정은 이승만을 사실상 가택연금하고, 우편물들을 검열했으며, 정치자금 루트를 봉쇄했다. 미군정은 이승만의 대안으로 삼기 위해 서재필을 귀국시키기도 했다.

이후 미국은 미소공위를 통해 한반도 문제를 풀어가려던 노력을 포기하고, 한국 문제를 유엔에 상정했다. 그러면서 이승만과 미국, 이승만과 하지의 관계도 개선되었다.

해방 공간에서 이승만과 미국의 전반적인 관계는 대립·갈등 관계였다. 이승만이 1946년 6월 3일 이른바 정읍발언을 했을 때에도 미군정의 반응은 싸늘했다. 이승만의 정읍발언은 그해 2월 북한에서 '사실상의 정권'인 북조선임시인민위원회(위원장 김일성)가 수립되어 공산화 작업을 진행하고 있던 상황에 대한 대응이었다. 하지만 군정장관 러치 소장은 6월 10일 기자회견에서 이렇게 말했다.

〈"만일 이 박사가 남조선에 따로 정부를 세워야 한다고 하였다면 그것은 그의 입장에서 한 말이고 군정청을 위해 한 말은 아니다. … 나는 군정장관으로서 남조선 단독정부 수립에 대해서는 전연 반대한다."〉

1948년 8월 15일 대한민국이 건국됐다. 이듬해 1월 1일 미국은 대한민국을 승인했다. 한국의 전략적 가치를 낮게 평가한 미국은 어떻게 해서든 스타일을 구기지 않고 한국에서 발을 뺄 궁리만 했다. 미국은 이승만의 간절한 호소에도 불구하고 1949년 470여 명의 군사고문단만을 남긴 채 주한미군을 철수시켰다.

이승만은 1949년 4월 조병옥을 미국에 특사로 파견, 군사 원조를 요청했다. 조병옥은 애치슨 미 국무장관을 만나 ▲한국군 병력을 6만5000 명에서 10만 명으로 증강하고 이들과 5만 명의 예비 병력을 유지하기 위한 무기와 장비 지원을 해줄 것 ▲한국이 무력 침공을 받을 경우 미국이 한국의 안전을 보장한다는 약속을 공개적으로 해줄 것 ▲미국이 주도하는 NATO와 같은 태평양지역동맹체를 결성하여 한국의 안전을 보장해 줄 것 등을 요청했지만, 거부당했다.

경제 원조도 제대로 이루어지지 않았다. 트루먼 정부가 내놓은 1억5000만 달러 규모의 대한(對韓)원조 법안은 의회에서 삭감과 부결을 거듭하다가 6·25 발발 직전에야 간신히 의회를 통과했다.

상황이 이렇게 되자 이승만 대통령은 한국이 다시 한 번 미국으로부터 버림받는 것이 아닌지 노심초사했다. 이러한 불안은 1950년 1월 12일 '애치슨 라인 선언'으로 가시화되었다. 유사시 유엔을 통한 개입의 여지를 남겨두었다고는 하지만, 미국의 아시아 태평양 방위선에서 한국이 배제된 것은 외면할 수 없는 사실이었다. 애치슨이 의도했건, 의도하지 않았건 간에, 이 선언은 남침을 모의하던 김일성·스탈린·마오쩌둥에게는 둘도 없는 청신호였다.

결국 1950년 6월 25일 북한이 남침했다. 7월 14일, 이승만은 국군의 작전권을 맥아더 유엔군사령관에게 넘겼다. 맥아더는 1948년 8월 15일 대한민국 정부 수립 기념식장에서 "대한민국이 공산주의자들의 침략을 받을 경우, 캘리포니아를 지키듯이 한국을 방위하겠다"고 이승만에게 다짐했었다. 그리고 1950년 9월 15일 인천상륙작전을 성공시켜 그 약속을 지켰다.

1951년 이후 휴전협정이 진행되면서 이승만과 미국의 갈등은 다시 내연

(內燃)하기 시작했다. 미국 정부는 한국전쟁이 세계대전으로 번지는 것을 막기 위해 휴전으로 '봉합'하려 했다.

1953년 6월, 휴전협정의 막바지 단계에서 아이젠하워 미국 대통령은 마크 클라크 유엔군사령관을 통해 이승만에게 휴전에 동의해 줄 것을 요청했다. 이승만은 클라크 사령관에게 이렇게 답했다.

〈"우리는 살기를 희망하오. 분명히 말해 두지만 우리는 생존을 희망하는 것이오. 그렇소. 우리는 우리의 운명을 우리 스스로 결정하겠소. 우리 민족은 영원히 존속해야 하오. 민족의 생존권은 어느 누구도 박탈할 수 없소. 미국이? 천만에, 좀 안됐지만 나는 이러한 정세 아래에서 협력하겠다는 보장을 아이젠하워 대통령에게 줄 수 없소.

나 이승만은 미국인이 아니오. 아이젠하워 대통령도 우리 한국의 대통령이 아니오. 이 나라의 대통령은 나요. 나는 내 민족을 위해서 분명히 내 주장을 펼치겠소. 이는 우리 민족이 바라는 것이오."〉

클라크 사령관은 이승만과 만난 후인 1953년 6월 7일 "이 대통령이 지극히 비합리적이고, 전혀 양보할 기미가 없다"고 미 합참에 보고했다. 그리고 같은 달 18일 이승만은 2만7000여 명의 반공포로 석방을 단행했다. 존 F. 덜레스 미 국무장관은 양유찬 주미대사에게 "이 대통령의 처사는 등 뒤에서 칼로 찌르는 격"이라며 격하게 항의했다. 이승만이 이처럼 완강하게 휴전협정에 반대하자 미국은 그를 제거할 생각까지 했다. 이것이 미 8군이 수립한 '에버 레디(Ever Ready) 계획'이다. 미국은 이보다 전인 1952년 5월 부산 정치파동 당시에도 이승만 제거 계획을 궁리한 바 있었다. 아이젠하워 미국 대통령은 자신의 일기장에 이렇게 적었다.

〈…이승만이 철저하게 비협조적이고, 나아가 반항적이기까지 한 사례들을 담은 긴 목록을 만드는 것 자체가 불가능하다. 이승만은 지금까지 너무나 마음에 들지 않는 동맹자(an unsatisfactory ally)였기 때문에 그를 가장 심한 말로 통렬히 비난해도 조금도 지나치지 않는다.…〉

더 나아가 아이젠하워는 앨런 덜레스 CIA 국장에게 "이승만은 우리의 친구가 아니라 적"이라고 투덜대기까지 했다.

반공포로 석방 후 방한한 로버트슨 미 국무부 차관보는 이승만과 힘겨운 줄다리기 끝에 "휴전에 서명하지는 않지만, 휴전을 방해하지는 않겠다"는 약속을 받아냈다. 그 대신 로버트슨은 한미상호방위조약의 체결, 전후 복구를 위한 경제 원조, 20개 사단으로 한국군 증강 등을 약속했다.

1953년 7월 27일 휴전협정이 조인됐다.

서울에서 변영태 외무부 장관과 덜레스 미 국무장관이 '대한민국과 미합중국 간의 상호방위조약(한미상호방위조약)'에 가(假)조인한 것이 그해 8월 8일, 양국 대표가 워싱턴에서 이 조약에 공식적으로 조인한 것이 10월 1일이었다. 이 조약은 양국 의회의 비준을 거쳐 이듬해 11월 17일 정식으로 발효되었다. 한미상호방위조약이 가조인된 다음 날, 이승만은 대국민담화를 통해 이렇게 말했다.

〈"이제 한미방위조약이 체결되었으므로 우리의 후손들은 앞으로 누대에 걸쳐 이 조약으로 말미암아 갖가지 혜택을 누릴 것이다. 이 분야에 있어서 한미 양국의 공동 노력은 외부 침략자들로부터 우리를 보호하여 우리의 안보를 오랫동안 보장할 것이다."〉

⑥
무엇이 친일인가. 이승만과 친일

건국 대통령 이승만은 할 일이 많았다. 새로 생긴 나라의 법과 제도를 만들어야 함은 물론 38선(휴전선) 이북의 적과 대치하며, 이들이 지원하고 있던 이남의 적과도 싸워야 했다. 이 와중에도 이승만은 친일 정리에 필요한 '반민족행위처벌법(반민법)'을 1948년 9월 공포했다. 대한민국 국회가 만들어지고 처음 만든 이 법안에 대해 내각은 대통령이 거부권을 행사해야 한다고 건의했지만, 이승만은 이를 수용했다. 대한민국 1호 법안이다. 공산당과 싸우는 데 필요한 국가보안법이 1948년 12월에 제정된 사실을 고려하면, 이승만이 친일 청산에 미온적이었다는 평가는 유보해야 한다.

건국 당시 이승만은 친일 청산을 '일시에 그리고 빨리' 마무리해야 한다는 입장이었다. 그 이유는 그때의 상황에서 '친일 청산'보다는 '친북(親北) 청산'이 더욱 절박했기 때문이다. 대한민국에서 활동하는 북한의 앞잡이들이 6·25전쟁을 일으키기 위해 10여 명의 프락치를 국회에까지 포진시킨 상황에서, 이승만은 '과거의 적' 친일파를 청산하는 과제보다는 '현재의 적' 공산당에 대처하는 과제가 당연히 우선한다고 판단했다.

만약 이승만에 의해 반민특위 활동을 뒷받침하던 특별경찰대가 1949년 6월, 그리고 반민특위 자체가 같은 해 10월 해산되지 않았다면, 친일 청산은 해를 넘기며 1950년 6·25전쟁이 날 때까지 계속됐을 공산이 크다. 그랬다면 대한민국은 1950년 6월 시작된 전쟁에서 9월 인천상륙작전을 해보지도 못하고 대구와 부산까지 북한군에 내주면서 지도에서 사라졌을 가능성이 크다.

바로 이런 맥락에서 1950년 4월 소련으로부터 남침 전쟁에 대한 승인을 받기 위해 김일성이 박헌영과 함께 모스크바를 방문했을 때, 박헌영이 스탈린에게 했다는 발언은 매우 중요한 의미를 갖는다. 박헌영은 스탈린에게 "북조선에서 첫 신호를 보내면 남조선 인민들이 집단적으로 봉기할 것"이라고 말하며 남침 전쟁의 필요성을 설득했다. 이승만의 '친북 청산'이 얼마나 중요했는지를 역설적으로 보여주는 대목이다.

사실 오늘의 대한민국은 일본을 배워서 일본을 넘겠다는 극일(克日)의 민족 에너지가 우리를 여기까지 오게 했다. 무엇이 나라를 망치는 매국이란 말인가?

문재인 정권과 그 주변부가 친일 프레임을 구사하는 것은 좌파 통치를 위한 또 하나의 진영 논리에 불과하다. 진심으로 묻고 싶다. 우리 사회에 정말 일본을 숭모하는 친일 세력이 존재한단 말인가. 지금도 일본을 위해 우리 국익을 내팽개칠 매국노가 있다는 건가. 광복 후 70여 년이 흘렀고 세상은 천지개벽했다. 민족을 배신하고 나라 팔아먹는 1900년대식 친일은 소멸한 지 오래다. 그런데도 70년 전 잣대를 가져다 마녀사냥을 벌이고 정적(政敵)에게 '토착 왜구'란 해괴한 프레임을 씌우고 있다. 이게 소득 3만 달러 '선진국'에서 벌어지는 일이 맞나 싶다.

이 정권 들어 반일은 원리주의 종교처럼 폭주하고 있다. 좌파 교육감들은 난데없이 '친일 교가(校歌)' 공격에 나섰고, 어떤 지방 의회는 '전범(戰犯) 기업'을 몰아낸다는 조례를 들고 나왔다. 민노총은 부산 일본 총영사관 앞을 항일(抗日) 거리로 조성하겠다고 선언했다. 국제협약 위반 소지가 있는 강제징용 노동자상(像)도 세우겠다고 했다. 감정적으론 시원하지만 결코 국익에 도움 되지 않는다. 국가 이익이란 수많은 변수가 복잡하게 얽힌 고도의 전략 이슈다. 동상 세우고, 항일 표지 붙여야 민족 자존심이 산다는 발상 자체가 싸구려 민족주의에 지나지 않는다. 현대판 척화비(斥和碑)라도 세우겠다는 건가.

《조선일보》는 2019년 4월 17일 자 칼럼을 통해 "미국에 맞서 국익을 지킨 이승만을 친일, 미국 괴뢰라 매도하고 있다"며 "일본의 패망 후 소련 공산주의와 싸워 대한민국을 건국한 것이 좌파가 보는 진짜 이승만의 죄일 것"이라고 했다.

그즈음, 공영방송 KBS에서 이승만에 대해 '친일파, 미국의 괴뢰'라면서 '무덤에서 파내야 한다'는 한 인사의 주장을 방영했기 때문이다.

문재인 정부는 대한민국 임시정부 100년을 기념해 선정한 독립운동 인물에도 이승만을 빼버렸다. 이승만은 임시정부 초대 대통령이다. 다음은 《조선일보》칼럼 중 일부를 인용한다.

〈… 이승만이 내각에 친일 인사를 많이 기용했다고 '친일'이라고 한다. 이 정권 사람들이 인정하는 친일파 연구자들의 조사에 따르면 이승만 정부 내 일제 관료 출신은 32%인데, 이 대통령 하야 후 수립된 장면 4·19 혁명정부 내각의 60%가 부일 협력자라고 한다. 그렇다면 4·19 혁명정부는 아예 일본 하위 기관인가. 모두가 헛된 논쟁일 뿐이다. 2016년 독일 언론 조사에 의하면 2차 대전 패망 후 서독 법무부 간부의 53%가 히틀러 나치당 당원이었다. 많은 국·실에서 간부의 70% 이상이 나치당 당원이었다. 악명 높은 나치스 돌격대(SA) 출신도 20%에 달했다. 한 나라에 해방과 패망은 과거와의 급작스러운 단절이다. 그래도 어떻게든 세상은 돌아가야 하고 사람은 살아야 한다. '과거'와 '미래' 사이를 잇는 '현실'은 일정 기간 불가피하게 존재할 수밖에 없는 것이다. 중요한 것은 미래로 가느냐이다. 한국과 서독은 모두 미래로 갔다. 미래로 간 나라는 과거를 가장 확실하게 청산하고 극복한 것이다.…〉

이승만은 미국의 힘과 시스템을 부러워하고 존경했지만 미국에서 너무나 많은 좌절과 쓰라림을 겪었다. 미국에서 대한민국 임시정부를 승인받기 위해 피눈물 나게 노력했으나 미국인들은 철저하게 무시했다. 이승만은 미국이란 국가를 높이 평가했지만 미국 정치인들에 대해선 그렇지 않았다. 그는 자신의 저서《일본의 내막》서문에서 "미국인들은 일본인들의 아첨을 좋아하며 뇌물에 속아 넘어간다"고 했다.

이승만은 통일 없는 6·25 휴전을 거부한 인물이다. 그의 고집이 없었다면 한미동맹 조약은 불가능했을지 모른다. 한미동맹이야말로 대한민국의 기적을 일군 주춧돌이다. 일제강점기 이승만의 적은 일본이었고, 일본 패망 이후 이승만의 적은 공산주의와 김일성이었다. 이런 이승만의 시각을 폄훼하고 '친일 매국' '미국의 괴뢰'라고 손가락질하는 자들의 저의는 무엇인가.

보수 우파는 진보 좌파의 시각을 지닌 자들이 이승만을 공격하는 저의가 따로 있다고 의심한다. 이승만의 공(功)은 숨기고 과(過)만 줄곧 이야기하는 저의에는, 이승만이 그토록 싫어했던 '공산주의와 김일성' 세력이 연결돼 있다는 지적이 나온다. 실로 끔찍하지 않을 수 없다.

(7)
기적의 역사…
이승만·박정희·전두환, 기적을 이룬 경제인들

1948년 대한민국 건립에서부터 1988년까지 40년간은 지금의 한국을 있게 한 기적의 세월이었다. 역대 대통령 중에서 나에게 많은 생각을 갖게 하는 대통령이 있다. 이분들은 많은 공적(功績)과 함께 과오(過誤)도 지닌 분들이다. 그러나 공을 더 기억했으면 하는 바람이다.

이승만·박정희·전두환, 이 세 분의 지도자는 오늘날 대한민국 번영의 기초를 닦은 대통령이다. 이분들을 지도자로 가졌다는 것은 나라의 행운이요, 세계에 큰소리칠 만한 자랑이다. 세종대왕, 이순신 같은 민족의 영웅보다도 더 자랑으로 여겨도 좋으리라.

세 분의 대통령이 집권했던 40년 동안 일어난 일들을 열거하기는 쉽지 않다. 왜냐고? 너무 많은 일이 일어났기 때문이다. 신탁통치반대운동, 대한민국 건국, 대구10·1사건, 제주4·3 사건, 여수·순천사건, 6·25 전쟁, 유엔군의 참전, 한미 상호방위조약의 체결, 3·15 부정선거와 4·19 혁명,

5·16 군사정변, 한일 국교정상화, 10월 유신, 부마항쟁, 10·26과 12·12 사태, 5·17 비상계엄 확대와 5·18 광주민주화운동, 학림·부림사건, 87년 6월 민주화운동, 6·29 선언 등 참으로 혼란의 세월이었다.

세 분의 지도자는 철저한 반공으로 무장해 정국의 안정과 경제 발전을 함께 이루어놓은 훌륭한 지도자들이다. 이후 여섯 분의 대통령은 안정된 경제 발전을 향해 달리는 말에 올라타 40년 독재의 후광을 입으며 힘 안 들이고 30·50클럽에 다다를 수 있었다.

박정희에 대한 공격과 매도는 너무나 당연시되는 '신드롬'이다. 하지만 역사를 바꾸지는 못한다. 세계 최빈국이던 우리나라를 기적의 드라마로 만든 이가 박정희다. 그의 등장이 5·16이다. 5월 16일은 한반도 축복의 날이다.

박정희의 산업화 공로는 100여 년 전 우리 모습을 기록한 독일 여행가의 글에서 확인할 수 있다. 그가 본 서울은 집 5만 채 대부분이 쓰러져가는 모습이었다.

〈…산업도 굴뚝도 유리창도 계단도 없는 도시. 극장 커피숍 찻집 공원 정원 이발소도 없는 도시. 집엔 가구도 없고 대소변을 집 앞 거리로 내다 버리는 도시. 모든 사람이 흰 옷을 입고 있는데 이보다 더 더러울 수 없고 인분 천지인 도시. 도시가 낙후된 태국, 버마, 캄보디아에도 높은 사원 하나는 있었지만 여긴 아예 없다. 남산서 본 서울은 땅바닥에 붙은 납작한 황토집들이 황무지 같은 광경을 이루고 나무조차 없다. 단 한 곳 오아시스 같은 곳이 있었지만 500년 왕조의 왕궁이란 말을 듣고 그 초라함에 놀라지 않을 수 없었다.…〉

이 여행가가 '500년 왕조의 왕궁이란 말을 듣고 그 초라함에 놀라지 않을 수 없었다'던 그 나라는 36년간 국권을 잃었다. 동족끼리 총부리를 겨눠 국토는 폐허가 되었다. 그러나 어찌된 영문인지 세계 최고 수준의 도시로 변모했다. 무엇이 이를 가능하게 만들었을까.

《조선일보》양상훈 주필은 칼럼에서 "한국인은 답을 알고 있다"며 이렇게 썼다.

"이승만의 자유민주주의 국가 건국과 농지개혁, 국민교육제도 확립, 한미동맹 쟁취의 바탕 위에서 박정희가 외자 도입, 수출 입국(立國), 전자·중화학 육성, 농촌혁명 등의 전략을 밀어붙였다. 수천 년 농업 노예(노비) 국가를 근대 공업 국가로 탈바꿈시키는 정책이었다."

박정희의 깃발 아래 기업인들은 한국 경제의 기적을 써 내려갔다.

"기업의 역할은 일자리를 제공하는 것이다. 기업이 이윤을 추구하는 것, 그 자체에는 아무런 문제가 없다. 문제는 기업이 적자를 내 일자리를 제공하지 못하는 경우에 있다. 기업이 적자를 내는 것은 큰 범죄를 범하는 것이다.

보보시도장(步步是道場), 즉 한 걸음 한 걸음이 인생이다. 인생은 도장이고, 나에게는 끊임없이 사업을 일으켜 가는 것이 나 자신에 대한 연마였다."(삼성 창업주 이병철)

"우리나라 기업은 2류, 행정은 3류, 정치는 4류다. 출근부 찍지 마라. 없애라. 집이든 어디에서든 생각만 있으면 된다. 6개월 밤을 새워서 일하다가 6개월 놀아도 좋다. 논다고 평가하면 안 된다. 놀아도 제대로 놀아라.

우리는 자만심에 눈이 가려 위기를 진정 위기라고 생각하지 않는다. 내가 등허리에 식은땀이 난다. 경영자는 알아야 하고 행동해야 하며 시킬 줄 알아야 하고 가르칠 수 있어야 하며 사람과 일을 평가할 줄도 아는 종합 예술가로서의 실력을 갖춰야 한다"(삼성전자 이건희)

"나는 생명이 있는 한 실패는 없다고 생각한다. 내가 살아 있고 건강한 한, 내게 시련이 있을지언정 실패는 없다. 낙관하자. 긍정적으로 생각하자.

나는 나라는 것에 별 의미를 두는 사람이 아니다. 나에게 가장 큰 의미가 있는 것은 언제나 내 앞에 놓여 있는 내가 쓸 수 있는 시간이었다. 나에게 주어진 시간을 어떻게, 무슨 일로 얼마만큼 알차게 활용해서 이번에는 어떤 발전과 성장을 이룰 것인가 이외에는 실상 내가 관심을 가진 것은 별로 없었다."(현대 창업주 정주영)

"가령 백 개 가운데 한 개만 불량품이 섞여 있다면 다른 아흔아홉 개도 모두 불량품이나 마찬가지이다. 아무거나 많이 팔면 장땡이 아니라 한 통을 팔더라도 좋은 물건 팔아서 신용 쌓는 일이 더 중요하다.

돈을 버는 것이 기업의 속성이라 하지만 물고기가 물을 떠나서는 살 수 없듯, 기업이 몸 담고 있는 사회의 복리를 먼저 생각하고 나아가서는 나라의 백년대계에 보탬이 되는 것이어야 한다. 그러기 위해서는 우리도 기업을 일으킴과 동시에 사회에 도움이 되는 일을 찾아야 한다. 그런 기업만이 영속적으로 대성할 수 있다."(LG 창업주 구인회)

"일본 최대의 섬유 메이커인 데이진의 사장 오야 신조가 그 회사에 근무하는 동안 12번이나 목을 매려 했다. 한 사람이 기업을 이끌 때 그의 피눈물은 자기 기업을 작품으로 만든다. 적어도 20여 년간 이 직물업에 종사하면서 숱한 고난을 극복하고 보니 이젠 사업에 대한 정열과 용기가 다시 우러난다."(SK 창업주 최종건)

"우리나라가 지금은 변방의 후진국이지만 인재양성 100년 계획에 따라 고도의 지식산업 사회를 목표로 일등국가 일류국민으로 발전해 나가면 기필코 경제대국으로 성장할 수 있을 것이다. 자원빈국에 자본주의 경험도 일천한 이 나라는 그때쯤이면 지적 역량이 모자라 발전이 더딜지도 모른다. 그러므로 지금부터 세계적인 학자를 키워야 한다."(SK 선대회장 최종현)

그러나 세 분의 대통령 이후 30년간, 한국 정계는 정치적으로 끈질긴 친북 좌파 진보 세력의 공격으로 맥을 못 추리고 갈팡질팡하며 정국을 운영해 왔다.

9명의 대한민국 대통령 중 보수 대통령이 7명이었는데 보수가 얼마나 못났으면 이승만 기념관도 못 세웠나 하는 안타까운 마음이 든다. 김구 기념관도, 노무현 기념관도 있다. 박정희 기념관(정식 명칭은 박정희대통령기념도서관)도 세워졌다.

한데 이승만은 기념관도 없고 동상 하나조차 제대로 못 세우게 막고 있다. 자유민주주의 시장경제를 주창한 이승만의 길과 어긋나게 진영의 논리가 판을 친다.

또한 삽교천 공사 기념으로 세우려던 박정희 동상이 당진시와 데모꾼들의 반대에 밀려 시퍼런 천을 덮어쓰고 땅에 누워 있는 것을 본 적도 있다.

당진과 예산 주변은 40년 전 삽교호가 생김으로써 논농사, 밭농사가 항상 풍작으로 딴 세상이 되었다. 그래도 박정희는 독재자였으므로 동상 세우는 것을 인정할 수 없다는 것이다.

〈…나라가 망하는 것은 머리 좋은 사람이 모자라서, 공부 많이 한 사람이 모자라서, 부지런한 사람이 없어서, 착한 사람이 없어서가 아니라, 의리에 밝고 용감한 사람이 부족해서이다.…〉

(《조선일보》2019년 5월 16일자 양상훈 칼럼 '58년 전 오늘이 없었어도 지금의 우리가 있을까' 참조 인용)

(8)
부러워하던 나라에서
걱정하는 나라로

386 주사파, 지금은 586이 된 이념 세력의 영향으로 대한민국은 그 중심이 흔들리고 있다. 쉽게 말해 '몹시 괴로운' 통일의 길로 가고 있다.

자유민주주의 시장경제 체제는 인류가 탄생한 이래, 지난 수천 년 동안 인간 본연의 욕구와 노력의 대가 등 행복의 추구를 제일 잘 표출한 사회제도이다. 지난 70여 년 동안 2차 세계대전 이후 자유민주주의와 시장경제를 시행했던 나라들은 모두 부흥하였다. 대한민국도 그 하나의 예이다.

이승만·박정희·전두환 대통령은 독재와 군부 통치로 많은 비판의 대상이었지만 큰 틀에서는 반공과 자유민주주의 시장경제를 철저히 신봉한 지도자였다. 공산주의, 마르크스-레닌주의, 수정 공산주의, 사회주의, 민중주도 경제, 주체사상 등을 실험했던 나라들은 모두 다 망했다. 끝까지 버티던 공산국가 쿠바마저 50년 만에 정책 실패를 인정하고 자본주의 시장

경제를 도입해 빈곤에서 벗어나려 하고 있다.

그런데 지금 대한민국은 좌파 진보 정권이 들어서면서 소득주도 경제 성장, 정부주도 경제 성장, 최저임금 올리기, 공무원 늘리기, 기업 옥죄기, 민중중심주의 등 이념과 진영의 논리에 가까운 정책으로 나라를 이끌어 가려고 한다. 북한 핵까지 머리에 이고 사는 이 지경에 과연 대한민국은 어디로 가고 있는가?

문재인 대통령은 정치 수완에 있어서는 10단이지만 경제 분야는 초단도 안 된다. 아마추어다. 정통 경제학에서 경제 성장은 자본, 노동, 생산성의 함수다. 자본과 노동이 더 투자되어야 경제가 성장한다. 이 함수에 최저임금 급속 인상과 주 52시간 근로제를 대입하면 경제 성장은 멈출 수밖에 없다. 멈추는 것이 아니라 뒤로 후퇴한다. 임금 인상에 따라 생산비용이 높아지면 기업은 설비 투자와 고용을 줄이기 때문이다.

지난 3년간의 소득주도 성장 정책이 저성장, 저고용으로 이어진 이유가 여기에 있다. 2018년 상반기는 1차 최저임금 인상에 휘청했을 뿐이다. 하반기엔 주 52시간 노동의 돌직구가 날아들었고 2020년에는 더 높은 최저임금 쓰나미가 덮쳤다.

그러나 소득 주도 성장, 공무원 늘리기, 복지 확대 등은 이 정부의 기본 정책이요 정체성이기 때문에 바꿀 생각이 없단다. 이대로 가면 경제 상태는 재앙으로 바뀌고 피해는 온 국민의 몫이다.

나는 장하성씨의 경제정책 이론을 인터넷, TV 등에서 여러 번 보았다. 이론이 정연하다. 최저임금을 올리고, 대기업을 손보고, 부자의 세금을 올려서 평등성을 다시 찾고 등 너무나 그럴듯하여 도대체 이렇게 쉬운 정책들을 다른 정권에서는 왜 쓰지 않았나 싶었다. 그리고 장하성씨가 지금은 떠났지만 청와대 정책실장으로 한국 경제를 변경·조정하여 왔다.

나는 그의 의도가 나라를 어렵게 하고자 하였다고 생각지 않는다. 경제는 괴물처럼 커지고, 다루기 어려워졌다. 상아탑에서 세운 이론이 실세상에서 잘 적용이 안 되는 것이다. 아마추어적 경제 이론이라고 하고 싶다.

우리 한국은 지금 기로에 서 있다. 어쩌면 돌아가기 어렵지 않을까 걱정이 앞선다. 대한민국의 미래를 걱정하는 지식인들의 말을 '기록'에서 찾아보았다.

"지금 한국은 잘 훈련된 사회주의 혁명가들에 의하여 조종되고 있는 것 같다. 대한민국은 지금 안락사 중에 있다."(노재봉 전 총리)

"촛불시위 이전부터 언론매체는 완전히 반보수 체제 중심으로 장악되어 지금의 이 위험한 현실을 그대로 보도하는 TV·신문이 거의 없다. 구한말 조선 주변을 위협하던 열강들의 각축장 같은 상태로 전락되어 있다.

자유언론이 사라지고 정치권도 마비되고 국가조직 전체가 촛불혁명이라는 구실 아래 검찰·경찰·사법부·노동계 모두 청와대를 장악한 특정 세력의 정치도구로 전락하였다. 지금 한국의 상태는 의식이 몽롱하여 전방위적으로 몰락해 가고 있다."(이인호 전 KBS 이사장)

"문재인 정권은 이 나라를 상상도 못 할 곳으로 끌고 가고 있다. 35년간 북한을 연구하고 여러 가지 경험하였는데 지금 정권이 하는 일에 대해서 대단히 우려할 뿐 아니라 매우 위험한 지경에 이르렀고 이미 늦었다는 자괴감마저 든다.

상당히 위험한 시기가 다가오고 있다. 대공(對共) 전선은 다 무너지고 없다. 북한의 대남 공작은 최고조에 이르고 있다. 지금 우리 내부는 누가 적인지 피아(彼我)가 구별되지 않는다. 2년 전 세상을 떠난 시몬 페레스 이스라엘 수상은 회고록에 '우리가 핵을 가지고 있었기에 우리를 둘러싸고 있는 인구 30배의 적들과 타협하고 무릎을 꿇게 만들 수 있었다'고 했다. 이에서 보듯이 핵은 무서운 힘을 가졌고 주변 국가들을 위협할 수 있다. 과연 이북의 핵은 어떤 의미를 가지고 남한의 역사에 영향을 미칠까!"(남주홍 전 국정원 1차장)

"문재인 정권은 촛불혁명을 완수하여야 하는 정권이라고 스스로 자부한다. 촛불혁명은 광장 민주주의를 내세워 국가의 체제를 바꾸려는 의도, 지금은 과거 9년의 자유민주주의, 시장경제, 반공을 국시로 각계에서 일하던 사람들의 중심세력을 말살하려는 숙청의 단계에 와 있다. 위원회를 만들어 모든 결정을 하고 군사 분야, 입법부, 사법부, 경제 전체를 좌지우지하는 것은 법치주의를 말살하고 사회주의 체제로 한국을 몰아가려는 것이다."(박선영 물망초 이사장)

⑼
사정(司正)과 적폐청산

권불십년(權不十年)이라는 말이 있다. 아무리 막강한 권세라도 10년을 못 넘긴다는 말인데, 즉 부당하게 잡은 권세는 오래가지 못함을 뜻한다. 돌아가는 상황에 비춰 곧 권불오년(權不五年)으로 바뀔지도 모르겠다.

문재인 정권 곳곳에서 비명이 터져 나왔다. 전(前) 정권의 적폐를 청산하겠다며 13개 부처에 '적폐청산위'가 꾸려졌다. 이미 박근혜 전 대통령은 영어(囹圄)의 몸이 된 지 3년이다.

문재인의 검찰은 이명박 정부 시절 기무사가 '스파르타'라는 조직을 만들어 행한 댓글 활동을 문제 삼았다. BBK 재수사도 이뤄졌다. 검찰의 칼끝은 이명박 전 대통령을, 그의 형 이상득 전 의원을 끝내 구속시키고 말았다.

시계를 되돌려 보자. 2008년 이명박 정권이 들어서자 검찰은 지금처럼 '물 만난 고기'와 같았다. 당시 수사를 지휘한 대검 중수부장은 이인규, 검찰총장은 임채진이었다. 지금은 사라진 대검 중수부는 '나는 새도 떨어뜨린다'는 검찰총장의 직할부대였다.

검찰은 노무현 전 대통령의 후원회장인 박연차씨의 비자금을 수사하며 노 전 대통령을 '피의자 신분'으로 조사했다. 그 무렵 노무현 일가의 640만 달러 수수 의혹이 불거져 나왔다. 그러나 수사는 노 전 대통령의 갑작스러운 죽음으로 파국을 맞았다. 고인이 스스로 목숨을 끊은 것이 수사 과정에서 겪은 모욕 때문인지, 아니면 확대 진행되는 수사의 압박 때문인지는 알 길이 없다.

문재인 정부의 적폐청산은, 이명박 정부 시절 거셌던 사정(司正) 분위기를 연상케 한다. 이명박 정부 초기 김경한 법무부 장관은 '무관용의 원칙'을 천명하며 사정 드라이브를 강하게 걸었다. 그러나 당시 야당과 시민단체의 평가는 무척 인색했다. 2010년 초 참여연대는 'MB 검찰 2년'에 대해 이런 평가를 내렸다.

〈… 이명박 정부 1년은 법무부 장관과 검찰총장이 나서서 대통령의 뜻을 받들며 검찰의 정치적 중립을 허물어뜨렸다면, 이명박 정부 2년의 검찰은 스스로 살아 있는 권력의 의지를 실현하기 위해 온몸을 던진 해라고 볼 수 있다. 죽은 권력에 대해서는 한없이 가혹하고 살아 있는 권력에는 더없이 관대했던 검찰, 과잉 형사범죄화 시도로 국민의 기본권을 제약하는 데 권한을 남용했던 검찰이었다.…〉

10년 전과 지금의 검찰은 얼마나 달라졌을까. 지금이 더 가혹할까? 검찰의 이런 행태를 두고 "살아 있는 권력에는 한없이 약하고 죽은 권력에 대해서는 가차 없다"는 말이 나온다.

무시무시한 검찰 권력을 앞세워 현 정권은 적폐청산 이름의 칼날과 친북 정책, 반일정책 등 완전히 보수를 무너뜨리고 20년 아니 100년의 진보 좌파의 집권을 구축하려 한다.

그뿐만 아니라, 이승만·박정희 시대의 역사를 말살시키는 운동까지 철저히 하고 있다. 심지어 박정희 탄생지까지 지우려 하고 있다.

참으로 무서운 시대가 됐다. TK 지역 출신 박정희·박근혜·이명박·노태우·전두환 등의 각종 흔적은 지난 3년 사이 사라지고 천덕꾸러기 신세로 방치된 분위기다.

아무리 우리가 냄비 체질이고, 진보 좌파 정권이 섰다 해도 이건 너무 했다. 경북대 정치외교학과의 한 교수는 "정권 성향이 달라진다고 해서 역대 대통령 관련 시설의 관리 수준이 달라진다면 이는 민주주의 사회에서 정치적 가치관을 탄압하는 것"이라며 "중앙정부나 지자체에서 최소한의 관리 예산을 책정해 정권 성향에 영향을 받지 않도록 해야 한다"고 말했다.

광장의 함성을 민주주의라고 착각하면 큰일이다. 촛불혁명이라는 말 자체가 그것을 뒤에서 조종하고 그 덕을 본 사람들, 집단이 촛불의 의미를 미화하였을 뿐이다. 나는 문재인 정권이 우리나라를 잘 이끌어 가기만 바랄 뿐이다. 20년, 30년 장기 집권해도 좋다. 정치만 잘 해주길 바란다.

적폐몰이로 온 나라에 이념적 갈등을 일으키고 경제적으로는 공무원 늘리기, 최저임금 급속인상, 소득주도성장, 탈원전 등 나라 전체가 뒤로 가고 있다는 탄식이 들린다.

그러나 대통령의 인식은 냉혹하다. 지난 2019년 5월 3일 문재인 대통령이 사회 원로 초청 간담회에서 한 말은 문 정권에 대한 마지막 남은 한 가닥 기대조차 가차 없이 발로 차버렸다. "국정 농단이나 사법 농단이 사실이라면 (그것은) 아주 심각하게 반(反)헌법적이기 때문에 그 부분은 타협하기 쉽지 않다."

자기들이 국정 농단이니 사법 농단이니 레테르를 붙여 2년간 실컷 두들겨 패면서 갖고 놀다가 이제 와서 '사실이라면'이라니 그게 변호사 출신의 어법인가, 아니면 염치를 몰라서인가?

그러나 믿었던 검찰에 의해 발등이 찍힌 상태다. 문재인 대통령이 임명한 윤석열 검찰총장은 문재인 권력과 대치중이다. 조국 전 장관 일가 비위(非違) 의혹을 시작으로, 현재 신라젠과 라임, 울산시장 부정선거 의혹 등 수사의 칼날이 현 정권을 향해 있다. 수사 결과에 따라 권력형 비리로 비화할 가능성이 있다. 추미애 법무장관을 내세워 검찰개혁을 빌미로 윤 총장의 사퇴를 종용하고 있다.

어쨌든 문재인·김정은 남북한 지도자가 서로 만나 대화를 나눌 수 있다는 사실이 놀랍다. 지난 10년 보수 우파 정권에서는 볼 수 없었던 역사적인 장면이다. 하지만 많은 사람이 북한의 거짓 평화 공세를 걱정하고 있다. 북한이 경제 압박으로 숨통이 막혀가고 있는데 왜 남한이 또 김씨 왕조를 살려주려고 안달을 하고 있느냐는 보수 우파의 목소리에 귀를 기울여야 한다. 굳건한 한미동맹, 흔들림 없는 평택 주한미군만 있다면 북한 핵과 방사포는 힘이 없다고 확신한다.

이제 보수 우파는 할 수 있는 일이 오직 하나 남아 있다. 대권은 못 잡더라도 쌈닭처럼, 들개처럼 싸워서 나라가 급속히 내리막 비탈길로 굴러 떨어지지 않도록 진보 좌파를 견제하는 것이다. 탈원전 반대, 최저임금 급속 인상 반대, 이북 퍼주기 반대, 대기업 흔들기 반대, 급속한 복지 늘리기 반대 등 할 일이 남아 있다.

(10)
남북경제 공동체,
통일로 가는 길

광복 이후 모든 대통령이 통일을 꿈꾸었다. 저마다 한반도 통일의 큰 그림을 그렸지만 누구도 통일의 길에 들어서지 못했다.

김일성은 6·25전쟁을 통하여 공산화 통일을 이룰 뻔하였다. 총칼로 수백만 명의 동포가 죽거나 다치게 하며 통일을 이루려 하였으나 유엔의 개입으로 무산되고 말았다.

이승만 대통령은 인천상륙작전에 성공하여 전세를 역전시키며 북진통일의 꿈을 이룰 뻔하였다. 그러나 압록강까지 진격했으나 중국이 '항미원조(抗美援朝·미국에 대항해서 북한을 지원) 전쟁'을 외치며 참전하는 바람에 38선이 그어지고 말았다.

6·25전쟁은 남과 북을 서로 불신하고 적대하는 감정의 골을 깊게 만들었다. 또한 이산가족의 아픔과 민간인 학살로 인한 고통, 미귀환 포로 문제

는 지금도 계속되고 있다.

역대 정권을 거치며 남북 정상이 만나 통일의 초석을 다졌지만 서로의 불신을 떨치지 못했다. 정부는 국가보안법을 제정하고 반공 교육을 강화했으며 북한 역시 전쟁 실패의 책임을 물어 김일성의 반대 세력을 숙청하고 말았다.

문재인 정부 들어 남북교류가 다시 활기를 띠었다. 남북 정상회담이 세 번이나 만났고 북핵 폐기와 종전선언, 남북한 경제협력, 남북한 경제 공동체, 동북아 경제 공동체 등 통일까지는 아니라도 북한을 수용하고 경제 발전에 협력하겠다는 큰 꿈을 꾸고 있다. 또 문 대통령의 중재로 트럼프와 김정은이 북핵 협상장에서 만났다.

서해안 지역을 남북으로 잇는 환황해 경제벨트, 동해안 지역을 남북으로 잇는 환동해 경제벨트, 휴전선 등 접경 지역을 동서로 연결하는 남북 접경 지역 평화벨트 등을 시작으로 경의선 연결, 경원선 연결로 러시아·중국까지 끌어들이는 신(新)북방정책을 논하고 있다. 철도, 전력, 조선, 농업, 수산, 항만, 러시아 가스 연결 등을 추진하여 러시아·중국·몽골까지 끌어들이는 동북아시아 경제 공동체도 구상하고 있다. 그러나 남북 경제협력이 본궤도에 오르기 위해선 걸림돌 세 가지를 극복해야 한다.

첫째, 과연 김정은이 세습을 보장받기 위해 개발한 핵을 내려놓을 것인가. 그 대가로 장기 집권, 체제 보장과 막대한 경제적 지원을 요구할 것이다.

둘째, 미국이 얼마만큼 융통성을 보일 것인가.

셋째, 한국이 막대한 부담, 수십조 아니 수백조가 될지 모르는 국가 지원을 할 수 있을까 등이다.

남북 경제협력은 남한 경제에도 분명 도움을 줄 수 있다.

첫째로 값싼 노동력을 확보할 수 있다. 중국과 동남아에서 만들어 미국·중국·유럽으로 수출하던 것을 북한에서 만들면 된다. 여기에는 물류비 절약과 언어장벽이 없다는 이점도 있다.

두 번째 장점은 북한산, 러시아산, 중국산 자원을 조달해 에너지와 원자재로 쓰면 비용 절감 효과가 있을 수 있다. 멀리, 호주·아프리카·남미에서 바다를 건너오는 원자재의 상당 부분을 철도로 조달해 비용 절감이 될수 있다. 그러나 이 너무나도 멋져 보이는 문재인식 남북 경제협력, 동북아경제 공동체 구성을 위해서 남한이 치러야 하는 크나큰 대가가 있다. 철도건설, 도로건설, 전력·가스 자원개발, 대규모 공단건설 등에 소요되는 천문학적 비용은 전혀 언급되고 있지 않다.

북한은 지금 1인당 연 소득 1200달러 수준으로 나라 전체가 한국의 70년대 초 수준에 있다. 현재 북한의 총 GDP는 남한의 50분의 1 정도다. 누가이 사업들을 주도할 것이며, 누가 참여하여 비용을 부담할 것인가?

어느 경제 전문가는 말한다. "최소한 문재인 정권이 남북경협을 원한다면 국제적으로 북한의 인프라를 지원하는 국제적 펀드 조성의 필요성을 세계에 알리고 협조를 구해야 한다"고. 세계은행(World Bank), 세계경제포럼, 아시아개발은행 등 국제기구에서 북한 지원 필요성을 세계에 알려 동조를 구해야 한다.

통일은 우리의 숙원이다. 향후 줄기차게, 조심스럽게 연구하고 토의해야할 우리 민족의 과제이다. 누가 감히 통일의 염원을 반대하랴.

(11)
이명박 박근혜,
국민의힘

이명박 대통령은 진보 좌파에 상당히 너그러웠다. 노무현 사후 9% 지지율밖에 안 되던 민주당을 정치적으로 몰아세우지 않았다. 정치자금 불법수수로 법정에 서야 될 부인, 자식, 측근들의 수사를 모두 종결시켰다.

이러한 너그러웠던 배려가 부메랑이 되어 박근혜 대통령을 탄핵하게 만들 줄 그 누가 알았으랴. 문재인 대통령은 취임 1년 만에 전직, 전전직 두 대통령을 감옥에 가두었을 뿐 아니라 보수 우파를 송두리째 뿌리 뽑고 있다.

이명박 · 박근혜 9년의 치적은 난파선이 됐고, 국정원장, 청와대 수석, 장차관 등 측근 100여 명이 감옥에 갔다. 보수의 근간을 무너뜨려 소위 좌파 진보의 20년, 100년 집권의 기초를 닦는 모양새다.

박근혜 정권 때 시작된 창조경제의 틀은 이미 흔적도 없이 사라져 버렸다. 박정희 시대부터 이어왔고 전 세계에서 배우려 하고 김대중 · 노무현도 부정하지 않던 새마을운동도 지워지고 있다. 4대강 사업을 재조사하고 보(洑)도 여러 개 허물 예정이다. 박정희 시대의 산물이자 국가 경제를 재건하는 데 절대 필요했던 원전을 폐쇄하고 있다. 전교조를 다시 합법화시켰고 이념을 앞세운 교육으로 나라의 장래를 암울하게 만들고 있다.

소름이 끼치게 무서운 사람이다. 문재인은 정치 수완에는 10단이다. 정치 9단이라고 부르던 김영삼, 김대중을 능가한다.

그러나 교육과 경제, 외교에는 초단도 안 된다. 그가 적군을 무찌르는 데는 조금의 너그러운 배려도 없다. 옛말에, 적의 배에 칼을 꽂아 죽일 때 칼을 찌르되 비틀지는 말라고 했다. 고통이 너무 크기 때문이다. 문 정권은 어떤가. 가히 정적(政敵)이 느끼는 공포와 고통을 즐기고 있다는 생각이 들 정도다.

돌이켜 보면 박근혜는 한국같이 들개처럼 싸워야 살아나는 정치판에서 정치를 할 수 있는 심성을 갖지 못했다. 박정희의 후광을 받아 등장하여 선거의 여왕으로 보수가 이용할 만한 가치가 있었고 서로의 욕구와 욕심을 채우며 대통령까지 올랐으나, 좌파 언론과 진보 좌파 선동에 대응할 수 있는 체질이 못 되었다.

세월호 사건으로 민심을 잃고서 애매하게 해경을 해체하고 말았다. 가짜 보도에 밀려 멀쩡한 총리 후보자의 지명을 철회하기도 하였다. 쉽게 말하여 강한 우파 지도자는 아니었다. 정치적으로 미숙하여 2016년 4월 이한구를 앞세워 비박, 친박, 진박 등으로 보수와 국민을 고문하다시피 하여 보수를 실망시키고 질 수 없는 총선에서 패하고 말았다.

최순실 사건이 터지면서, 보수의 곪은 내부가 파열되면서 정권은 내리막길을 걸었다. 가짜 뉴스가 전국을 뒤덮고 거짓 선동의 촛불집회가 서울 도심을 꽉 채웠다.

어느 것이 진실이고 어느 말이 거짓인지 알 수가 없었다. 최순실이 국정에 얼마나 영향을 미쳤느냐 또는 태블릿PC가 가짜냐 진짜냐 하는 것은 문제가 안 된다. 그것은 역사의 뒤안길에 이미 묻혀버렸다. 어떻게 좌파와 싸운 우파 대통령을 탄핵할 수 있는가.

너무나도 의리 없는 비박 의원들의 얄팍한 정치적 계산도 그렇지만, 소위 친박·진박이라는 작자들 또한 좌파가 주도한 촛불시위에 놀라 좌파와 손잡고 자기 당의 대통령을 죄가 인정되기도 전에, 재판도 받기 전에, 탄핵에 찬성표를 던진단 말인가. 비박 의원은 대부분 친이명박계였다. 이명박은 왜 자기를 따르던 의원들에게 "탄핵만은 절대로 안 된다"며 앞장서서 저지하지 않았나. 그 외면의 결과로 자기까지 감옥에 가지 않았나. 이것이 보수의 운명이고 국운이었다. 선동의 달인인, 잘 훈련된 좌파 진보 1%가 똘똘 뭉쳐서 정권을 빼앗았다.

이명박 정권 시절, 광우병 데모에 놀라 우왕좌왕하다가 종편(종합편성채널)방송을 넷이나 허락한 것은 실정 중의 최악의 실정이 아닐까 싶다. 몇몇 종편을 제외하고 시청률을 올리기 위해 말초신경을 자극하는 가짜 뉴스, 국민 정서를 망가뜨리는 저질의 콘텐츠, 현 정부에 우호적인 목소리만을 쏟아내니 한심할 뿐이다.

그러나 이명박·박근혜의 치적은 전체적으로 높이 평가된다. 좌파 진보 언론의 폄하를 곧이곧대로 믿어서는 안 된다. 공(功)이 8이요 과(過)가 2라고 평가하고 싶다. 아직 문재인 대통령은 성적표가 나오지 않았는데, 지난 3년간의 모습으로 공 8, 과 2의 성적을 내기란 몹시 어려울 것 같다.

보수의 찬란한 역사와 이승만·박정희란 토대가 바로 대한민국 기적의 정치·경제 성공의 역사다. 이제는 변화를 두려워하지 않는 태도가 무엇보다 절실하다. 변화하지 않으면 살아남을 수 없다. 보수도 변해야 하고 야당, 특히 국민의힘도 변해야 하고, 우리 자신도 변해야 한다. 반성과 성찰을 통한 변화는 선택이 아니라 당위다. 그런 변화의 바람은 흔히 한국의 보수가 가지고 있다는 3무(無), 즉 '사회적 변화에 대한 무감각', '사회 성원과 국가공동체에 대한 무책임', '문제 해결 능력을 갖추지 못한 무기력'을 날려버릴 수 있을 것이다.

지금 국민의힘은 비장한 각오로 '싸움꾼'이 되는 것이 사는 길이다. 좌파 진보의 진지전도 배우고 들개처럼 싸우는 것도 배워야 한다. 대한민국 역사의 찬란한 성공담을 지켜내려면 한가한 옛날 기득권자의 생각으론 안 된다. 독하게, 강하게 싸워야 한다.

이제 한국의 보수는 지난 시기 국가건설의 시대적 경험을 계승함과 동시에 국제사회에 대한 안목과 전문성, 좌파 정권 하에서 경험한 절치부심(切齒腐心)과 와신상담(臥薪嘗膽)의 각오가 필요하다. 변화를 두려워하지 않는 도전정신을 가진 새로운 보수로 거듭나야 한다.

(12)
박근혜 탄핵과
언론의 거짓 선동

김문수 전 경기도지사는 "탄핵이 거짓의 축제였다"고 말한다. "거짓과 야합한 정변, 언론의 거짓 선동에 분노한 군중에게 헌법재판소가 판결을 바쳤다"고 주장한다. 당시 언론들의 보도 행태를 보자.

2016년 9월 미르 재단 및 K 스포츠 재단 관련 보도를 시작으로 최순실 관련 보도들이 폭포수처럼 쏟아졌다. 신문이나 공중파, 종편, 인터넷 매체 등을 통해 가짜뉴스(fake news)들도 많이 쏟아졌다. 대표적인 가짜뉴스 몇 가지를 예를 들면 이렇다.

2016년 11월 25일 금요일 오후 7시, 와세다대학교의 오쿠마 대강당에서 김제동, 주진우의 토크 콘서트가 열렸다. 주진우 기자는 약 30분간 힘 있게 시국 강연을 이어갔다.

"희망이 잘 안 생깁니다. 사실, 비아그라 나오고, 마약 성분 나오고 계속해서 더 나올 거거든요. 섹스 관련된 테이프가 나올 거예요, 마약 사건이 나올 거고요. 그다음에는 병역비리가 나올 겁니다. 그다음에는 최순실과 박근혜가 관련된 개발 사업이 나올 거고요, 그리고 나서는 대규모 국방비리가 나올 겁니다. 아직 검찰이 10분의 1만 수사하는 거예요."(대안언론 뉴스프로 2016년 11월 27일)

주 기자의 폭로성 발언은 인터넷상에서 급속도로 퍼졌다. 수많은 언론이 발언을 기사화했으며, '거침없는 사이다 발언'이란 평이 쏟아졌다. '도 넘는 주진우의 막말'이란 비난이 있었지만 거의 들리지 않았다.

어떤 언론도 발언의 근거를 따지지 않았다. 아직도 최순실 게이트와 관련된 섹스 동영상은 나오지 않았고, 마약사건·병역비리·국방비리는 터지지 않았다.

2016년 10월 27일 자《중앙일보》는 "미국대사관, '비선(秘線) 실세' 의혹을 받고 있는 최순실의 부친 최태민을 '한국의 라스푸틴'이라고 평가했다"고 보도했다. 출처는 2007년 대선 당시 알렉산더 버시바우 주한미대사가 본국에 보낸 '외교 전문'이었다. 이 '외교 전문'은 해킹된 뒤 폭로 전문 사이트인 위키리크스에 실렸다.

하지만 이 기사는 바로 오역(誤譯)이라는 비판을 받았다. 실제 미 대사관의 외교 전문에는 '당시 이명박 후보 측에서 박근혜 후보를 공격하기 위해 만들어 낸 루머'라고 기술되어 있었다. 전혀 대사관의 정보 판단이나 의견을 담아 보낸 전문이 아니었다.

이상한 것은《중앙일보》만 이런 오역을 했다는 점이다.《조선일보》와《동아일보》는 위키리크스에 실린 '외교 전문'을 번역하며 최태민을 '한국의 라스푸틴'이라고 말한 주체가 '박 후보의 반대 세력들'이라고 제대로 번

역했다.《중앙일보》는 논란이 일자 해당 기사를 인터넷 홈페이지에서 조용히 삭제했다.

2016년 9월 20일자《한겨레》는 "박근혜 대통령의 비선 실세인 최순실씨가 재단 설립과 운영에 깊숙이 개입한 정황으로 K 스포츠 재단 이사장 자리에 자신이 단골로 드나들던 스포츠마사지 센터 원장 정동춘을 앉혔다"고 보도했다.

이 기사를 시점으로 '정동춘=마사지 센터장'이라는 보도가 쏟아졌다. 정동춘 이사장은 국회 청문회와 인터뷰 등에서 자신이 운영한 '운동기능회복센터'는 마사지와는 아무런 상관이 없다고 여러 차례 해명했지만, 어떤 언론도 이를 바로잡지 않았다.

김문수 전 지사는 탄핵을 이끈 세력을 지칭하며 "대학 시절 반독재, 주사파 운동을 하던 학생회 지도자들을 쫓아다니던 동문들, 좌파 진보의 생각과 학생운동에 참여했던 이들이 왜곡된 역사관에 지금도 사로잡혀 있다"고 했다. 혁명을 통해 사회주의로 나아가야 한다고 생각하는 검사·판사·정치인이 많고, 지금 그들이 주류를 이루고 있다는 것이다.

김 전 지사는 박근혜 전 대통령과 가깝지 않았다. 오히려 인사상 불이익과 정치적인 피해를 감수해야만 했다. 그러나 비박 세력과 심지어 친박 세력마저 박근혜 탄핵에 사실상 동조하자 입장이 완전히 달라졌다. 그의 말이다.

"촛불 데모가 아무리 무서워도, 공천 여파(2016년 20대 총선 당시 새누리당의 공천 파동)가 있더라도 '그들'은 보수라는 이름을 붙일 수 없는 배신자들이다. 이한구의 공천 파동에 국민이 등을 돌렸다는 것도 인정한다. 박근혜가 좀 실정을 했다는 것도 인정한다. 그러나 어떻게 탄핵에 찬성표를 던질 수 있나. 이때부터는 보수 멸망의 책임이 비박으로 넘어간다.

아버지, 어머니를 총탄에 잃고 좀 부족하더라도 독신의 몸으로, 대통령으로 당을 이끌어온 박근혜를 촛불에 쫓기어 호랑이에게 몰리는 토끼처럼 이리 뛰고 저리 뛰며 탄핵에 표를 던진 사람들. 그들은 여러 해 신세 진 사람에 대한 조금의 의리도 없는가. 만일 박근혜가 임기를 마치고 문재인 정권으로 넘어갔더라면 나라가 이 지경은 아닐 것이다."

문재인 대통령은, 노무현 대통령이 스스로 비극적 말로를 택해도 그리고 지지율이 한 자리 수로 떨어져도 자신이 몸담은 정당과 동지들을 외면하지 않았다. 노무현의 철학을 철저히 받들고, 와신상담하며 진보 좌파를 이끌었다. '붙박이'처럼 한자리에 서서 과거를 한탄하지 않았다. 과거의 추억을 잃지 않되 미래의 흐름을 읽으려 발버둥쳤다. 보수 우파가 '옛것 지키기'에 빠졌을 때 그들은 '새것 만들기'에 앞장섰다. 결국 정권을 되찾았다.

(13)
탈원전은 국가적 재앙이다

문재인 대통령이 군사작전식으로 탈핵(脫核) 정책을 밀어붙였다. 원전 폐지를 선언한 나라는 전 세계 4개 나라뿐이다. 독일, 스위스, 벨기에, 대만이 전부다. 후쿠시마 원전 참사를 겪은 일본은 한때 '원전 제로'를 외쳤지만 2030년까지 현재의 2%인 원전 비중을 20~22%대로 늘리기로 했다.

그런데 문재인 정부는 탈원전을 국민 동의 없이, 영혼 없는 공무원들을 동원해 밀어붙이고 있다. 2017년 여름 국민적 대혼란을 야기했던 신고리 5·6호기 건설의 일시 중단은 서막이었다. 이후 탈원전·탈석탄 발전에다 2030년까지 재생에너지 비중을 20%까지 확대하는 '3020정책'을 마련했다.

20대 국회 당시 국회 원전수출포럼 대표였던 최연혜(미래통합당) 의원은 "독일조차도 탈원전은 하되 석탄 발전은 유지하는데, 탈원전과 탈석탄을 동시에 추진하는 문재인 정부의 에너지 정책은 유례를 찾아볼 수 없을 만큼 강력하고 급진적"이라고 했다.

독일은 전 세계적으로 가장 앞장서 탈원전·재생에너지 정책을 추진 중이다. 원전 반대운동이 거셌던 독일은 이후 원전불허, 계획변경, 건설중단 등의 곡절을 겪었다. 세계에서 유례를 찾기 힘들 정도다. 세계 최고의 산업국가인 독일이 왜 탈원전 정책을 쓰게 됐을까?

독일은 1957~2004년까지 발전용과 연구용을 포함, 모두 110기의 원전을 건설했다. 최초의 원전은 1957년 뮌헨 인근의 가르슁(Garsching)에서 가동한 연구용 원전이다. 2018년 현재 남아 있는 발전용 원전은 7기에 불과하다.

110기의 원전이 7기로 줄었다는 것이다. 최 전 의원에 따르면, 히틀러 파시즘을 경험한 독일은 원전에 대한 불신이 높았다고 한다. 여느 국가는 1970년대 오일쇼크를 겪으며 원전 건설을 지지했지만 독일은 그렇지 않았다.

여기에 1986년 4월 26일 일어난 체르노빌 원전사고는 독일 사회에 커다란 충격을 주었다. 아주 먼 곳에서 발생한 원전사고도 큰 피해를 줄 수 있다는 인식을 확산시켰다. 이후 독일 내에서 어느 정도 팽팽했던 원전 찬반 여론은 신중론 쪽으로 기울게 됐다고 한다.

원전에 대한 찬반논쟁이 '발전'이라는 과학적·기술적 접근보다 이념 또는 신념논쟁으로 변질된 시기도 이 무렵부터다. 체르노빌 사고 이후 탈원전 운동가들은 '원자력 발전소'라는 용어 자체가 원전을 미화한다며 '핵발전소'라고 바꿔 불렀다.

그러나 20년에 걸친 독일의 이른바 '에너지 전환 정책'의 결과는 어땠을까.

독일 국민은 재생에너지 발전이 기술적·경제적 불확실성으로 가득 찬 신기루에 불과하다는 사실을 알게 됐다고 한다. 탈원전과 재생에너지 확대에 올인한 독일은 현재 막대한 대가를 치르고 있다. 2000~2015년 사이 재생에너지 생산 지원금으로 1500억 유로(약 195조원)를 지출했고, 보수적 계산으로도 2025년까지 5200억 유로(약 676조원)가 쓰일 것으로 추산된다.

이 모든 비용을 독일의 전기 소비자들이 부담하는데, 독일의 전기요금은 2000년 이래 2배 이상 인상되어 세계 최고 수준이고 에너지 빈곤층 역시 해마다 늘고 있다.

다음은 최연혜 전 의원이 쓴 책《대한민국 블랙아웃》의 한 대목이다.

〈… 국가지원금에 기댄 태양광 패널과 풍력 터빈 설치 붐으로 북해 먼 바다부터 남쪽 알프스 깊은 숲속까지 성한 곳이 없을 정도로 국토 전체가 파헤쳐지고 있다. 그럼에도 CO$_2$ 감축 등 당초의 정책 목표들이 달성될 가능성은 전혀 보이지 않는다.…〉

독일의 탈원전 정책 이후 독일의 원전 산업은 붕괴되고 말았다. 원전 분야 전문가는 독일을 떠났고 원전 생태계는 해체됐다.

현재 독일 원자력 산업계의 인력난은 심각한 수준이라고 한다. 독일에서 원전 논란이 거셌던 1997~2002년 사이 독일 대학의 원자력공학과에서 디플롬(Diplom·우리나라의 석사 학위) 학위를 취득한 학생은 단 두 명이다. 현재 독일 대학 중 원자력공학과 또는 관련 학위 과정이 개설된 대학은 아헨공대, 드레스덴공대, 뮌헨공대, 슈투트가르트공대 등 5개 대학에 불과하다. 최 전 의원의 말이다.

"이들 대학은 학과 정원을 못 채우고 있고 그나마 독일 학생도 없어요. 대부분 이탈리아와 구(舊)동구권 국가 출신 학생들이죠. 경력자 은퇴 시기와 맞물려 원전 관련 업계의 구인난이 심각한 상황이에요. 독일 산업계 수요의 1/3, 최대로 잡아도 절반 정도밖에 구하지 못하는 실정입니다."

미국 상무부·에너지부와 일본 경제산업성·문부과학성은 원자력을 온실가스 배출이 거의 없는 '청정에너지(clean energy)'로 규정하고 원자력 에너지 연구 협력을 강화하기로 각서를 체결했다. 최근 원전 추가 건설과 해외 수출 등 원자력 산업 분야 주도권은 러시아·중국이 쥐고 있다.

일본은 2011년 후쿠시마 원전 사고 이후 산업이 침체했고 미국 역시 최근 40년간 완공한 신규 원전이 없어 원자력 산업 생태계가 망가져 있다. 미·일의 원자력 공동 연구 합의는 서방 선진국이 더 이상 원자력 미래 기술에서 뒤처져선 안 된다는 판단 때문일 것이다. 일본의 경우, 아베 정부가 후쿠시마 사고 이후의 '원전 폐기' 정책을 뒤집고 2030년까지 원자력 발전의 전력 비중을 종전의 20~22%로 회복시킨다는 목표를 세웠다. 스가 정부도 아베 정부의 뒤를 계승하고 있다.

원자력이 청정(淸淨) 에너지라는 것은 새삼 거론할 필요도 없다. 1GW(기가와트)급 석탄 발전소 하나가 연간 500만~600만t의 온실가스를 배출한다. LNG 발전은 석탄의 절반 수준이다.

원자력 발전 과정의 온실가스 배출량은 제로나 다름없다. 발전소 건설과 우라늄 채굴·정제 과정까지 합쳐도 화석연료 발전소의 10분의 1 정도밖에 안 낸다. 탈원전을 내건 현 정부 출범 후 1년간 발전 분야 온실가스 배출량이 1800만t 늘었다는 계산도 나와 있다. 원전은 미세먼지도 일절 발생시키지 않는다. 국제 의학저널 논문을 보면 석탄 발전은 1TWh(테라와트

아워)의 전력을 생산할 때 대기오염 등으로 24.5명의 사망자가 생기지만 원자력은 0.052명에 그친다.

산업자원부 통계에 따르면 1GW급 설비를 갖추는 데 원전은 필요 부지가 0.6km^2인 데 반해, 태양광은 그 22배인 13.2km^2가 필요하다. 여의도 4.6배 면적이다. 그러고도 실 전력 생산은 원전 1기의 6분의 1밖에 안 된다. 이런데도 정부가 태양광 발전을 지으라고 독려하다 보니 2017년의 경우 이틀에 축구장 한 개씩 규모의 숲이 사라졌다. 이 때문에 환경 파괴 논란이 일자 정부는 10조 원을 들여 매립한 새만금 땅에 태양광을 설치한다는 어이없는 일까지 벌이고 있다.

원자력은 최첨단 과학의 산물이다. 선진국 시민 한 명이 평생 쓸 에너지를 공급하려면 석탄은 3200t이 필요한데 원자력은 골프공 크기의 우라늄이면 된다. 탈원전 주장은 일부 환경단체 진영의 반(反)과학, 반기술의 세계관을 반영한 것이다. 과학 문명을 부정하겠다면 현대사회의 물질적 혜택도 포기해야 한다. 전기차·자율주행차를 굴리고 인공지능·사물 인터넷·빅 데이터 혁명을 이루자면서 탈원전을 추진한다는 것이 말이 되는 얘기인가.(《조선일보》2018년 11월 16일 자 보도 "美·日 정부 '원자력은 청정에너지'" 참조)

(14)
4대강 논란,
이제 종지부를 찍자

역대 국책 사업 중에 4대강 사업처럼 논쟁이 오래 가는 경우는 없는 것 같다. 완공된 지 꽤 시간이 흘렀고 지역 주민들로부터 호평을 받고 있음에도 환경부가 보 철거 계획을 밝히면서 다시 혼돈으로 빠졌다.

4대강 정비는 이명박 전 대통령의 국정과제 중 하나였다. 많은 국가예산으로 온갖 비난 속에서도 자부심을 갖고 추진해 온 과제였다.

박근혜 전 대통령은 인수위 시절부터 4대강 사업의 검증을 얘기했다. "예산 낭비와 국민적 의혹이 없도록 철저히 점검해야 한다"고 말했다. 2013년 5월 4대강 비리를 캔다며 공정거래위원회, 국세청, 감사원 등 국가기관을 총동원, 대대적인 감사를 벌였다.

그 결과, 공정거래위는 4대강 건설사들에 역대 최고의 과징금(2014년 8044억 원)을 부과했다. 또 검사와 수사관 200여 명과 대검 특수부까지 투

입, 4대강 건설에 참여한 건설회사 16곳과 설계회사 9곳의 본사와 지사 30곳을 압수 수색했고 입찰가를 담합한 혐의로 11개 건설사 임원 22명을 기소했다.

그런데 문재인 정부 들어 4대강 사업은 다시 도마에 올랐다. 이미 2017년 6월부터 감사원은 4대강 사업에 대한 4번째 감사에 착수한 상태다.

단국대 초빙교수와 청와대 정책실장을 역임한 김대기 교수는 "사실 강이 죽었는지는 인위적인 지표보다 물속에 있는 물고기들이 가장 잘 안다"고 말한다. 완공 후 7년(2019년 기준)이 지난 지금 물고기 개체 수나 어종에 큰 변화가 없다면 문제가 없다는 얘기다. 물고기 다음으로는 강 유역 주민들이 가장 잘 알 텐데 이분들은 보 개방과 해체에 가장 반대하고 있다. 수문을 개방 당한 세종보에서는 별도로 간이보를 만드는 촌극이 벌어졌고, 함안보에서는 수문 개방으로 피해를 본 농민들이 정부로부터 8억 원의 배상금을 받았다. 이런 엇박자가 없다. 상주시장의 발언이 이들의 입장을 잘 대변한다. "가둔 물이 썩고 문제가 생긴다면 주민들이 먼저 수문을 열어달라고 애원할 것이다."

다음은 김대기 교수의 주장이다.

〈… 사실 보는 치수의 기본이다. 외국의 강에도 보가 많다. 미국에는 84,000개가 넘는 보와 댐이 있고 유럽은 다뉴브강에 59개, 템스강에 45개의 보가 있다. 한강에는 1980년 대 2개의 보를 설치했는데 이후 물이 풍부해지면서 생태계가 더 좋아졌다.

4대강 반대론자들은 '녹조 라테'라는 감성 프레임으로 여론몰이를 하는데 이 역시 과학적이지 않다. 언젠가 한 진보 언론에서 북한강에 녹조가 발생하자 그 원인을 4대강 사업으로 돌렸다가 망신당한 적이 있다. 북한강에는 보가 없기 때문이다. 당시 보를 3개나 설치한 남한강에서는 녹조가 없었다. 녹조는 청정 지역인 그린란드에서도 생긴다.

100년 전 도산 안창호 선생은 "산과 물을 개조하지 않고 자연에 맡겨버리면 하루아침에 큰비에 산사태와 홍수가 나서 우리 강산은 황폐화되고 민족도 약해진다"면서 산에는 나무를 심고 강은 관리해야 한다고 역설하셨다.…〉

4대강 사업 논란은 우리 사회에 예기치 않은 부작용도 많이 남겼다. 사회적 갈등은 물론 공무원의 복지부동 같은 폐단도 상당하다. 대통령의 통치 행위가 감사 대상이 된 것 역시 좋지 않은 선례이다. 이제는 마무리해야 한다.

보의 개방과 철거 여부를 지역의 뜻에 맡기면 어떨지 싶다. 4대강을 가장 잘 아는 사람은 팔당댐 물 펑펑 쓰는 서울 사람들이 아니라 강과 더불어 사는 지역 주민들이 아닐까? 자치단체장이나 지방의회에서 요구하면 그 지역의 보만 철거하고 끝내자. 더 이상의 논쟁은 국력 소모이다. (《조선일보》

2019년 6월 19일자 칼럼 '4대강 논란, 이제 종지부를 찍자' 참조)

2020년 여름, 역사에 없는 대규모 홍수 피해가 났다. 정부는 낙동강, 섬진강 등에서 일어난 홍수 피해의 원인과 책임규명까지 주문하면서 4대강 사업이 다시 논쟁의 대상이 되었다. 모든 선진국은 지난 백 년에 걸쳐 자국 내의 강에 수만 개의 보와 댐을 건설하여 물 관리를 하고 있다. 그들이 모두 어리석었단 말인가.

한국은 겨우 20년 전에 4대강의 수리치수 시설을 완비하였다. 보와 댐의 주목적은 가뭄 대비와 수자원 확보이다.

홍수 예방에도 도움이 되지만 2차적인 혜택이다. 오히려 큰 홍수가 날 적에는 강 하류의 물 피해를 줄이기 위하여 댐의 물 수위가 올라가서 지엽천의 범람으로 국지적 물 피해가 날 수 있다는 것을 잘 안다. 이런 이유로 지엽천의 수리정비사업이 절대적으로 중요하다.

이명박 정부가 제시한 4대강 사업의 목적은 강바닥 준설, 제방 보강을 통한 홍수 피해 방지, 보에 채운 물로 가뭄 대비, 수량 확보와 오염물질 정화시설 확충으로 수질 개선 등이다.

어느 정부가 하든 대규모 국책 사업은 반드시 미비점이 생기기 마련이다. 그럼에도 장점과 혜택이 많기에 사업을 진행하는 것이다. 원칙과 사실을 벗어나 4대강 보와 댐을 '정치화'하는 어리석음에서 벗어나야 한다. 4대강 댐과 보 건설은 잘한 일이다.

(15)
"미국 놈들 물러가라"는
한국 데모꾼들

지난 2017년 8월 15일의 일이다. 서울시청 앞에서 반미 구호를 외치며 사드 배치를 반대하는 대규모 친북 좌파집회가 열렸다. 당시 쩽쩽 울리던 구호들을 메모해 보았다.

〈"우리는 신세계를 열어간다, 우린 통일 선봉대다.

평화협정 체결하고 미국 놈들 몰아내자.

이석기 · 한상균 모든 양심수를 석방하라.

사드 배치 철회하라. 전쟁 연습 중단하라.

전쟁노조 미국은 물러나라. 평화협정 체결하라.

한미 군사협정 폐기하라."〉

이어 이들은 미 대사관 앞으로 행진한 뒤 대사관 앞에서 이런 구호를 외쳤다.

〈"전쟁 위기를 고조시키는 미국을 규탄한다.

자주 없이 평화 없다. 한미동맹 폐기하라.

국가보안법 폐지하고, 양심수를 석방하라. 미국은 사드 들고 나가라.

전쟁 선동, 사드 강요 트럼프는 물러가라.

한반도 긴장시키고 무기 팔아먹는 미국 놈들 물러가라.

분단을 조장하고 군대를 이용해서 무기 팔아먹고 지난 72년간 개겨왔던 놈들이다. 작금에 다시 긴장을 일으키고, 전쟁 연습하고 무기나 팔아먹는 놈들, 여러분 속겠습니까!

다시는 속지 맙시다! 미국 놈들아 물러가라! 양키 고 홈!"〉

그러더니 성조기를 불태우며 시위를 계속하였다. 이런 시위가 서울 중심가에서, 대한민국 시청 앞, 광화문 광장에서 벌어지고 있다는 것을 아는 대한민국 국민이 몇 명이나 있을까? 정부는 보고만 있었다. 그런데 2020년 8월 15일에도 비슷한 데모대가 다시 등장하였다.

남한은 지난 70여년간 강한 군사력, 한미동맹, 경제성장으로 수차의 북한 도발을 누르며 평화를 유지해 왔다. 평화는 힘을 가진 자만이 누릴 수 있는 특권이다.

그런데 지금 북한은 스스로 핵보유국임을 과시하며 큰소리치면서 남한 정권을 몰아세우는데 우리는 당하고만 있다. 2020년 10월 10일 조선노동당 창건 75주년 군사 퍼레이드에서 북한이 신형 대륙간탄도미사일(ICBM)을 공개하며 비핵화를 바라는 국제사회를 조롱하였다. 그러나 문재인 정부 내 친북좌파, 주사파, 친중파, 진보파의 권세에 기가 눌려 보수 우파 진영은 아무런 말도 못하고 있다.

유엔군사령부가 있고 한미연합군사령부가 있으나 문재인 정부는 북한의 눈치만 살피고 있다. 동해에 떠 있는 미국 핵 항공모함 하나면 이북의 모든 군사력을 며칠 내에 박살 낼 수 있는 북한 화력 전체 10배 이상의 공격력을 가지고 있는데도 말이다.

4

우리가 겪은,
그리고 내가 겪은 6·25전쟁

6·25전쟁은 1950년 6월 25일에 발발하여 1953년 7월 27일 휴전까지 3년 동안 한반도에서 일어났던 전쟁을 말한다. 반만년 우리 역사에서 가장 많은 사상자를 내고 골육상잔으로 국토와 국민이 극심히 피폐해졌던 전쟁이다.

6·25의 비극을 나열하는 것보다 전쟁사를 간단히 정리하고 전쟁 비화와 나 자신이 겪었던 6·25, 그리고 6·25를 통하여 무엇을 배워야 하는가를 되짚어 보았다.

(1)
6·25 요약 – 전쟁사

1950년

06월 25일(일) **새벽 4시 전쟁 발발**

27일(화) 정부 대전으로 이전 / 유엔 안전보장 이사회 군대 파견 결의

28일(수) 북한군 서울 점령

07월 07일(금) 맥아더, 유엔 총사령관 임명됨

16일(일) 금강 방어선 붕괴, 대전에서 대구로 정부 이동

20일(목) 북한군 대전 점령

08월 18일(금) 정부 부산으로 이전

09월 02일(토) 북한군, 낙동강 일대에서 총공격 개시

15일(금) 인천상륙작전

19일(화) 이승만, 인천상륙작전 축하회에서 국군은 한만 국경까지

진격한다고 발언

※한만 국경 : 한반도와 만주의 국경(경계지역), 압록강과 두만강 유
    역을 말함

28일(목) 서울 완전 탈환

10월 01일(월) 한국군, 38선 돌파

　　10일(화) 유엔군 원산 점령, 이승만 38선 이북 전 지역에 계엄령 선포

　　19일(목) 유엔군 평양 점령

　　25일(수) 중공군 참전

　　26일(목) 유엔군 압록강 변 초산까지 진격

11월 12일(일) 압록강 철교 폭파

　　28일(화) 중부 전선의 유엔군 후퇴

　　30일(목) 맥아더, 원폭 사용도 불사하겠다고 발언

12월 03일(일) 비상국회 소집, 신성모 국방장관 유엔에 원폭 사용 요청,
    장진호 전투 계속

　　05일(화) 공산군 평양 점령

　　24일(일) 유엔군과 피란민 흥남 철수 완료

　　30일(토) 유엔군, 모든 전선에서 38선 이남으로 철수, 서울 쌀값 폭등

1951년

01월 04일(목) **유엔군 서울 철수**

02월 19일(월) 중부전선에서 중국군 철수

03월 14일(수) 국군 서울 재탈환

　　24일(토) 유엔군 38선 넘어 북진

04월 01일(일) 서울 피란민 귀환

11일(수) 맥아더 극동사령관 해임 리지웨이 임명

06월 06일(수) 철의 삼각지대에서 격전 계속

23일(토) 말리크 소련 대표, 유엔총회에서 공식적으로 정전회담 제안

07월 01일(일) 공산군, 정전회담 제안 수락, 7월 10~15일 개성에서 회담

개최 제의

03일(화) 유엔군, 정전회담 수락

16일(월) 미 공군 개전 이후 최대 폭격

08월 07일(화) 미 하원 개전 후 6월 30일까지 군사비 50억 달러 지출 발표

23일(목) 중부·동부전선 고지전 전투 계속

09월 12일(수) 동부 산악지대 격전 계속, 마셜 미 국무장관 사임

19일(수) 양구 단장의 능선 격전 계속

21일(금) 판문점으로 회담장소 이동

1952년

01월 10일(목) **정전회담 교착 상태**

05월 07일(수) 유엔군 자유의사에 따른 포로교환안 제시

06월 17일(화) 거제도 포로수용소 1만7000명 새 수용소로 이동

23일(월) 거제도 포로수용소, 포로심사 재개

27일(목) 미군, 거제도 포로 4만7000명에 대한 재심사 완료

08월 08일(금) 정부통령 선거 완료. 대통령에 이승만, 부통령에 함태영

10월 15일(수) 백마고지 전투 9일째 계속

1953년

01월 05일 (월) 이승만 일본 방문

02월 10일 (화) 덜레스 미 국무장관, 상원 외교부에서 중국연안 봉쇄, 만주
폭격, 한국에서 원자탄 사용 등에 대해 모른다고 증언

04월 08일 (수) 유엔군 측 송환포로 명단 5800명, 공산 측 600명

11일 (토) 유엔·공산 양측 상병 포로 교환 협정 정식 조인 / 이승만
단독 북진 선언

05월 24일 (토) 이승만 정부, 정전반대 성명서 발표

**06월 01일 (월) 이승만, 정전 성립 전에 한미상호방위조약 체결하면 정전
반대 철회 제의**

08일 (월) 포로 교환에 관한 협정 조인 / 이승만 전투 계속 성명 발표
육군참모총장 서리, 국군은 단독 전투에 필요한 준비완료
성명 발표

11일 (목) 이승만, 정전은 죽음을 의미한다고 성명

12일 (금) 중부·동부전선에서 고지전 격화

18일 (목) **이승만 반공포로 석방** / 미 국무장관, 반공포로 석방은
유엔 권한 침범 성명

27일 (토) 유엔군, 25일 현재 탈주 포로 2만7312명이라고 발표

07월 09일 (목) 동부·서부전선에서 고지전투 계속

27일 (월) **미 8군 사령관, 9개 국어 방송으로 오후 10시에 정전 명령
발표**

군사분계선 발표 / 전 전선 오후 10시를 기해 전투 중지

6·25 전쟁으로 인한 인명피해를 요약하면 이렇다.

군인　　미군 연 인원 총 178만 명 참전

　　　　유엔군 인명피해 3만8000명(미군 3만4000명)

　　　　한국군 인명피해 13만7000명

　　　　중공군 인명피해 14만명

　　　　북한군 인명피해 52만명

민간인　남북한 총 350만 사망·실종 – 인구 전체의 1/9

　　　　그 당시 남북한 총 인구 3000만 명

민간인 이동 수

　　　　북한에서 남한으로 130만~150만 명 상층 지식인

　　　　남한에서 북한으로 15만~30만 명 상층 지식인

　　　　이산가족 총 1000만 명으로 추산

(2)
6·25, 민족의 비극 – 위장된 축복

6·25 전쟁으로 남북한 인구 약 3000만 명 가운데 6분의 1에 해당하는 약 500만 명의 사상자가 생겼고, 수많은 전쟁 고아가 발생하였다. 또, 남한은 전선이 교착된 1951년 이전에 제조업의 48%가 피해를 입는 등 대부분의 산업 시설이 파괴됨으로써 경제가 거의 마비되는 엄청난 손실을 입었다. 북한도 남한보다 더 큰 피해를 당하였다. 그러나 이승만 정부는 전쟁 후에 미국 등 자유 우방들의 원조로 국토 재건과 산업 부흥에 전력을 기울일 수 있었다. 현 시점에서 남북한 정치·경제·문화의 발전상을 비교해 보면 6·25는 분명 비극이었으나 남한에게 위장된 축복이었다고 말할 수 있다.

당시 북한의 상층 지식인 150만 명가량이 남한으로 넘어왔고 그들은 대부분 신지식을 접한 기독교인이었다. 교육과 함께 남한 지력(知力)의 폭발을 가져와 경제·문화 발전에 엄청난 기여를 하였다.

반대로 북한의 김일성은 남로당 계열의 인사들에게 남침 실패의 책임을 뒤집어씌워 자신에게 가장 위협적인 존재였던 박헌영과 옛 남로당 세력을 미국의 간첩으로 몰아 숙청하였다. 이어 자신의 권력 기반을 강화하기 위해 옌안파의 무정과 소련파의 허가이를 제거하여 김일성 독재 체제를 강화하였다. 이북으로 넘어간 남한의 좌파 지식층은 15만~30만 명 정도로 추산된다. 그러나 월북 인사들이 북한 발전에 기여한 부분은 일부에 그쳤고 결과적으로 북한 지력의 고갈을 불러왔다.

　만일 김일성이 성급히 전쟁을 일으키지 않고 박헌영의 주도 하에 잠복해 있던 남로당원 20만 명이 서서히 적화통일 작전으로 갔으면, 미군이 완전 철수한 남한은 5년, 적어도 10년 이내에 내란으로 붕괴되어 북한에 흡수되었을 것이다.

　그러나 1945~50년 사이 남한 정부를 괴롭히던 좌파 친북 세력들이 월북함으로써 자연 소멸되고 말았다. 이승만 대통령은 반공주의를 내세워 장기 집권을 꾀하려 했지만, 그의 요구로 맺어진 한미방위조약은 한국 경제 발전을 이루는 바탕이 되었다.

　어쨌든 민족의 최대 비극이 남한의 기적적 발전으로 이어졌다는 이 이율 배반적, 아이러니한 사실은 뒤에서 다시 살펴보기로 하자.

(3)
북한 도발의 역사

　1953년 7월 27일 휴전협정 이후에도 북한은 무력통일의 꿈을 버리지 않고 남한을 향한 크고 작은 도발을 계속하였다.

　지금도 장거리 포대, 핵 개발, 대륙간탄도미사일 개발로 계속 남한과 주변국들을 위협하고 있다. 과연 우리는 이런 상황에 어떻게 대처해야 하는가. 참으로 어렵고 괴로운 일이다.

1957년 어성호 등 어선 7척 납북 사건

1958년 창랑호(민간비행기) 납북 사건

1968년 김신조 일당 청와대 습격 사건

　　　 미국 정보함 푸에블로호 납북 사건

1969년 KAL기 납북 사건

미정찰기 EC 121 동해상 격추 사건(미군 31명 사망)

1974년 육영수 여사 저격 사건

1976년 판문점 도끼 만행 사건

1978년 신상옥, 최은희 납북 사건

1979년 남민전 사건–북한과 연계된 간첩단 사건

1983년 버마 아웅산 폭탄 테러 사건(대통령 수행원 17명 사망)

1986년 김포공항 폭탄 테러 사건

1987년 KAL기 폭파 사건

2009년 임진강 댐 무단방류 사건–총 6차례

2010년 천안함 폭침 및 연평도 포격 사건

2015년 목함 지뢰 폭발 사건

④
국군은 죽어서 말한다

6·25가 지난 지 어언 70년. 나는 그 현장에 있었고 그 후 80 평생을 무난히 지내며 지금 마지막 여생을 고향인 충남 당진에서 보내고 있다.

지난 70년간 이룩한 모든 성과는, 6·25 당시 젊음을 바친 수많은 피와 죽음의 결과다. 나는 그분들에게 마음의 빚을 지고 있다. 나는 그때를 지금도 생생히 기억한다.

여기서 내가 젊어서부터 읽고 또 읽던 모윤숙 여사의 시 '국군은 죽어서 말한다'의 일부를 소개하며 다시 한 번 머리 숙여 모든 젊은 전사자 앞에 감사와 위로의 기도를 드린다.

국군은 죽어서 말한다

- 나는 광주 산골을 헤매다가 문득 혼자 죽어 넘어진 국군을 만났다.

모윤숙

산 옆의 외따른 골짜기에

혼자 누워 있는 국군을 본다.

아무 말, 아무 움직임 없이

하늘을 향해 눈을 감은 국군을 본다.

누런 유니포옴 햇빛에 반짝이는 어깨의 표식

그대는 자랑스런 대한민국의 소위였구나.

가슴에선 아직도 더운 피가 뿜어 나온다.

장미 냄새보다 더 짙은 피의 향기여!

엎드려 그 젊은 주검을 통곡하며

나는 듣노라! 그대가 주고 간 마지막 말을…

나는 죽었노라. 스물다섯 젊은 나이에

대한민국의 아들로 나는 숨을 마치었노라.

질식하는 구름과 바람이 미쳐 날뛰는 조국의 산맥을 지키다가

드디어 드디어 나는 숨지었노라.

(중략)

내게는 어머니, 아버지, 귀여운 동생들도 있노라.

어여삐 사랑하는 소녀도 있었노라.

내 청춘은 봉오리지어 가까운 내 사람들과 함께

이 땅에 피어 살고 싶었었나니

아름다운 저 하늘에 무수히 날으는 내 나라의 새들과 함께

나는 자라고 노래하고 싶었노라.

나는 그래서 더 용감히 싸웠노라. 그러다가 죽었노라.

(중략)

바람이여! 저 이름 모를 새들이여!

그대들이 지나는 어느 길 위에서나

고생하는 내 나라의 동포를 만나거든

부디 일러다오. 나를 위해 울지 말고 조국을 위해 울어달라고.

저 가볍게 날으는 봄 나라 새여

혹시 네가 날으는 어느 창가에서

내 사랑하는 소녀를 만나거든

나를 그리워 울지 말고 거룩한 조국을 위해

울어달라 일러다오.

조국이여! 동포여! 내 사랑하는 소녀여!

나는 그대들의 행복을 위해 간다.

내가 못 이룬 소원, 물리치지 못한 원수,

나를 위해 내 청춘을 위해 물리쳐다오.

물러감은 비겁하다. 항복보다 노예보다 비겁하다.

둘러싼 군사가 다 물러가도 대한민국 국군아! 너만은

이 땅에서 싸워야 이긴다. 이 땅에서 죽어야 산다.

한 번 버린 조국은 다시 오지 않으리라. 다시 오지 않으리라.

보라! 폭풍이 온다. 대한민국이여!

(중략)

오래지 않아 거친 바람이 내 몸을 쓸어가고

저 땅의 벌레들이 내 몸을 즐겨 뜯어가도

나는 즐거이 이들과 함께 벗이 되어

행복해질 조국을 기다리며

이 골짜기 내 나라 땅에 한 줌 흙이 되기 소원이노라.

산 옆 외따른 골짜기에

혼자 누운 국군을 본다.

아무 말, 아무 움직임 없이

하늘을 향해 눈을 감은 국군을 본다.

누런 유니포옴 햇빛에 반짝이는 어깨의 표식

그대는 자랑스런 대한민국의 소위였구나.

가슴에선 아직 더운 피가 뿜어 나온다.

장미 냄새보다 더 짙은 피의 향기여!

엎드려 그 젊은 주검을 통곡하며

나는 듣노라! 그대가 주고 간 마지막 말을

(5)
다부동 전투와 소년병

여러 해 전 신문에 실렸던 이야기를 간략히 다시 적는다.

① 어느 6월 지방 도시의 뒷골목, 아침 공기를 가르며 70대 한 분이 예불을 올리고 있다. 이렇게 아침 예불을 올린 지가 30여 년, 누구를 위한 예불일까.

1950년 6월 그는 소년 국군이었다.

북한 인민군이 물밀 듯 밀려올 때 어린 학생들이 나라를 지키고자 자원 입대하였다. 이들 학도병 중에는 14세부터 16세까지의 소년병도 수천 명에 달했다. 이 할아버지도 그때 소년병이었다.

"그냥 집에 앉아 있어도 어차피 죽을 것 같았어요. 그럴 바에야 나가서 싸우다 죽자."

소년병들은 학교 운동장에서 자기 키만 한 총을 잡고 일주일간 훈련을 받았다. 명목뿐인 훈련일 뿐 총도 한 번 못 쏴보고 전선을 오가는 기차를 타고 이쪽으로 우르르 저쪽으로 우르르 몰려갔다. 그렇게 몰려간 전장은 아이와 어른을 구별하지 않았다.

2000명이 넘는 소년병이 전사했다.

특히 소년병이 많이 전사한 곳은 낙동강 방어선, 그중에서도 혈전이 심했던 다부동 전투였다.

부대가 후퇴할 때 힘이 약한 소년병들은 뒤처질 수밖에 없었다. 그도 친구와 함께 뒤처졌다. 포탄이 떨어지고 파편이 친구의 몸을 꿰뚫었다. 적이 밀려오는데 친구는 걸을 수가 없었다.

친구는 죽여 달라고 애원을 했고 이 극단의 상황 속에서 소년병은 방아쇠를 당겨 친구를 안락사 시켰다. 이 노인은 지금도 그 친구와 그 장면을 잊을 수 없어 매일 그의 명복을 빈다.

② 나라 위해 싸웠던 소년들… 국가는 여전히 외면하고 있었다

6·25 참전 17세 이하 소년병 법적 정의 아직도 불분명

월 30만 원 수당밖에 못 받아

6월 21일 오전 대구 남구 대명동 앞 산자락 낙동강승전기념관 강당에 백발이 성성한 노인 70여 명이 숙연한 표정으로 자리 잡았다. 제21회 '6·25 참전 순국소년병 2573 위령제'에 참석차 모인 전우들이다. '2573 위령제'는 6·25전쟁에서 전사한 만 17세 이하 소년병 2573명을 기리는 행사다.

국방부가 파악하고 있는 소년병 숫자는 2만9614명. 이 중 2573명이 꽃

다운 나이로 전사했다. 현재 생존자는 1000명에서 2000명 정도다. 행사는 '6·25 참전 소년소녀병전우회'(회장 박승태)가 주최하고 국방부, 국가보훈처, 대구지방보훈청, 보병 제50사단, 재향군인회가 후원한다.

올해 위령제 참석자는 100여 명. 세상을 떠나거나 거동이 불편한 이들이 많아 해가 갈수록 참석자가 줄고 있다. 올해는 분위기가 그 어느 해보다 비장했다. 소년소녀병들을 예우하고 보상하자는 법률안의 통과 여부가 목전에 걸려 있기 때문이다.

박승태(85) 회장은 추도사에서 "전쟁이 끝난 지 65년이라는 세월이 지났는데도 정부는 참전 소년병의 호국정신과 희생에 대한 법률적 정의를 내리지 않고 있다"고 했다. 소년병으로 참전했다가 북한군에 붙잡혀 두 달간 포로 생활을 하다 가까스로 탈출했다는 박휘청(85)씨, 중학교 3학년 때 피란 가다 강제로 징집돼 고초를 겪었다는 정임득(84)씨도 "나라를 위기에서 구한 소년병들에게 합당한 대우를 해줘야 한다"고 목소리를 높였다.

현재 소년소녀병에 대한 정부의 지원은 참전수당으로 주는 매월 30만 원 정도가 전부다. 과거 유승민 의원 등 일부 국회의원이 소년소녀병에 대한 국가 차원의 보상금을 지급할 수 있도록 하는 '소년소녀병 보상에 관한 법률안'을 제출했으나 부처 간 이견으로 폐기됐다.

소년소녀병전우회 윤한수(85) 사무총장은 "이번 국회 회기를 사실상 마지막 기회로 보고 노력하고 있다"면서 "법률안 통과에 많은 관심과 지원을 해달라"고 당부했다.

(참고 : 2019년 9월 '6·25 참전 소년소녀병 보상에 관한 법률안'은 국회 국방위 법안심사 문턱을 넘지 못했다. 기획재정부가 예산과 다른 유공자와의 형평성 문제를 들어 반대했기 때문이었다.)

우리는 우리가 지금 이만한 나라에서 이렇게 사는 것이 누구의 고통 위에 서 있는 것인지 깊이 생각할 줄 알아야 한다. 지금 오직 남아 있는 다부동 전적비에는 "내 짧은 인생을 영원히 조국에"라고 적혀 있다. 전사한 소년병들의 인생은 너무 짧았다.

열넷, 열다섯, 열여섯의 나이, 결혼도 하지 않았기에 뒤에 아무것도 남긴 것 없이 사라졌다. 그들이 남긴 것은 전적비에 새겨진 이름 석 자와 그들이 피를 흘리며 지키려 했던 이 국토와 태극기! 늙은 소년병은 "우리는 순수했다"라고 말했다. 그 순수한 애국심과 피 속에서 오늘의 대한민국이 탄생하였다.

소년소녀병이란, 만 17세 이하의 신분으로 징집 의무가 없음에도 군번과 계급을 부여받고 6·25전쟁에 참전한 이들을 말한다. 군번을 부여받지 않고 입대한 학도의용군과는 다르다. 약 3만 명(소년병 2만9603명, 소녀병 467명)이 참전해 2573명이 전사했다.

2011년 11월 국방부 자료에 따르면, 연령별 참전자 수는 만 17세(1만 5000여 명), 만 16세(7000여 명), 만 15세(3000여 명), 만 14세(1700여 명), 만 13세(1600여 명) 순이었다. 현재 소년병 약 2000명이 생존해 있는 것으로 알려졌다. 소녀병은 현재 두 명이 생존해 있다.

국방부는 2008년 이전까지만 해도 유엔 아동권리협약상 18세 미만은 징집하지 못하도록 한 규정 때문에 국군 소년소녀병의 존재 자체를 쉬쉬해왔다. 2011년에야 소년·소녀병의 '실체는 인정했으나, 그에 따르는 예우와 보상은 현재까지 없다.

⑥
6·25의 노래

우리는 5만 명의 일제강점기 위안부(대부분 살아 돌아옴), 몇 백 명의 세월호 희생자, 몇 백 명의 광주 5·18 사상자들에 대해서는 귀가 따갑게 떠들어댄다.

위안부 소녀상('평화의 소녀상'으로 불린다.)은 전국 125곳에 세웠다.

5·18 기념 노래인 '임을 위한 행진곡'은 합창이냐 제창이냐를 놓고 다툴 정도로 관심이 많다.

그런데 조국의 역사상 최대의 비극이었던 6·25 전사자 200만 명, 청상과부 20만 명, 전쟁고아 10만 명은 벌써 다 잊은 것 같다.

이들의 희생 없이 대한민국은 없었다.

나는 여기서 6·25의 노래로 6·25 사상자의 원혼을 달래주고 싶다.

아아, 잊으랴 어찌 우리 이날을

조국을 원수들이 짓밟아 오던 날을

맨 주먹 붉은 피로 원수를 막아내어

발을 굴러 땅을 치며 의분에 떨던 날을

이제야 갚으리 그날의 원수를

쫓기는 적의 무리 쫓고 또 쫓아

원수의 하나까지 쳐서 무찔러

이제야 빛내리 이 나라 이 겨레

　- '6 · 25의 노래' 중 1절

(7)
6·25와 우리 집안

6·25는 우리 심씨 집안에도 엄청난 비극을 가져왔다.

할아버지대(代) 3형제분(우섭, 명섭, 대섭)에게서 9남매가 태어났는데 이 중 5분이 북한에 가서 살게 되었다. 이야기는 왜정시대인 1930년으로 돌아간다.

나의 아버지(심재영)는 경성농업을 졸업하시고 18세에 농촌계몽운동을 하시려 지금 내가 살고 있는 당진시 송악읍 부곡리에 오셔서 집을 지으시고 농촌계몽운동을 1930년에 시작하셨다.

1932년에 종조부이신 심훈(심대섭) 선생께서 부곡리로 낙향하셔서 4년을 사시며 아버지와 한집에도 사셨고 가깝게 교제하시며《상록수》《영원의 미소》《직녀성》등 한국근대문학사에 기념비적인 작품들을 집필하셨다.

그때에 두 분(심훈, 심재영)이 즐겨 읽으셨던 책 중에 마르크스·레닌의

《만민평등론》《민족주의론》 등 사회주의 계열의 책들이 있었다. 그 책들은 일제 압박 속에 있던 조선의 젊은이들에게는 꿀과 마약같이 유토피아 세상을 그리게 하였다고 후에 아버지께서 말씀하셨다.

한편으론 민중을 계몽하여 민족의 실력을 배양하고 애국계몽운동으로 발전시키는 토양이 되기도 하였다. 자유민주주의나 자본주의는 아직 조선에 알려지지 않았던 시절이다. 그 시대 사회주의, 민족주의에 관한 책들은 조선의 많은 젊은 지식층에 읽혔고, 그것을 모르면 사회에서 뒤떨어지는 것으로 여겨졌다.

내가 사는 지역의 가까운 친척들도 이런 사상에 많이 접근해 있었는데, 6·25가 나면서 여러 가정이 풍비박산 나는 경우를 목격하였다. 그래서 나는 최근 유행하는 386시대, 주사파, 진보 좌파 등에 빠진 사람들을 조금은 이해하려고 한다. 그러나 이미 1990년대에 마르크스·레닌주의가 죽은 이론이라는 것이 판명이 났지만, 당시만 해도 그것을 몰랐다.

1945년 8월 15일 광복이 되었다. 사회주의·공산주의 운동은 계속되면서 남한의 정권을 괴롭혔다. 좌우 이념의 갈등은 더욱 커져갔다.

아버지는 1943년까지 야학당 등 농촌계몽운동을 하셨는데, 2차 세계대전이 최고조에 달했을 때 민족독립주의를 가르친다는 죄를 씌워 왜정이 야학당 폐쇄령을 내렸다.

그 후 몇 년간 조용히 지주로서 농사와 과수원을 하시며 사셨는데 1947년에 큰 사건이 터졌다. 공산주의자들이 지역 해양경비소를 습격하여 불로 태웠다.

아버지는 전혀 관여를 하지 않으셨는데, 잡혀간 폭도들이 아버지 이름을 대며 지령을 받은 것처럼 둘러대어 아버지는 서울로 피신할 수밖에 없으셨다. 사회주의 쪽에 호의적이라는 것을 알고 동네 유지의 이름을 걸고넘어진 것이었다. 아버지는 1930년부터 농촌계몽운동, 야학당을 하시며 당진군에서 칭송을 받고 덕도 많이 쌓으셨지만, 심훈 선생과 함께 사회주의 사상에 상당히 기울었었다고 생각한다.

그 후 아버지는 서울 계동 할아버지 집과 수원 여동생 집을 오가며 피신생활을 하셨다. 체포령은 계속되었고, 갑자기 경찰이 들이닥쳐 구둣발로 방안을 헤집는 것에 증조할아버지께서 소리치며 역정을 내시던 기억이 난다. 이때 또 하나의 아픔이라면 우리 집은 당시 지주로서 송산면, 송악면에 많은 땅을 갖고 있었는데 아버지가 안 계시는 동안 농지개혁으로 많은 땅을 잃었다.

아버지는 2년이 지난 후 새로 온 경찰서장의 재조사에서 혐의 없음이 드러나 그제야 집으로 돌아올 수 있었다.

아버지가 겪은 고난의 세월은 여기서 끝이 아니었다. 겨우 숨을 고를 만하니 6·25가 터졌다. 다시 죽고 죽이는 싸움을 지켜봐야 하셨다.

인민군이 파죽지세로 서울을 점령하고 남쪽으로 진격할 당시 얼마동안 충남 당진 지역은 인민군 미점령 지역으로 남아 있었다. 이때 정부에서 당진군 경찰에 대한 퇴각 명령이 내려졌는데, 재소자와 보도연맹원들을 학살하고 부산으로 오라는 것이었다. 그때 아버지는 보도연맹에 이름을 올리고 있었다.

당진경찰서는 수십 명의 보도연맹원을 한진항 뒷산 갯벌에 손을 묶어 세워놓고 퇴각하는 배에서 총을 쏘아 모두 죽이고 떠났다. 그런데 아버지는 불려가지 않았다.

이후 알게 된 이야기로는 경찰서장이 "어떻게 심재영 선생께 총질을 하느냐"며 명단에서 이름을 빼주었다고 한다. 하마터면 고아가 될 뻔하였다.

6·25 기간, 전선이 바뀔 때마다 학살은 일상이었다.

국군이 점령할 때는 인민군에 협력한 사람들이 죽었고, 다시 인민군이 점령하면 반대의 총성이 울렸다.

인천상륙작전으로 서울이 수복되고 얼마 후 당진도 경찰권이 회복되었다. 마찬가지로 인민군 점령 3개월 동안 희생된 사람의 유가족이 경찰권을 무시한 채 온갖 무기를 들고 인민군에 협조했던 사람들을 찾아 보복하기 시작하였다.

어느 날 나는 집 앞 과수원에서 일을 하고 있었는데 갑자기 신작로 저쪽에서 죽창, 몽둥이를 든 한 부대가 우리 집을 향하여 영차, 영차 하며 달려오고 있는 모습이 보였다. 나는 그때 11세였지만 그들이 누구를 향하고 있는지 즉각 알 수 있었다. 쏜살같이 집으로 달려가 "아버지, 큰일 났어요! 빨리 피하세요!" 하고 외쳤다. 아버지는 그 자리에서 집 뒤 산등성이를 넘어 한진항의 어느 지인 집에 숨으셨다.

이후 조금 웃기는 얘기일 수도 있지만, 3개월 만에 경찰권이 정상화되어 볼기 세 대를 맞고 해결이 되었다.

내용은 이랬다. 인민군이 3개월간 당진을 점령했을 때 아버지를 송악면 면장으로 임명해 놓았다 한다. 아버지 말씀으로는 당신은 한 번도 출근을 안 했는데 그 일로 인해 생명의 위협을 받은 것이라고 하셨다.

나는 몇 년 후 보도연맹원들이 총살당한 한진항 갯벌을 일부러 찾아가 보았다.

정말로 팔다리뼈 같은 것들이 여러 개 굴러다니는 것을 보았다.

많은 세월이 지났지만 지금도 그 생각이 난다.

6 · 25 사변 중 의용군에 지원했던 심재천 아저씨 이야기를 할까 한다.

전쟁이 터지자 서울에 살던 친척·친지 13가족이 우리 집으로 피란을 왔다. 방마다 꽉꽉 끼어 자면서 지냈고 일부 가족은 동네 친지의 집에서 살도록 주선하였다.

집에 있던 곡식을 모두 나눠 먹으니 금방 동이 나서 먹을 것이 없었다. 한동안 호박죽을 많이 먹었고 국수라도 얻어먹으면 호사였다. 쌀밥에 고깃국은 상상도 못 할 일이었다. 그때 심명섭·대섭 등 작은할아버지 아들 5명은 우리 집에 있었다.

1950년 9월 초 낙동강 방어선에서 전투가 치열할 때 인민군 치하에 있던 당진에서도 의용군 모집이 이뤄졌다. 강제 징집에 가까웠다.

어느 날 낮 사랑방 마루에서 회의가 열렸다. 누가 의용군으로 나가느냐는 것이었다. 나이가 어렸던 두 아저씨와 나는 물론 빠지고, 아저씨 세 분, 그리고 아버지(당시 39세)와 친척 할아버지(34세)가 대전을 향해 걸어서 떠났다.

며칠 후 아버지와 친척 할아버지는 대전 근처에서 되돌아오시고, 심재철·재천·재근 세 아저씨는 계속 남진하여 전라도 쪽으로 가셨다 한다.

이후 들려온 소식은 세 아저씨 모두 인민군 포로로 붙잡혀 거제도 포로수용소에 수감돼 있다는 얘기였다. 가족 모두는 세 아저씨가 다 살아 있다는 소식에 안도의 한숨을 쉬었다.

세월은 흘러 1953년 7월 휴전이 되었다. 포로 석방이 이뤄졌다. 그러나 세 분은 돌아오지 않았다. 북한으로 가기를 택한 것이었다. 그 후 소식이 끊어졌다.

우리 모두는 살기에 바빠 그들을 잊을 수밖에 없었다. 이런 중 친지 한 분이 심재천 아저씨의 소식을 전해왔다. "이북 방송 라디오에서 그의 목소리를 들었다"는 것이었다. 김일성대학을 수석 졸업하고 졸업생 대표로 졸업생 답사를 읽은 것이었다.

재천 아저씨는 특별히 내 기억에 남아 있다. 경기고등학교를 졸업하고 서울대 공대 조선항공과를 다니다 6·25가 터져 의용군에 입대한, 머리도 좋고 성품도 착실하고 주변 모든 사람의 칭송을 받았던 분이다. 나도 참으로 좋아하던 당숙이셨다.

세월이 또 많이 흘렀다. 1990년대 초인가 남북교류가 조금 있을 적에 평양에 다녀온 친지가 심재천 아저씨가 어느 생산 공장의 공장장으로 일하고 있다는 소식을 전했다. 그 소식이 마지막이었다.

지금도 살아계실까? 생전에 한 번 만날 수 있을까. 지척에 있으면서도, 편지나 전화도 못 하고 오갈 수도 없는 지가 70여 년이 되었다.

(8)
가슴 시린 보릿고개 기억

1953년 7월 27일. 북한과 휴전협정이 조인되고 이제 서로 총질을 하지 않는 나라가 되었다. 좌파·우파의 복수극도 그런대로 가라앉았다. 이제 모든 것이 폐허가 된 나라 안에서 먹고사는 것이 문제였다. 지금 젊은이들은 모른다. 6·25 후에 쌀이 없어서 배가 고팠다고 하면, "아니 빵을 먹으면 되지. 꼭 쌀을 먹어야 되나" 하고 현재 대한민국 경제 상황에 비춰 생각한다. 심한 가난이나 굶주림이 있었다는 걸 믿지 않는다. 나는 50년대에 시골에 살면서 그 현장에 있었다.

몇 가지 기억나는 것을 적어본다.

여름에 동네 아이들이 몰려 노는 곳에 가면 벌거벗고 있는 아이들이 꽤 있었다. 몇몇 아이는 배가 이상하리만치 불룩하게 나와 있었다. 근래 들어 알게 됐지만 요즘 TV에서 볼 수 있는 가난한 나라 아이들, 그 모습을 연상하면 된다. 너무 배가 고파 아무것이나 집어먹어 위장에 병이 나서 부어 있는 것이다.

어느 날 아들을 결혼시키고 아버지께 인사 온 동네 어른이 있었다. 아주 젊은(어린) 아들과 며느리를 데리고 와서 인사하는데, 그 어른은 허리도 굽고 몹시 마르고 나이가 꽤 들어 보였다. 나는 그들이 돌아간 후에 아버지께 그 어른 연세가 얼마나 되는지 물었다.

아버지는 아무 생각 없이 "음, 아마 마흔이 조금 넘었을 거다" 하셨다. 내가 "아버지, 너무 노인처럼 보이는 데요"라고 하니 아버지는 "너무 일만 많이 하고 먹지도 못하고 고생해서 그렇지" 하시던 생각이 난다.

요즘 마흔 초반이면 청년이다.

1950년대는 많은 경우에 밭일이 있으면 동네 부인을 오라고 하여 점심, 저녁을 잘 먹이면 품삯 없이도 왔다. 어떤 경우에는 어린 자식을 두셋씩 데리고 오기도 했다. 하루 세 끼 웬만큼만 대접해도 좋아하였다.

어린 소녀가 식모(가정부)로 일하는 경우도 많았는데, 자식이 많은 집에서 와 별도의 품삯 없이 먹이고 재워주기만 하면 그만이었다.

가난을 모르는 젊은 사람이 보기엔 갑자기 발견된 새로운 내용 같지만 사실 가난하던 시골 사람들의 삶은 지난 1000년, 아니 3000년간 비슷비슷하였다. 요새 우리가 사는 세상은 완전히 딴 세상이다. 꿈에나 그려보던 삶을 산다.

그런데 불과 얼마 전까지 이런 삶을 살았던 우리는 과연 어떻게 하여 몇천 년 내려오던 가난의 삶, 고난의 삶을 벗어나게 되었을까. 하나씩 하나씩 뒤에서 이야기해 보자.

세상이 얼마나 좋아졌는지 얼마 전 있었던 일을 적어본다. 100세 다 되신 어머니가 병이 나셔서 여러 달 요양사 도움을 받았다. 늘 같이 점심을 먹는데 나도 출근하지 않는 날이면 같이 먹었다. 그런데 이 요양사는 밥을 몇 숟갈 뜨지 않고 나물이나 채소만 먹었다.

"아니, 어떻게 밥은 거의 안 드시네요" 하였더니 대답이 걸작이었다.

"밥 많이 먹으면 배가 나와서 몸매가 나빠져요."

시골 여인도 배고픔을 잊은 지 오래다. 이제 몸매 걱정을 하는 것이다.

옛날 시골에서는 며느리 볼 적에 허리가 가늘면 낙제였다. 허리가 굵어야 몸이 튼튼하여 일도 잘하고 아기도 잘 낳는다 여겼다. 참으로 좋은 세상에 우리는 살고 있다.

이제 지나간 이야기지만 가까이는 우리의 부모들이, 아니 우리 조상 대대로 겪어야 했던 보릿고개를 이야기한 노래가 있다. 여기 가사를 적는다. 요새 아이들은 보릿고개가 무엇인지도 모른다.

아야, 뛰지 마라 배 꺼질라

가슴 시린 보릿고개 길 주린 배 잡고

물 한 바가지 채우시던 그 세월을 어찌 사셨소

초근목피의 그 시절 바람결에 지워져 갈 때

어머님 설움 잊고 살았던 한 많은 보릿고개여

풀피리 꺾어 불던 슬픈 곡조는 어머님의 한숨이었소

풀피리 꺾어 불던 슬픈 곡조는 어머님의 통곡이었소

– 진성의 노래 '보릿고개' 중에서

(9)
철모 쓴 비목은 울고 있었다

한국의 젊은이만도 수십만이 죽어간 6·25전쟁, 그중에서도 낙동강 방어선과 다부동 전투, 정전 직전 최후의 격전지 화천군의 산골은 시체의 산이요, 피의 강이었다. 이 전투에서 수만 명의 젊은 목숨은 묘비 하나 없이 사라졌다.

어떻게 얻은 평화이며, 어떻게 지킨 조국인가. 이렇게 이름 없이 죽어간 수십만의 젊은이의 목숨을, 그들의 희생을 가볍게 봐서는 안 된다.

시인 한명희씨는 이 지역 잡초 우거진 양지 바른 산모퉁이를 지나다 십자나무 하나만 덩그러니 세워진 무명용사의 무덤을 보고 영감을 얻어 시를 지었다.

*초연(硝煙)이 쓸고 간 깊은 계곡, 깊은 계곡 양지 녘에

비바람 긴 세월로 이름 모를 이름 모를 비목이여

먼 고향 초동 친구 두고 온 하늘가

그리워 마디마디 이끼 되어 맺혔네

궁노루 산울림 달빛 타고, 달빛 타고 흐르는 밤

홀로 선 적막감에 울어 지친 울어 지친 비목이여

그 옛날 천진스런 추억은 애달파

서러움 알알이 돌이 되어 쌓였네

– 한명희의 '비목(碑木)'

(*초연 : 화약 연기)

서울시립대 명예교수인 한명희 교수가 '비목'을 작사할 때는 휴전 후 11

년이 지난 뒤였다. 서울대 국악과를 졸업하고 육군 소위(ROTC 2기)로 백암산 무명고지 초소(GP)장으로 근무할 당시만 해도 인근 산과 강에는 온통 전쟁 상흔들이 즐비했다. 벌거숭이 비탈에 수통과 탄피며 철모 등이 그대로 있었다. 죽은 나무는 파편투성이였다. 어느 골짜기엔 노란 M1 실탄이 무더기로 묻혀 있고, 강변 둔덕에는 105밀리 포탄 껍질이 패총(貝塚)처럼 쌓여 있었다. 한명희 교수의 말이다.

"대학을 갓 졸업해 다감하던 그때 과거 격전지였던 백암산 고지에서 18개월 동안 근무하며 목격한 숱한 전쟁의 상흔들은 하나하나 가슴속 깊이 잔영을 남겼죠. 막사 빈터에 호박이나 야채 따위를 심으려 삽질하면 인골이 나왔어요. 땔감 하려고 나무를 켜다 보면 그 속에 박힌 파편 때문에 톱날이 망가지고…. 녹슨 철모나 썩어 빠진 탄띠 따위는 흔했죠."

강원도 화천군과 철원군의 경계에 자리한 산이 백암산(해발 1179m)이다. 남방한계선과 휴전선을 가로지르며 남북을 넘나드는 강이 북한강의 지류인 금성천. 그곳이 철의 삼각지대와 함께 중부 전선 최대의 격전지였다.

어느 날 한 소위가 순찰길을 따라 걷는데 돌무더기 앞에 팻말 비슷한 나무가 썩어 드러누워 있고 탄피며 철모가 널브러져 있었다. 그 사이를 따라 하얀 산 목련이 달빛 속에 서 있었다.

"전쟁의 비애로 가슴앓이 하던 그때, 무명병사의 돌무덤과 나무 비(木碑)를 보고는 만감이 떠오르더군요. 죽은 이는 누굴까, 고향은 어딜까, 아내는 있었을까, 죽기 전 어떤 꿈을 가지고 있었을까….

그때 본 산 목련은 산화한 연인의 무덤가를 지켜주는 여인의 소복(素服)이었습니다. 긴 세월을 기다리다 지친 순애보 아낙의 돌아오지 않는 낭군의 무덤가를 지켜주는 망부석(望夫石)이었어요. 그날의 감흥을 훗날 '비목'이라는 시로 엮었지요."

그가 북한강변 백암산 줄기, 이름 모를 능선에서 근무하지 않았더라면 오늘날의 '비목'도 탄생하지 않았으리라.

"격전지에서 근무할 기회가 없었다면 '총탄이 비 오듯 한다'라든지, '포탄에 벗겨진 대머리 산' 등의 표현을 소설 속 문장으로만 치부했을 거예요.

화약 연기(초연)가 쓸고 간 그 깊은 계곡 양지 녘의 이름 모를 돌무덤을 포연에 산화한 무명용사로, 새하얀 산 목련을 순절한 여인으로 상정하고 가곡 형식에 맞춰 엮어봤던 겁니다."

한명희 교수는 젊은 시절 쓴 '비목'의 감흥을 살려 '산 목련 여인'이란 시를 최근 지었다.

팔부능선 바위틈에 안타까이 누운 병사

찢긴 군복 주머니엔 클로버 꽃 편지 한 장

독수공방 신혼댁을 차마 잊지 못해설까

낙엽 덮인 흙 틈새로 쌓인 한만 읊조리네

오매불망 기다리던 애모의 정 이런 걸까

순애보의 정절 여인 전사통지 받아 들곤

망연자실 혼절한 채 소복하고 달려가서

임의 무덤 지켜주는 산 목련이 되었다네

—시 '산 목련 여인' 전문

'산 목련 여인'은 '비목'보다 더 은유적이다. 화자(話者)는 팔부능선 병사의 시신에 쌓아 올린 돌무덤가에 핀 산 목련을 '산 목련 여인'이라 칭한다. 독수공방 신혼댁, 순애보의 정절 여인, 망연자실 혼절한 소복 등이 바로 산 목련 여인을 의인화한 표현들이다. 한 교수는 "시를 새롭게 쓰다 보니 왕년의 격전지에서 젊은 비애를 앓아가던 20대 한 소위로 돌아간 것 같다"고 말했다.

5

이승만 대통령 바로 알기

1948년 7월 17일 헌법이 공포되었다. 사흘 뒤 국회에서 초대 정·부통령을 뽑는 간접선거가 실시되었다. 국회 재적의원 198명 중 196명이 선거에 참여하였다.

이승만 대통령은 74세의 고령에도 불구하고 180표라는 압도적인 지지를 받아 초대 대통령에 당선되었다.

오후에 진행된 부통령 선거에서는 이시영이 2차 투표까지 가는 접전 끝에 62표를 얻은 김구를 제치고 103표를 얻어 부통령에 당선되었다. 이로써 해방 후 절대적 영향력을 행사해온 두 지도자 중 김구는 임시정부의 법통 고수에 매달려 남한 단독정부 수립이라는 대세를 거부하다가 형해화되었고, 이승만은 당당히 초대 대통령이 되었다.

이승만은 7월 24일 중앙청 광장에서 열린 대통령 취임식 후 내각 구성에 착수했는데 사흘 뒤인 7월 27일 모두의 예상과 달리 이북 출신의 조선민주당 소속 이윤영을 초대 국무총리로 지명하고 국회에 인준을 요청했다.

의원들은 한결같이 놀랍다는 반응을 보였다. "기독교 신자인 이승만이 목사를 편애해 이윤영을 총리로 지명한 것"이라는 이야기가 나왔고 결국 국회 인준에 실패했다. 이승만은 민족청년단을 창설한 이범석을 2차로 지명했으며, 8월 2일 110표 대 84표로 국회 인준을 통과했다.

첫 국무회의는 8월 5일 열렸다. 국무회의는 비로소 대한민국 정부가 수립되었다는 감격의 상징이었다.

(1)
이승만의 유산

한반도 5000년 역사는 유구한 만큼 정치·사회·문화적으로 후세에 본
보기가 되는 선조 또한 많이 배출했다.

하지만 대개, 무능한 임금과 부패한 신하, 탐관오리의 백성 착취로 농민
들은 가난을 대물림하며 지주들의 노예로 살아왔던 것이 우리의 역사다.
반도(半島)라는 지리적 특성상 중국·일본은 물론 거란·여진·몽골 등 이
민족의 외침과 공격을 받으며 때로 굴욕과 치욕을 견뎌야 했던 세월도 있
었다. 그런데 이 모든 가난, 치욕의 역사를 한꺼번에 바꾸어놓은 지도자가
한국에 나타났다.

정치적으로는 모든 백성이 평등하고, 경제적으로는 세계의 어느 나라도
부럽지 않으며, 국격도 세계 10번째 안에 드는 자랑스러운 나라로 다시 태
어나는 기초를 세운 지도자다. 참으로 우리 세대는 운이 좋다. 너무 좋다.

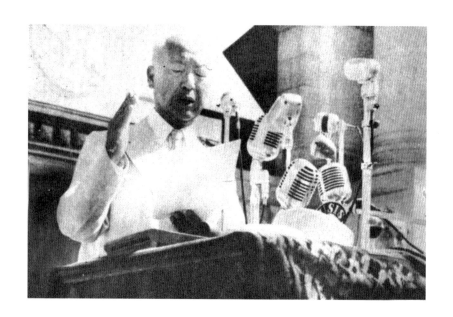

　이승만, 박정희라는 불세출의 지도자를 하나님께서 대한민국에 보내주
신 것이다. 나는 여기에 이 두 분의 이야기를 기록해서 후세에 영원히 남기
고 싶다.

　이 두 분에 관한 평가는 어떤 자세를 취하느냐에 따라 다를 수 있다.

　그러나 두 분이 한반도에 남기고 떠난 발자취는 감히 어떤 후세의 지도
자도 흉내 내지 못할 것이요 100년, 200년 후에는 더욱 빛날 것이다.

　자세한 이분들의 전기는 이미 나와 있으니 나는 중요한 부분들만 기록
하여 독자들의 이해를 돕고자 한다. 한국의 역사를 바꾸어놓은 지도자를
독재자, 친일파, 친미주의자 등으로 욕하며 동상, 기념관조차 못 세우게 한
다.

　나는 데모꾼들의 철없는 시위와 반대를 강력히 질책하고 싶다. 그래서
이 두 분, 특히 이승만 대통령의 평가가 바로 서기를 간절히 소원한다.

(2)
이승만 대통령 연보

① 출생부터 해방까지

1875년 3월 26일 황해도 평산에서 출생. 양녕대군의 16대손

1895년 배재학당 졸업 : 배재학당에서 서재필 선생을 통하여 서양문물
을 처음 접하고 자유민주주의 사상에 매료되면서 당시 중국·소
련·일본만 바라보던 시절에 청년 이승만은 태평양 건너 미국의
힘과 영향력을 깨닫게 되었다. 그 후 미국 유학을 하면서 해방 한
국의 지도자로서 새 역사를 쓰는 계기가 되었다.

1899년 박영효와 관련된 고종 폐위 음모사건에 연루되어 종신형을 받음

1904년 특별사면으로 출소

1907년 조지워싱턴대 학사

1908년 하버드대 석사

1910년 프린스턴대 박사(정치학)

1912년 귀국하여 선교와 교육 활동 시작. 황성기독교청년회 선교사로
　　　활동 중 105인 사건 연루로 일제 압박으로 하와이로 도주 정착

1919년 3월 1일 : 3·1만세 독립운동. 한성 임시정부 집정관 총재 임명.
　　　9월 6일 상해 임시정부 임시 대통령 추대

1920년 12월~1921년 6월 : 상해로 밀항하여 임시 대통령직 수행

1922년 하와이 정착. 교육과 종교 활동, 독립자금 모금 등의 활동 시작

1932년 11월~1933년 3월 : 제네바 국제연맹에 참석, 임시정부의 전권대
　　　사로 임명되어 한국 독립 탄원 활동

1933년 제네바에서 오스트리아 여인 프란체스카 도너 여사와 상봉

1934년 뉴욕에서 결혼(당시 이승만 58세, 프란체스카 도너 33세)

1933~1940년 임시정부의 국무위원과 주미 외교부 위원장 자격으로
　　　미국 정부와 한국 독립운동 전개

1940년 일본제국의 미국 공격 전쟁을 예견한 저서《Japan Inside Out》을
　　　발간해 진주만 공격 후 미국 정부로부터 크게 각광받음

1942년 Voice of America 방송국에서 일본의 패망과 조선 독립의 필요
　　　성을 강조하는 방송 시작

1945년 8월 15일 : 광복

1945년 10월 16일 : 이승만 귀국

② 해방부터 대한민국 건국까지

1943년 11월 27일 카이로 선언 : 영국·미국·중국, 태평양전쟁 후 한반
　　　도 독립 약속. 당시 소련은 일본과 불가침 조약을 맺고 있어 회

의에 불참

1945년 7월 26일 포츠담 선언 : 미국·영국·중국 참석 ‐ 한반도의 독립 재확인. 소련 불참

1945년 8월 9일 : 소련, 일소(日蘇) 불가침 조약을 깨고 일본에 선전포고. 미국의 일본 본토 원자탄 투하로 일본의 패전이 확실시되자, 러일전쟁 때 잃은 사할린 영토와 한반도 북한 땅 점령 등을 목표로 대군을 몰고 만주와 북한으로 진격하여 북한을 점령함

8월 15일 : 일본 항복 선언

8월 25일 : 미국과 소련 38선 경계로 분단 점령 발표

9월 19일 : 미국 하지 중장, 남한에 미육군사령부 군정청 설치

12월 29일 : 모스크바 3상 회의에서(미·영·소) 한반도 신탁통치 결정. 전 국민 반탁운동 시작, 격렬한 집회 곳곳에서 발생

1946년 2월 14일 : 점령사령관 하지 중장의 주도로 남조선 비상국민회의 설립. 의장 이승만, 부의장 김구, 김규식

3월 20일 : 남북한 통일정부를 세우기 위한 미·소 공동회의 개최. 그러나 남북한 통일정부 구성 합의에 미국, 소련 합의 실패, 이로써 임시의 38선이 영구화. 북한은 김일성을 위원장으로 하는 북조선 인민위원회 결성. 행정권, 입법권, 사법권을 행사할 수 있는 사실상 정부가 형성됨

1946년 11월 3일 : 북한 인민위원회 선거 실시 후 김일성을 위원장으로 정식 선출→토지개혁 실시, 전 산업 국유화 실시

1947년 5월 21일 : 2차 미·소 공동위원회 개막

9월 12일 : 미소공동위원회 결렬. 소련 반대에도 불구하고 미국은 한국문제를 국제연합에 상정하고, 결의안은 한국의 총선거를 통해 중앙정부를 수립하기를 권고.

1948년 1월 8일 : 유엔 한국통일 임시위원단 서울 파견. 남북한 통일정부 설립 목적. 북한은 서울에 온 유엔 임시 한국통일 위원단의 북한 입국을 거부. 이승만은 남한 단독 정부 수립 지지. 반면 김구, 김규식은 남한만의 단독 정부 수립 반대함

5월 3일 : 김규식, 김구는 3·8선 넘어 김일성과 통일정부 수립을 위한 회의를 평양에서 개최. 그러나 아무 성과 없이 돌아옴

5월 10일 : 미군정청 지휘 하에 남한 단독 총선

5월 31일 : 제헌국회 개헌

7월 17일 : 헌법 제정

7월 20일 : 초대 대통령 이승만, 초대 국회의장 신익희, 초대 국무총리 이범석

8월 15일 : 대한민국 출범

③ 정부 수립부터 6·25전쟁까지

1948년 8월 15일 대한민국은 건국되었으나, 국가의 재정 조달 문제며 정치적 내부갈등, 남로당의 공공연한 적화운동 등으로 나라의 앞날은 한 치도 내다볼 수 없는 형편이었다.

1946년부터 계속된 대구 10·1폭동 이후 1948년 4월 3일 제주에서 무장 봉기가 일어났다. 남로당 제주도당의 주도 아래 남한만의 단독 선거 반대와 통일 정부 수립을 주장하는 봉기가 제주 곳곳에서 터져 나왔다.

무장 봉기 세력은 각지의 경찰지서와 서북 청년회 등 우익 단체를 습격하였고 미군정은 경찰과 군대를 동원하여 무력 진압에 나섰다. 이 과정에서 1만4000명 가량의 무고한 제주도민이 희생당하는 사태가 벌어졌다. 이 때문에 제주도 3개의 선거구 중 2개의 선거구에서 국회의원을 선출하지 못했다.

정부 수립 후 이승만 정부는 제주도에서 일어난 무장 봉기를 진압하기 위해 여수와 순천에 주둔 중이던 국군을 파견하려 하였다. 이때 부대 내에 있던 좌익 세력들이 제주도 출동 반대, 통일 정부 수립 등의 구호를 내세우며 반란을 일으켰다.(여수 순천 10·19 사건)

이승만 대통령은 여수·순천 지역의 반란을 진압하는 동시에, 군대 내 좌익 세력을 몰아내는 숙군 작업을 강화하였다. 또 남로당의 공포에서 나라를 구하고 좌익 세력의 활동을 근본적으로 차단하는 의도에서 1948년 12월 많은 반대를 무릅쓰고 '1차 국가보안법'을 제정하였고 이듬해에는 국민 보도연맹을 조직하였다. 이 법을 배경으로, 미군과 국군의 협조로 남로당의 남한 적화운동과 반란은 거의 종식되었다.

하지 중장이 이끄는 7만 명의 미군과 이승만 대통령의 철통같은 반공 노선이 없었으면 남한은 이미 6·25 이전에 흡수통일이 되었을지 모른다.

김구, 김규식은 평생 독립운동을 한 분들이고 공산이념을 지지하지는 않았으나 1948년 5월 평양을 방문하여 김일성을 만나고 통일 한국을 주장했다. 또한 대한민국 건국에 반대했을 뿐 아니라 이후 정부 수립과 조각에도 참여하지 않았다. 훗날 김구와의 대담에서 밝혀진 사실 하나는 김구, 김규식이 1948년 5월 김일성과 회담을 하고 북한을 사흘간 돌아본 후 북한의 남침을 예상하였다는 것이다.

이미 1948년에 북한은 소련의 도움으로 막강한 군 장비와 많은 병력을 갖춰 혼란한 남한 정부는 쉽사리 무너지리라는 판단을 했다는 것이다. 그의 판단은 옳았다. 그분의 착잡했던 심정이 이해가 된다.

하지 중장은 정치적으로 능력 있는 장군으로 평가받지 못한다. 끝없이 일어나는 친공 반란 사건과 경제적 빈곤, 그리고 국군 내부까지 파고든 남로당 첩자들을 방치한 채 남한 정부를 형식적으로 안정시켜 놓고 미국은 남한에 손을 떼고 떠나려는 계획이 아니었나 하는 역사적 평가도 있다.

여기에서 이승만 대통령의 미흡했던 친일파 청산 문제를 잠깐 짚고 넘어가자.

이승만은 맨손으로 귀국하여 3년 동안 한민당과 지주계급, 기존 세력의 도움으로 대통령에 오를 수 있었다. 이 중 많은 이가 친일파였으나 또 강력한 반공주의자들이었다.

새로운 국가 건설에 인재가 필요하니 우선 경험 있는 사람들을 중용하여 필요한 자리에 앉히고 국가의 안정을 도모하려 하였다. 친일 세력을 우선 제거하느냐, 공산 세력을 우선 제거하고 나라를 굳건히 한 후에 친일파를 정리하여 민족정기를 바로 세우느냐를 두고 이승만은 많은 고민을 하였을 것이다.

1949년 1월 반민특위가 구성되었으나, 이승만의 반대로 체포된 700명 중 40명만 재판에 넘겨지고 그중 14명만이 처벌받았다. 이후 이승만의 친일파 청산 문제는 미완의 과제로 지금껏 남아 있다. 당시 나라 사정으로 볼 때 분명 아쉬움이 남지만 이승만의 선택이 불가피했으리라 생각한다. 2년 후 남과 북이 6·25전쟁을 치르게 되어서는 더욱 필요했던 결정이 아니었을까.

④ 6·25전쟁과 휴전까지

1945년 해방 이후 1950년 6·25사변까지 대한민국은 정치적·경제적·군사적·사회적인 면에서 문자 그대로 혼란의 극치였다.

미국과 소련은 한반도에서 군대를 철수하였지만 각각 남한과 북한을 지원하였다. 미국은 태평양 방어선(애치슨 라인)에서 한반도를 제외하면서도, 중국과 소련의 세력 확장을 저지하기 위해 한미 상호 방위 원조 협정을 맺어 한국을 지원하였다. 소련은 중국과 함께 북한의 군사력 강화를 적극 지원하고 남침 계획에도 동의하였다. 1950년 6월 25일 북한군이 38도선을 넘어 기습 남침하였다. 3일 만에 서울이 함락되었고, 이 과정에서 수많은 사람이 피난길에 올랐다. 북한군이 파죽지세로 밀려 내려오자 놀랍게도 미국은 다음 날 유엔 회의를 소집하고 한국전 참전을 결정하여 풍전등화 같던 남한의 운명을 바꾸어놓는다.

유엔군의 참전으로 전쟁은 국제전으로 확대되었으며 이후 모두 63개국이 대한민국을 지원하였다. 그해 7월 14일 이승만은 전시 작전권을 맥아더에게 넘기고 유엔군 지휘 아래 최선의 방어를 시도했으나 9월 무렵에는 북한군이 경상도 일부와 제주도를 제외한 대부분의 지역을 점령하였다.

피바다를 이루는 유엔군과 북한군의 전투는 밀고 밀리는 내일을 예측할 수 없는 필사의 전투였다. 이때 또 하나의 한국을 살린 기적이 인천상륙작전이었다. 김일성조차 예상치 못했던 인천상륙작전의 성공으로 국군과 유엔군은 38도선을 돌파하여 압록강까지 진격해 한반도 통일이 눈앞에 오는 듯 보였다. 그러나 전쟁의 양상은 100만 중공군의 개입으로 확전되고 말았다. 이로써 6·25 전쟁은 자본주의 진영과 사회주의 진영이 맞붙은 세계 최초의 전쟁이 되었다.

밀고 밀리는 필사의 전투는 계속됐고, 전세가 역전되어 서울이 다시 함락되었다. 이후 전열을 정비한 국군과 유엔군은 서울을 재탈환하고, 지금의 휴전선 일대까지 진격하여 공산군과 대치하였다. 38도선 부근에서 치열한 공방전이 계속되는 가운데, 소련의 제안으로 정전 협상이 시작되었고 결국 1953년 7월 27일 휴전협정에 조인하며 한반도 역사에서 가장 참혹했던 전쟁은 일단 휴전 상태로 들어간다. 우리 모두가 듣고 또 들었던 너무나 다 아는 이야기이다.

이후 대한민국의 역사는 기적의 발전을 거듭하면서 세계무대로 진출하게 된다.

우선 이승만 대통령의 업적을 간추려보자.

㉠ 한미방위조약 체결과 그 조건들

−한국군 20개 사단을 현대화하고 한국 전후 복구를 위한 경제 지원을 한다.

−미국이 원치 않는 방위조약 체결을 위하여 반공포로 석방이라는 위험한 정치적 수단을 동원하고 미국을 압박함.

㉡ 초등학교 6년 의무교육 시작

−13%의 입학률이 96%로 상향 : 교육 강국의 시초.

−이 시대 초등학교에 다니던 아이들이 1970~80년대 중화학공업을 일으킨 근대화의 역군이 됨.

㉢ 이승만 정권 동안 미국으로 매년 2000명의 유학생을 보내어 선진문명을 학습

−박정희 준장은 미국 육군포병학교에서 유학해 미국을 배운 군인으로 성장.

㉣ 농지개혁으로 지주제도와 소작농을 없애고 모두 자작농으로 바꿈

−북한도 농지개혁을 하였으나 농지의 소유권은 나라의 것이고 농민은 경작권만 있다.

ⓜ 1948년 5월 10일 투표를 통해 성별·계급·이념·교육의 우열 없이 모두 한 표를 행사하는 민주주의를 정착시킴.

ⓝ 사유재산을 인정하는 자유경제 제도 도입.

이러한 업적들이 지금 보기에는 당연하게 보이지만 1948년 이전 대한민국이 서기 전에는 생각도 못 하던 것들이다.

지난 역사의 한반도 정치 제도와 비교하면 천지 차이라 아니할 수 없다. 대한민국의 제헌헌법 제5조는 '대한민국은 정치·경제·사회·문화 모든 영역에 있어서 각인의 자유, 평등과 창의를 존중하고 보장하며 공공복리의 향상을 위하여 이를 보호하고 조정하는 의무를 진다'이다. 아무리 생각해도 신분제와 이념 대립이 극심했던 당시 상황에서 자유민주주의와 시장 경제를 비전으로 내건 민주공화국 대한민국의 탄생은 천운이었다. 사람의 탄생이 그러하듯 대한민국도 기적같이 탄생한 것이다.

대한민국이라는 나라가 생겨나 지금껏 존속해 온 것은 사실의 영역이지 가치 판단이나 호불호의 대상이 아니다. 태어나지도 않은 나라가 70년 동안 이렇게 살 수는 없다. 자유민주주의를 발전시키며 세계 10위 경제 대국으로 성장할 수는 더더욱 없다. '존재하는 모든 것은 선(善)하다'는 토마스 아퀴나스의 말처럼 세상에 태어나지 말았어야 할 존재는 없다. 나라의 출생을 무효화 하려는 극도의 자기부정은 반역이거나 국가적 자살과 다를 바 없다. 분명, 이승만이 25년간 경험한 미국 교육과 선진문화·문명의 습득은 한국의 운명을 결정하는 나침반이었다.

우리는 지금 이승만 체제에서 살고 있다. 중국과 소련의 강력한 공산권 전체주의에 맞서 미국과 동맹을 맺어 동북아 대륙에만 얽매여 있던 한반도를 해양 세력으로, 무역국으로 대전환하는 계기를 마련한 혜안을 가졌던 지도자였다.

김씨 왕조 3대가 지배한 북한을 보라. 지금까지도 사유재산이나 투표권이 없으며 억압과 가난 속에서 민중들이 고통 받고 있다. 지도자의 선택이 얼마나 중요한가를 다시금 깨닫게 한다.

이승만 대통령은 그 많은 업적에도 불구, 친일파 청산에 실패했고 독재와 부정선거가 촉발한 4·19혁명으로 하야하고 말았다. 그러나 2차 세계대전 이후 한반도 주변이 공산주의 이념으로 무장해 한반도를 위협할 때 자유민주주의를 안착시킨 위대한 지도자이다. 후세에 두고두고 후손과 역사가들이 크게 재평가하리라 믿는다.

나는 지난 2000년간 한반도 역사에서 이승만과 박정희를 최고의 지도자로 꼽는다.

여기서 이승만 대통령이 남해의 어느 외딴섬에서 지은 자작시를 소개한다.

섬 안에 우뚝 자란 백 척 소나무

홀로 고고하게 사시에 푸르렀네.

빼어나 우뚝하기 쉬운 일 아니거든

팔방에 끝없는 바람 혼자 받고 섰구나.

– 이승만의 자작시

⑤ 4·19혁명과 하와이 유배까지

이승만 대통령이 재임하던 1950년대에는 아시아 어느 나라에도 진정한 민주 정권은 없었다. 모두 독재 정부였다. 독재는 왕정에서 식민지 지배를 거쳐 민주주의로 넘어가는 자연스러운 정치 역사의 진행 과정일지 모른다.

어쩌면 4·19혁명으로 이승만이 물러나게 된 사실은 그가 체험하고 가르친 민주주의를 위해 자신을 희생한 것과 다를 바 없다. 그렇게 12년 통치는 막을 내렸다.

이승만 타도가 아니라 부통령 이기붕 타도에 이승만은 스스로 하야하고 7년간의 하와이 칩거를 하게 된다. 여기서 나는 하와이로 떠난 인간 이승만, 인간 프란체스카 여사의 이야기를 자랑스럽게 하고 싶다.

하와이로 떠나는 전직 대통령 부부가 꾸린 4개의 여행 가방에는 △이승만의 옷 △프란체스카 여사의 옷 △평소 쓰던 타자기 △매일 사용하던 일상품이 전부였다고 한다. 비자금이나 귀금속 같은 것은 찾아볼 수 없었다.

노부부는 한국 정부가 마련해 준 편안한 거처가 아니라 한인 교포가 마련해 준 방에서 한인 교포들과 프란체스카 여사의 친정에서 마련한 200달러로 연명하였다. 이승만 대통령은 늘 한국과 한식을 그리워하다 세상을 떠났다.

한 나라를 12년간 집권하던 통치자가 빈손으로 세상을 떠났다는 것은 전 세계 역사를 살펴봐도 없던 일이다. 그의 청렴함과 나라 사랑이 어느 정도였는가를 짐작케 한다.

김일성·김정일은 호의호식하며 잘 대접받다가 생을 마감했지만 이승만은 빈손으로 하와이에 유폐되어 교포 셋방에서 6년을 쓸쓸히 살다가 가셨다. 그런데 남한은 그 후 부흥했고, 북한은 아직도 극빈의 상태다.

김일성·김정일은 몇 백만 명의 백성을 굶겨 죽이고, 숙청·처형하고, 가난 속에 헤매게 하여도 3대까지 정권을 유지하며 핵까지 들고 나와 한 핏줄의 동포를 위협한다.

90 평생 나라의 독립과 부국강병만을 생각하며 살았던 초대 대통령, 그가 있었기에 우리의 오늘이 있다. 우리는 그를 우러러 존경하고 감사하여야 한다. 그런데 한국에는 이승만 기념관도 없고 변변한 동상도 없다.

이 어찌 된 일인가! 오호통재라! 이게 나라냐!

이승만은 반공으로 남한을 보호하였고, 자유민주주의 시장경제로 국가의 기틀을 세워 오늘의 대한민국을 이룩하였는데 이게 웬일인가? 이승만 때문에 적화통일이 안 된 것이 그렇게 한이란 말인가?

이승만 서거 후 같이 일하던 주한 유엔 총사령관들의 그에 대한 평을 간략히 적는다.

㉮ **매튜 리지웨이**(맥아더 장군 후임으로 온 미 8군 사령관)

"이승만은 공산주의에 대한 증오에서는 타협을 몰랐고 자기 국민에 대한 편애가 심했으며 불가능한 일을 끈질기게 요구했으나 마음속에는 깊은 애국심으로 가득 차 있었다. 애국심에 의지해 오랜 망명 생활을 보내고 귀국한 이후 눈뜬 시간 전부를 나라를 위해 바쳤다."

㉯ **밴 플리트**(리지웨이 후임 미 8군 사령관)

"이승만은 위대한 한국의 애국자, 강력한 지도자, 강철 같은 사나이다."

"카리스마적인 성격의 소유자, 자기 체중만큼의 다이아몬드에 해당하는 가치를 지닌 인물이다."

㉰ **맥스웰 테일러**(밴 플리트 후임 미 8군 사령관)

"한국의 이승만 같은 지도자가 베트남에도 있었다면 베트남은 공산군에 패하지 않았을 것이다."

이제 이승만 대통령에 대한 서술을 마치려 한다.

우리는 제국 열강의 틈 속에서 이 대한민국이 어떻게 세워졌는지, 어떤 생사를 넘어왔는지를 알아야 한다. 1950년 6월 25일 북한의 남침으로 서울이 사흘 만에 점령당하고 말았다. 그해 7월 5일 국군은 오산전투에서 크게 패했고, 7월 18일 대전을 공격당한 후 딘 소장이 포로로 잡히고 국군과 유엔군이 낙동강 방어선으로 밀려나던 그때, 그러니까 7월 19일, 이승만 대통령은 트루먼 대통령에게 나라를 구하고자 간곡한 편지를 써서 보낸다.

흔히 지도자의 명문은 역사를 움직인다고 한다. 이 편지는 현대사에 남을 명문 중의 하나다. 이 편지로 미군의 파병이 신속하게 계획되고, 맥아더 장군의 인천상륙작전으로 이어진다. 이승만이 트루먼에게 보낸 편지 전문을 소개한다.

친애하는 트루먼 대통령께

절망적인 위기를 맞은 한국에 신속하고 지속적인 원조를 제공해 주신 각하에게, 본인은 물론, 대한민국 정부와 모든 국민은 깊은 감사의 뜻을 무슨 말로 표현할지 모르겠습니다.

우리는 한국의 대의(大義), 즉 자유의 대의를 위한, 많은 자유 우방의 국제연합을 통한 지원에 깊이 감사드리면서, 각하의 용감한 영도력이 이 난처한 위기를 당하여 발휘되지 않았던들 그러한 지지도, 원조도 없었으리라는 사실을 잘 알고 있습니다.

본인은 한국전선에서 미군의 전사상자(戰死傷者)가 늘어난다는 사실을 보고받을 때마다 가슴이 아픕니다. 고국에서 머나먼 이곳에 와서 자유를 위하여 그렇게 많은 사람이 그들의 생명을 바치지 않으면 안 된다는 것은 비극적 사실입니다. 우리 군대는 우리의 국토 안에서 조국을 위하여 싸우고 있으니까 우리 군의 사상자 보고를 받는 것이 아무리 참혹하다고 해도 귀국의 희생자보다는 그나마 낫습니다.

이곳 한국 땅에서 죽고 다친 미국 병사들의 모든 부모, 처자, 형제자매들에게 부족하나마 위로의 말을 전하고 싶습니다. 우리 한국인들은, 미국의 위대한 전통을 이어받아 약자를 지켜주려고 이 땅에 와서 잔인한 침략자들을 상대로 해방과 자유가 지구상에서 사라지지 않도록 생명을 내걸고 싸우고 피 흘린 그들의 용기와 희생을 결코 잊지 않을 것입니다.

대통령 각하, 위대한 귀국의 병사들은 미국인으로서 살다가 죽었습니다만, 세계 시민으로서 그들의 생명을 바쳤습니다. 공산 파쇼 집단(Comminazis)에 의하여 자유국가의 독립이 유린되는 것을 방치한다는 것은 모든 나라, 심지어는 미국 자신까지도 공격받는 길을 터주는 길이 됨을 알고 나라 사랑의 한계를 초월하면서까지 목숨을 바쳤던 것입니다.

각하도 아시다시피 한국인들은 그 누구도 참여하지 않은, '38도 선에 관한 1945년의 군사 결정'의 결과로 자신들의 의사에 반(反)하여 분단되었습니다. 이와 같은 분단은 북한에서 소련의 지령과 통제 아래 한국인의 전통이나 정서와는 전적으로 이질적인 공산 정권의 수립을 허용하고 말았습니다.

이 북한 지역에서 군사, 경찰, 재정의 권력을 절대적으로 장악한 공산분자들은 소련의 지령하에 한국뿐만 아니라, 미국과 대다수 국제연합 회원 국가들에 대하여도 처참한 피해를 줄 수 있을 정도의 강력한 군사력을 키울 수가 있었습니다. 소련의 후원을 받은 북한 정권이 6월 25일 새벽, 한국군을 일제히 공격하였을 때 그들은 38선을 자유 대한과 노예 북한 사이의 군사분계선으로 유지할 수 있는 근거를 없애버렸습니다.

원상(status quo ante)회복을 시도함으로써 적(敵)이 전열을 가다듬어 또다시 공격할 수 있도록 시간적 여유를 주는 것은 참으로 어리석은 행동이 될 것입니다. 세계 공산주의자들이 우리나라의 가슴 속에 심어서 키워온 제국주의적 침략의 악성(惡性) 암세포들을 이번 기회에 영원히 도려내야 합니다. 북한 사람은 남한 사람과 차이가 없습니다. 외부 세력이 훈련시키고 조종하는 소수의 공산주의자를 제외한 모든 한국인은 그들의 조국에 충성합니다. 이 전쟁은 남과 북의 대결이 아닙니다. 이 전쟁은 우리나라의 반(半)을 어쩌다 점거하게 된 소수의 공산주의자와 압도적 다수의 한국 시민(그들이 어디에 살든) 사이의 대결입니다.

한국 정부와 국민은 이제 한반도를 통일할 때가 왔다고 생각합니다. 한국과 강력한 우방이 치르는 막대한 희생을 딛고 통일도 이루지 못한다면 이는 언어도단입니다.

대통령 각하, 각하께서도 같은 결론에 도달하셨을 것으로 본인은 확신하는 바이지만, 우리 정부의 입장을 각하께 분명히 밝히고자 합니다.

한국 정부는 대한민국 정부의 동의나 승인 없이 한국에 관하여 장차 타국(他國)이나 국가 그룹에서 결정하는 어떠한 협정이나 양해사항도 이를 구속력이 없는 것으로 간주할 것입니다. 본인은, 각하께서 최근에 발표하신 성명서를 통하여 이것이 또한 미국 정부의 입장이라고 믿습니다.

본인은 매일 기도합니다. 한미군(韓美軍)의 승리를 위하여, 날씨가 맑아져 미 공군 전투기가 적을 발견하고 파괴할 수 있도록, 그리고 충분한 병력과 물자가 최대한 빨리 도착하여 공세로 전환, 강고한 적군의 진영을 돌파, 승리의 북진을 시작할 수 있도록 매일 기도합니다.

본인은 우리의 대의가 궁극적인 승리를 거두리라는 데 추호의 의심도 하지 않습니다. 본인은 정당성(right)과 강력함(might)이 우리 편이란 사실을 잘 압니다. 영원히 계속될 친애(親愛)의 마음을 담아서 편지를 보냅니다.

1950년 7월 19일

이승만

6

박정희 대통령 바로 알기

5·16혁명 전까지만 해도 얼굴도 이름도 몰랐던 군복의 사나이. 163cm의 작은 키, 작은 덩치임에도 40대 중반 하나뿐인 목숨을 걸고 혁명을 일으켜 오늘의 대한민국을 이루어내지 않았는가? 독재자라는 오명을 들으면서까지!

누가 감히 그의 무덤에 침을 뱉을 수 있는가?

박정희는 20세기의 대(大)인물이다.

식민지와 큰 전쟁을 겪은 나라를 18년간 이끌면서 최단시간에 최소한의 희생으로 최고의 성장을 이룩하여 선진 민주 복지 국가로 가능하게 만들었다. 그는 교사, 군인 혁명가, 경영가였다. 네 가지 역할을 동시에 수행해 국력을 조직화하고 능률을 극대화하였다. 그는 사고와 행동이 주체적이었다. 위선적 명분론을 경멸하면서 오로지 실사구시(實事求是)의 사실과 현실에 기초하여 옳은 방향과 방법을 찾는 동양적 실용주의적 사상가였다. 위대한 생산성의 비결이 여기에 있다.

(1)
인간 박정희, 초인(超人)

교사, 군인, 혁명가, 경영자의 네 가지 역할을 동시에 수행함에 있어 기초가 된 것은 '교사적 소양'이었다. 우수한 지도자와 위대한 지도자를 가르는 것은 교사적 소양일 것이다.

박정희는 대구사범을 졸업하고 문경에서 3년간 교사로 일했다. 진정으로 어린이와 약자를 사랑한 따뜻한 선생님이었다. 이런 자세를 그는 평생 유지하였다. 군인으로서도 교사였고, 혁명가로서도 교사, 경영자로서도 교사였다.

1961년 5월 16일 새벽 남산 KBS를 점거한 혁명군이 박종세 아나운서를 끌어내자 박정희 소장은 그 유명한 혁명 공약을 건네주면서 그에게 혁명의 당위성을 설명하였다. 그는 연설을 통하여 국민을 공개적으로 설득하려 한 마지막 대통령이다. 책상을 쾅쾅 치면서 학생들을 훈계하고 행사 참석

자들이 애국가를 제대로 부르지 않았다고 다시 시키는가 하면 아래서 올라온 연설문 초고를 편집장처럼 꼼꼼하게 고쳐 자기 것으로 만들었다.

교사로서 성공하려면 언어 감각이 좋아야 한다. 박정희(또는 박정희 정부)는 조어(造語)의 천재였다. '조국 근대화' '민족중흥' '한국적 민주주의' '새마을운동' '잘살아보세' '성실한 사람이 잘사는 사회' '올해는 일하는 해' '올해는 더 일하는 해' '수출 100억 불, 소득 1000불' '소득증대' '국력의 조직화, 능률의 극대화' '자조, 협동, 근면' 등등. 이들 구호는 구호로 그치지 않고 실천으로 연결되어 역사를 만들고 움직였다.

그는 집권 18년 동안 지속적으로 '자조·자립·자주'의 3단계 정신교육을 이어갔다. 스스로 돕는 사람을 정부가 도와준다. 그래야 우리는 경제적으로 자립할 수 있다. 자립경제를 기반으로 자주국방을 할 수 있어야 진정한 독립국가 행세를 할 수 있다.

박정희는 포퓰리즘을 배격하였다. 최단시간 내에 최소한의 희생으로 최대의 업적을 남길 수 있었던 것은 그가 포퓰리즘으로 인한 비용 지출을 최소화한 덕분이다. 낭비적 정치를 억압함으로써만 된 것이 아니다. 국민교육으로 시대적 분위기를 만들었기에 생산성 높은 실용적 정책 추진이 가능하였다.

박정희는 독서인이고 교양인이었다. 독서로 다져진 지성과 철학에서 전략과 정책이 나온 것이다. 미국 대통령 트루먼은 이렇게 말했다.

〈"모든 독서가(reader)가 지도자(leader)가 되는 것은 아니지만 모든 지도자는 독서가이다."〉

한국의 역사는 박정희와 군 장교단을 매개로 하여 역사 발전의 보편적 경로에 진입했다. 박정희는 군사적 교육을 오래 받아 반듯한 자세와 정확한 업무처리가 습관화되었다. 군대는 전쟁을 준비하는 조직이고 교육(훈련)기관이다. 생사(生死)가 오가는 순간에 최선의 결정을 내려야 하므로 준비에 철저하고 정직, 정확해야 한다. 군대의 의사 결정은 참모회의를 거쳐 지휘관이 내리는데 민주적 토의를 반드시 거친다. 민간인 출신 대통령보다 군인 출신 대통령이 업무처리에서 보다 더 민주적인 이유가 있다.

장교들은 소대장부터 대장까지 오르면서 다양한 조직의 경영을 체험하고 비상사태에 대비한다. 국가 지도자 양성 코스로는 최적이라고 할만하다. 한국은 30년간 군인 출신 대통령 세 명을 배출. 세계에서 가장 효율적이고 생산적인 국정운영을 선보였다. 이 시기의 경제성장률 부문에서 한국이 세계 최고인 것은 한국군 장교단이 권력을 잡거나 뒷받침한 시기였다는 점과 떼어 놓고 논할 수 없다.

1963년 박정희는《국가와 혁명과 나》의 마지막 쪽에서 유언과 같은 다짐을 했다.

〈"소박하고 근면하고 정직하고 성실한 시민사회가 바탕이 된, 자주 독립된 한국의 창건, 그것이 본인의 소망 전부다. 본인은 한마디로 말해서 서민 속에서 나고 자라고 일하고 그리하여 그 서민의 인정 속에서 생이 끝나기를 염원한다."〉

박정희는 지옥의 문턱을 넘나든 질풍노도의 세월로도, 장기 집권으로도 오염되지 않았던 혼을 자신의 죽을 때까지 유지했다. 가슴을 관통한 총탄으로 등판에서는 피가 샘솟듯 하고 있을 때도 그는 옆자리에서 시중들던 여인에게 "난 괜찮으니 너희는 피해"란 말을 하려고 했다. 병원에서 그의 시신을 만진 의사는 이렇게 말했다.

〈"시계는 허름한 세이코이고 넥타이핀은 도금이 벗겨지고 혁대는 해져 있어 꿈에도 대통령이라고는 생각하지 못했습니다."〉

소박한 정신의 소유자는 잡념과 위선의 포로가 되지 않으니 사물을 있는 그대로, 실용적으로, 정직하게 본다. 그는 주자학, 민주주의, 시장경제 같은 외래의 선진 사조도 국가의 이익과 민족의 복지를 기준으로 하여 비판적으로 소화하려고 했다. 박정희 주체성의 핵심은 사실에 근거하여 현실을 직시하고 시비를 국가 이익에 기준하여 가리려는 자세였다.

박정희는 파란만장의 시대를 헤쳐가면서 영욕(榮辱)과 청탁(淸濁)을 함께 들이마셨던 사람이다. 더러운 강물 같은 한 시대를 삼켜 바다와 같은 다른 시대를 빚어낸 사람이다. 그러면서도 자신의 정신을 맑게 유지했던 초인(超人)이었다. 그는 알렉산더 대왕과 같은 호쾌한 영웅도 아니고 나폴레옹과 같은 전광석화의 천재도 아니었다. 부끄럼타는 영웅이고 눈물이 많은 초인, 그리고 한 소박한 서민이었다. 그는 한국인의 애환을 느낄 줄 알고 그들의 숨결을 읽을 줄 안 토종(土種) 한국인이었다. 민족의 한을 자신의 에너지로 승화시켜 근대화로써 그 한을 푼 혁명가였다.

다음은 언론인 조갑제가 꼽은 박정희 리더십 12계명이다.

① **화합형 정책 결정**: 박정희 대통령은 무엇보다도 듣는 사람이었다. 엉터리 보고라도 끝까지 들어주었다. 좀처럼 즉석에서 반대하지 않았다. 일단 본인의 의견을 제시한 뒤 주무(主務)장관이 다시 한 번 심사숙고할 기회를 주었다. 대통령의 지시가 아니라 주무장관이 발안(發案)한 정책이 채택되는 방식을 취하도록 했다. 그렇게 해야 정책에 대한 주인의식이 생기고 일을 할 때 신바람이 나는 것이다. 박정희는 자신이 하고 싶은 일을 남을 통해서 하는 방법을 잘 알고 있었다.

② **민주적 정책 결정**: 박정희 대통령은 어떤 회의에서도 먼저 발언하지 않았다. 토론을 시켜 문제가 제기되고 찬반(贊反) 의견의 방향이 잡혀가면 그때 결론을 도출하고 필요한 보충지시를 내렸다. 당시의 정치체제와는 다르게 경제정책의 결정 과정은 민주적이었다.

③ **생산적 회의**: 박정희 대통령은 월간 경제동향보고, 수출진흥확대회의 (무역진흥회의), 청와대 국무회의, 국가 기본운영계획 심사분석회의, 방위산업진흥확대회의를 정례화 하였다. 이들 회의는 대통령이 국정(國政)을 종합적으로 규칙적으로 파악 점검하고 살아 있는 정보를 얻는 기회였다.

④ **철저한 확인과 일관된 실천**: 박정희 대통령은 계획수립에 20%, 실천과정의 확인에 80%의 시간을 썼다고 한다. 중앙부처 및 지방 순시 등 현장 시찰을 자주 한 것도 집행의 확인과 사기(士氣) 진작을 위한 것이었다. 그는 원칙을 견지하면서도 계획의 수정이 필요할 때는 토론절차를 거쳐 신속하게 했다.

⑤ **국민의 각성과 참여**: 박 대통령은 국민이 자조(自助) 정신을 발휘하여 자발적으로 국가 건설에 참여하도록 유도하는 데 신경을 곤두세웠다. 그는 인간과 조직의 정신력에 주목한 사람이다. 그는 한국인의 패배의식과 싸워 이긴 사람이다. 그는 경부 고속도로 건설 같은 눈에 뜨이는 구체적 업적을 통해서 국민의 체념과 자학(自虐)을 자신감으로 교체해 갔다. 의욕을 불어넣기 위해 '새마을 노래' '나의 조국'도 작사, 작곡했다.

⑥ **정부는 맏형, 기업은 전사(戰士)**: 박 대통령은 경제 관료와 기업인이 이견(異見)을 보이면 많은 경우 기업인 편을 들어주었다. 그는 정부 주도형 경제개발 정책을 채택했으나 기업이 엔진이고, 경제전선의 전사는 기업인이라고 생각했다. 대통령은 기업 엘리트를 존중해 주었고, 기업인들은 대통령을 '우리 편'이라고 생각했다.

⑦ **내각에 권한과 책임 위임**: 청와대 비서실이 장관 위에 군림하는 것을 금지했고 장관의 인사권을 존중했다.

⑧ **관료 엘리트 중시, 학자들은 자문역**: 실천력을 중시하던 박정희는 집

행기관장으로서는 학자를 거의 쓰지 않았다. 학자들은 자문역으로만 부렸다. 거의 유일한 예외는 서강대학교 교수 출신인 남덕우 부총리였다. 남 부총리도 실무 능력의 검증을 거친 다음에 중용(重用)되었다.

⑨ **정치와 군대의 압력 차단**: 그는 관료들이 국익(國益)과 효율성의 원칙에 따라 소신대로 일할 수 있도록 군인들과 정치인들의 경제에 대한 개입을 차단하고 견제했다. 군대의 힘으로써 집권한 사람이 군대의 영향력을 약화시킨 예는 매우 드물 것이다.

⑩ **경제발전 우선주의**: 박 대통령은 경제발전이 결국은 안보와 민주주의 발전으로 연결될 것이라고 생각했다. 선 경제발전, 후 민주화의 소신을 굽히지 않았다. 그에 따른 비난에 대해서는 "내 무덤에 침을 뱉어라"로 대응했다.

⑪ **시장(市場)의 한 멤버로서의 정부**: 박정희는 정부가 시장의 규제자가 아니라 한 참여자라고 생각했다. 대통령 재임 시절의 정부는 시장 지배자라기보다는 시장의 일원으로서 시장 기능을 촉진하는 역할을 했다. 정부는 기업가, 은행가, 개혁가로서의 역할도 했다. 전력, 철강 등 민간 기업이 감당하기 어려운 부분은 정부가 공기업을 만들어서 맡아서 하되 경영은 민간기업 방식으로 운영되도록 했다. '관치(官治)경제가 아니라 대통령이 CEO로 뛴 주식회사 대한민국이었다(김용환).'

⑫ **선택과 집중과 고집**: 박 대통령이 채택한 수출주도형 공업화정책, 중점 투자전략, 선 성장-후 분배 전략, 과감한 외자 유치 전략은 모두 성공했다. 박정희는 정책과 전술은 수시로 변경했지만, 철학과 전략은 18년 동안 그대로 밀고 나갔다.

언론인 조갑제는 "박정희 대통령 지도력의 원리는 역사의 원리와 인간성의 본질을 간파한 바탕에서 장기적 전략을 세우고 효율적인 시스템을 짠 뒤 세심한 확인으로 신속하게 사업을 추진한 것"이라고 했다.

(참조《월간조선》2017년 1월호《박정희 100장면》중에서)

(2)
박정희의 유산과 업적

박정희 대통령은 우리의 영웅이다!!!

박정희 없이 현재 한국의 영광은 없다!!!

나는 이렇게 박정희 통치시대 18년을 정의하고 싶다. 이 또한 명백한 사실이다. 그러나 지금 한국은 박근혜 전 대통령의 탄핵에 이어 이명박 전 대통령까지 수인이 된 보수 수난의 시대다.

나는 여기서 박정희를 서술하기 전에 중국과 미국, 그리고 다른 나라들이 겪었던 정치적 어려움과 이후 통치자들의 영도력을 몇 가지만 추려서 먼저 이야기하고 싶다.

중국 공산당이 전국을 통일하였으나 여러 가지 경제적 침체에 빠졌을 때

마오쩌둥(모택동)은 농촌인민공사를 만들어 농촌개혁을 하다 실패하고 4500만 명이 굶어 죽는 사태를 초래하였다. 그는 정치적 위상이 흔들리자 홍위병 운동을 '문화대혁명'이란 이름으로 일으켜 수많은 지식인과 사회 원로들을 반동분자로 몰아 숙청하였다.

1976년 4월 천안문 사태가 벌어졌을 때, 마오쩌둥은 덩샤오핑(등소평)에게 책임을 씌워 숙청하였다. 1981년 덩샤오핑은 4년간의 정치적 혼란을 겪은 뒤 중국의 전권을 쥐게 된다. 그때 덩샤오핑은 마오쩌둥을 격하시키고 1억 명에 가까운 국민을 죽인 홍위병과 그 측근들을 벌할 수 있었다. 그러나 덩샤오핑은 이렇게 말했다.

〈"마오쩌둥의 역사적 평가는 공이 7이요 과가 3이다. 나는 국가의 주석으로서 역사를 긍정적으로 계승하여 국가를 단합시키고 내분을 막고 역사를 전진시키는 것이 내 책임이다.")

덩샤오핑은 "사회통합과 화해가 먼저"라고 선언하며 마오쩌둥을 격하하지 않았다. 되는 나라의 지도자는, 대국(大國)의 지도자는 다르다.

링컨 미국 대통령의 이야기다. 62만 명의 사망자를 낸 남북전쟁이 결국 끝이 났다. 남부 정부와 남군 총사령관이 항복을 선언한 것이다. 그 직후 링컨의 명령이 역사에 남는 명언이다.

〈"남군 총사령관 Lee 장군을 최고의 예우로 모셔라.
이제 우리는 남북 간의 화해를 위해 최대한 빨리 국가의 상처를 아물려야 한다."〉

미국의 초대 대통령 조지 워싱턴 이야기가 있다. 그는 흑인 노예를 수없이 부리며 노동력을 착취한 대농장의 지주였고 50세까지 영국령의 대령까지 오르며 영국에 협조했다. 그러나 독립전쟁이 발발하자 7년간 미국 독립군을 맡아 전쟁을 승리로 이끌었고 초대 대통령으로 8년간 집권, 건국 대통령으로 추앙 받는다. 그의 동상은 곳곳에 서 있다. 나는 미국에서 오래 살았지만 그를 비하하는 글을 본 일이 없다.

대국은 거저 대국이 되는 것이 아니다. 우리가 하는 짓을 보면 우리는 소국(小國)으로 남을 수밖에 없다.

박정희는 공이 9요 과가 1이다. 나 자신의 확신에 의한 선언이다. 그의 경제 발전 계획과 투철한 반공 정책이 없었다면 번영된 오늘의 대한민국은 없을지 모른다.

우리나라가 30년의 독재로 세운 기초 없이도 여기까지 올 수 있었다고 생각하는 사람은 우리의 민족성을 아예 이해 못 하는 사람일지 모른다. 돌이켜 보면 우리 역사는 분열과 반대, 당파 싸움이 점철되던 나라였다. 지금도 그렇지 않은가? 신념을 가진 이승만 박정희 같은 애국 독재자가 있었기에 한국의 오늘이 있다. 어느 정도 독재는 반드시 필요했고 경제 발전을 위한 성장 통이자 시대적 요구였다.

5년 전의 일이다. 내가 사는 충남 당진의 한진항에서 회식이 있었다. 나는 그 자리에서 이 이야기 저 이야기를 하던 중 박정희 대통령 덕에 이렇게 잘 먹고 산다고 했더니, 앞에 앉아 있던 중년의 한 남성이 "박정희는 그 무덤을 파서 뼈를 갈아 태워서 바다에 던져야 한다"고 말하는 것이 아닌가.

나는 너무 놀랐고, 화가 나서 그 얼굴에 막걸리를 퍼붓고, 술상을 뒤집어엎고 싶었지만, 내 나이도 있고 그가 누군지 몰라 자리에서 일어나고 말았다. 나중 "그자가 누구냐"고 물으니, 어느 극좌파 신문사의 부편집장이라 하였다.

박정희에 대한 평가가 사람에 따라 극에서 극으로 갈리는지 그때 처음 느꼈다. 미국 대통령이 서울을 방문하는데 왜 성조기를 불태우고, "양키 고 홈"을 외치는지를 알게 되었다.

독일이 1989년 통일된 후의 이야기다.

서독 정부는 동독에서 보낸 간첩의 숫자를 약 3000~4000명으로 추산하였는데, 통일 후 동독 정부의 공개된 정보에는 3만 명의 간첩이 서독에 잠입해 있던 것으로 나타났다. 서독 총리의 비서가 간첩으로 판명되어 총리가 사임하는 일까지 벌어졌었다. 그래도 서독은 동독을 흡수 통일하였다.

남한에는 북한 간첩이 과연 얼마나 있을까?

김씨 왕조는 여러 면에서 성공하였다. 우선 정권을 대물림해 3대째 세습에 성공하였다. 또한 남한이 자유를 누리는 것을 이용해 남한에 친북 좌파를 많이 심어놓았다. 이를 이용, 수만 명의 간첩 활동으로 항상 남한의 정국을 혼란케 하여 왔다. 김씨 왕조를 사모하는 주사파도 많다 한다. 그러나 서독이 동독을 이긴 것처럼, 남한은 분명히 이길 것이다. 이기길 바란다.

전두환 독재 이후, 노태우 대통령부터 한국 정세와 경제는 태풍과 높은 파도로 쉴 새 없이 강타 당했다.

대통령 구속이 4번이요, 국제외환위기(IMF 구제금융), 노무현 대통령 자살, 2008년 경제 위기 등 나라가 풍전등화 같았다. 광우병 선동, 사스, 세월호 침몰 등 온 나라를 뒤흔드는 데모도 끊이질 않았다. 그런데 나라는 멀쩡하게 버티고 서서 2~3% 경제 성장을 계속하며 세계 10대 강국 반열에 들었다. 태풍이 몰아치는데 집이 멀쩡히 서서 버틴다는 것은 기초와 버팀목이 튼튼하기 때문이다. 그럼, 과연 그 기초와 버팀목은 무엇일까? 바로 대기업, 중소기업을 지탱하고 발전시켜 온 경제인들이 그 주인공이다. 경제인이 앞장서 뒤처진 정치인들을 이끈 셈이다.

오늘날 한국을 10대 강국 반열에 오르게 한 철강·중화학·전자·자동차 산업 모두 박정희 시대에 시작되어 자란 산업들이다. 그의 18년 통치의 덕이 지금도 명백히 살아 있다.

박근혜의 탄핵으로 2017년 5월, 문재인 정권이 들어섰다.

세상이 완전히 바뀌었다. 노무현의 죽음에 대한 복수뿐 아니라 진보 좌파 정권이 정의의 사도처럼 온 사회를 뒤흔들며 피의 칼날을 휘둘렀다. 박근혜 정권 때 분노한 국민을 평등과 정의로 달랜다는 것이다.

과거 30년 독재 속에서 성장한 대한민국 발전의 흔적을 다 지우려 한다. 그간 대한민국 경제 발전에 앞장서 왔던 경제인들은 그 칼날이 자기를 향할까 두려워하며 숨도 못 쉬고 있다. '분노는 쉽고 해법은 멀다'는 명언에 귀를 기울여야 한다. 영화 〈1987년〉을 보고 울기는 쉽다. 나라를 발전시키고 앞으로 이끄는 해법이 어려운 것이다.

문재인 대통령의 2017년 6·10 연설은 오늘의 한국경제의 부흥에, 독재 정치를 무너뜨리기 위한 항쟁들, 4·19혁명, 부마항쟁, 광주 5·18민주화운동, 87년 6월 항쟁으로 이어지는 민주화운동이 주 역할을 했다고 주장하는 역사관을 표출하였다. 오로지 저항운동가의 입장만을 대변하는 지도자가 자기를 찍지 않은 60%의 국민을 어떻게 이끌어갈 것인가 걱정이 앞섰다.

민주화운동에 가담하여 목숨도 잃고 옥살이도 한 많은 동포의 공과 고생을 치하하는 것은 마땅한 일이다. 그러나 좌우, 진보, 보수를 아우르며 양쪽의 역사를 모두 긍정적으로 평가하며 한국을 이끄는 지도자상이 그 어느 때보다 요구된다.

이승만·박정희·박근혜까지 전임 정권의 치적을 보존·유지하면서 보수가 저질렀던 단점은 수정하고 반일 좌파가 지향하는 평등의 과제도 수행하면서 좀 더 큰 지도자로 거듭나길 기대해 본다.

한 가지 꼭 고칠 게 있다.

별 볼일 없이 5년을 보낸 김대중·노무현 대통령은 기념관, 기념동상, 기념공원, 평화의 광장 등 너무 잘해 놓았는데 대한민국 건국의 초석을 세운 국부(國父) 이승만과 박정희 대통령은 동상도 못 세우게 하니 100년이나 지나야 역사가 바로 쓰일까?

　오호통재라! 이게 바로 가는 나라인가 싶다.

　다음은 박정희의 업적이다.

－고속도로 건설

－새마을운동

－국민 교육헌장 발표

－한일협정으로 경제개발 자금조달

－중공업 육성

－철강산업, 중화학산업, 조선산업, 기계산업, 석유화학, 전자산업, 자동차산업

－베트남 파병으로 군사적 · 경제적 개발 촉진

－공업단지 조성 : 구미, 포항, 울산

－서울지하철 1호선 개통

－반도체산업 기반 다짐

－과학진흥 계획 수립 : 대전 대덕연구단지 조성

－국민건강보험 시작

－서울 강남 일대 개발 시작

－실업률 감소 : 61년 23% → 79년 3.8%

－재임 기간 연평균 경제성장률 9.1%

－국민소득 62년 87달러 → 79년 1676달러

－외환보유고 61년 1억5000만 달러 → 79년 57억 달러

(3)
월남전 참여로 한국이 얻은
군사적·경제적 이득

제3공화국(1963~1972년)이 출범한 지 6개월도 안 된 당시, 박정희 정부는 경제 발전을 추진하고 있었지만 자본의 부족 등으로 어려움을 겪고 있었다.

게다가 당시 한국은 미국의 6·25 참전 대가로 미국의 월남 파병 요청을 듣지 않을 수 없을 뿐만 아니라, 한국군 4만 명이 파병이 안 되면 주한미군이 이동해야 해 국방에도 문제가 되었다.

박정희 정부는 경제적 어려움 해소와 한미동맹 강화, 그리고 북한 위협에 대처하기 위해 베트남전 파병 요청에 적극적으로 응했다.

1964년 9월 11일 제1이동외과병원(130명)과 태권도 교관단(10명) 파견을 시작으로 비둘기부대(한국군사원조단), 청룡부대(제2해병여단)와 맹호부대(수도사단)를 잇달아 파병하였다. 1966년에는 백마부대(제9사단)와 군수지원단 등을 추가로 보냈다. 주월 한국군사령부는 1965년 10월 베트남 사이공에 개소하여 평화협정이 체결된 1973년까지 작전을 지휘하였다.

국군은 육해공군 병력 약 5만 명, 연인원 32만5517명을 파병하였다. 이 중 5099명이 전사하고, 1만1232명이 부상을 당했다. 고엽제에 의한 피해도 약 16만 명에 이른다.

국군의 베트남 파병은 안보 분야뿐만 아니라 우리나라 현대사 전반에 중대한 영향을 미쳤다. 당시 제3공화국 정부는 국군의 파병을 통해 정치적 기반을 다지면서, 미국이 주도하던 안보동맹 관계를 상호협상의 관계로 발전시킬 수 있었다. 아울러 미국의 원조로 굳건한 안보태세를 구축할 수 있었으며, 미국의 지원과 전쟁특수를 활용한 외화 수입으로 국가 발전의 기반을 마련했다.

전투병 파병 전 1964년 한국의 1인당 국민총생산(GNP)은 103달러에 불과했지만 국군 철수가 끝난 1974년 5배가 넘는 541달러로 향상되었다.

국군의 베트남 파병 원칙에 관한 윈스럽 브라운(Winthrop Gilman Brown) 주한 미국대사(재임 1964년 8월 14일~1967년 6월 10일)의 증언은 이렇다.

① 추가 파병에 따르는 모든 비용은 미국 정부가 부담한다.

② 한국 육군 17개 사단과 해병대 1개 사단 장비를 현대화한다.

③ 월남에 파견된 병력을 대신하여 미국은 추가로 한국군 3개 사단의 장비를 현대화한다.

④ 한국에 대한 원조 계획은 미국 상품 대신 미화로 한국 상품을 구입한다.

⑤ 한국이 탄약 생산을 늘리는 데 필요한 자재를 제공한다.

⑥ 한국 정부와 주월 한국군 간의 지속적인 연락을 유지하는 데 필요한 통신장비를 미국 정부의 부담으로 제공한다.

(4)
박정희 시대의 요약과
리콴유의 평가

1945년 이후 세계의 신생국가(100개국가량) 모두가 사회주의, 수정자본주의, 공산주의 체제로 정국이 움직였는데, 유독 한국만 이승만·박정희·전두환 체제 40년간 완전한 자유민주주의 경제체제를 독재 하에 시행하여 급성장을 거둔 유일한 나라가 되었다.

월드뱅크(세계은행) 보고서에 따르면, 한국은 1960~90년 사이 인류 역사상 가장 빠른 경제 성장과 공평한 소득분배로 동반성장을 이룬 나라로 평가되었다.

1950~70년 사이 2차 세계대전 후, 이집트 무바라크, 리비아 카다피, 필리핀 마르코스, 쿠바 카스트로 등 40개 가까운 나라에서 군부가 정권을 잡고 개발 독재의 길을 걸었으나 모두 실패로 끝이 났다.

오직 5·16혁명만이 성공의 예로 꼽힌다.

싱가포르의 국가 지도자 리콴유(李光耀)는 1994년 김성진 당시 대우그룹 부회장(전 문화공보부 장관)과 인터뷰를 했다.

리콴유 총리는 "아시아에서 귀하를 제외하고 위대한 지도자를 세 사람만 든다면 누구를 꼽겠느냐"는 질문에 먼저 덩샤오핑을 지목했다. "덩샤오핑은 중국이 막다른 골목에 처해 있다는 것을 뒤늦게 깨닫고 방향을 전환시켰으며, 덩샤오핑이 마오쩌둥 이후에 정권을 잡지 못했더라면 중국은 소련처럼 붕괴하고 말았을 것"이라고 했다.

리콴유 총리가 두 번째 지목한 정치가는 일본의 요시다 시게루(吉田茂·1878~1967) 총리였다. 요시다 총리는 한국전쟁과 미소 냉전이 시작되자마자 기회를 놓치지 않고 미국 편에 확실히 섰으며, 이것이 일본의 경제 성장을 가져왔다고 평가했다.

리콴유 총리는 "만일 세 번째 사람을 거론하게 되면 한국의 국내 정치에 영향을 끼치게 될 것 같아서…"라며 더는 말을 하지 않았다. 그의 입에서 '박정희'라는 말은 나오지 않았지만, 박정희 대통령을 염두에 두고 있었음을 짐작할 수 있다.

리콴유 총리는 1979년 10월 19일 한국 방문 당시 청와대에서 열린 환영 만찬에서 이렇게 말했다.

〈"어떤 지도자들은 자신의 관심과 정력을 언론과 여론조사로부터 호의적인 평가를 받는 데 소모합니다. 한편 다른 지도자들은 자신의 정력을 오직 일하는 데만 집중시키고 평가는 역사의 심판에 맡깁니다. (박정희) 대통령 각하, 만약 각하께서 눈앞의 현실에만 집착하는 분이셨더라면 오늘 우리가 보는 이런 대한민국은 존재하지 않았을 것입니다."〉

1990년대 중반의 일이다.

내가 살고 있던 미국 피츠버그에 박정희 대통령을 10년가량 모시던 분이 심각한 병에 걸려 왔다가 1년간 치료받고 무사히 귀국한 일이 있었다. 그분은 나의 고교 선배이자 먼 친척이어서 자주 만나며 교유했다. 비용이 몇억 원이 드는 큰 수술을 예정하고 있었는데, 복잡한 영어로 된 병원 서류를 내가 보고 설명해 드렸다.

대통령 비서실장도 하고 장관도 역임했지만, 거액의 병원비가 부담이 되었다. "자식들에게 물려줄 돈도 없고 결혼들도 못 하고 있는데 어차피 얼마 더 살지도 못할 텐데 집을 팔아야 하나, 그냥 죽어야 하나"를 걱정하였다. 그분이 하는 말씀이나 행동이 참으로 순수하고 존경할 만한 분이었다. 그런데 늘 말씀 중에 박 대통령에 대한 그리움과 그를 향한 존경심이 가득했다. 박 대통령은 연말이 되면 대통령 집무실로 그를 불러 문갑을 열어 얼마의 돈을 건네며 생활에 보태 쓰라고 말했다고 한다.

그 후 수술은 무사히 끝났고, 수술비는 어느 재벌의 아들이 직접 문병을 와 대부분 지불했다. 내 평생 좋은 기억으로 남았을 뿐 아니라 이렇게 좋은 분들이 박 대통령 옆에 있었구나 하는 생각이 들었다.

(5)
시인 박정희

박정희 연구가인 조갑제씨에 따르면, 박정희는 독서인이자 교양인이었다. 독서로 다져진 지성과 철학에서 전략과 정책이 나왔다고 분석한다. 대구사범을 졸업하고 문경에서 3년간 교사로 일할 당시 진정으로 어린이와 약자를 사랑한 따듯한 선생이었다. 또한 박정희는 시인이기도 했다.

금강산

금강산 일만 이천 봉 너는 세계의 명산

아! 네 몸은 아름답고 삼엄함으로 천하에 이름을 떨치는데

다 같은 삼천리강산에 사는 우리들은 이같이 헐벗었으니

과연 너에 대하여 머리를 들 수가 없다

금강산아 우리도 분투하여 너와 함께 천하에 찬란하게!

– 박정희의 시 '금강산'

(※대구사범 시절, 금강산 여행 후 학생들의 여행 소감을 담은 책에 실린 시다.)

백두산의 푸른 정기 이 땅을 수호하고

한라산의 높은 기상 이 겨레 지켜왔네

무궁화꽃 피고 져도 유구한 우리 역사

굳세게도 살아왔네 슬기로운 우리 겨레

영롱한 아침 해가 동해에 떠오르면

우람할 손 금수강산 여기는 나의 조국

조상들의 피땀 어린 빛나는 문화유산

우리 모두 정성 다해 길이길이 보전하세

삼국통일 이룩한 화랑의 옛 정신을

오늘에 이어받아 새마을 정신으로

영광된 새 조국에 새 역사 창조하여

영원토록 후손에게 유산으로 물려주세

– 박정희 작사 작곡의 '나의 조국'

새벽종이 울렸네 새아침이 밝았네

너도 나도 일어나 새마을을 가꾸세

살기 좋은 내 마을~ 우리 힘으로 만드세

초가집도 없애고 마을 길도 넓히고

푸른 동산 만들어 알뜰살뜰 다듬세

살기 좋은 내 마을~ 우리 힘으로 만드세

서로서로 도와서 땀 흘려서 일하고

소득 증대 힘써서 부자마을 만드세

살기 좋은 내 마을~ 우리 힘으로 만드세

우리 모두 굳세게 싸우면서 일하고

일하면서 싸워서 새 조국을 만드세

살기 좋은 내 마을~ 우리 힘으로 만드세

— 박정희가 지은 '새마을노래'

박정희 대통령의 작품 중에 잊을 수 없는 명문(名文)이 국민교육헌장이다. 1968년 국회 의결을 거쳐 공포되었다. 근대화 시대를 살았던 한국인이라면 이 헌장을 외울 수 있었고 자부심을 느낄 수 있었다.

이 국민교육헌장은 철학자 박종홍(朴鍾鴻) 선생이 초안을 잡았던 글이다. 한국인의 주체성을 탐구했던 박 선생은 이 글에서도 한국의 전통과 역사를 살리면서 서구적인 자유민주주의를 수용하려는 자주적 입장을 강조했다. 서구적인 능률주의를 한국적인 인정(人情)과 접목시키고, 개인의 자유와 공동체의 발전을 조화시키려는 고민이 들어 있다. 이 글은 개발연대의 학생들과 군인들과 공무원들이 의무적으로 외워야 했던 시대정신이었다. 자유 통일을 향해 나아가는 지금도 유효한 글이다.

그러나 1993년 김영삼 정부가 등장한 이후 군사문화의 잔재라면서 없애 버렸다. 조갑제씨는 "지금 읽어보아도 낡았다는 생각이 들지 않는다"고 말했다.

국민교육헌장(1968년 12월 5일)

〈…우리는 민족중흥의 역사적 사명을 띠고 이 땅에 태어났다.

조상의 빛난 얼을 오늘에 되살려, 안으로 자주독립의 자세를 확립하고 밖으론 인류 공영에 이바지할 때다.

이에, 우리의 나아갈 바를 밝혀 교육의 지표로 삼는다.

성실한 마음과 튼튼한 몸으로, 학문과 기술을 배우고 익히며, 타고난 저마다의 소질을 계발하고, 우리의 처지를 약진의 발판으로 삼아, 창조의 힘과 개척의 정신을 기른다. 공익과 질서를 앞세우며 능률과 실질을 숭상하고, 경애와 신의에 뿌리박은 상부상조의 전통을 이어받아, 명랑하고 따뜻한 협동 정신을 북돋운다. 우리의 창의와 협력을 바탕으로 나라가 발전하며, 나라의 융성이 나의 발전의 근본임을 깨달아, 자유와 권리에 따르는 책임과 의무를 다하며, 스스로 국가 건설에 참여하고 봉사하는 국민정신을 드높인다.

반공 민주 정신에 투철한 애국 애족이 우리의 삶의 길이며, 자유세계의 이상을 실현하는 기반이다. 길이 후손에 물려줄 영광된 통일 조국의 앞날을 내다보며 신념과 긍지를 지닌 근면한 국민으로서, 민족의 슬기를 모아 줄기찬 노력으로 새 역사를 창조하자.…〉

박정희 대통령이 1965년 서독 방문 중 서독 광부들과 파견 간호사에게 한 연설문을 소개한다. 이 연설문은 눈물 없이는 읽을 수 없다. 모국을 떠나 낯선 이방인들 사이에서 피땀을 흘려 일해야 했던 이들에게 그는 "나에게 시간을 달라"고 호소했다. 그리고 미안함과 부끄러움을 잊지 않았다.

〈"여러분! 만리타향에서 이렇게 상봉하게 되니 감개무량합니다. 조국을 떠나 이역만리 남의 나라 땅 밑에서 얼마나 노고가 많으십니까?

서독 정부의 초청으로 여러 나라 사람들이 이곳에 와 일하고 있는데 그중에서 한국 사람들이 제일 잘하고 있다고 칭찬을 받고 있음을 기쁘게 생각합니다.

광원 여러분, 간호원 여러분 모국의 가족이나 고향 땅 생각에 괴로움이 많을 걸로 생각되지만 개개인이 무엇 때문에 이 먼 이국에 찾아왔던가를 명심하여 조국의 명예를 걸고 열심히 일합시다.

비록 우리 생전에는 이룩하지 못하더라도 후손을 위해 남들과 같은 번영의 터전만이라도 닦아놓읍시다.…

여러분, 난 지금 몹시 부끄럽고 가슴 아픕니다. 대한민국 대통령으로 무엇을 했나 가슴에 손을 얹고 반성합니다. 나에게 시간을 주십시오. 우리 후손만큼은 결코 이렇게 타국에 팔려 나오지 않도록 하겠습니다. 반드시, 정말 반드시!!!"〉

박 대통령은 이 연설을 하며 눈물을 흘렸다고 한다.

조국 근대화를 위해 몸부림쳐야 했던 대한민국 현대사의 한 페이지로 후손이 반드시 기억해야 할 가난과 눈물의 역사가 아닐 수 없다. 1965년 이 대한민국의 대통령은 반드시 약속을 지키겠다고 약속했다. 절대 가난을 대물림하지 말자고 눈물로 호소했다. 그로부터 수십 년 후 그 약속은 지켜졌다. 대한민국은 그토록 바라던 번영의 터전을 이루었고 가난의 굴레에서 해방되었다. 진정한 광복이었다. 지금 한국에서는 200만 명의 동남아와 중국 사람이 타국인 신분으로 돈 벌러 오는 현상이 벌어지고 있다. 박정희의 외침을 다시 들어보자.

〈"나에게 시간을 주십시오. 우리 후손만큼은 결코 타국에 팔려 나오지 않도록 하겠습니다."〉

여기 또 하나의 연설이 있다. 나는 개인적으로 이 연설이 박정희 대통령 연설 중 가장 명연설이라 생각한다. 1969년 10월 10일 박정희 대통령이 행한 '국민투표 실시에 즈음한 특별 담화문'이다. 당시 박 대통령은 3선에 도전할 수 있는 법적 근거를 만들기 위해 3선 개헌(6차 개헌)을 추진했었다. 국민투표는 그해 10월 17일 실시되었다.

〈"내가 해온 모든 일에 대해서, 지금까지 야당은 반대만 해 왔던 것입니다.

나는 진정 오늘까지 야당으로부터 한 마디의 격려나 지지도 받아보지 못한 채, 오로지 극한적 반대 속에 이 막중한 국정을 이끌어왔습니다.

한일 국교 정상화를 추진한다고 하여, 나는 야당으로부터 '매국노'라는 욕을 들었으며, 월남에 국군을 파병한다고 하여, '젊은이의 피를 판다'고 그들은 악담하였으며, 없는 나라에서 남의 나랏돈이라도 빌려와서 경제 건설을 서둘러 보겠다는 나의 노력에 대하여, 그들은 '차관 망국'이라고 비난하였으며, 향토예비군을 창설한다고 하여, 그들은 '정치적 이용을 꾀한다'고 모함, 반대하여 온 등등 대소사를 막론하고 내가 하는 모든 일에 대해서, 야당은 오로지 비방 · 중상 · 모략 · 악담 등을 퍼부어 결사반대만을 해왔던 것입니다.

만일, 우리가 그때 야당의 반대에 못 이겨 이를 중단하거나 포기하였더라면, 과연 오늘 우리 대한민국이 설 땅은 어디겠습니까?

지금 이 시간에도 방방곡곡 전국 도처에서 개헌 반대를 빙자한 야당 유세에서는, 나에 대한 온갖 인신공격과 중상모략이 거리낌 없이 마구 쏟아져 나오고 있음을, 국민 여러분은 잘 듣고 있을 줄 믿습니다.

이것이 바로, 우리 야당의 언필칭 민주주의 한다는 그들의 자세인 것입니다.

야당은 또 언필칭, 나를 독재자라고 비방합니다.

내가 만일, 야당의 반대에 굴복하여 '물에 물탄 듯' 소신 없는 일만 해왔더라면, 나를 가리켜 그들은 독재자라고는 말하지 않았을 것입니다.

야당의 반대를 무릅쓰고라도 국가와 민족을 위해 도움 되는 일이라면, 내 소신껏 굽히지 않고 일해 온 나의 태도를 가리켜 그들은 독재자라고 말하고 있습니다.

야당이 나를 아무리 독재자라고 비난하든, 나는 이 소신과 태도를 고치지는 않을 것입니다.

또 앞으로 누가 대통령이 되든, 오늘날 우리 야당과 같이 '반대를 위한 반대'의 고질이 고쳐지지 않는 한, 야당으로부터 오히려 독재자라고 불리는 대통령이 진짜 국민 여러분을 위한 대통령이라고 나는 생각합니다. (중략)

국민 여러분! 값싼 인기에 영합하고 나만 편안한 길을 가려면, 나에게도 얼마든지 쉬운 길이 있다는 것을 나는 잘 알고 있습니다.

영광의 후퇴가 얼마나 아름다운 것인가도 나는 잘 알고 있으며, 또 이때 수많은 동정을 나에게 쏟아 줄 국민 여러분의 두터운 인정도 나는 잘 알고 있습니다.

그러나 다가오는 70년대를 깊이 생각한 끝에, 나는 나를 버리고 국가를 위해 한 번 더 십자가를 지겠다는 결심에서 나는 이 길을 택한 것입니다.

그러나 나는 지금도 내가 아니면 안 된다는 자만심은 추호도 없습니다. 다만, 60년대 후반기에서 모처럼 되찾은 이 안정의 분위기를, 변동 없이 70년대 초반까지 좀 더 굳히고 다져 보자는 것이며, 내 손으로 벌려 놓은 이 방대한 건설 사업들을, 내 책임으로 매듭지어 보자는 생각에서 그런 것이며, 또 모처럼 움직이기 시작한 우리의 전진 대열을, 쉬었다가 다시 짜기는 쉬운 일이 아니기 때문에, 그대로 좀 더 전진을 계속해 보자는 뜻에서 그러한 것입니다.

친애하는 국민 여러분! 나의 이러한 생각들은 추후도 나를 위주로 한 생각에서가 아니라, 오직 국가 민족의 장래를 생각한 일념에서 이루어진 것을 믿어 주시기 바랄 뿐입니다. (하략)"〉

(6)
시인 김지하와 전대협 김경호의
박정희 평가

시인 김지하는 유신 시절 박정희 정권에 반기를 들고 민주화 투쟁을 벌인 인물이다. 김지하만큼 박정희와 싸운 문인이 또 있을까. 그런 그가 2006년 '젊은이들에게'라는 시를 썼다. '박정희 대통령 서거 27주년'이라는 부제가 붙어 있다. 소개한다.

〈젊은이들아!!

금세기 역사상 가장 존경받는 인물,

세종대왕보다 더 존경받는 사람,

그것도 무려 20%가 넘는 최고의 인물로 존경받는 사람이 누군지 아는가?

독재자 박정희라??

젊은이들아,

당시 독재 시대라 해도 일반 대다수 국민은 생활하고 살아가는 데에는 아무런 어려움과 불편함이 없었다.

다만, 독재니 자유니 하며 이론적 정의만을 내세우는 소수의 사람들과 정치를 하겠다는 극소수의 "정치꾼"들을 제압하였으나 그 또한 누구를 위한 억압적 제압이었겠느냐?

부정 축재하려고 그랬느냐?

자식들과 친인척을 도와주려고 그랬느냐?

아니면 출세하여 족보에 남기려고 억압적 제압을 하였느냐?

젊은이들아!!

1960년대 세계에서 가장 못사는 대한민국 그때에서 자유, 독재,

민주주의를 생각해 보고 박 대통령을 생각해 봐라!!

인간이 살아가는 목적이 식욕, 성욕, 금욕, 지배욕이라 했다.

그 첫째 "식욕", 먹는 것이 해결되지 않고서는 그 무엇도 우선 될 수 없다고 본다.

경제력이 뒷받침 없는 민주주의!!

배고픔이 해결되지 않는 민주주의!!

모래사막 위에 탑을 쌓는 것과 무엇이 다르겠느냐?

당시 우리보다 몇 배를 더 잘살던 필리핀과 북한을 보고 타이,

말레이시아를 봐라!!

지금 이들 국가들이 어떤가를…,

젊은이들아!! 우리나라 정부 일 년 예산의 80%를 미국의 지원으로 살았고 춘궁기가 되면 굶어 죽는 사람이 흔하게 발생했지만 뉴스거리조차 안 되던 때가 바로 60년대였다.

배를 곯아봐야 인생이 뭔지,

삶의 철학도 깨우칠 수 있는데

너무나 잘 먹어 뱃살 빼기를 고민하는 젊은이들아!!

그때는 여성은 살이 쪄야 맏며느리감이라 인기가 있었고 남자는 살이 찌고 배가 나와야 사장이며 인격, 신분 상승으로 여겨 겨울이면 옷을 많이 입고 살쪄 배 나온 시늉을 하던 그때를 아느냐 말이다.

젊은이들아!! 사업가는 10년, 정치가는 최소한 100년 앞을 내다보는 안목과 지혜가 있어야 하며 냉철한 판단력과 결단력, 추진력이 있어야 된다고 한다.

당시 일본으로부터 대일 청구권으로 받은 돈으로 동남아 국가들은 호텔 짓고 백화점 짓고 선박 구입 등 비생산적인 곳에 썼지만 박 대통령은 100년 앞을 내다보는 안목으로, "내 무덤에 침을 뱉어라" 하며 이승만 정권 때부터 14년간이나 지지부진하게 끌어오던 한일수교를 결단, 결행, 단행하여 산업의 쌀이라 일컫는 제철공장 짓고 고속도로 등 경제 재건을 위한 생산적인 곳에 투자하여 지금은 조선업, 철강업, 기타 중공업 분야에서 세계 1~2위로 일본과 경쟁하고 있으며 경부고속도로는 지역 간 격차를 줄이고 산업의 동맥으로 토목건설 기술 축적으로 지구촌 곳곳에 건설수주, 외화 획득, 매년 고도성장을 30년 이상 지속, 세계 선진국들과 어깨를 나란히 할 정도로 성장할 수 있었던 것도 박 대통령의 업적을 기반으로 한 것이 아닌가.

젊은이들아!!

사람의 가치관은 정권이 바뀌고 물질 사회가 급격하게 변하며 세월이 아무리 흘러간다고 할지라도 바뀔 수도 없고 바뀌지도 않는다는 것을 알라!!

권좌, 출세를 위한 일이면 그 어떤 가치와 업적도 부정하려 드는 부도덕한 정치인들과 그 배후 세력들, 그리고 이에 부화뇌동하는 일부 젊은이들이 오늘의 잣대로 비판하려 애쓰는 것을 지켜보면서, "두 손을 불끈 쥐고 먼 훗날 우리 후손들이 오늘을 살던 우리가 무엇을 했느냐고 물었을 때, 우리는 민족중흥의 신앙을 굳게 가지고 일하고 또 일했노라고 떳떳하게 대답하자"라고.

한민족 중흥의 시조
박정희 대통령 서거 27주년이 되어 생각해 본다.

젊은이들아!!
박정희 대통령을 제대로 알자!! 우리의 조국은 대한민국이다.
전교조에 의해 교실에 태극기가 사라졌고
애국가 교육마저 사라져 국적 없는 국민을 길러내고 있다.
전교조 척결에 국력을 쏟아야 대한민국을 지킬 수 있다.〉

과거 전대협 사무국장이던 김경호씨가 2017년 '박정희 탄생 100주년 기념강좌'에 토론자로 참석해 박 대통령에 대한 이야기를 털어놨다. 그는 전대협에서 강력한 박정희 지지자로 전향한 분이다. 그의 말이다.

〈"이승만 대통령은 자유민주주의 건국의 성공모델을 만든 분이고 박 대통령은 제도 정비와 경제 발전을 통하여 민주주의 국가가 작동할 수 있는 물질적 토대를 만든 분이다.
박정희 대통령은 가난을 숙명처럼 여겼던 우리 민족에게 하면 된다는 불굴의 의지를 불러일으켰다.
세간의 비난에도 아랑곳하지 않고 묵묵히 역사가 그에게 부여한 시대적 사명을 안고 그의 길을 간 선구자였다.

대한민국의 오늘을 일구는 데 무엇 하나 기여한 적이 없는 이들이 과거사 청산이라는 명분으로 돌아간 지도자들을 헐뜯고 있다.

그들은 답해야 한다.

당신들이 그토록 찬양하던 사회주의, 공산주의는 왜 실패했고 당신들이 꿈꾸던 나라는 어디에 있는지, 당신들은 오늘의 대한민국을 위해 무엇을 하였는가? 대한민국을 전복하여 최악의 독재자에게 헌납하려 했던 당신들의 죄악을 먼저 고백하여야 한다. 거짓과 위선의 가면을 벗고 자신이 이 사회에게 했던 죄악을 참회하는 모습으로 돌아오기를 바란다. 위대한 대통령을 헐뜯는 당신들을 역사는 용서하지 않을 것이다.">

7

한반도와
주변 열강

미국의 정식 이름은 '미합중국(美合衆國)' 혹은 '아메리카 합중국', 'The United States of America'다. 한국인은 '미합중국'을 '미국(美國)'이라 부르고 일본인은 '베이고쿠(米國)'라고 부른다. 중국인은 '메이구어(美國)'라고 부른다.

20세기와 21세기는 한마디로 미국의 세기다. 영어식 표현으로 American Century, 또는 Pax America라고 부른다.

미국은 지금까지 지구상에 존재하였던 모든 제국과 미국은 확연히 다른 점이 있다.

로마·영국·스페인·몽골제국 등 모든 제국은 힘 있는 자국 군대를 약소국에 보내어 침략하고 지배하고 물질과 자원을 약탈하여 자국민이 더 잘사는데 썼다. 하지만 미국은 영토를 넓히거나 약탈을 위해 전쟁을 일으킨 적이 없다. 자유와 민주주의를 지키고 약소국을 보호하기 위한 전쟁이었다.

1차 세계대전 - 독일의 제국주의와 싸웠다.

2차 세계대전 - 독일 나치 독재와 싸웠다.

태평양전쟁 - 일본의 군국주의와 싸웠다.

6·25전쟁 - 북한과 중국 공산주의와 싸웠다.

베트남전쟁 - 공산 북베트남의 자유 남베트남 침략에 맞서 싸웠다.

아프간전쟁 - 알카에다 타도를 위해 싸웠다.

(1)
미국의 세기(世紀)

미국의 기본 정신은 민족자결, 자유민주주의, 인권의 가치, 자유시장경제 등이다. 이 정신을 훼손하는 나라를 '악의 축'이라 규정하고 전쟁도 불사한다.

지금도 세계는 몹시 어지럽고, 한반도도 핵을 머리에 이고 사는 형편이지만, 만일 미국의 수많은 젊은이가 6·25전쟁 때 피를 흘리지 않았다면, 막대한 재정 소모를 감수하지 않았다면, 지금 한국은 일본의 신민(臣民)이나 김정은 수령을 모시고 사는 김씨 왕조의 백성일 것이다. 광복 후 대한민국은 미국의 보호 아래 세계 어느 나라보다 더 많은 혜택을 본 나라이다. 미국이 우리를 도운 사례들을 간단히 나열해 보자.

① 100여 년 전 수많은 선교사가 한반도를 찾아 교육기관을 세워 새로운 문명을 가르

쳤다. 그분들의 헌신으로 해방 이후 훌륭한 많은 인재가 양성되어 경제·문화 발전에 기여하였고 오늘의 한국을 세우는 데 혁혁한 공을 세웠다.

② 1945년 8월 15일 일본은 태평양전쟁에서 항복했고 조선은 해방되었다.

③ 1945년 10월 24일은 미국 샌프란시스코에서 국제연합(유엔)이 조직된 날이다. 유엔으로 말미암아 6·25 전쟁 때 유엔군이 참전할 수 있었다. 1991년에는 남북한이 함께 유엔에 가입하기도 했다.

④ 1950년 6·25전쟁으로 위험해진 남한을 미군 주도로 유엔군이 구해주었다.

⑤ 1953년 한미방위조약으로 지금까지도 북한의 남침을 방어하고 있다.
군사원조, 경제원조, 한국군 현대화로 남한 경제 발전의 초석을 닦았다.

⑥ 1953년부터 1961년까지 무상경제원조는 전 재정의 40%까지 되었다.

⑦ 기록에 의하면, 1946~1979년까지 미국의 유상·무상원조는 150억 달러(AID 보고)에 이른다. 박정희 시대 경제 발전의 원동력이 되었다.

⑧ 1953년부터 지금까지 매년 수천·수만 명의 한국 유학생을 받아들여 오늘의 한국

부흥에 결정적인 영향을 주었다.

⑨ 1957년 미 의회에서 한국인 혼혈아에 대한 특혜 조치를 취하면서 매년 2만~3만 명씩 모두 20만 명이 미국 가정에 입양되었다.

⑩ 한국은 미국과의 무역에서 상당한 흑자를 내어 한국경제가 큰 도움을 받았다. 한국무역협회 자료에 따르면 2014년 대미(對美) 무역수지 흑자는 250억 달러, 2015년 258억 달러, 2016년 233억 달러, 2017년 179억 달러, 2018년 138억 달러였다.

⑪ 북한의 핵 위협을 지금도 막아주며 한반도 경제번영의 안전판 역할을 한다.

여기서! 지난 300년간 우리 역사와 지금 우리 형편을 비교해 보자. 병자호란 당시 삼전도의 치욕을 겪고 그 후 청나라에다 좋은 말과 곡식, 비단을 바치며 굴욕의 삶을 살았다.

구한말 일본이 청의 세력을 몰아냈고, 그 지배와 압제는 더욱 비참했다. 지금도 우리는 미국에 의지하고 사는 사대(事大)의 시대와 비슷하다. 그러나 옛날의 사대와는 완전히 다르다. 미국은 우리를 존중하고 친미(親美)와 용미(用美)를 함께하며 산다. 다시 말하지만 우리는 미국과 친했던 것이 너무 다행이다.

지난 세기 동안 미국과 싸워서 잘된 나라가 없고 미국과 친해져 잘못된 나라가 없었다. 1953년 이승만 대통령의 위대한 정치적 수단으로 한미 군사·경제동맹을 맺고 미국을 남한에 붙들어둔 것이 한국이 존재할 수 있는 이유가 아닐까.

그렇다 어떻게 미국은 건국 250년 만에 세계를 제패하는 강국이 되었을까. 간단히 짚고 넘어가자. 몇 가지만 적어본다.

400년 전 미국으로 넘어온 청교도들은 모두 기독교 신자였다.

이들이 신대륙을 개척하면서 세세에 넘겨준 사상들이 미국의 정신과 문화의 기본 틀이 된 것이다. 인간의 기본가치, 민주주의, 삼권분립, 여성해방, 인간의 정신적 가치, 남을 위한 희생정신… 이런 건전한 기본 사상으로 미국인들은 무장되어 있었다.

미국의 일류대학, 아니 전 세계에서 손꼽히는 하버드·예일·스탠퍼드·프린스턴 대학 등을 모두 목사나 기독교인이 세웠다. 기독교의 높은 정신을 바탕으로 세운 학교들이다. 기독교인이 여기서 미국과 세계의 인재들을 길러낸 것이다.

교육은 머리만 키우는 것이 아니라 훌륭한 인성을 가진 지도자를 기른다는 목표가 확실하다. 미국이 세계를 지배하는 강국이 된 요인이 하나둘이랴.

내가 경험한 몇 가지를 여기서 적고 가려 한다. 꽤 여러 해 전 친구 아들의 결혼식에 참석하여 평생 잊지 못할 경험을 하였다.

내가 식사하려 앉았던 바로 옆 테이블에 중년의 백인 부부와 4명의 아이가 앉아 있었다. 한 아이는 7세쯤 돼 보이는 건강한 백인 남자아이였고 세 아이는 불구의 몸으로 휠체어에 앉아 있었다. 그런데 그중 두 아이는 분명히 한국 아이로 보여서 신랑인 친구 아들에게 그 가정의 이야기를 물었다.

그 가정은 특별한 가정이었다. 건강한 남자아이는 자기들이 낳은 아이고, 세 불구의 아이들은 양아들·딸이라는 것이다. 그런데 그 부부는 남들이 원하지 않는 신체장애 아이를 자원해서 골라 입양하였다고 한다. 두 명의 아이를 한국에서 함께 데려온 것은 서로 의지하고 살면 도움이 될까 해서였단다. 다른 한 아이는 구소련에서 왔다고 했다. 더욱 놀라운 것은 부부가 둘 다 의사인데 부인은 아이들을 돌보느라 의사 일을 쉬고 남편만 일하고 있다는 사실이었다.

나는 신랑에게 어떻게 이 부부를 알게 되었느냐고 물었는데 그 대답이 또 나를 놀라게 했다. 미국에는 처음 미국으로 유학 오는 학생을 위한 홈스테이라는 프로그램이 있다. 영어도 배우고 미국 생활에 익숙해지도록 무료로 3개월간 개인 가정에서 머무는 것을 학교에서 알선한다. 그런데 이 부부가 자기를 초대하여 그 집에서 몇 달을 지냈다는 것이다. 나는 할 말을 잃었다.

지금도 그 가정을 바라보며 깊은 생각에 잠겼던 기억을 잊을 수 없다. 미국의 정신적 기둥은 바로 이런 사람들이 받치고 있다. 나는 미국에 꽤 오래 살면서 여행도 많이 다녔고, 많은 사람과 만나 미국을 많이 배우고 보게 되었다.

입양아 가정 이야기를 다시 하자. 내가 살던 집 근처에도 한국인 어린 소녀를 입양한 가정이 있었고, 같은 회사에서 일하던 시카고 지역 담당 영업 소장도 한국인 소년 소녀 둘을 입양해 키우고 있었다. 그레그(Greg)와 앤(Ann)이라고 이름을 지었는데, 자신이 낳은 자식도 아닌데 얼마나 사랑하고 만날 적마다 자랑하는지, 작은 색동옷과 태극기를 선물한 일도 있다. 내가 낳은 자식도 기르기 힘든데 남의 자식을 기를 수 있을까. 몇 번 생각해 보며 감탄하였다.

우리 집 바로 건너 살던 입양아 소녀의 이름은 에미(Emmy)였다. 내 자식과 나이가 비슷해 가끔 놀러 왔다. 에미는 자라면서 공부에 재미를 못 붙이고 나쁜 길로 빠졌는데도 미국인 양부모는 끝까지 사랑하며 친자식 못지않게 돌봐주는 것을 보며 많은 생각을 하게 되었다.

한두 가지만 더 미국의 정신적 저력과 공헌을 적어보고 싶다. 미국 사람은 자기 나라를 몹시 자랑스럽게 생각한다. 항상 "조국이 자랑스럽다(I am proud of America.)"고 외친다. 그리고 자기네 조상들이 미국에 이민 와서 어렵게 자리 잡고 산 만큼 미국에 정착하려는, 또한 미국에 와서 살고 싶은 사람들을 환영해야 된다는 생각을 늘 한다.

미국 뉴욕항 입구에 '자유의 여신상'이 서 있다. 옛날 유럽의 이민자들을 조사 · 입국시키던 엘리스 섬(Ellis Island)에 세워져 있다. 여신상 기단부 입구 현판(plaque)에는 이런 문구가 새겨져 있다. 해석하자면 이렇다.

〈지치고 가난하며 자유를 원하여 모인 자들, 당신의 비옥한 나라에서 거부당한 불쌍한 사람들을 내게 보내주십시오. 집이 없는 자들 불행한 자들을 내게 보내십시오. 나는 황금의 문 옆에서 나의 횃불을 들고 있습니다.(Give me your tired, your poor, Your huddled masses yearning to breathe free, The wretched refuse of your teeming shore. Send these, the homeless, tempest-tost to me. I lift my lamp beside the golden door.)〉

미국인은 이 원칙을 지키며, 이민자를 환영한다. 그래서 외국 유학생을 환영하고 첨단기술을 배워가는 것을 걱정하지 않는다. 나도 그 덕에 유학 가서 직장을 얻고 미국 시민으로서 여러 해 살다가 귀향했다.

미국에는 여러 해 전부터 일본 · 한국 · 중국 · 인도 · 중동에서 매년 수십만 명이 유학을 온다. 그들은 돌아가서 자국의 현대화에 헌신하며, 미국 덕으로 온 세계가 지난 세월 같이 발전하는 기적을 맛봤다. 미국의 선진문명이 온 세계를 일으킨 것이다. 그러나 첨단기술을 배우고 본국으로 돌아간 사람도 많지만, 미국에 남아서 미국의 과학경제 발전에 기여한 사람도 아주 많다. 이것 또한 미국 힘의 근원이다.

지금 실리콘 밸리에는 온 세계의 수재가 다 모여 첨단과학을 이끌어가고 있다고 한다. 대우도 좋고 분위기도 좋아 외국의 수재들이 모여든다고 한다. 미래의 에너지 산업과 4차 산업의 첨단을 이룰 기술 연구가 진행되어 미국의 다음 세기를 꿈꾸고 있다.

미국의 교육정책과 수준은 타의 추종을 불허한다. 전 세계 명문대학 100곳 중 50곳 이상이 미국에 있다면, 가히 미국이 전 세계 교육에 미치는 영향을 상상할 수 있다.

'하버드 졸업생은 전 세계를 연결한다.(Harvard graduates connect the world.)'

자부심이 물씬 풍기는 구호가 아닐 수 없다.

예일·하버드에 재학 중 자진해서 참전했다가 전사한 학생들을 추모하는 교회와 추모관이 있다. 내 아들이 이 학교를 다녀서 방문하면서 관람할 영광을 가지게 되었다. 그 추모의 글이 특별히 가슴을 울린다. 의역하면 이렇다.

〈…나라를 위해 용감하게 죽을 수 있었던 용기를 가진 당신들 앞에 머리 숙여 이 나라를 위해 더 열심히 살 것을 약속한다.(We who must live salute you who found strength to die.)…〉

참으로 멋있는 문장이다. 나는 미국에서 40여 년을 살면서 50주를 다 돌아보고 많은 미국의 문헌도 읽고 많은 사람도 만나봤다. 하고 싶은 말이 많지만, 콕 집어 미국 대통령 링컨의 위대함을 전하며 이 장을 마무리하고 싶다.

에이브러햄 링컨은 미국의 16대 대통령으로 노예제 폐지를 위해 남북전쟁까지 감내한 대통령으로 알려져 있다. 그러나 미국 사람이 기억하는, 세계가 반드시 기억하고 감사해야 할 것은, 이런 사안이 아니라 미국을 하나의 나라로 통일시켰다는 것이다.

링컨 기념관에 적혀 있는 글은 'He saved the Union'이다. 노예제 폐지에 관한 글은 없다. 1861~65년간 치러진 미국의 남북전쟁은 미국이 그 후 참전했던 어느 전쟁보다도 사상자가 많은 동족 간의 비극이었다. 62만 명의 전사자가 났다.

1차 세계대전에서 17만 명, 2차 세계대전에서 30만 명의 미군이 희생된 것과 비교하면 엄청난 수이다. 그때 미국 전체 인구가 3000만 명이었으니, 그 희생은 상상을 초월한다. 여기서 왜 미국 내전을 이야기하는지 궁금할 것이다. 만일 링컨이 순순히 휴전 제안을 받아들여 미국을 하나의 나라가 아니고 남과 북으로 갈라진 나라로 포기했으면, 이후 150년의 세계는, 지금의 세계는 완전히 다른 모습일 것이다.

미국은 남북으로 갈라져 서로 싸우기에 바빠 다른 나라를 도울 여력이 없었을 것이다. 간단히 말해서 1·2차 세계대전, 태평양전쟁, 소련과의 냉전 등 이런 세계의 역사를 바꾸는 전쟁에 참여하지 못했을 것이다.

한국은 아마도 일왕 밑에서 일본 신민으로 살 것이고 온 유럽은 독일 나치의 지배를 받고 있을 것이다. 동남아 전체를 일본이 지배하고 있는 세상을 생각해 보라.

나는 영어로 된 링컨의 연설을 액자에 넣어 회사 책상 위에 놓고 수없이 읽었다. 30대와 40대, 50대, 읽을 적마다 새로운 의미로 나를 깨닫게 해주었다. 성경의 좋은 구절처럼 삶과 죽음, 명예로운 죽음과 삶 등 많은 내용이 담겨 있다. 그래서 나는 이 연설을 여러 독자 또한 읽기를 권하고 싶다.

Four score and seven years ago our fathers brought forth on this continent a new nation, conceived in liberty, and dedicated to the proposition that all men are created equal.

Now we are engaged in a great civil war, testing whether that nation, or any nation, so conceived and so dedicated, can long endure. We are met on a great battle field of that war. We have come to dedicate a portion of that field, as a final resting place for those who here gave their lives that that nation might live. It is altogether fitting and proper that we should do this.

But, in a larger sense, we can not dedicate, we can not consecrate, we can not hallow this ground. The brave men, living and dead, who struggled here, have consecrated it, far above our poor power to add or detract. The world will little note, nor long remember what we say here, but it can never forget what they did here. It is for us the living, rather, to be dedicated here to the unfinished work which they who fought here have thus far so nobly advanced. It is rather for us to be here dedicated to the great task remaining before us - that from these honored dead we take increased devotion to that cause for which they gave the last full measure of devotion - that we here highly resolve that these dead shall not have died in vain - that this nation, under God, shall have a new birth of freedom - and that government of the people, by the people, for the people, shall not perish from the earth.

Abraham Lincoln

November 19, 1863

번역하면 이렇다.

지금으로부터 87년 전 우리 조상들은 인간도 천부적으로 평등하고 국가는 자유롭다는 명제에 봉헌된 새 나라를 이 대륙에 탄생시켰습니다.

우리는 지금 거대한 내전에 휩싸여 우리 조상들이 그러한 원칙에서 세우고 봉헌된 나라가 이 지상에서 존속할 수 있는가를 시험받고 있습니다. 그리고 우리는 그 전쟁의 격렬한 격전지가 되었던 그 싸움터에 모여 있습니다.

우리는 그 격전지의 일부를 나라를 구하기 위해 목숨을 바친 분들의 영원한 안식처로 바치고자 합니다. 이것은 우리가 너무도 당연히 해야 할 조치로 생각합니다. 그러나 보다 넓은 의미에서 보면 이 땅을 바치고 성지로 만드는 존재는 우리가 아닙니다.

이곳에서 싸우다 목숨을 바치거나 살아남은 전사들이 이미 이 땅을 신성하게 하였으며, 여기 모인 우리 미약한 존재들은 더 보태고 뺄 것이 없습니다.

세상은 우리가 여기서 하는 말에 주목하지도 않을 것이며 오래 기억하지도 않을 것입니다. 그러나 그들이 한 희생은 역사에서 결코 잊히지 않을 것입니다. 지금 이 자리에서 헌납되어야 하는 것은 이 격전지에서 죽은 사람이 아니라, 우리들 자신인 것입니다.

그들이 바칠 수 있는 최고의 것, 생명을 바쳐서 그들이 지키고자 했던 그 위대한 이 나라의 미완의 과업을 위하여, 우리 자신들이 결단하는 것입니다.

우리가 할 바는 여기서 명예롭게 죽어간 용사들이 지키고자 했던 이 나라가 세워진 원칙을 지키기 위하여 더욱 최선의 헌신을 할 것을 다짐함으로, 그들의 죽음이 무의미하지 않도록 하는 것입니다.

그래서 그렇게 탄생한 나라는 신의 가호 아래, 새로운 자유를 누리며 국민의 정부, 국민에 의한 정부, 국민을 위한 정부로 지구상에서 사라지지 않을 것입니다.

1863년 11월 19일 에이브러햄 링컨

(2)
중국과 한국

한반도는 지정학적으로 중국·러시아·일본 등 강대국 틈에 끼여 인고의 세월을 보내왔다. 우리 조상들이 오랜 세월 한반도와 고유의 풍습, 우리의 언어를 지켜준 것에 감사드린다.

《삼국유사》와 《삼국사기》가 서술된 이래 한반도 역사서에 공식적으로 기술된 전쟁의 횟수는 약 980회 정도 된다고 한다. 대략 2년에 1번꼴로 전쟁이 일어난 격이다.

이들 전쟁은 모두 다가 외침(外侵)이다. 즉, 가까운 일본과 중국으로부터의 외침이었다. 그 세월을 다 어떻게 견뎠는지 눈물이 난다. 슬기롭게 대처하며 한반도와 우리말을 지켜온, 오늘의 자랑스러운 대한민국을 세울 수 있게 기회를 준 조상께 다시 한 번 감사한다.

서양은 로마제국(1200년의 역사) 패망 이후 유럽의 여러 나라와 다른 언어를 사용하는 많은 나라로 분할·독립되어 지금에 이르고 있다. 중국은 흔히 한족(漢族)의 역사 무대를 넘어 여러 민족이 여러 왕조를 세웠으며, 오늘날도 한족, 몽골족, 티베트족, 만주족, 위구르족 등 50여의 다양한 민족이 하나의 중국을 이루고 있다. 이런 민족들을 아우를 수 있는 힘은 아무래도 공자·맹자의 유교사상과 한자의 영향이 아닐까 생각해 본다.

역사적으로 중국은 미얀마, 베트남, 라오스, 티베트, 몽골 등을 외번(外藩)과 내번(內藩) 국가로 지정하고 총통을 보내어 직접 통치를 한다든가, 조선처럼 내치와 외교는 어느 정도 자주에 맡기고 군신과 조공의 관계를 유지해 온 것이 수백 년이다.

지금도 중국은 50여의 언어가 다른 소수민족을 거느리고 있다.

13억 인구 중 1억2000만 명이 소수민족인데, 이들이 사는 지역은 중국 전체의 50%에 이른다. 소수민족들이 평등과 자유를 외치며 하는 시위만도 매일 300건이라 하니 중국이 자유민주주의 국가로 변하는 것도 요원한 일은 아닐지도 모른다. 티베트, 신강, 내몽고, 대만, 홍콩 등 그들이 모두 독립을 원하면 중국은 무너질 수밖에 없다.

이렇게 아시아의 중심이요, 나아가 세계의 중심이라고 몇 천 년을 자부한 중국이 체면을 구기는 사건이 있었다. 영국과의 아편전쟁이 그것이다.

서양이 군함과 대포와 같은 기계문명으로 동남아와 아프리카, 남아메리카를 점령하는 동안 중국은 깊이 잠들어 있었다. 세상의 변화에 둔감했다. 19세기말과 20세기 중국의 역사는 영국과 일본·미국에 밟혀 사는 굴욕의 역사였다.

홍콩은 영국에, 마카오는 포르투갈에 내주었고, 만주사변·중일전쟁 패배로 영토의 절반 이상이 일본의 지배를 받았으며, 대만은 일본 땅이 되었다. 이 와중에 내부에서는 장제스(장개석) 군과 마오쩌둥 공산군의 격전으로 수백만이 죽는 내전이 일어났다. 결국, 미국의 덕으로 태평양전쟁에서 승리해 일본을 중국 본토에서 몰아낼 수 있었지만, 마오쩌둥의 책략 하에 공산화된 통일을 맞아야 했다.

이제 6·25전쟁은 뒤로하고 1960년대로 넘어가 보자. 마오쩌둥은 '부르주아(가진 자) 말살 운동'인 문화대혁명(1966~1976)을 획책해 홍위병의 이름으로 전국적으로 150만~200만 명(추정)을 학살하고 서적과 문화재를 불태우는 등 만행을 저질렀다.

이 사이 한국은 어땠는가. 박정희를 주축으로 경제개발 운동이 한창 진행돼 수직적 경제 발전을 이루며 중국보다 잘사는 나라가 되었다.

1992년 한중 수교가 체결될 때까지 한국은 중국 앞에서 목을 빳빳이 세울 수 있었다. 그 후 몇 년 동안 중국은 한국에 굽실거리며 한국을 대등한 나라로 대우해 주었다. 단군 이래 처음 있는 일이었다.

하지만 상황은 다시 바뀌었다. 한중 수교가 맺어진 지 30년도 안 됐는데 중국은 벌써 G2로 힘을 키우고 한국에 이조 시대처럼 굽실거릴 것을 요구한다. 중국은 어떻게 급격히 부상할 수 있었을까? 중국에는 역사에 다시없을 행운이 찾아왔다.

1970년 초 소련 공산당 세력이 막강해져 유럽의 여러 나라를 흡수·병합하고 아시아, 아프리카까지 급속히 세력을 확장할 때, 미국은 소련과 중국이 잠깐 틈이 벌어진 것을 이용하여 중국을 키워 소련을 견제하고자 했다.

미국과 중국의 전략적 욕구가 맞아떨어진 것이었다. 이후 미국은 중국과 1979년 수교를 맺고 과학·경제·교육 분야에 많은 지원을 하여 중국의 급성장을 도왔다. 미국은 그때부터 지금까지 5만~8만 명의 중국 유학생을 받아주었고, 중국은 미국의 선진문명, 과학 · 경제 · 정치 · 문화 등을 배워 갔다.

미국과 친해져 망한 나라가 없다는 것을 다시 강조하고 싶다. 미국의 이런 정책이 들어맞아 소련은 1991년 붕괴하였으나 이제 G2가 된, 어쩌면 더 무서운 중국 공산당과 싸우게 되었으니 참으로 아이러니한 일이 아닐 수 없다.

시진핑은 공공연히 '중국몽(China Dream)'을 선언한다. 중국을 다시 세계 중심에 우뚝 서게 한다는 것이다. 동북공정, 해상과 육상을 통한 일대일로(一帶一路 · One belt, One road) 정책을 추진하고 있다.

동북공정은 2002년부터 중국이 추진한 동북3성(헤이룽장성, 지린성, 랴오닝성) 역사 · 문화에 관한 연구 프로젝트로 동북쪽 변경 지역의 모든 역사를 중국 역사로 만들기 위한 연구 프로젝트를 말한다. 고구려 · 부여 · 말갈 · 여진 모두 중국의 속국 내지 영토였으므로 고구려의 도읍지 평양도 중국 땅이라 주장한다. 한국통일 후를 염두에 둔 계획이다.

일대일로는 지상으로 철로를 놓아 북한부터 만주, 중국, 소련 등 동구 여러 나라와 독일, 스페인까지 연결하고 해상으로 동남아, 인도, 중동, 아프리카, 호주까지 연결하려는 새로운 실크로드 구상이다. 이 계획이 완성되면 중국은 명실상부 미국에 당당히 맞서는 패권국이 된다. 시진핑의 꿈은 이것이다.

팍스 로마나(Pax Romana)

팍스 에스파니아(Pax Espania)

팍스 브리태니커(Pax Britanica)

팍스 아메리카(Pax America)

다음으로 팍스 차이나(Pax China)를 주장한다. 중국이 세계를 지배할 차례라는 것이다.

15년 전 미국 시사주간지 《타임》에 실렸던 글이 생각난다. 시진핑이 후진타오 이후 차기 중국 지도자로 결정된 후, 그를 평한 글이다. 이미 미국은 CIA를 통해 중국의 지도자를 다 연구하고 있었다. "시진핑은 한마디로 무서운 중국의 지도자가 될 것이다. 성격·배짱·지식·경험 모든 것을 갖춘 사람"이라고 평가했다. 시진핑 정권은 암암리에 선언한다. "중국은 독재지만 이것보다 더 사회 안정과 경제 발전을 이룰 수 있는 중국에 맞는 체제가 없다"는 것이다.

중국 지도자들은 세계화에 대한 이해, 시장경제 발전에 대한 지식, 경제 혁신, 경제 운영에 대한 경험, 4차 산업혁명 등에 대한 충분한 지식과 지도력을 가지고 있다.

중국은 지난 30년간 굴기(崛起)의 과정에서 국가 자원의 계획적 배치, 선택과 집중을 통한 고도의 효율성을 보였다. 다만, 목적과 효율을 위해서는 인권과 합의의 정당성을 무시한다.

나는 1960~90년까지 박정희·전두환 시대에 한국이 엄청난 발전을 이룩한 것을 생각하며 나라를 위해 독재가 일정 부분 불가피했다고 생각한다. 박정희·전두환 정권을 폄훼(貶毀)하고 암흑의 30년이라고 낙인(烙印) 찍으며 모든 그들의 역사를 지우려는 자들이 시진핑 앞에서는 황제를 대하듯이 한다. 그들이 나라를 망치려는 작자들이 아니면 어찌 그런 짓들을 할까? 뒤에서 다시 깊이 논하여 보자.

　중국은 G2로 일어서면서 한국을 향해 과거 종주국 관계를 연상시키는 정책을 쓰고 있다. 사실, 북한 경제의 80%를 중국이 쥐고 있다. 마음만 먹으면 북한의 핵은 사라지며 통일도 가능하다. 그러나 중국은 한국이 주도하는 친미의 한반도를 원치 않는다. 중국은 지난 역사에서 한 번도 주변국에 너그러운 적이 없었다. 중국은 6·25 때부터 북한이 휘청거릴 때마다 살려주었다. 적당히 옆에 살려놓고 남한과 미국을 견제하는 것이 목적이다. 한국은 아직 중국·러시아·미국·일본 사이에 끼인 나라이다. 100년 전보다 입김이 세졌다고 말할 수 있지만 북핵 문제와 통일은 주변국의 정책적 그랜드 바겐(grand bargain·서로 줄 것은 주고받을 것은 받는 것을 이르는 말) 속에서만 이루어질 수 있다.

　여기서 중국에 대한 전문가들의 의견을 몇 가지 적어본다.

　㉮ 중국에 대한 기대를 최대한 낮춘다. (중국은 우리의 전략적·경제적 동반자가 될 수 없다.)

　㉯ 이제 중국은 우리의 경제 발전 경험을 배워갈 필요가 없다. (중국에 대한 우리의 협상력을 높이는 전략이 필요하다.)

　㉰ 중국 진출을 한국 경제·정치 발전의 우선순위에서 뺀다. (우리를 환영하고 강압적 경제체제의 위험이 적고 상대적으로 유리한 투자 조건을 가진 동남아로 진출한다.)

　㉱ 중국은 독재 국가이자 강한 나라이며 모든 면에서 한국이 예측할 수 없는 잠재적 적(敵)으로 등장할 가능성이 크다. (중국 굴기에는 삼성·현대·SK 모두 걸림돌이다. 이들을 죽이려는 무참한 작전도 펼 수 있다.)

　㉲ 중국은 지금 모든 주변 국가와 불화의 관계다. (과거 역사가 반복되지 않는다는 보

장이 없다. 배타적 중화사상으로 국경을 마주한 모든 주변국과 상당한 마찰 이상의 적대적 관계로 변하고 있다.)

⑭ 중국은 30년 앞을 내다보고 경제·국방 계획을 세운다. (5년 전, 10년 전 물러난 후진타오, 장쩌민과도 함께 앉아 전당대회를 하며 그들의 의견도 경청한다. 되는 나라는 다르다. 중국은 잘될 조짐이 보인다. 하기 싫은 말이지만 우리는 적폐청산의 이름으로 온 나라가 뒤집혀 있고 전직·전전직 대통령도 구속되고 경제와 나라의 미래는 어디로 가는지 모르겠다.)

⑮ 중국은 스타트업 투자에 연간 48조 원이 투자되고 한국은 2조 원에 불과하다. (이런 식으로 가다가는 중국의 경제 속국이 될 수도 있어 심히 걱정이 앞선다.)

중국 이야기를 마치면서 대국과 소국이 생각하는 지도자를 대하는 태도에 대하여 잠깐 이야기를 나누고 싶다. 1966년 마오쩌둥이 문화대혁명 당시 홍위병을 동원하여 많은 지식층을 전멸 상태로 몰아넣은 것은 잘 알려진 사실이다. 약 10년에 걸친 대학살로 중국은 문명이 몇 십 년이나 퇴보하였다.

1976년 4월, 1차 천안문 사태가 벌어졌다. 저우언라이(주은래) 추모와 문화대혁명에 대한 반발이었다. 20만 명이 모인 민주화 시위가 벌어져 수천 명이 체포되고 시위는 폭력으로 진압되었다. 마오쩌둥은 그 책임을 국가 부주석이자 국무원 부총리이던 덩샤오핑에게 씌워 모든 직무를 박탈하고 숙청하였다. 그러나 하늘은 개인이 아닌 중국의 손을 들어주었다.

1976년 9월 마오쩌둥은 사망하였고 중국의 역사는 성장과 발전하는 방향으로 급전하였다. 4년간의 정권 다툼과 혼란 후 1981년 덩샤오핑은 전권을 잡고 그의 주자파주의(자본주의를 중요시하는 공산파) 사상으로 중

244

국을 현재의 모습으로 바꿔나갔다. 그는 어려서 프랑스와 소련 유학으로 서구를 배우며 훗날 중국을 이끌 지도자로서 지식을 쌓은 듯하다.

나는 덩샤오핑의 경제와 정치에 대한 공도 크게 치하하지만, 그의 사회 통합과 주민단결을 위한 위대한 선언에 더 크게 감동한다. 그는 키가 작았지만 생각만큼은 거인이었다. 10년간 수천만 명을 죽음으로 몰아간 중국을 휩쓸었던 문화대혁명 이후 마오쩌둥과 그를 따랐던 홍위병들에 대한 선언이다.

〈"마오쩌둥의 문화혁명은 내란이었고 그 전 책임이 마오쩌둥 전 주석에게 있다.

그러나 마오쩌둥의 역사적 평가는 공이 70이요, 과가 30이다. 나는 국가의 주석으로서 역사를 긍정적으로 계승하는 것이 국가를 단합시키고 내분을 막고 앞으로 전진하는 길이라고 생각한다. 더 이상 피를 흘리는 일은 없어야 한다."〉

마오쩌둥을 격하시키지도 않고 그의 동상도 모두 보존토록 하였다.

문화대혁명에 참여했던 사람들도 최대한 배려해 적당한 처벌 후 나라의 발전에 참여토록 하였다.

그 후 덩샤오핑은 미국과의 국교 수립과 공산주의에서 자본경제로 탈바꿈하는 데 힘써 현재의 중국 건설에 결정적 역할을 하였으며, 마오쩌둥과 달리 종신 독재의 제도를 없애 스스로 주석의 임기를 10년으로 제한했다. 현재 중국이 G2로 등극하는 기틀을 마련한 위대한 중국의 지도자이며, 덩샤오핑이 없이는 현재의 중국이 없다고까지 말할 수 있다.

스탈린은 흐루쇼프에게 격하되어 모든 동상이 철거되고, 소련 역사의 죄인으로 남았다.

나는 박정희 동상이 천막에 덮여 땅에 널브러져 있는 것을 본 적이 있다. 삽교천 공원 근처였는데 삽교천 공사 기념으로 세우려던 것이었다. 예산, 당진 일대에 부흥을 안겨준 삽교천 건설이란 공은 있으나 독재한 사람이라 박정희 동상은 세울 수 없다는 것이 이유였다.

서울시에 이승만 동상을 세우려 해도 허가가 나지 않는다고 한다. 한국의 초대 이승만 대통령은 기념관도 없다. 물론 독재라는 흉이 있지만, 이 나라를 공산주의의 마수(魔手)에서 구해냈으며, 한미상호방위조약을 이끌어내 경제 발전의 초석을 까는 등 업적이 더 큼을 부정할 수 없다.

이게 나라냐!! 이승만 박정희는 공이 9요, 과가 1이라 할 수 있다.

대국과 소국의 지도자는 역시 생각하는 틀의 차이가 크다.

그래서 소국은 영원히 소국으로 남는가 보다. 그래도 이만큼 사는 게 기적이다.

이 이야기는 다음으로 넘긴다.

(3)
일본과 한국

1941년 12월 일본은 항공모함을 이끌고 하와이 진주만에 주둔한 미국 해군 주력부대를 초토화시키며 태평양전쟁을 시작한다.

전투기, 잠수함, 구축함, 항공모함을 만들 수 있었던 당시 일본의 군수산업 기술은 세계 최고를 자랑할 만하였다. 한국의 경우 전기모터나 오토바이 정도라도 만들 수 있는 기술이 있었을까? 일본과는 하늘과 땅 차이의 기술을 가진 농업국가에 불과하였다. 진주만 공격 후 4년이 지나고 1945년 8월, 일본은 원자탄 두 방을 맞고 항복을 선언한다. 우리나라도 8월 15일 새 세상을 만났다.

세월이 빠르다. 기적이 일어났다. 그렇게 뒤져 일본에 짓밟히고 6·25전쟁으로 나락 끝까지 떨어졌던 한국이 어느새 일본과 어깨를 겨루며 동계올림픽, 하계올림픽, 월드컵을 개최했다. 세계무대에서 거의 동등할 정도로

경제력, 외교력, 군사력을 길렀다. 그러나 아직 일본은 G3이고 한국은 G10 정도이다.

이렇게 일본과 한국이 전쟁의 상처를 쉽게 씻고 세계무대에 등장한 뒤에는 미국이 있었다. 이 이야기를 간단히 서술하여 보자.

일본은 미국에 참혹하게 패배하였다. 나가사키·히로시마에 떨어진 원자폭탄 2방으로 50만 명 이상의 사상자가 났고, 항복 직전 2년 동안 일본 본토를 포위한 미국의 융단폭격으로 군사와 산업시설은 완전히 초토화되었으며, 몇 백만 명의 군인과 민간인이 죽었다. 이후 미국은 맥아더를 점령 사령관으로 1945년부터 7년간 일본을 통치하였다. 이 7년 기간에 일본 재건에 결정적인 도움을 줄 큰 사건들이 터졌다. 역사적 행운이었다.

첫째, 소련과 중국의 공산 세력이 급속히 확장하여 한반도와 일본까지 위협받게 되었다. 유럽 역시 독일까지 좌경화를 걱정하여 '마셜 플랜'까지 내놓은 형편에 일본에다 전쟁배상을 물리면 경제가 완전히 파괴되어 공산주의 침투가 걱정되는 상황이었다.

마셜 플랜은 제2차 세계대전 후, 1947년부터 1951년까지 미국이 서유럽 16개 나라에 행한 대외원조계획을 말한다.

정식 명칭은 유럽부흥계획(European Recovery Program)이지만, 당시 미국의 국무장관이었던 마셜(G. C. Marshall)이 처음으로 공식 제안하였기에 '마셜 플랜'이라 부른다.

미국이 생각하고 계획하였던 것과 다르게 동북아 정세는 급변하였다. 미국의 일본에 대한 전후계획은 일본을 다시 일어서지 못하도록 군수산업과 생산시설을 철저히 부수는 것이었다.

① 미쓰비시, 미쓰이, 스미토모를 해체하여 공장 설비를 미국과 동남아로 이전한다.

② 군수공장, 항공기공장, 조선소, 철강공장을 해체하여 반 이상 미국으로 이전한다.

③ 일본의 철강, 구리 생산량을 대폭 제한한다.

④ 일본의 공장 설비를 아시아 침략국들에 이전하여 그들의 공업화를 돕는다.

⑤ 일왕 히로히토를 체포하고 전범으로 재판한다.

이러한 계획을 추진하려는 때 중국과 한국에서 천우(天祐)의 사건이 터졌다. 중국 국공내전에서 장제스 군대가 패배해 마오쩌둥이 중국 본토에 중화인민공화국을 세우고, 한반도에서는 소련의 사주를 받은 김일성이 6·25전쟁을 일으킨 것이다. 이렇게 급변하는 동북아의 공산 세력 확장을 목격하면서 미국은 일본에 가하려던 혹독한 처벌보다 오히려 일본을 도와 미국의 우방으로 만들어 공산 진영의 세계 정복을 막는 방향으로 정책을 바꾼다.

미국은 일본을 군부독재에서 민주주의 시장경제로 탈바꿈시키고, 민주적이고 평화를 사랑하는 일본 구축을 목표로 토지개혁, 재벌개혁, 정치개혁 등을 단행했다. 전범 재판도 일본 정치·경제의 재건을 위하여 너그러이 처리해 7명만 사형시키고 나머지는 모두 석방하여 전후 일본의 정치와 경제 발전에 참여케 하였다.

또한 1951년 9월 4일 샌프란시스코 평화조약(일본과 연합국 간)을 통해 주권을 되찾고 미·일 안보조약까지 맺는다. 일왕은 재판도 받지 않고 그 자리도 유지시켜 주었다.

둘째, 6·25전쟁이 터지면서 1950년부터 휴전이 될 때까지 일본은 당시 돈으로 16억 달러의 수익을 보았고(지금 돈으로 400조원 이상으로 예상), 1941년 태평양전쟁 시작할 때의 경제를 능가하였다고 한다. 이 6·25 특수로 일본은 오늘날의 경제 대국으로 성공하는 기틀을 마련한 셈이다.

원통하지만 어찌하랴. 6·25전쟁 3년 동안 일본은 미국군과 한국군에 군수물자와 소비품들을 공급함으로써 엄청난 이득을 보아 쉽사리 2차 세계대전의 폐허에서 벗어날 수 있었다.

셋째, 1948~1950년 사이 일본 정계에서는 공산당의 진출이 눈에 많이 띄었다. 상당한 수의 국회의원도 확보하고 대기업과 공직에도 많이 진출하였다. 그러나 위협을 느낀 맥아더는 일본도 좌경화의 위험이 있다고 판단, 공산당 간부들을 대기업, 공직, 정치계에서 추방하고 숙청하였다. 결국 좌파 세력은 미 점령군의 압박으로 분열하고 쇠퇴의 길을 걸었다. 좌파 세력은 재집결하고 재기의 노력을 하였지만, 현재까지도 미미한 존재로 남아 있다.

1949년에 마오쩌둥이 장제스 군대를 중국 본토에서 완전히 몰아내고 중화인민공화국을 선포한 것은 이후 미국의 동남아 대공 정책에 막대한 영향을 미쳤다.

쉽게 말하면, 한국은 6·25전쟁 때 미국의 도움을 받아 자유를 지킬 수 있었고, 일본 또한 정치·경제 재건을 미국이 호의적으로 도와서 공산화가 되지 않았다.

우리는 일본이 공산화되지 않은 것에 크게 감사해야 한다. 만일 일본이 공산주의 국가가 되었다면 남한은 현재의 자주민주주의를 지키고 있을 가능성이 거의 없다.

우리는 과연 일본과 앞으로 어떻게 살아가야 하는가?

손뼉도 마주쳐야 소리가 난다. 문제가 생기면, 반드시 어느 정도는 쌍방에 문제가 있다. 우리가 당했으면 왜 당했는지 연구하여 다시 슬픔의 역사를 후세에 물려주면 안 된다. 조선이 일본에 먹힌 것은 힘이 약해서였다. 모든 비극이 여기에서 시작되었다.

마오쩌둥은 "모든 권력은 총구에서 나온다"고 하였다. 구한말 부패했던 고종의 정치, 어리석은 대원군의 쇄국 정책들로 조선은 메이지유신(明治維新)으로 부강해진, 강력한 '총구' 대포와 군함을 가진 일본의 적수가 아니었다.

강대국의 약육강식, 약소국 나눠 먹기에서 조선은 일본의 먹잇감이었다. 지금은 어떠한가? 지금도 총구에서 권력이 나오지만 두 가지가 더 붙었다. 자금과 과학(IT)이다. 더 복잡해졌다. 지금은 국경이 없다. 돈으로 다른 나라를 지배하고 과학으로 지배한다. 그러면 우리는 앞으로 일본과 중국의 지배를 다시 받지 않으려면 어떤 정책을 펴야 하나.

해방된 지 75년이다. 짧은 세월이 아니다. 우리는 지금도 감정에 치우쳐 국익을 위한 원칙의 문제를 직시하지 못하고 있다. 일본과 우리는 영원한 이웃이다. 지난 역사를 고치지는 못해도 새로운 건설적인 역사를 쓰는 것은 가능하다.

우리는 아직도 동북아의 상대적 약자다. 다시 과거처럼 중국과 일본의 가랑이 사이를 기어 다니며 연명을 구걸하는 신세가 되지 않는다는 보장이 없다. 일본을 이기려면 일본의 장점을 배워야 한다.

첫째, 일본은 세상의 흘러감을 좀 더 여유 있고 긴 안목으로 본다. 한국인의 냄비 체질과는 다르다.

일본은 1949년 처음으로 노벨상을 받은 후 24명의 노벨상 수상자를 내었다. 우리는 한 사람 있다. 기업의 지원도 큰 영향이지만, 평생을 될지 안될지, 성공의 보장이 없는 기초과학이나 의학을 붙들고 평생을 바치는 과학자가 많다!

세계 기초과학 연구 수준의 상위 1% 연구자 수가 미국 1570명, 중국 107명, 일본 80명, 한국 19명이라는 보고가 있다. 1조 원 이상 순수 R&D에 투자하는 회사가 일본은 30개이고 한국은 삼성, SK, 하이닉스, 현대자동차 수준이다.

둘째, 4차 산업혁명에서 일본에 밀리면 다시 따라잡기 어렵다.

미국, 일본, 독일은 벌써 앞서 있다. 아첨을 하면서라도 일본에 배울 것은 배워야 한다. 정치는 국민의 앞날을 위한 것이다.

2차 세계대전 후 일본은 미국에 바싹 붙어서 과학·경제·무기생산 등 모든 분야를 배워 이득을 챙겼다. 미국에 아첨한 것이다.

우리는 독도 문제, 위안부 문제, 강제 징용자 보상 문제로 일본과 점점 멀어지고 있다. 문재인 대통령은 전직 국가통수권자가 합의한 국제 문서조차 종잇장으로 아는지 위안부 문제, 강제 징용자 보상 문제로 일본과의 관계가 시끄러워졌다.

한국 언론은 국익과 관계없이 적당한 때가 되면 위안부 문제를 새로 일으켜 일본 총리에게 사과하라고 다그친다. 전에 한 사과는 진정성이 없다는 것이다. 그러나 결론적으로 말해 한국은 중국보다 일본과 친해져야 한다.

미국이 떠난 한반도를 생각해야 한다. 일본은 36년간의 지배로 많은 상처를 입혔지만 일본은 시장경제와 민주주의 체제로 한국이 공유하는 사회 이념을 지키는 나라다. 대한민국이 공격받으면 도와줄 나라는 중국이 아니고 일본이다.

나는 아주 여러 해 전에 미국에서 일본 유학생과 같은 교실에서 공부한 적이 있다. 오래전 일이지만 일본인은 생각하는 기본 틀이 한국인과 너무 비슷하다고 생각했다. 나는 많은 일본인이 옛날, 백제·신라·고구려에서 넘어간 사람이라고 생각한다.

우선 말의 순서가 같다. 일본말은 배우기가 매우 쉽고 한자도 같이 써서 1년이면 능통할 수 있다.

우리는 생선을 좋아하고 식사 때마다 국을 먹는다. 2001년 12월 아키히토 일왕은 "나 자신, 간무천황의 어머니가 백제 무령왕(武寧王)의 자손이라고, 《속일본기》에 기록되어 있는 사실에서, 한국과의 인연을 느낍니다"라고 말한 적이 있다. 일왕가의 뿌리가 한국인과 관련이 있다고 처음 공개 석상에서 밝힌 것이다. 나는 한국인과 일본인이 오래전에 같은 피에서 나왔다고 생각한다.

이 대목에서 일본의 사무라이 정신을 들여다보고자 한다.

영국과 일본은 비교적 작은 섬나라인데 어떻게 세계를 뒤흔드는 힘을 길렀는가? 영국에는 바이킹(Viking) 정신이 있었고, 일본에는 사무라이 정신이 있었다.

한반도는 고려 말 100년간 무신들의 세계가 있었으나, 이조에 들어오면서 공자 맹자 등 중국 고전을 중심으로 한 유학사상을 강조하며 책과 문예로 무장한 선비 정신으로 세상을 바꾼다는 성리학적 세계관이 지배하게 되었다. 그리고 무신들은 항상 문신들의 천대를 받았다. 대마도 도주가 조총을 선조에게 바쳤는데, 보지도 않고 창고에서 녹이 슬었고, 임진왜란을 맞게 되었다.

청렴과 청빈을 우선 가치로 세상을 세우는 성리학 주자학 등이 지배계급의 사상이었다. 반면 일본은 몇 백 년 전부터 "모든 권력은 총구에서 나온다"는 이치를 일찍 깨달은 것 같다.

일본은 16세기에 포르투갈로부터 철포 기술을 전수 받아 총을 대량 생산하였고, 그 후 250여 년 동안 총과 검으로 무장한 사무라이 시대가 계속되면서 지역 간 사무라이들의 죽고 죽이는 싸움이 이어졌다. 그 결과, 강력한 힘의 나라로 성장한다.

일본은 중세 가마쿠라 시대 이후 실질적 정권의 담당자는 거의 군인 무사였다. 이후 사무라이 시대 250년을 거쳐 메이지유신으로 전국을 통일하고 서구의 신식무기를 도입하면서 명실 공히 동남아의 강자로 등극하게 되었다.

사무라이 정신은 무사 계급의 도덕 체계인데, 중요한 덕목으로 충성·희생·명예·검소를 강조한다. 무사도를 중시하며, 상무(尙武)와 명예, 그중에서도 전투에서의 승리가 강조된다.

일본은 이미 17세기부터 서양의 문학과 학술 서적을 번역하며 학문적 깊이를 더해갔다. 그 배경을 따라가 보면 7~8세기부터 일한(日漢) 혼용문인 가나 문자를 써왔다. 자기만의 문자 생활을 1000년 이상 해온 것이다.

그리스어 전공자인 한국외대 유재원 명예교수에 따르면, 일본은 이미 17세기에 아시아 제일의 강국이었다고 말한다. 임진왜란이 일어나기 전인 1471년 신숙주(申叔舟·1417~1475)는 일본에 다녀와서 《해동제국기(海東諸國記)》라는 책을 썼다. 죽기 전 그는 일본을 제대로 보고 "일본과 친하게 지내라"고 했지만 당대 조선의 지식인들은 아무도 귀 기울이지 않았다.

조선 중기 문신인 학봉(鶴峰) 김성일(金誠一·1538~1593)은 1590년 통신부사로 일본에 파견되었다가 이듬해 돌아왔다. 학봉이 일본의 장사꾼 집에 들렀는데 유학책이, 그러니까 한문책이 조선 선비들보다 많아 깜짝 놀랐다. 평민들조차 취미생활로 학문을 토론하는 수준이었다. 단지 조선과 일본 지배계층 간 학문 수준으로 봤을 때 조선이 앞섰던 것뿐이었다.

"일본은 메이지유신 시대부터 서구사상의 높은 건물을 짓고 눈에 보이는 외부적 현상뿐만 아니라, 보다 사회 바탕을 구성하는 정신적 토대에 주목하였다는 기록이 있다. 시장을 움직이는 자조정신, 자유정신, 자립정신 등에 유념하면서 현 일본의 사회 기틀을 마련하였다."(공병호)

8

대한민국 대장정의 주역들

훌륭한 역사는 거저 이루어지지 않는다. 오늘의 자랑스러운 대한민국이 있기까지 불세출의 정치적 지도자와 경제인이 한국을 이끌어 오늘에 이르렀다는 것은 다 아는 사실이다.

20년 전쯤의 일이다. 미국 백화점·가전제품점에 가보면 미국의 월풀·웨스팅하우스, 일본의 소니·도시바·미쓰비시 등의 TV, 세탁기 등이 중앙에 진열이 되어 있었다. 삼성 TV와 LG 세탁기 등은 한 모퉁이에서 천덕꾸러기처럼 겨우 얼굴을 내밀고 있었다. 그런데 점점 한국산 가전제품들이 매장의 중앙으로 나오더니, 10년 전에는 아예 70%가 한국산으로 바뀌었다.

나는 미국에 살면서 삼성, LG가 감히 소니, 미쓰비시를 밀어 내리라고는 꿈에도 상상을 못 하였다. 지금은 월마트, K마트, 메이시 등 초대형 백화점의 최대 매출의 가전제품이 되었다. 현대차는 현재 제네시스, 그랜저로 미국 자동차 시장의 사랑을 받고 있다.

지금 삼성전자와 현대자동차, LG 등의 이름은 세계인의 머릿속에서 한류처럼, 그리고 K-Pop처럼 한국을 드높이고 있다.

세계를 주름잡던 포드, GM을 무릎 꿇린 현대자동차.

막강하던 소니, 샤프를 반 토막 낸 삼성전자.

정주영, 이병철, 이건희, 박태준(포스코), 구인회·구자경(LG), 신격호(롯데), 조양호(한진) 같은 분들은 참으로 너무나 자랑스러운 한국인이다. 이들이 일구어 놓은 기업의 공헌 없이 대한민국 한강의 경제 기적은 없다.

(1)
이병철과 삼성

삼성 창업주 호암 이병철 회장의 어록이다.

"교만한 자치고 망하지 않은 자 아직 없다. 헛되게 세월을 보낸다고 하더라도 무엇인가 남는 게 있을 것이다. 문제는 보내는 데 있는 것이 아니라 그걸 어떻게 받아들여 훗날 소중한 체험으로 살리느냐에 있다."

"운둔근(運鈍根), 운을 놓치지 않으려면 운이 트일 때까지 버티는 둔한 끈기와 근성이 있어야 한다."

"새 사업 선택 시 결정의 요인은 국가적 필요성, 국민의 이해, 세계 시장과의 경쟁이 가능한가다."

"우리 기술로 개발한 반도체로 세계를 지배하라. 영국이 전기 기관차 만들어 400년 먹고 산 것처럼, 한국도 반도체에 투자하며 400년 먹을거리를 마련하자."(이병철의 마지막 유언)

　미국《워싱턴 포스트》발행인인 캐서린 그레이엄은 이병철을 "동방의 작은 나라에서 만난 거인"이라고 평가했다. 늘 흰색 와이셔츠에 노타이, 깔끔하게 다려진 재킷과 가지런히 빗어 넘긴 머리를 고수했다.

　1970~80년대는 오일쇼크가 닥치는 등 격동의 시기였다. 나는 당시 박정희 대통령에게 위기 타개 및 부강한 국가를 이룩하는 결정적인 아이디어를 제공한 사람이 이병철 회장이라고 생각한다. 우리나라 경제 발전의 키워드는 '외자 도입' '기업 육성을 통한 경제 성장과 개발' 등이었다. 이런 아이디어는 전국경제인연합회를 통해서 나왔다.

　전경련은 동시대를 살았던 경제인들이 모여서 발족했는데, 초대 회장(재임 1961년 8월~1962년 9월)이 이병철 회장이었다. 전경련을 통해 이런 아이디어가 박 대통령에게 전달되는데, 산업화의 일등 공신이 박정희 대통령이라면, 그 뒤에는 이병철 회장이 있었던 것이다.

이 회장은 생전에 끊임없는 열정으로 새 사업에 진출했다. 사업의 진출 과정을 잘 살펴보면 우리나라의 경제 발전 역사와 궤를 같이한다.

물자 부족을 해결하고자 갈망했던 1950년대에는 제일제당과 제일모직을 세웠다. 1950년대 후반 들어서는 보험회사를 만들었다. 국가의 성장 드라이브를 강하게 걸어야 했던 1960년대에 전자회사, 1970년대 중반에는 중공업으로 영역을 넓혔다. 또 1980년대에는 IT, 통신업에 진출했다. 우리나라의 경제 발전과 삼성의 사업 진척은 거의 맞아떨어진다.

이는 이병철의 평소 신념인 '사업보국(事業報國)'에서 의미를 찾을 수 있다. 그는 신규 사업을 추진할 때마다 '어떤 사업을 해야 국가에 도움이 되는지'에 관심이 컸다. 계열사 사장들을 앉혀놓고 "사업은 시류(時流)에 맞아야 하는 기라" "자기 수준을 잘 알아야 한 데이. 너무 욕심을 내도 안 된 데이"라는 말을 자주 했다. 사업을 함에 있어 국가의 성장과 맞물리는 시점을 중요시한 것이다.

이병철 회장은 "무(無)에서 유(有)를 창조한다"는 말을 좋아했다. 젊은 시절부터 만주를 돌아다니면서 사업을 해서인지 통이 컸다. 특히 '일본 종합상사'를 좋아했다. 그는 여러 중역에게 일본 종합상사를 유심히 보라고 했다.

왜 하필 일본 종합상사일까. 이 역시 '사업보국'이라는 이병철의 신념과 맞아떨어진다. 경제원조 수혜국에서 벗어나기 위해 필사적이었던 우리와 달리 일본은 경제 대국이었다. 그는 일본을 벤치마킹하면서도, 언젠가 일본을 넘어야 한다는 생각으로 머릿속이 꽉 차 있었다. 이병철의 말이다.

"우리가 갖고 있는 것만 계속할 생각을 버려라. 일본의 종합상사는 무에서 유를 만들어냈다. 일본을 배워 국가와 삼성의 발전을 위해 역량을 다 발휘해라. 해외 시장을 개척해 수출의 기반을 마련해야 한다."

이병철 회장은 아주 오래전부터 '글로벌'이라는 단어를 사용했다. 일본을 넘어서겠다는 꿈과 함께, 한국을 세계경제를 이끄는 한 축으로 키우고 싶다는 간절한 소원이 사업으로 나타났다. 그는 1970년대 말부터 중역들이 모인 자리에서 "앞으로는 글로벌 시대가 온다. 우리는 수입구조가 취약한데 일본은 기반이 탄탄하다. 세계 속에서 살아남을 수 있는 회사를 만들어야 한다"고 강조했다.

2000년대 혹독한 반도체 전쟁을 치르며 삼성이 거머쥔 반도체 패권에는 "우리 기술로 개발한 반도체로 세계를 지배하라"던 이병철의 유훈(遺訓)이 담겨 있다.

삼성은 최후의 승자가 되기 위해 죽기 살기로 싸워 이겨낸 것이다. 지금 우리는 그 성과로 상당한 경제 호황의 파급 효과를 누리고 있다.

이재용 부회장이 평택 근처에 미래 먹거리를 위해 30조 원을 투자한다는 기사를 읽었다. 그 계획의 성공을 빈다. 지금 삼성과 대기업들은 진보 좌파 정권 밑에서 숨도 제대로 못 쉬고 눈치만 보고 있다. 그들은 다섯 가지 문제로 정계와 사회에서 지탄을 받고 있다.

부의 대물림, 재벌의 경영권 승계, 고용 CEO 경영방식 채택, 전체 40%에 이르는 한국 경제의 대기업 비율, 총수 일가의 전횡 등이다.

문제라 지적받는 이 사안에 대해서는 20년 전 미국《월스트리트 저널》에 실린 록펠러가의 이야기를 들려주고 싶다. 존 록펠러는 미국 최초의 억만장자다.

스탠더드 오일을 창립하여 1900년대 초부터 미국 석유 생산의 90%를 점유하며 억만장자가 되었다. 이후 철도 등에 투자하여 '돈 많은 집안' 하면 그의 이름이 첫째로 떠오르게 되었다. 물론 부만 쌓은 것은 아니다. 착실한 기독교인, 훌륭한 인격자로 존경받는 그는 아주 검소한 생활을 즐겼으며, 교육의 중요성을 알아 시카고대학과 그 외 여러 대학을 창립했고, 많은 교회도 세우고 지원하였다.

그 후손들의 이야기다. 매년 록펠러 성을 가진 약 200명이 모여 존 록펠러를 추모하고, 자기들 후손 이야기도 나눈다. 내가 하려는 이야기는 록펠러 후손이 물려받아 가진 재산이 다 합쳐서 2%밖에 되지 않는다는 것이다. 나머지 98%는 모두 다른 사람의 소유요, 사회에 환원되었다. 지금 삼성 집안이 부자라서 샘내고 욕하고, 빼앗아서 나눠 먹고 싶어 하는 사람이 많다. 조금만 세월이 가면 저절로, 상속세로, 회사 채권 발행 등으로 그들 자손의 지갑에도 들어갈 텐데도 말이다. 너무 조급히 생각 마라! 황금알을 낳는 거위를 잡아먹으면 고기를 얻은 기쁨은 잠깐이고 다시는 황금알을 얻지 못한다.

다음은 이병철이 이끈 시절 삼성의 역사다.

1936년 협동정미소 설립

1938년 삼성상회 창립

1951년 삼성물산(1948년 삼성물산공사 설립)

1953년 제일제당

1954년 제일모직

1961년 삼성물산

1964년 한국비료

1965년 《중앙일보》, 삼성문화재단

1969년 삼성전자

1974년 삼성중공업

1978년 삼성반도체 사업 진출

1979년 이건희, 부회장으로 승진

1987년 이병철 회장 타계로 이건희, 회장으로 승진

이병철의 타계 후 이건희 회장은 '미래 지향적인 도전적 경영'을 통해 삼성을 세계 초일류 기업으로 성장시켰다. 대한민국과 비교한다면 이병철은 이승만, 이건희는 박정희의 역할을 했다 할 수 있다. 이제 이재용의 3세 경영이 시작되었다. 그는 과연 어떤 삼성의 미래를 구상할까? 우리는 그의 성공만을 빌 뿐이다.

현재 삼성의 현황을 들여다보자. 삼성의 계열사는 약 60개에 이른다.

전자 부문 : 삼성전자, 삼성디스플레이, 삼성SDS, 삼성SDI, 삼성전기

금융 부문 : 삼성생명, 삼성화재, 삼성카드, 삼성증권, 삼성자산운용, 삼성벤처투자

중공업·건설 부문 : 삼성중공업, 삼성물산, 삼성엔지니어링, 삼성건설 등

그 외 : 호텔신라, 제일기획, 에스원, 삼성경제연구소, 삼성병원(3곳)

삼성이 차지하는 코스피 비중은 30% 이상이다. 삼성전자의 수출은 한국 전체 수출의 20% 이상을 차지한다.

한편, 이건희 삼성 부회장이 2020년 10월 25일 별세했다. 향년 78세.

1942년 대구에서 태어난 고인은 부친인 이병철 창업주 별세 이후 1987년 삼성그룹 2대 회장에 올라 삼성그룹을 이끌었다. 2014년 5월 급성 심근경색증으로 서울 이태원동 자택에서 쓰러진 뒤 6년 만이다.

이병철의 '3남'인 이건희 회장은 1987년 부친 별세 이후 삼성그룹 2대 회장을 맡아 그룹 경영 전반을 총괄했다. 당시부터 이 회장은 '초일류'를 지향하면서 '제2의 창업'을 선언했다. 1993년에는 "마누라와 자식 빼고 다 바꾸라"는 식으로 혁신을 강조한 '신경영 선언', 2003년에는 '천재경영론', 2010년에는 '위기론', 취임 25주년인 2012년에는 '창조 경영'에 이르기까지 한국 경제사에 변곡점이 될 만한 혁신을 주도해 왔다.

그 결과 삼성전자는 1992년 세계 최초 64M D램 개발을 시작으로 삼성은 반도체, 스마트폰, TV 등의 분야에서 글로벌 1위에 올랐다. 삼성은 국내 제일을 넘어 세계 속에서 글로벌 기업들을 압도하는 '초일류' 기업으로 성장했다는 평가를 받는다. 그 아버지의 그 아들이었다.

(2)
정주영과 현대

아산 정주영 회장의 어록은 주옥같다.

"도전하지 않으면 미래는 없다."

"해보기나 했어? 무엇이든지 할 수 있다고 생각하는 사람이 해내는 법이다."

"시련이란 뛰어넘으라고 있는 것이지 걸려 엎어지라고 있는 것이 아니다. 매일 새로워야 한다. 어제와 같은 오늘, 오늘과 같은 내일을 사는 것은 사는 것이 아니라 죽는 것이다."

"소극적인 사람은 작열하는 태양 아래서 일할 때 고통스러운 것만 생각하지 일을 다 마치고 나무 그늘 아래서 시원한 바람을 만끽하는 그 행복감은 누리지 못한다."

"무슨 일을 하든지 된다는 확신 90%와 자신감 10% 외에 안 될 수도 있다는 생각은 단 1%도 가져서는 안 된다."

"사업은 망해도 다시 일으킬 수 있지만 사람과 신용은 한 번 잃으면 그것으로 끝장이다."

"의식주를 얼마나 많이 갖추고 누리고 사느냐가 문제가 아니라 사람들에게 얼마나 좋은 영향을 많이 미치며 사는 것이 중요하다."

나는 1998년 12월부터 인천국제공항 제1청사 지붕 공사의 기술고문으로 삼성건설과 한맥중공업을 도우며 약 2년에 걸쳐 한국을 여러 번 방문했다.

그때 인천공항의 전체 모습을 처음 봤는데, 보자마자 그 크기와 설계가 세계 최고 수준이라는 것을 단박에 알 수 있었고, 그 방대함에 놀라 나도 모르게 눈이 휘둥그레졌다. 그도 그럴 것이 나는 건축을 공부했고, 철재와 알루미늄 외장재 전문회사에서 큰 건물의 외장을 많이 다뤘으며, 세계를 여행하며 많은 공항을 보았기에 그때 인천국제공항의 설계 수준은 전문가 입장에서도 놀라움 그 자체였다. 참으로 한국은 이제 확실히 세계 수준에 올라 있구나, 감탄밖에 안 나왔다.

저녁 식사 대접을 받으며 한 경험은 더 놀라웠다. 식사는 숯불갈비였다. 나는 좋아하는 백세주 몇 잔과 숯불갈비를 시켜 배를 두드리며 실컷 먹었다. 그런데 식사가 거의 끝날 때쯤 박 과장이란 분이 "심 고문님, 식사는 뭐로 하실까요?" 하고 묻는 것이 아닌가. '아니 식사는 다 끝났는데 식사를 또 하자고?' 이게 뭔가 생각하는 찰나 박 과장이 다시 "식사는 냉면, 국수, 된장찌개, 어떤 거로 하시겠습니까?" 하고 되물었다. 문득 6·25 때 여러 가족이 우리 집으로 피란을 와서 몇 달간 있던 것 다 나눠 먹고, 간신히 호박죽, 수제비를 끓여 연명했던 기억이 스쳐 지나갔다. 이후에도 보릿고개를 넘기며 겨우겨우 살았는데, 숯불갈비를 실컷 먹은 후에 다른 음식으로 식사를 마감하다니…. 한국이 이렇게도 잘사는 나라가 되었구나 하는 생각에 감탄을 넘어 존경심마저 들었다.

이런 한국을 이루기 위하여 수고한 많은 경제인·정치인이 있었지만 아산 정주영 회장은 분명히 그 앞장에 서 있던 분이다. 정주영은 이광수의 소설《흙》을 읽고 새로운 세계를 꿈꾸었다고 한다. 그 꿈의 실현을 위해 숱한 가출을 감행했고, 19세 때 4번째 가출로 농촌에서 벗어나게 되었다. 서울에 정착한 그는 복흥상회에서 쌀 배달을 시작했고, 이후 주인의 신임을 얻어 가게가 어려울 때 인수해 자신의 쌀가게 '경일상회'를 창립한 게 1938년, 바로 현대의 시작이다.

정주영 회장이 현대건설주식회사를 설립한 것은 6·25전쟁이 터지기 다섯 달 전인 1950년 1월 10일이다. 불운이었지만 그는 포기하지 않고 전쟁 중에도 사업을 계속 진행해 나갔다. 이러한 노력에 현대건설은 승승장구했고, 어느새 국내 1위 업체가 되었다. 제3공화국이 국토 개발을 위해 건실한 건설업체를 육성해야 한다는 방침을 세우고 도급한도액 제도를 실시하면서 밝혀진 사실이다.

젊은 시절, 정주영의 모습은 말라깽이 그 자체였다. 사장이라고 하면 으레 배가 나오고 살집이 있는 모습이 연상되지만 그는 마치 영양실조에 걸린 병자와 같은 모습이었다. 하지만 모양새와는 달리 운용 능력이 비상한데다 추진력이 있었다. 누가 아이디어를 내면 그 자리에서 어디에 적용할지 찾아내 바로 실행에 옮겼다. 소학교(현 초등학교) 졸업 학력이 전부인 정주영은 당연히 토목에 대해 전문적으로 배운 적이 없었다. 기회 있을 때마다 "별 이상한 걸 다 묻는다"고 생각할 만큼 계속 질문을 던져 답을 듣는 방식으로 자신의 부족한 부분을 채워나갔다. 그래서 그런지 어떤 사안이든 금방 이해를 했다. 이해한 다음에는 토목 전공자들이 미처 생각지도 못한 방식을 생각해 냈다.

"나도 갑종(甲種) 면허를 갖고 있는 건설 기술자"라고 말할 정도로 이렇게 쌓인 정주영의 건설 지식은 해박했다. 한계를 넘은 어깨너머 배움이 가능했던 이유는 그의 비상한 기억력 덕분이다. 한 번 들은 것은 절대 잊어버리지 않고 자신의 지식으로 축적했다.

권기태 전 현대건설 부사장에 따르면, 정주영은 조직 운영의 귀재였다. '조직의 효율은 긴장에서 온다'는 것이 그의 **첫째** 성공 요인이었다. 건설 현장에서 정주영은 호랑이같이 무서운 존재였다. 언제나 무리 중 한 사람은 희생양이 되었다. 그렇게 되면 조직 전체가 늘 긴장 속에 놓이게 된다. 이와 같은 일은 현장뿐 아니라 본사 회의 때도 마찬가지였다. 그가 주재하는 회의는 긴장 속에서 진행되었다고 한다. 언제나 정보를 많이 갖고 있었고, 그 정보가 틀린 적이 없었다.

정주영의 **둘째** 성공요인은 '탁월한 위기관리 능력'이었다. 건설 현장의 일은 동일한 사안도 때에 따라 기후조건, 사회 환경에 따라 달라지므로 반복이 없다. 날마다 크고 작은 일들이 돌발적으로 생기는 곳이 현장이다.

위기가 발생했을 때는 탁월한 지도자가 필요하다. 위에서 해결 방법을 찾아 신속하게 아래에 전해 다 같이 그 일을 헤쳐 나가야 돌파할 수 있다. 그런 면에서 정주영은 훌륭한 사령관이었다. 그는 매일 새벽 전국 현장과 통화를 하여 정보를 수집한 후 적당한 해법을 하달했다.

현대건설이 당면하는 여러 어려움을 극복하고 세계적인 회사로 성장할 수 있었던 것은 결국 정주영의 위기관리 능력에서 비롯되었다. 능력 있는 믿음직한 리더가 있었기에 부하직원들이 마음 놓고 기량을 발휘할 수 있었다. 그의 위기관리 능력은 언제나 현장의 사기와 능률을 향상시키는 지표가 되었다.

셋째, 정주영 회장은 전문가를 넘어서는 실력을 갖추고 있었다. 토목을 전공하지 않았지만, 현장의 그 누구보다 해박했다. 이는 그가 토목·건설에 남다른 애정을 갖고 끊임없이 노력했기에 가능한 일이었다. 어떤 공사를 입찰할 때나 시공계획을 확정할 때 반드시 사전에 결재를 받아야 했다. 단순한 보고가 아니라 심문하는 과정이었다. 질문에 충분한 설명을 못 하는 자는 내용을 파악하지 못한 걸로 간주되어 재검토 후에 결재를 받아야 했다. 이 과정에서 정주영 회장은 뛰어난 기억력으로 전문기술을 완전히 습득해 다음 공사에 활용했다. 기술을 사실지식과 과정지식으로 분류한다면 그는 풍부한 과정지식의 소유자였다. 부족한 사실지식을 결재과정에서 습득하여 최상의 의사 결정을 내려 사업에 성공한 것이다.

넷째, 치밀한 현장 확인이 있었다. 지나칠 정도로 현장을 중요하게 생각했다. 앉아서 보고받는 일에 익숙한 사람들과 달랐다. 그는 부지런히 현장을 달렸다. 어떤 공정을 언제까지 완료하라고 명령한 뒤 매일 전화로 확인했다. 회장이 언제 현장에 출동해 점검과 질문을 할지 모르니 모두 긴장 속에서 최선을 다했다. 전화로 질문을 받을 때도 만전을 기해야 했다.

예를 들어 "토사 운반 덤프트럭을 몇 대 가동하고 있는가"라는 물음에 "15t 덤프트럭 10대"라고 보고하면 "무슨 트럭이냐"고 또 묻는다. "현대차 5대, 대우차 5대"라고 대답하면 "적재함 뒤 문짝이 없는 차는 몇 대냐"는 질문이 날아왔다. 아무리 철저한 확인을 해도 차 뒤쪽 문짝까지 확인하기는 힘들다. 그때 대답을 못 하면 가차 없이 꾸중이 날아왔다. 정 회장은 현장 사람을 괴롭히기 위해 뒷문짝을 확인하는 것이 아니었다. 굴착, 상차, 운반에 다 비용이 드는데 뒷문짝이 없으면 흙을 흘리게 되고, 그러면 손실이 발생하기 때문에 그런 질문을 하는 것이었다. 정 회장의 질문에 하나도 빠짐없이 대답하기 위해 현장에서는 철저한 준비를 했고 그런 것이 바탕이 되어 현대건설이 발전했다.

다섯째, 정주영 회장은 원가(原價) 의식에 철저했다. 근검절약은 곧 원가 의식이다. 그의 근검절약은 설명이 필요 없을 정도로 널리 알려진 사실이다. 정 회장은 원가에 대한 암산 능력이 탁월하다. 직원들이 호주머니에 슬라이드 룰(slide rule)을 갖고 다니며 정주영의 암산을 확인하곤 했는데 틀린 적이 없었다.

중고(中古)차량을 구입하여 태국 고속도로 건설에 투입하고 울산조선소 광장을 5cm 두께로 포장한 것도 다 정주영의 원가 계산에서 나온 결정이다. 이후 현대자동차, 현대중공업 등으로 사세를 확장하여 1990년대 말까지 건설·조선·자동차·해운·금융·중전기 등 각 분야를 망라하는 한국의 대표적 기업이 되었다.

　현재는 많이 축소·병합되었으나 한때 41개의 계열사를 거느렸으며, 대표 기업 현대자동차는 세계 주요국 7개 지역에 생산 공장을 갖고 있고, 세계 자동차 판매순위 5위, 매출액 100조원을 기록하고 있다.

　현대는 창업주 정주영 사망 후 계열 분리를 겪으며 규모가 많이 축소되었으나 한국 경제 성장의 견인차 역할을 한 대표적 대기업으로 한국 경제사에 길이 남을 것이다. 끝으로 정주영 회장의 연보를 소개한다.

1915년 11월 25일 강원도 통천군 송전리 출생

1940년 3월 합자회사 아도(Art)서비스 공장을 인수하다

1946년 4월 현대자동차공업사 설립, 대표이사

1947년 5월 현대토건사 설립

1950년 1월 자신이 운영하던 현대자동차공업사와 현대건설 합병, 현대
　　　　 건설주식회사로 개편하고 대표이사 취임

1967년 12월 현대자동차주식회사 설립

1969년 12월 현대시멘트주식회사 설립

1971년 3월 현대자동차, 중공업, 시멘트 등의 회사들을 한데 묶어 현대
　　　　 그룹으로 출범시키고 회장에 취임

1973년 12월 계열사로 현대조선중공업주식회사 설립

1975년 4월 현대미포조선주식회사 설립

1976년, 1997년 한·아랍 친선협회 회장 피선

1977~87년 전경련 13대 회장 취임

1977년 7월 재단법인 아산사회복지사업재단 설립

1979~80년 한·아프리카 친선 협회장 취임

1981년 3월 88서울올림픽 유치위원회 위원장 피선

1981년 11월 88서울올림픽 유치 확정, 곧바로 올림픽 조직위원회 부위
원장 취임

1982~84년 대한체육회 회장 취임

1983년 5월 한국정보산업협회장에 추대

1985년 2월 전국경제인연합회장 재선

1987년 2월 현대그룹 명예회장 취임

1987년 2월 전국경제인연합회 명예회장 취임

1987년 5월 한국정보산업협회 명예회장 취임

1987~88년 재단법인 세종연구소 이사장 취임

1989~91년 한·소(韓蘇) 경제협회장

1992년 1월 통일국민당(가칭) 창당준비위원회 위원장 피선

1992년 2월 통일국민당 대표최고위원 피선

1992년 3월 제14대 국회의원(비례대표) 당선

1992년 12월 제14대 대통령 선거 출마

1994년 1월 한국지역사회교육 중앙협의회 이사장 선임

1998년 6월 1차 방북, 소 500마리와 함께 판문점 통해 북한 방문

1998년 10월 1차 방북 4개월 만에 2차 방북, 소 501마리와 함께 판문점
통해 방북, 이때는 김정일 국방위원장 직접 만나 경협사업
논의

1998년 11월 금강산 관광단지 개장

2001년 3월 21일 별세

(3)
박태준과 포항제철

　오늘날 한국의 기적을 이루는 데 초석을 쌓은 기업은 단연코 포항제철 (현 POSCO)이다. 1970년대 철강 기초소재 생산 및 가공으로 한국 모든 기업의 주춧돌이 되었다고 할 만큼 중요한 역할을 하였다. 이러한 포항제철을 이끈 이가 있었으니 바로 박태준이다.

　그는 박정희 전 대통령의 명을 받아 포항제철 건설 및 운영을 총괄하며 나라 발전에 있어 국가 최고 책임자 못지않은 기여를 하였다. 박태준이 없었다면 포항제철은 없었고 박정희가 없었다면 박태준은 없었다.

　박정희 정권은 2차 5개년 경제개발계획에 제철사업을 포함시키고 미국·영국·서독·프랑스 모두 접촉하여 차관을 요청하였으나 모두 거절당하였다. KISA 국제 제철 차관단의 승인을 못 받은 것이다. IBRD 세계은행 한국 경제 보고서도 "한국은 아직 제철소 건설이 불가능하다"고 판단하였

다. 이것이 당시 약소국가 한국의 현실이었다.

그때 실망과 울분 속에서 문득 떠오른 것이 있었다. 3억 달러의 무상 대일(對日)청구권. 하지만 대일청구권은 일본과 경쟁할 수 있는 기업 건설에는 쓰지 못하게 되어 있었다. 정부는 끈질기게 매달리며 일본을 설득했고, 결국 3억 달러의 일부를 포항제철 건설에 사용해도 좋다는 허락을 받아냈다.

총공사비용 1200억 원. 그때(1965년) 한국 총예산이 850억 원이었다. 여기서 박정희가 박태준을 지명하여 끝까지 밀어주면서 기적이 일어나는 것이다. 허허벌판 모래사장에 연인원 580만 명 동원, 1968년 착공, 5년 후 1973년 포항제철 1호기가 준공되었다.

이 대목에서 일본철강연맹대표 이나야마의 한국에 대한 선의를 짚고 넘어가야겠다. 그는 비교적 친한파로 일본의 한국 점령에 대한 윤리의식을 가지고 있었다. 신일본제철이라는 굵직한 기업의 회장으로 박태준을 도와 한국에 제철소를 세우는 데 가치와 보람이 있다고 판단한 것이다. 박정희와 박태준의 정치적 수완과 추진력의 탁월함이 엿보인다.

미국의 강철왕 카네기, 한국의 강철왕 박태준이라 해도 손색이 없다. 나카소네(전 일본 총리)는 노년에 박태준에게 쓴 편지에 "당신 같은 애국자가 있을까? 귀하는 일본에 오면 무엇 하나라도 조국에 도움이 될 만한 것이 있는가를 늘 눈여겨보려 애쓴 사람이다"라고 적었다.

박태준은 1968년 박정희 대통령의 소명을 받고 광양제철소 4호기 완성까지 25년의 세월을 보낸다. 박정희가 왜 박태준에게 막대한 국가 업무를 맡겼는지 알 수 있는 대목이 있다.

박태준은 5·16혁명 거사 명단에 이름이 올라 있지 않다. 이를 두고 박정희는 혁명이 실패하면 내가 이 세상 사람이 아닐 텐데 "너에게 처자식을 부탁하려고 하였다"고 말했다. 신뢰 관계 그 자체였던 것이다.

박태준이 직원들을 독려하며 자주 한 말이 있다.

"이 제철소는 조상의 핏값으로 짓는 것이다. 실패하면 모두 현장사무소에서 나가 바로 우향우하여 다 같이 포항 영일만에 빠져 죽자."

1992년 한국은 세계 1위의 철강 생산을 자랑했고, 1972~1990년대 조선업·기계공업·자동차 등 여러 기업은 세계 굴지의 기업으로 성장했다. 그는 박정희 대통령이 보태준 돈으로 구입한 오래된 서대문 주택에서 살다가 세상을 떠났다.

그는 1992년 10월 2일 현충원 국립묘지를 찾아 박정희 대통령 묘소를 참배하며 감격스러운 광양제철소 4호기를 완공한 일을 보고했다. 당시 그가 한 '감격스러운' 보고문을 그대로 옮긴다.

〈…"각하!

불초 박태준, 각하의 명령을 받은 지 25년 만에 포항제철 건설의 대역사를 완수하고 삼가 각하의 영전에 보고를 드립니다. 포항제철은 빈곤타파와 경제부흥을 위해서는 일관(一貫) 제철소 건설이 필수적이라는 각하의 의지에 의해 탄생되었습니다. 그 포항제철이 바로 어제 포항 광양의 양대 제철소에 조강생산, 2100만t 체제의 완공을 끝으로 4반세기에 걸친 대장정을 마무리하였습니다.

'나는 임자를 잘 알아. 이건 아무나 할 수 있는 일이 아니야.

이런 고통을 당해도 국가와 민족을 위해 자기 한 몸 희생할 수 있는 인물만이 이 일을 할 수 있어, 아무 소리 말게.'

1967년 9월 어느 날, 영국 출장 도중 각하의 부르심을 받고 달려온 제게 특명을 내리시던 그 카랑카랑한 음성이 지금도 귓전에 생생합니다. 그 말씀 한마디에 25년이란 긴 세월을 철에 미처, 참으로 용케도 견뎌왔구나, 생각하니 솟구치는 감회를 억누를 길이 없습니다. 자본도 기술도 경험도 없는 불모지에서 용광로 구경조차 해본 일이 없는 39명의 창업 요원을 이끌고 포항의 모래사장을 밟았을 때는, 각하가 원망스럽기만 했습니다. 자본과 기술을 독점한 선진 철강국의 냉대 속에서 국력의 한계를 절감하고 한숨짓기도 했습니다. 터무니없는 모략과 질시와 수모를 받으면서 그대로 쓰러져 버리고 싶었던 때도 있었습니다.

그때마다 저를 일으켜 세운 것은 '철강은 국력'이라는 각하의 불같은 집념, 그리고 13차례나 건설 현장을 찾아주신 지극한 관심과 격려였다는 것을 감히 말씀드립니다.

포항제철소 4기 완공을 앞두고 각하께서 졸지에 유명을 달리하셨을 때는 2000만t 철강 생산국의 꿈이 이렇게 끝나버리는가 절망하기도 했습니다.

그러나 우리는 철강입국(鐵鋼立國)의 유지를 받들어 흔들림 없이 오늘까지 일해 왔습니다. 그 결과 포항제철은 세계 3위의 거대 철강기업으로 성장하였습니다. 각하를 모시고 첫 삽을 뜬 이래, 지난 4반세기 동안 연인원 4000만 명이 땀 흘려 이룩한 포항제철은 이제 세계의 철강업계와 언론으로부터 최고의 경쟁력을 지닌 철강기업으로 평가받고 있습니다. 그러나 이것이 어찌 제힘이었다고 할 수 있겠습니까? 평생의 소임을 다했다고 생각하는 이 순간, 각하에 대한 추모의 정만이 더욱 솟구칠 뿐입니다.

'임자 뒤에는 내가 있어, 소신껏 밀어붙여 봐.'

한마디 말씀으로 저를 조국 근대화의 제단으로 불러주신 각하의 절대적 신뢰와 격려를 생각하면서 머리 숙여 감사드릴 따름입니다.

각하! 일찍이 각하께서 분부하셨고 또 다짐 드린 대로 저는 이제 대임을 성공적으로 마쳤습니다. 그러나 이 나라가 진정한 경제의 선진화를 이룩하기에는 아직도 해야 할 일들이 산적해 있습니다.

'하면 된다'는 각하께서 불어 넣어주신 국민정신의 결집이 절실히 요청되는 어려운 시기입니다. 혼령이라도 계신다면 불초 박태준이 결코 나태하거나 흔들리지 않고 25년 전의 그 마음으로 돌아가 '잘사는 나라' 건설을 위하여 매진할 수 있도록 굳게 붙들어주시옵소서.

불민한 탓으로 각하 계신 곳을 자주 찾지 못한 허물을 용서해 주시기 바라오며, 삼가 각하의 명복을 비옵니다. 부디 안면하소서.

1992年 10月 3日

불초 태준 올림"…〉

다음은 박태준 회장의 연보다.

1927년 경남 동래군 출생
1946년 일본 와세다대학 기계공학과 2년 수료

1948년 남조선 경비사관학교(육군사관학교의 전신) 6기 졸업

1954년 육군대학 수석 졸업

1961년 5·16 직후 국가재건최고회의 의장 비서실장

1967년 종합제철 건설사업 추진위원장

1968년 포항종합제철주식회사 초대사장

1970년 포항제철 1기 건설 착공

1973년 포항제철 2기 건설 착공

1981년 포항제철 초대회장

1990년 민정당 대표

1997년 자민련 총재

2000년 국무총리

2011년 별세

(4)
전두환 대통령

1945년 2차 세계대전과 태평양전쟁이 끝나고 100여 개 나라가 독립했는데, 그중 대부분은 독재 아니면 반독재 체제를 유지하였다. 제국주의와 왕정 밑에 있다가 식민 지배를 벗어났으니 아무래도 자유민주주의, 시장경제라는 개념이 생소하였으리라.

대한민국은 1948년 자유민주주의, 정부 주도의 시장경제로 출발하였으나 실질적으로 1987년 6·29선언까지 사실상 독재 정부 밑에서 반만년 한반도 역사에 전무후무한 경제 발전과 민주화를 함께 이루었다. 2차 대전 후 독립된 나라 중 오직 우리만 지금 30·50클럽에 들어 있다. GDP 3만 달러, 인구 5000만 명 이상의 나라를 일컫는다.

나는 이승만·박정희·전두환으로 이어지는 40년 독재정치의 덕분이라 확신한다. 전두환 대통령은 지금 사방에서 몰매를 맞고 공이 0이요, 과가

10이라고까지 평하는 자들도 있다.

나는 전두환 대통령을 공이 8이요 과가 2이라고 평하고 싶다. 가장 큰 공은 12·12사태를 일으켜 정권을 잡아 정국을 안정시키고 온 국가가 혼란에 빠질 가능성을 배제한 것이다. 나는 김재규가 박정희를 죽였지만 박정희를 전설로 만든 사람이라고 생각한다.

혹자는 '12·12사태가 없었다면 평화로운 민주정부가 서고 김대중이 대통령이 되고, 더욱 발전하는 나라가 되었을 텐데 전두환이 5·18사태를 진압하고 8년을 독재하여 대한민국이 많이 어려워졌다'고 하는 사람도 있다. 그들은 우리 민족의 분당성과 이기심, 분열성, 북한의 호시탐탐 남한 전복을 항상 노린다는 것을 모르거나 무시하는 소리다. 한마디로 12·12사태는 우리의 축복으로 기록되어야 한다. 그리고 재임 8년, 1987년 민정 이양은 더 큰 쾌거다.

지난 70년 동안 2차 대전 후 독립하여 군부를 등에 업고 장기집권한 나라는 많은데, 독재자가 무너지면서 나라의 경제·정치가 모두 함께 몰락하여 모두 비참하게 되었지만 한국만은 예외였다.

한국은 행운의 나라다. 70년간 미국이 국방을 지켜주었고, 4·19를 딛고 5·16을 통해 박정희 시대를 열었다. 12·12사태로 당시 위태롭던 국정을 안정시켰고 광주 5·18을 극복하고 전두환 시대가 열렸다.

만일 5·18로 인한 극도의 정치 혼란으로 박정희 시대의 경제성장이 물거품이 된다면 어떻게 됐을까. 남한은 중국 공산당 정권과 북한의 영향으로 경제 발전은커녕 GDP 5000불 정도의 개발도상국가로 남아있었으리라.

5·18 기념공원을 세우고 희생자를 추모하는 것은 아주 잘한 일이다. 독재 군부에 맞서 구국의 일념으로 세상을 떠났으니 그들 혼을 위로하여야 한다. 누가 발포 명령을 내렸느냐, 이북에서 많은 군인이 내려와 반동을 지휘하였느냐, 안 하였느냐. 누가 어디서 사격을 시작했고 죽은 사람이 몇 명이냐?… 와 같은 의혹들은 언젠가는 밝혀져 역사 속으로 사라질 것이다.

5·18은 우리 민족이 일으켰던 많은 항거운동의 하나로 기록될 것이다. 어떤 점에서 중국과 한국은 독재가 아니면 성장할 수 없는 DNA가 있는가?

이승만·박정희·전두환 시절 독재를 통하여 역사 최단시간에 최고속의 경제발전을 이루었다는 것은 우리 민족성의 특성과 무관하지 않다.

우리는 반대를 위한 반대, 저항이 정의요, 순종은 불의라는 몇 백 년 묵은 사상이 깊숙이 뿌리박혀 있다. 밀어붙이지 않으면 아무것도 안 되는 의식구조가 우리 몸 속에 깊이 잠재해 있다. 전두환 대통령 치적을 언급해 본다.

1988년 올림픽 유치

서민정책으로 의료보험 확대

치안 안전율 90%

국민 스스로 70%가 중산층이라 여김

중산층을 두텁게 함

물가 안정

인터넷 전자산업의 강력 지원책

연평균 8.7%의 경제 성장률 유지

끝으로 인간 전두환을 평한 몇 가지 일화를 소개하며 마치려 한다. 그는 정권을 잡으며 전문지식을 가진 유능한 전문가를 대거 등용하여 경제 성장, 외교문제를 해결한 훌륭한 배짱 있는 지도자였다. 젊고 능력 있는 교육·경제·외교·정치계의 엘리트들이 등장해 5공화국을 새롭게 이끌었다.

그는 한번 믿은 사람은 죽는 날까지 믿어주는 의리의 사나이였다는 평이고, 전문지식을 가진 사람들을 진정으로 신임하고 존중하였다. 1987년 6·10항쟁이 일어났을 때, 계엄령이나 군대 동원을 피하고 무혈의 6·29선언으로 민정 이양을 했다는 것은 그의 큰 업적 중 하나이다.

사람들에 따라 호불호가 극단적으로 나뉘겠지만 전두환은 단연 현대사의 훌륭한 지도자라고 말하고 싶다. 찾아뵙고, 말년의 평안을 빌어드리고 싶다. 그의 회고록을 놓고 왈가왈부(曰可曰否)한다. 세월이 많이 지나면 올바른 판단들이 나와 그의 공과가 공평히 밝혀지리라 믿는다. 다음은 전두환 대통령의 연보다.

1931년생 경남 합천

1955년 육사 11기 졸업

1960년 미 보병학교 수료

1963년 중앙정보부 인사과장

1964년 3월 하나회 결성, 회장이 됨

1966년 1공수 부대장

1969년 육군참모총장 수석부관

1971년 1공수 특전단장

1973년 1월 육군 준장 진급

1977년 육군 소장 진급

1978년 제1사단장

1979년 3월 국군보안사령관

1979년 10월 10·26으로 계엄사령부 합동수사본부장에 임명

1979년 12월 12·12 쿠데타 주도, 정승화 육군참모총장 체포

1980년 4월 중앙정보부장 겸임(서리)

1980년 5월 국가보위비상대책위원회 상임위원장

1980년 8월 대장 진급 예편, 통일주체국민회의에서 11대 대통령에 당선

1981년 1월 민정당 총재

1981년 2월 12대 대통령

1988년 2월 대통령직에서 물러남, 국가원로자문회의 의장(88년 4월 13
    일 사퇴)

1988년 11월 백담사 귀양

1989년 12월 국회 청문회 증언

1991년 2월 백담사에서 돌아옴

1995년 12월 12·12 쿠데타와 광주학살로 구속

1997년 4월 대법원 판결로 무기징역 확정

1997년 12월 사면복권으로 석방됨

(5)
노태우 대통령

40년의 독재정치를 마감하면서 무혈로 자유민주 체제로 넘어간 나라는 최근 세계사에 없다. 이런 면에서 노태우 대통령은 현대사에 특별한 지도자다. '노태우 시대'는 과거 권위주의 시대에 억압당했던 계층의 보상 욕구가 한꺼번에 분출됐던 시대였다. 강권 정치에 억눌렸던 시민사회의 기운이 봇물처럼 터진 시대였다.

노태우 대통령은 총체적으로 그와 같은 진통을 부정적이 아닌, 긍정적인 방향에서 수용하려 했다는 평가를 받을 수 있다. 그가 원했건 원하지 않았건 노 대통령은 한 시대가 지나가는 길목에 서서 민주화의 대가(代價)가 얼마나 비싼 것인가를 체득할 수밖에 없었다.

문민 시대가 단번에 하늘에서 떨어진 것이 아니라 모든 진통의 단계와 과정을 겪어서 얻어진 것으로 본다면 '노태우 시대'는 박정희—전두환 시

대를 김영삼 시대로 무사히 인계했다는 역사적 사실과 당위적 현실에 있
다. 즉, 권위주의 억압정치를 민주화된 문민정치로 이행시키는 중간 과정
이며 완충 기능이며 탈색의 역할로 이해할 수 있다. 그의 치적을 열거하면
이렇다.

6·29 민주화 선언

1988년 올림픽 성공적 개최

소련·중국 등 공산국가와 수교

일산 분당 신도시 건설

인천공항 계속 추진

새만금 대불공단 조성

KTX 계속 추진

서해안 고속도로 추진

부동산 안정 정책

GDP 1만불 달성

6공화국을 출범시킨 노태우 앞에는 '민주화'라는 절대적인 과제가 놓여 있었다. 그는 비록 민주주의를 요구한 민주투사는 아니었지만, 민주화를 약속하고 이를 실천한 위대한 인물이었다. 또한 1987년 6·29선언 이후 민주화에 대한 욕구는 경제 분야에서도 예외가 아니었다. 한마디로 6공화국은 민주화 요구를 수용해 가면서 경제정책을 수립하고 실천해야 하는 운명을 안고 있었다.

'경제정의'는 6공화국 초기부터 강조되었다. 박정희 대통령 18년과 전두환 대통령 7년의 성장위주 과정 속에서 우리나라의 분배구조는 이른바 '가진 이들'에게 유리하게 되어 있었다. 6·29선언과 동시에 터져 나온 노동자들의 요구에 부응하다 보니 누구라도 경제정의를 강조하지 않을 수 없는 시절을 만난 것이다. 노태우 대통령은 당시 노동계의 요구가 우리 경제를 크게 손상하지는 않았다고 생각했고 과감하게 실천했다. 다음은《노태우 회고록》에 담긴 그의 육성이다.

"정책의 비중이 민주주의와 경제정의로 갈 수밖에 없고 '가진 이들' 쪽에 서 있는 한편이 어느 정도 희생될 수밖에 없었습니다. 과거의 성장 일변도를 달릴 때처럼 노동자들만의 희생을 강요할 수는 없었습니다. 이 과정에서 경쟁력이 다소 떨어졌다는 것은 인정하지만 그것은 민주주의를 실현하는 대가였습니다."

여기서 우리는 한 가지 꼭 짚고 넘어가야 할 일이 있다. 노태우라는 훌륭

한 후계자를 키워 무혈로 정권 이양을 완성시킨 전두환 대통령의 지도력과
나라를 위한 혜안에 감탄한다. 다음은 노태우 대통령의 연보다.

1932년 대구 출생

1951년 경북고등학교 졸업

1955년 육사 11기 졸업

1974년 공수특전 여단장

1979년 9사단장으로 12·12 사태 당시 전방의 병력동원

1979년 수도경비사령관

1980년 국군보안사령관

1982년 체육부장관

1983년 내무부장관

1983~86년 서울올림픽 조직위원장

1987년 민정당 총재

1988~93년 제13대 대통령 역임

1993년 대한민국 헌정회 원로자문회의 위원

⑥
김영삼 대통령

"분노와 저항의 시대는 갔으며, 투쟁이 영웅시되던 시대도 갔다."

"영광의 시간은 짧았고 고통과 고뇌의 시간들은 길었다."

"아무리 닭의 목을 비틀어도 새벽은 온다."

"산행 도중에 많은 낙오자도 있었다. 민주화도 이와 같다."

"민주화의 길은 그만큼 고행의 길이다."

"정상에 오르면 반드시 내려갈 때도 생각해야 한다."

"대도무문(大道無門)"

김영삼 대통령의 어록을 기억하는 이가 많은 것은 그의 삶과 우리나라의 민주화 과정이 일치하기 때문이다. 그의 한마디 한마디가 민주화 물결의 큰 획이 되었다. 문민정부 탄생을 말하기 위해서는 우선 3당 합당을 설명

할 수밖에 없다.

1990년 1월 22일 오전 10시, 마침내 민정당 총재인 노태우 대통령, 민주당 김영삼 총재, 공화당 김종필 총재는 청와대에서 공동 기자회견을 갖고 역사적인 3당 합당을 발표하였다.

김영삼의 문민정부(1993~1998년)는 30여 년간 지속된 군사정권을 종식시키고 탄생했다. 문민정부에 대한 국민의 기대는 ①정치적으로는, 군사정권 종식, ②경제적으로는, 투명한 경제 과정을 통한 경제적 번영, ③사회적으로는, 민주화세력의 집권으로 사회적 불평등 및 지역갈등을 해소하는 것으로 압축됐다.

따라서 김영삼은 민주적인 사회건설을 위한 근본적인 '개혁'의 필요성을 강조하며 집권 내내 광범위한 분야에 걸쳐 다양한 정책을 폈다. 김영삼 대통령에 대한 여론조사 결과를 통해 알 수 있듯이, 문민정부를 특징짓는 것은 정치, 경제, 사회, 문화, 군부에 이르는 '개혁'이었다.

하나회 청산
금융실명제 실시 – 지하경제 양성화, 부정부패 크게 축소
공직자 재산공개 도입
지방자치제 실시
1996년 OECD 가입
역사 바로 세우기 : 전두환·노태우 구속

그러나 문민정부의 개혁은 정권 존립의 핵심이었던 만큼 이에 대한 평가는 매우 상반된다. 긍정적·부정적 평가가 공존하는 가운데 문민정부의 개혁을 긍정적으로 바라보는 입장에서, 김영삼 대통령의 개혁은 '민주화의 기틀을 마련한 필수적인 조치'라고 해석된다. 반면 '과도한 개혁으로 인한 정치사회적 갈등의 심화, 김영삼 대통령의 독단적 리더십' 등을 개혁의 한계로 지적하기도 한다. 정치풍토의 과감한 개선을 위해서 대통령의 강력한 개혁 의지가 우선되어야 한다는 공감대에도 불구하고, 개혁 추진이 지나치게 통치자 위주로 이행되고 있다는 비판의 목소리도 높았다.

요컨대 김영삼은 초기 개혁 시기와 같이 전격적이고 독선적인 리더십 행태를 지속적으로 보여주며 보수와 진보 양 세력의 이해관계를 함께 고려하는 모습을 보이지 못했다. 집권 말기인 1997년 초 한보사태와 기아사태는 김영삼에 대한 불신과 잠재되었던 갈등을 폭발시키는 계기가 되었다. 또한 곳곳에서 나타나는 경제의 적신호에 선제대응 실패로 IMF 구제금융 사태

를 불러일으켰다. 다음은 김영삼 대통령의 연보다.

1927년 12월 20일 거제도 출생

1952년 서울대 문리대 철학과 졸업

1954년 거제군 최연소 국회의원 28세(9선 국회의원)

1971년 한국문제연구소장

1979년 신민당 총재

1987년 통일민주당 창당 총재

1992~1996 민주자유당 총재

1993~1998년 제14대 대통령 역임

2011년 범국민 안보공감 캠페인 명예위원장

2015년 11월 22일 향년 87세 타계

(7)
김대중 대통령

젊은 시절부터 줄기차게 반독재를 외치며, 감옥살이와 생명의 위협을 무릅쓰고 평생을 야당으로 민주화운동에 앞장서 헌신했던 김영삼·김대중 두 분이 모두 최고의 권좌에 올랐다는 것은 지난 20세기 세계정치사에 없는, 오직 대한민국에만 있었던 일로 기록될 것이다.

민주화는 경제발전에 있어서 어느 수준에 이르면 어느 국가든지 없어서는 안 될 과정이므로 이 두 분이 이룩한 민주화 공로를 높이 평가해야 마땅하다.

1997년 12월 18일 제15대 대통령 선거에서 당선된 김대중 대통령은 대한민국 헌정 역사상 최초로 여·야 간의 정권교체를 이루었다. 제6공화국 3번째 정부로 1998년 2월 25일 출범해 2003년 2월 24일까지 존속했다. 공식 명칭인 '국민의 정부'의 의미는, 새로운 정부의 주권이 '국민'에게 있다는

뜻을 강조하기 위해서 채택된 것이다. 김대중 정부는 과거 보수적 성격의 정부들과 달리 최초로 진보적 성격을 지녔다.

김대중 정부의 정책 중 과거 정권과 가장 차별성이 큰 정책은 '햇볕정책'으로 상징되는 대북정책이었다. 냉전의 굴레로 남북대화에 진전이 없었으나 6·15남북공동선언을 이끌어 우리나라 최초로 노벨평화상을 수상했다. 이 밖에도 치적을 꼽자면,

민주화의 완성과 평화적 정권 교체
외환위기(IMF) 극복
경제구조 조정으로 국가적 위기 극복
IT 지식정보화 강국육성과 과학기술 혁신

한류문화 산업 육성

용서와 화해의 정치적 분위기 조성

2000년 6월 13일 평양남북회담

5000명 이산가족 상봉

그의 업적으로 특기할 사항은 산업화 세력과 민주화 세력의 연대를 이루어 박정희 시대를 대표하는 김종필·박태준과 손을 잡고 집권해 공동정부를 구성하는 정치 9단의 노련한 모습을 보였다.

김대중 대통령은 "민주주의만 이루어진다면 보복은 필요치 않다. 나는 보복에 강력히 반대한다"고 선언하고 자신을 핍박했던 정적들과도 화해하려 했다. 참으로 통이 큰 훌륭한 결정이었다.

또 김대중 대통령은 "지역 간 대립과 갈등의 시대를 마감하고 국민화해와 통합을 위한 밑거름이 되겠다"며 박정희 기념관(훗날 박정희 도서관) 건립에 200억 원의 국고를 지원을 약속하고 기념사업회 명예회장으로 참여했다.

그러나 김대중 정권 당시 대북 송금 등의 문제가 불거져 햇볕정책과 남북정상회담의 빛이 바래고 말았다. 역대 정부 대북지원 총액은 다음과 같다.

김대중 정부 24억 7000만 $

노무현 정부 43억 5000만 $

이명박 정부 19억 7000만 $

박근혜 정부 3억 4000만 $ (TV 조선)

현재까지의 진행으로 보면, 김대중 정권은 한반도에 평화를 정착하려는 화해와 협력으로 2000년 김정일 정권 당시 '고난의 행군'(1994년 7월 김일성 사망 직후부터 2000년 무렵까지 사이에 경제난)으로 몹시 피폐한 북한에 엄청난 지원금을 보내 핵 개발의 기초를 닦게 하였다. 결국 김정일은 국제사회에 선언한 '핵 폐기' 약속을 깨고 미국과 동북아 주변국에 북핵 위기를 가속화시켰다.

다음은 김대중 대통령의 연보다. 그는 인생 말년에 최고 통치자의 자리에 올랐지만, 고통과 슬픔의 시간은 길었고 영광의 시간은 짧았던 정치인이었다.

1924년 1월 6일 전남 신안군 하의도 출생

1961년 5월 민의원 당선(6·7·8·13·14대 국회의원 역임)

1978년 8월 도쿄 납치사건

1980년 9월 내란 음모혐의로 사형선고

1982년 12월 미국 망명

1987년 12월 평민당 후보 대선 출마

1992년 12월 민주당 후보 대선 출마 후 정계 은퇴 선언

1995년 9월 정계 복귀 국민회의 총재 취임

1997년 12월 제15대 대통령 당선

2000년 6월 남북 정상회담

2000년 10월 노벨평화상 수상

2009년 8월 18일 향년 85세 타계

(8)
노무현 대통령

김영삼·김대중이 독재 타도를 외치던 민주화운동의 양대 산맥이었으면, 김대중·노무현으로 이어지는 386 세력들의 청와대 장악은 보수 우파 세력이 진보 좌파 세력의 진지전에서 완전히 정복당하는 과정이라고 보아야 하겠다.

노무현 정부의 출범은 우리나라 민주주의의 발전을 위한 새로운 이정표를 마련해주었다는 평가다. 군부정권에서 문민정부로 넘어오는 데에는 3당 합당이라는 굴레가 필요했고, 수평적 정권교체를 통한 국민의 정부 출범을 위해서는 DJP 공조라는 또 다른 지역 연합이 필요했다.

이러한 3당 합당과 지역 연합이 김영삼 김대중의 권위주의적인 정치행태와 맞물려 민주정치의 진로는 험난할 수밖에 없었다. 그러나 3김 정치의 종식에 이은 노무현 정부는 새로운 정치의 가능성을 제시해주었다. 임기 초

반에 마주할 수밖에 없었던 소수파 정권의 한계를 탄핵정국으로 정면 돌
파한 결과 국회의석의 과반수를 차지하게 되었고, 그 결과 노무현 정부는
한국정치의 새로운 장을 펼칠 수 있게 되었다.

　그를 칭찬하자면 지역주의 타파와 권위주의 청산을 위해 평생을 바친 정
치인이자, 외교 안보와 경제 분야에서 국익을 우선하며 철저히 실용주의
노선을 걸었다. 한·미동맹과 국가 안보를 중시하고, 임기 중 이라크 파병
단행, 친미·친북·친중·친일·친러도 실질적인 국익을 위해 다 해야 한다
는 소신이었다. 노무현의 치적은 다음과 같다.

한미 FTA 추진
미국과 기본적인 공조유지

일본과 실리적인 노선을 유지

경제성장 정책 지속

제주도 해군기지 건설 승인

2014년 인천 아시아게임 유치 성공

2006년 수출 3000억불 달성

2007년 10 · 4 남북 공동 선언(김정일)

그러나 연이은 정치개혁의 실패와 국민적 지지의 하락은 참여정부의 노력을 실험적 수준에 머물도록 했고 이는 참여정부의 한계로 남게 되었다. 추상적인 개혁의제 설정, 이념대립, 국민의 바람과 괴리된 정책추진 등은 분명 그의 실정이라 할만하다.

노무현 대통령은 퇴임 이후 박연차 게이트 사건 관련 수사를 받던 도중 투신하여 비극적인 최후를 맞이하였다. 그러나 노무현의 죽음은 과거의 모든 죄, 가족 친지, 가까운 정치인의 부정부패까지를 거의 완전히 덮으며 좌파 진보의 회생의 길을 열었다.

임기를 마친 노무현 대통령은 2008년 2월 25일 고향인 경남 김해의 봉하마을로 낙향했다. 봉하마을, 환영인파 앞에 선 자연인 노무현은 마치 세상을 처음 본 어린아이처럼 소리쳐 외쳤다. "야, 기분 좋다!" 이처럼 노무현은 순박하고 권위의식 없는 지도자였다. 그의 말이다.

"시민 여러분과 소주한잔 함께 기울일 줄 아는 따뜻한 대통령이 되고자 합니다."

"제가 생각하는 이상적인 사회는 더불어 사는 사람 모두가 먹는 것, 입는 것 이런 걱정을 안 하고 더럽고 아니꼬운 꼬라지를 안 보고, 그래서 하루하루가 좀 신명나게 이어지는 그런 세상이라고 생각합니다.”

얼마나 서민들이 듣기 좋은 매력있는 발언인가! 사실 그는 그런 소박한 사람이었다. 서민을 위한 대통령, 항상 약자 편에 서 있던 대통령이었다.

태어난 고향을 사람 사는 낭만의 고향, 깨끗한 시골로 만들고 싶었던 사람이었다. 사실, 그가 받았다고 추정되는 뇌물의 금액은 노태우 · 전두환의 100분의 1도 안 된다. 왜 그가 재판이 끝나고 형이 확정되기 전에 죽음을 택했을까. 참으로 안타까운 일이다.

대한민국 건국의 짧은 역사에 대통령 칭호를 받은 분들 가운데 오직 노무현만이 고향으로 돌아가 마을 노인들과 막걸리 잔을 기울였다. 만약 그가 살아서, 전직 대통령으로 우리 사회의 화합과 발전을 위해 노력했다면 분명 한국정치 발전에 많은 역할을 했으리라 의심치 않는다.

노무현은 미국 카터 대통령과 비교된다. 워터게이트 사건 이후, 인권과 도덕주의를 기치로 대통령에 취임한 카터였다. 임기 중 겪은 제2차 석유 파동 위기를 극복하지 못해 고통을 겪었고 결국 정권을 교체한 미국 대통령 가운데는 최초로 재선에 실패하고 말았다.

카터는 대통령직에서 물러난 후 30년 동안 전 세계를 누비며 가난한 자, 억눌린 자를 위하여 여생을 보냈다. 그의 공적은 대통령 4년의 업적을 능가한다. 만약 서거하지 않았다면 인간 노무현도 그럴 수 있는 사람이었다. 물론 국민과 언론 사이에서 불필요한 갈등이 많았고 실언도, 실정도 많이 하였지만 우리는 그를 하나의 순수했던 인간으로 기억해야 된다. 노무현 대통령의 연보를 소개한다.

1946년 9월 1일 경상남도 김해 출생

1966년 부산상업고등학교 졸업

1975년 제17회 사법고시 합격

1985년 부산민주시민협의회 상임위원

1988년 제13대 국회의원 당선 (통일민주당, 부산 동구)

1991년 통합민주당 대변인

1997년 새정치국민회의 부총재

1998년 제15대 국회의원 당선

2000년 해양수산부 장관

2002년 제16대 대통령 당선

2009년 5월 23일 향년 63세 타계

(9)
이명박 대통령

김대중 노무현 좌파 진보의 10년 집권 후 여러 가지 실정으로 열린우리당은 분열되고 노무현 정권의 인기는 땅에 떨어지고 말았다. 서울시장을 지낸 이명박 대통령은 무난히 청와대에 입성하였다.

이명박, 그의 이름은 한국인에게 성공 신화였다. 20대 이사, 30대 사장, 40대 회장, 50대 국회의원, 그리고 서울특별시장……. 그의 객관적 이력은 우리 시대 샐러리맨들에게는 전설과 같았다.

2007년 제17대 대선에서 이명박 대통령의 당선은 과거 권위주의 시대와 3김 시대로부터 전해져 온 중앙집권적 통치방식에 대한 환멸, 정치가 국민의 실생활에 기여하지 못하고 있다는 실망감, 국회에서의 물리적 폭력에 대한 혐오 등의 결과였다.

CEO 리더십, 실용주의 리더십, 경제 대통령 등을 강조해 온 이명박 대통

령은 국민들에게 큰 기대감을 안겨주었다. 실제로 실용주의를 바탕으로 국가를 경영하기 시작했다. 신뢰 잃은 정치를 기업가 정신이 그 자리를 대신한 것이었다.

　이명박 정부의 등장과 그 정치사적 의미는 '이념'에서 '실용'으로의 전환이었다. 장기간의 이념적 대립과 그것을 대립 축으로 하는 정치적 대립이 국민에게 가져다준 정치적 피로감이 '실용주의' 노선으로의 전환을 이끌었다.

　공허한 이념적 이상보다 피부에 와 닿을 수 있는 결과를 산출해주는 실용주의를 원하게 된 것이다. 이러한 시대적 흐름과 이명박의 기업가로서의 화려한 경력은 자신의 리더십을 CEO 리더십으로 규정하기에 적합한 것이었다. 이명박 대통령의 치적을 다음과 같이 꼽는다.

　한미 FTA 완성

대중교통 환승제 도입

청계천 복원사업

G20 유치

원전수출국 도약

평창동계올림픽 유치 성공

4대강 보 건설

한국 실업률 G20 최저, 청년실업률도 가장 양호

물론 이명박 정권 내내 밝은 면만 있지는 않았다. 용산참사와 민간인 불법사찰 등 공권력의 오남용이 증가했을 뿐만 아니라 대통령 측근의 부패문제가 드러났다. CEO 리더십을 내세우면서도 반대 세력과의 대화나 소통을 위한 노력 혹은 국민설득 노력이 부재했다는 평가가 나왔다.

집권 내내 이어진 박근혜 세력과의 정파적 싸움은 끝날 줄 모르고 계속되었고 보수 재집권 후 10년도 안 돼 박근혜 탄핵이라는 국가 비극을 초래하였다. '화무십일홍(花無十日紅)이요 권불십년(權不十年)'이라는 옛말이 어쩌면 이렇게도 딱 들어맞는 예언이었을까! 지금 폐족(廢族)이라고 불리던 좌파 진보가 막강한 권력을 휘두르며 촛불혁명이라는 이름으로 우파진영을 파멸시키고 있으나 꼼짝 못하고 당하고만 있다.

우리 국민이 냄비체질이라 하지만 어찌 이 짧은 세월동안 이렇게 큰 변화들이 일어나는가!!

이 대목에서 4대강 건설과 관련해 한마디 더 보태고 싶다. 4대강 건설은 훌륭한 사업으로 최종평가 될 것이다. ① 4대강 보 건설 전에는 해마다 평균 수해로 입은 피해가 사망 100여 명에, 수해 피해규모가 2조 원을 넘었다. 그러나 4대강 보 건설 후에는 사망자가 2~5명으로 줄었고 피해규모도 2000억 원 대로 줄어들었다고 한다. 또 ② 주변 관광 시설개발 등 경제적 효과 ③ 주변 논·밭에 농수공급 등 농사 혜택 ④ 4대강 수질은 전보다 좋아졌다.

지류 정비작업을 먼저 하지 않고 4대강 사업을 함으로 지류에서 흘러들어오는 오염된 물(매료성분)이 미생물을 키우므로 녹조현상이 생긴다. 흐르지 않아서 녹조가 생긴다면 모든 호수에 녹조가 있어야 하는데, 그렇지 않다. 외국의 사례를 들자면, 라인강의 보는 86개, 테임스강 45개, 세느강 34개 등이다. 국내 4대강의 보는 모두 16개다. 대법원이 문제없다고 한 4대강 재감사 지시는 문재인 정권의 한풀이 보복이라는 의심을 샀다.

게다가 그는 특정범죄가중처벌법상 뇌물 등의 혐의로 구속되었고 2020년 10월 29일 대법원 2부(주심 박상욱 대법관)는 징역 17년과 벌금 130억 원, 추징금 57억8000여만 원을 선고한 원심을 확정했다. 이에 따라 이명박 전 대통령은 재수감 되게 되었다.

나는 이명박 이야기를 끝내면서 10여년 전인《조선일보》2009년 5월 10일자에 실린 김대중 칼럼 '이대로 가면 두 사람 다 망한다'를 소개한다. 친이명박 친박근혜계가 피 터지게 싸우다 촛불시위에 놀라서 폐족으로 전락할 것을 예고한 훌륭한 글이다. 당시 이명박과 박근혜가, 집권여당인 한나라당이 이 글을 읽고 대오각성했더라면, 지금의 국민의힘도, 보수 우파가 겪고 있는 치욕도 없으리라. 오호통재, 오호애재라!

〈⋯이런 말이 있어왔다.

"우파는 부패하고 좌파는 분열한다."

그런데 지금 우리나라 정치판에서는 '좌파가 부패하고 우파가 분열'하는 양상으로 가고 있다. 한나라당의 분열상은 극으로 치닫고 있다. 김무성 의원의 원내대표 추대론을 통해 드러나고 있는 한나라당 내 친이명박계와 친박근혜계의 알력과 반목은 말이 같은 정당이지 속은 반대당보다 더한 상태다. 그로 인해 '되는 일이 없는 집권당'의 기능은 정책과 시정 면에서 국민에게 막대한 폐해를 가져다준다. 더 이상 국민의 기대에 부응할 수 없는 정당이라면 국민은 그 정당에 대한 신뢰를 거둘 수밖에 없다. 지난 4월 재·보선의 결과는 그 시작이다. 여당 내 일대 쇄신이 없다면 오늘 10월 재·보선, 그리고 내년 6월의 지방자치 선거에서 한나라당은 참패할 것이다.

이명박 대통령과 박근혜 전 대표는 도대체 이 나라를 어디로 끌고 가겠다는 것인가? 자기들이 정치 놀음하는 사이 국민에 대한 보답과 예의와 배려는 실종된 상태다. 이 대통령은 그저 "네까짓 것들 없어도 나만 잘하면 된다"는 식으로 대통령 행세를 희희낙락 즐기면 되는 것이고, 박 의원은 이 대통령과 친이계의 몰락을 딛고 그 어부지리로 차기(次期)를 꿰차기만 하면 된다는 것인가?

먼저 박 전 대표의 선택부터 살펴보자. 박 의원의 최근 행보와 태도로 보면 그는 이 대통령을 도와줄 생각이 조금도 없는 것 같다. 들리는 말로는 이 대통령이 번번이 거짓과 위약으로 신뢰를 깨왔다는 이유로 MB쪽과는 협력은커녕 그쪽이 망하거나 무릎을 꿇는 상황까지도 마다하지 않는 것 같다. 친박 내부에서는 지난 4월 재·보선이 박근혜의 외면으로 전패했듯이 10월 재·보선과 내년 지자체 선거가 역시 참패로 끝날 것이고 그러면 그때 가서 당을 접수하자는 주장도 있는 모양이다.

그렇다면 그렇게 해서 거덜나다시피한 '박근혜당'이 국민의 신뢰를 회복할 수 있을 것이며, 당이 지리멸렬해질 때까지 오불관언 수수방관한 박 의원의 지도자로서의 위상을 과연 국민이 박수로 받아줄 것인가? 정계에서는 박 의원의 탈당 내지 분당도 한 변수라고 보고 있다. 지금 같은 '원수끼리'라면 차라리 '딴살림'이 정정당당할 수 있지만 일찍이 우리 여당 정치사에서 탈당이나 분당해서 재집권한 경우가 없다.

이 대통령의 위상은 그가 집권자이기에 더욱 불안하고 초라하다. 이처럼 증오와 반목과 원한이 난무하는 분열정치로는 'MB정권의 성공'을 기대할 수 없다. 좌파의 강력한 반발에 직면하고 있는 이 대통령으로서는 당내 비주류의 협조 없이는 이 난국을 도저히 돌파할 수 없다는 것을 이미 대내외에 들키고 말았다. 특임장관이나 원내대표 하나 마음대로 정하지 못하고 휘둘리는 대통령, 박 전 대표를 다루지 못해 소통과 포용력 없음을 송두리째 드러내 보이고 있는 집권세력의 수장 ─ 이런 이미지로는 경제 살리기 등 정책의 원활한 추진도 어려워 보이고 따라서 MB를 성공한 대통령의 반열에 올릴 수 없다.

특히 앞으로 몇 차례의 국지전 선거에서 패하고 야당이 기운을 회복하기 시작하면 'MB 퇴진'은 상투어가 될 것이고 당과 그의 측근 세력은 도망가기 바쁜 상황으로 이끌려 갈지 모른다. 이것은 단지 '박근혜의 이탈' 때문이 아니라 'MB 지도력의 부재'에서 오는 결과다. 당내 비주류 하나 제대로 다루고 이끌어갈 줄 모르는 지도력으로는 다양한 반대 세력이 혼재하는 나라를 이끌어가기에 역부족이기 때문이다.

현 상태대로 가면 결과를 쉽게 예측할 수 있다. 이 대통령과 박 전 대표의 '상대방 업신여기기' '자기도취' '유아독존'에 어떤 변화가 없다면, 두 사람 다 실패할 것이다. 이제 "나의 경쟁상대는 국내에는 없고 국외에만 있다"는 이 대통령은 국내의 경쟁을 깔본 나머지 국외에서도 온존하기 어려울 것이며, '후임'을 관리하지 못해 끝내는 정치적 업적도 빛바래고 신변적 보복마저 걱정해야 하는 처지가 될 수도 있다. 지금 "나 없이 어디 잘해보라"는 듯이 사사건건 '다른 곳'을 쳐다보고 있는 박 전 대표로서는 '선거의 여왕'이라는 자만의 그릇에 빠져 '정치의 달인'으로 승격하지 못하는 우(愚)를 범하게 될 것이다.

요즘의 정치는 '감동의 정치'여야 한다. 사람들에게 감동을 주지 못하는, 쩨쩨하고 디테일에 매달리는 좀스러운 정치는 이제 설 자리가 없다. 국민들은 두 사람이 화합하는 감동을 느끼고 싶어 한다. 요즘의 정치는 또 '이벤트 정치'여야 한다. 사람들에게 볼거리를 제공하는 이벤트로 만들어가야 한다. 그러기 위해서는 누군가가 먼저 손을 내밀어야 한다. 바라건대 그 손은 대통령의 것이었으면 한다. 주변에서는 "대통령이 굴복할 수는 없다"고 하지만 아량은 힘 있는 사람만이 할 수 있는 특권이다. 몇 번의 만남이 있었지만 두 사람 사이를 갈라놓은 것은 약속에 대한 신뢰가 없기 때문이라고 측근들은 말한다. 이 대통령은 박 전 대표를 직접 설득하고 반드시 약속을 지키는 자세로 나가야 하고, 박 전 대표는 우선 김무성 의원의 원내대표를 받아주는 것으로 그에 답해야 한다.…〉

다음은 이명박 대통령 연보다.

1941년 12월 19일 일본 오사카 출생

1960년 동지상업고등학교 졸업

1964년 고려대 상과대학 학생회장

1965년 고려대 경영학과 졸업

1976년 한국포장건설 사장

1977년 현대건설 대표이사 사장

1978년 인천제철 대표이사 사장

1987년 현대엔지니어링 대표이사 회장

1988년 현대건설 대표이사 회장

1990년 현대자원개발 대표이사 회장

2002년 제32대 서울특별시장 (민선 3기)

2002년 제2대 전국시도지사협의회 의장

2008년 제17대 대한민국 대통령 (재임 2008~2012년)

(10)
백선엽 장군

백선엽 장군은 해방 후 대한민국 국민에게 수많은 자랑스러운 추억과 전승의 업적을 남기고 2020년 7월 10일 100세로 세상을 떠났다. 수십 만 명의 조문객이 그의 마지막 가는 길을 참배하고 배웅하였다.

미국 마이크펜스 부통령은 트럼프 대통령과 미국 국민을 대표해 백장군의 별세에 깊은 애도와 삼가 명복을 빈다는 편지를 보내 왔다.

70년 전에 있었던 6·25전쟁의 영웅을 미국 부통령이, 대통령과 자국 국민을 대표해서 애도의 편지를 보내는 것은 이례적인 일이다. 편지의 내용을 간략하면 이렇다.

〈…"다부동 전투에서 백 장군이 보여준 용기와 리더십은 여전히 전설과도 같다.
우리는 그를 전쟁 영웅 그 이상으로 존경한다. 백선엽 장군은 그의 삶 전체를 국가에

헌신한 진정한 애국자였다. 백 장군은 최초 한미동맹 형성에 큰 역할을 하였으며, 지금도 미국은 한미동맹의 정신과 한미동맹이 바탕이 된 양국의 희생을 기억할 것이다.

　미국 정부는 한국전쟁에서의 공로 뿐 아니라, 그 후 한미동맹의 공고한 지속에도 크게 공헌한 바를 인정하여, 백 장군을 2013년에 명예 미8군 사령관으로 임명한 바 있다.

　이러한 백 장군의 한·미관계의 지속되는 공고함과, 함께 희생한 공로를 찬양하며 미국 국민 전체의 기도와 애도와 감사를 보낸다.”…〉

　백선엽 장군은 한 세기를 꽉 채운 삶이었다. 1920년 11월 23일 평남 강서군 덕흥리에서 백윤상-방호열 부부의 장남으로 태어났다. 백 장군은 1939년 평양사범학교를 졸업한 후, 1940년 만주국 봉천군관학교(2년제)로 진학해 군인의 길을 걷기 시작했다.

　창군기(創軍期) 백선엽 장군의 업적 가운데 하나는 1948년 10월 여순반란사건 후 육군본부 정보국장으로 있으면서 숙군(肅軍)을 지휘한 일이다. 백 장군은 후일 "여순반란사건 후 숙군이 없었더라면 6·25 때 국군은 자멸(自滅)의 길을 걸었을 것"이라고 회고했다.

당시 백 장군이 여순반란사건에 연루되어 검거된 박정희 소령의 목숨을 건져준 것은 유명한 일이다.

1950년 6·25가 터졌을 때 백선엽 장군은 제1사단장(대령)이었다. 개성-임진강 정면을 방어하고 있던 1사단은 서울이 함락되던 6월 28일 오전까지도 분투(奮鬪)하다가 행주나루에서 한강을 건너 후퇴했다. 1사단은 한강 이북에 남은 최후의 사단으로서 선전(善戰)한 후 건제(建制)를 유지한 채 도하한 부대로 평가받았다.

전쟁 중 백 장군의 가장 큰 전공(戰功)은 다부동전투에서의 승리였다. 대구 북방 다부동이 뚫리고 대구가 함락되면 미군은 울산-밀양-진해를 연결하는 데이비드슨선(線) 아래로 후퇴하게 되어 있었다. 백 장군은 후퇴하는 병사들을 붙잡아 앉힌 후 이렇게 호소했다.

"우리에게는 이 이상 내려갈 곳이 없다. 여기가 격파되면 나라가 망하고, 우리에겐 죽음이 기다리고 있다. 내가 선두에 서겠다. 내가 물러서면 너희가 나를 쏴라!"

백선엽 장군의 1사단은 1950년 10월 19일 적도(敵都) 평양에 입성한 선봉부대였고, 1951년 1·4후퇴로 안성까지 후퇴했던 사이 3월 15일 서울을 재탈환할 때 서울로 입성한 첫 부대였다.

1951년 4월 백선엽 장군은 소장으로 진급해 동해안 지역을 담당하는 1군단장이 됐다. 같은 해 7월 휴전협상이 시작되자 한국 대표로 참가했다. 1952년 1월 중장으로 진급한 그는 2군단장을 거쳐 그해 7월 제7대 육군참모총장이 됐다. 1953년 1월에는 국군 최초로 대장으로 진급했다. 그해 5월 미국을 방문했을 때에는 아이젠하워 대통령을 예방(禮訪)한 자리에서 "폐허 위에 아무런 보장(guarantee) 없이 휴전만 하면 어떻게 되겠느냐"며 한 미상호방위조약 체결을 요청했다.

백선엽 장군은 1954년 2월 제1야전군사령부(현재의 지상군작전사령부)가 창설되자 초대(初代) 사령관으로 취임했다. 그는 3년9개월간 신생 야전군의 토대를 닦은 후 1957년 육군참모총장(제10대)으로 복귀했다가 1959년 제4대 합동참모의장으로 자리를 옮겼다. 백선엽은 4·19 후인 1960년 5월 예편했다.

백선엽은 대한민국을 위기에서 구해낸 장군 중의 장군이다. 국군과 미군에서 가장 존경받는 장군 중의 한 분이다. 2013년에 주한 미8군 명예사령관으로 임명되었다. 백 장군의 99세 생일 때 해리 해리스 주한 미국대사가 친히 방문하여 한쪽 무릎을 굽히고는 휠체어에 탄 그에게 축하와 존경의 말씀을 전했다. 해리 해리스는 미 태평양함대 총사령관을 역임한 인물이다.

그러나 백선엽 장군을 헐뜯는 사람들은 그의 20대 초기 일본군과의 협조를 들춘다.

백 장군은 1941년 만주군관학교를 졸업하고 1943년 간도특설 때 소위로 임관하여 1945년까지 조선 내의 항일과 만주국 내 항일 조선독립군 진압에 참여하였다.

지금도 좌파 진보 세력들은 백선엽을 간도특설대 활동을 빌미로 친일파로 몰며, 동상도 못 세우게 한다. 6·25 전쟁 당시 공산군을 물리친 혁혁한 공을 세운 승전장군을 왜 그렇게 공격하는 것일까. 동족에게 총부리를 겨눈 공산군과 좌익을 물리쳤기 때문이다. 그의 어록 중 잊히지 않는 말이 있다. "살아남은 자의 훈장은 전사자의 희생 앞에 빛을 잃습니다."

그의 말은 베르톨트 브레히트(1898~1956)의 시 살아남은 자의 슬픔을 연상시킨다.

물론 나는 알고 있다. 오직 운이 좋았던 덕택에

나는 그 많은 친구들보다 오래 살아남았다.

그러나 지난 밤 꿈속에서

이 친구들이 나에 대하여 이야기하는 소리가 들려 왔다.

"강한 자는 살아남는다."

그러자 나는 자신이 미워졌다.

-브레히트의 '살아남은 자의 슬픔' 전문

다음은 백선엽 장군 연보다.

1920년 11월 23일 출생

1941년 만주봉천군관학교 졸업

1946년 군사영어학교 졸업

1950년 제1사단장(준장)

1951년 제1군단장(소장)

1952년 제2군단장(중장)

1952년 육군참모총장(33세)

1953년 대장 진급(대한민국 최초의 대장, 34세)

1953년 육군대학 총장

1957년 육군참모총장

1959년 연합참모의장

1960년 5월 31일 전역

1960년 주중 대사

1961년 프랑스 대사

1965년 캐나다 대사

1969년 교통부장관

2007년 육군협회 회장

2020년 7월 10일 별세

(11)
맥아더 장군

인류 역사는 수많은 전쟁으로 점철돼왔다. 역사를 전쟁사라고 정의하는 사람도 있다.

고대인도, 현대인도 전쟁은 싫어했지만 국가와 민족의 흥망성쇠로 이어지는 계속되는 전쟁은 우리 인간 역사의 흐름 속에 불가피하다는 결론을 내리게 된다. 그런데 전쟁에는 반드시 승자와 패자가 있었다.

6·25 전쟁은 준비된 북한군과 준비 안 된 국군의 싸움이었다. 쉽사리 남한의 국군이 북한 인민군에게 점령당할 운명 속에서 미국이 이끄는 유엔군 개입으로 낙동강 방어선을 지키면서 필사의 혈투를 벌였다.

과연 100여만 명의 중공군과 북한군이 언제 대구와 부산을 점령하고 국군, 유엔군, 한국 정부를 제주도로 몰아낼지 모르는 긴급한 상황에서 인천 상륙작전이 감행되어 전세를 역전시킨 것이다. 이 인천상륙작전은 한국 존

망의 역사에 깊이 남아서 후세가 영원히 기억되어야 할 사건이다.

인천상륙작전은 1950년 9월 15일 감행된 '크로마이트 작전'으로 281척의 함정과 7만 5000명의 병력이 투입되었다. 2차 대전 후 최대 규모의 상륙작전으로 전사(戰史)는 기록하고 있다. 제1단계로 9월 15일 오전 6시 한·미 해병대가 인천 월미도에 상륙하기 시작하여 작전 개시 2시간 만에 점령을 끝냈다.

2단계로 한국 해병 4개 대대, 미국 제7보병사단, 제1해병사단은 전격 공격을 감행하여 인천을 점령하고 김포비행장과 수원을 확보함으로써 서울 수복의 준비를 마쳤다.

인천은 상륙작전이 불가능한 곳으로 여겨졌다. 모든 악조건을 다 가지고 있었다. 조수는 빠르며 간만의 차는 심하고 항구는 좁고 암초가 많았다. 또 바다 밑에 지뢰가 있었고, 월미도에 쌓은 적의 진지는 견고했다. 그러나 맥아더 장군은 작전의 '불가능'을 '가능'으로 만들어 서울을 수복하고 압록강까지 전진할 수 있었다.

세기의 도박이라 불리던 인천상륙작전의 성공은 20세기 전사에 최고 최대를 자랑하며 그 후 대한민국 전후 기적의 역사를 써나가는데 밑바탕이 되었다. 땡큐 맥아더!!

맥아더 장군의 어록 중에서 가장 인상 깊은 명언을 소개한다.

"노병은 죽지 않는다. 다만 사라질 뿐이다."

"전쟁에서 승리를 대신할 수 있는 것은 없다."

"군대에는 민주주의가 없다."

"펜이 칼보다 강하다고 말하는 사람들은 자동화기의 위력을 못 본 사람들이다."

(12)
백범 김구

김구의 생애는 1919년 3·1운동 후 상하이 망명 시절부터 1945년 한반도 독립까지의 활동과 해방 후 1945년부터 1949년 사망까지의 두 시기로 나누어 서술해야 한다.

1919년부터 1945년까지의 길고 긴 고통의 독립투쟁 시절과 해방 공간 친탁·반탁, 좌우합작노선, 유엔의 통일정부 수립 결정 등 너무나도 어지러웠던 4년간의 한반도 정국의 흐름 속에서 그가 취한 노선으로 말미암아 혼선의 길을 걸은 시기로 나누어진다.

김구 선생은 1919년 임시정부의 경무국장으로 시작하여 1940년 임시정부 수석에 취임할 때까지 반좌익을 주장하며 '대한민국은 민주공화국'이라는 신념하에 26년간 온갖 고난 속에서 임시정부를 이끌어온, 조국독립과 자유를 향한 희생과 헌신으로 일생을 살았다.

연세대 1948년 10월 16일 일제가 파괴했던 연희대(현 연세대) 설립자 언더우드 동상 재건 제막식에서 김구가 축사를 하고 있다. 사진=연세대 제공

1932년 일본과 중국의 압박과 경제난으로 임정이 붕괴되기 직전, 김구 선생이 조직한 애국단의 두 청년, 윤봉길·이봉창 의사가 벌인 의거로 임정의 독립투쟁이 되살아나게 된다. 임정은 중화민국 주석 장제스 지원을 전적으로 받게 되고, 독립운동의 역사가 계속되게 된다.

그러나 윤봉길 의사 폭탄 투척 사건으로 임정은 상하이를 떠나게 된다. 일본의 탄압과 감시 속에서 여러 도시로 떠다니다 마지막으로 충칭(중경)에 이르는 5000km의 피난길을 걷는다. 경제지원도 부족하고 남녀노소가 뒤섞인 피란행렬은 더디고 피눈물 나는 고난의 길이었다. 그러나 그 어려운 피난길에도 임정의 직원과 식구들은 불평 없이 임시정부를 등에서 내려

놓지 않고 백범을 따랐다. 그것이 백범 선생의 훌륭한 인간상이요, 리더십이었다.

임정이 충칭에 머무는 동안 1945년 8월 15일 해방이 되었고 김구는 그해 10월 그리던 고국으로 돌아온다. 해방은 되었으나, 미국과 소련 대립, 좌파와 우파 대립, 반탁과 친탁 대립으로 해방 공간은 그야말로 데모만 계속되는 아수라장이었다.

1946년 대구 10·1사건, 1948년 제주 4·3사건과 여순 반란사건 등 남조선 정부수립을 반대하는 폭동이 이어졌다. 간단히 표현하면 김구 선생의 한반도 독립과 그 후 독립정부 수립을 위한 공과 노력은 1945년 10월로 끝이 난다.

해방 후 서울에서만 10여개의 정당이 난립했다. 한때 미군정은 김구·김규식·여운형의 좌우합작 통일정부를 지원했다. 그리고 통일정부 구성의 원칙은 유엔에서 끝까지 주장했던 것이지만, 소련의 반대로 38선이 영구화된 것이다.

이승만도 합작 통일정부를 원했다. 김구와 이승만은 남한의 정부수립 주도권을 놓고 다투었으나 미국 선진문명과 정치화 등을 접한 고단수 이승만의 적수가 되지 못하고 뒤로 밀리고 말았다.

1949년 5월 말에 민족진영 3영수(이승만, 김구, 김규식)의 재결합이 가시화되기도 했다. 5월 20일 김구는 "일반 국민들이 3영수의 재합작을 간절히 바란다는 것은 현 시국에 비추어 있음직한 일이나 본래부터 대통령과 김박사와 나의 사이에는 별반 간격은 없었던 것이므로 (중략) 대통령과 김박사와는 앞으로도 종종 만날 기회가 있을 것으로 믿는다"고 말했다.

여기서 김구 김규식의 의심스런 행적을 몇 가지 지적하고자 한다.

김구 김규식은 5월 10일로 예정된 남한의 단독선거를 반대하기 위한 김일성이 주최하는 평양회의에 참석하고 4월 30일에 남북사회단체의 이름으로 공동성명서를 발표하고 여기에 서명한다.

〈…① 소련이 제의한 바와 같이 우리 강토에서 외국 군대가 즉시 철수할 것을 요구한다.

② 남북정상 지도자들은 우리 강토에서 외국 군대가 철수한 후에 내전이 발생할 수 없다는 것을 확인한다.…〉

그리고 1949년 6월 30일자로 미군은 남한에서 완전히 철수하였다. 김구 김규식이 김일성에게 이용당하여 주한미군 철수를 요구, 6·25의 남침을 재촉한 것이 되었다. 또 김구와 김규식은 유엔 감독 하의 성공적인 5·10선거 후에도 대한민국 건국을 저지하는 것이 불가능해진 상태에서, 1948년 6월 7일부터 대한민국 건국 자체를 훼손하는 활동을 전개하기 시작하였다.

제헌국회가 개헌되고 이승만이 제헌국회가 임시정부를 계승한다고 말한데 대하여, "지금 남한의 국회형태인 임시정부를 계승하는 아무 조건도 없다"고 두 사람은 부정하였다.

6월 7일부터 조직적으로 5·10선거 무효화 운동을 전개하기 위하여 통일 독립촉성회를 구성하고 남한 단독정부 수립 반대 성명을 발표하였다. 유엔도 인정한 공정한 선거를 무효화하는 운동을 전개한 것이다. 김구 김규식이 취한 반(反)대한민국운동은 이해하기 어려운 점이 많다. 왜 그랬을까?

그것을 해명하는 역사적인 자료가 발표되었다. 1948년 7월, 대한민국 건국 한 달 전의 일이다. 당시 중화민국의 유어만 공사가 유엔 한국대표로 김구 선생과 1시간 대담한 내용이 많은 것들을 해명한다. 유어만 공사의 회고록 중 일부다.

〈…유어만="김구 선생이 이승만을 도와 남한정부를 세우는데 적극 도와줄 것을 요청합니다. 장제스 총통의 뜻도 마찬가지입니다. 이승만은 당신을 부통령으로라도 모시고 나라를 세우고자 하는 뜻이 있습니다. 신익희, 이범석, 이청천씨 모두 협조하고 있습니다."

김구="내가 북한지도자 회의에 참석한 이유는 북한에서 실제로 일어나는 일들을 알아보려는 것이었습니다. 북한은 이미 소련의 도움을 받아 막강한 군대를 양성했고 남한에서 미군이 떠나면 곧 그 군대를 이용하여 순식간에 남침하여 남한에도 자기정부를 세울 것이며, 남한에 조선인민공화국이 선포될 것입니다."

유어만="김일성과 박헌영은 소련의 꼭두각시인 정권을 세웠지만, 이승만은 미국의 꼭두각시가 아닌 유엔의 인준을 받은 나라를 세울 것이니, 더욱 김구 선생의 도움이 필요합니다. 그리고 소련은 쉽사리 이북에게 남침을 종용하지 않을 것입니다. 오히려 남한정부가 통일을 이룰 수 있는 기지가 될 수 있는 정부입니다."…〉

이 두 분의 대화록에서 김구 선생의 의도가 분명히 나타났다.

어찌 김구가 김일성의 남침을 예견하고도 남한에서의 미군 철수를 끝까지 주장하였을까. 김구는 남북한 정부 수립과정에서 김일성에게 이용당했다는 이론도 있다.

김구는 독립애국투사로서 평생을 바쳤고 이승만과 힘을 합쳐 자유민주주의 노선을 유지하며 반공정신으로 독립운동에 평생을 바쳤다. 그러나 그의 생애 마지막 2년 동안 미국 주도의 남한정부 수립에 반대하면서 석연치 않는 행보를 하다가 세상을 떠난 것이 몹시 애석하다.

1949년 6월 26일 오후 12시40분경, 서울 서대문 경교장에서 네 발의 총성이 울려 퍼졌다. 김구는 육군포병 소위 안두희의 총격에 74세의 나이로 사망하였다. 안두희는 "김구가 대한민국 정부를 전복하려 하고 미군 철수를 주장하고 있어 살해했다"고 주장했다.

김구의 암살 배후는 미궁이다. 안두희가 6·25 전쟁 이후 군납업체를 운영했기 때문에 권력층의 보호를 받았을 것이라고 추정만 될 뿐 배후가 누구인지는 밝혀지지 않았다. 김구 선생은 1962년 대한민국 건국공로훈장 중장(뒤에 대한민국장)에 추서됐다. 저서로 《백범일지》, 《도왜실기》, 《백범어록》 등이 있다.

9

한국을 움직인 역사와의 투쟁

20세기 대한민국은 제국주의 세계에 내던져진 고깃덩어리에 불과했다. 일본 제국주의의 먹잇감이 되고 말았고 미소 냉전의 틈바구니 속에서 민족의 비극인 6·25를 경험해야 했다.

계속된 남북 대치와 개발 독재, 인권 유린, 자본의 논리로 인한 노동자와 농민의 희생이 뒤따랐다. 또 우리 사회는 내부와 외부의 갈등 속에서 몸부림쳐왔다. 진보와 보수 간에 도그마, 자기 합리화, 독선, 진영 논리 등에 매몰되어 온 것이다.

그러나 우리 국민은 참으로 위대했다. 끈질긴 생명력으로 절망에서 벗어났다. 가난을 이겨냈다. 정치적으로는 민주주의를 완벽하게 정착시키고 경제적으로는 절대 가난에서 벗어나 물질적 성취를 이뤄냈다. 식민지를 경험한 국가 중 산업화와 민주화를 모두 이룬 대표적인 모범 국가로 발돋움했다.

일제하에서는 독립운동가, 해방 후에는 6·25 참전용사, 개발 독재 시절에는 산업화의 두 주역인 근로자와 기업가, 민주화를 열망하는 시민과 운동가 등이 오늘을 있게 한 주역들이다.

그러나 역사의 갈등이 종식되지 않았다. 이 갈등은 오랫동안 한국인의 발목을 잡고 있다. 뛰어넘어야 한다. 혹은, 떨쳐야 한다. 이를 위해서는 역사를 자신의 입맛대로 해석하거나 특정한 의도를 갖고 사실을 취사선택해선 곤란하다. 또한 증오보다는 화해의 눈으로, 상식의 합리로 바라봐야 한다.

(1)
제주 4·3사건

광복 후 모든 국민은 통일 국가 수립을 바랐으나 꿈은 이루어지지 못하였다. 이러한 상황에서 단독 정부 수립을 반대하는 세력과 군경이 충돌하는 유혈 사태가 남한 각지에서 일어났다. 대표적인 사건이 제주도 4·3사건과 여수, 순천 10·19사건이었다.

제주 4·3사건을 보수에서는 4·3 폭동으로, 좌파에서는 제주 4·3혁명으로 부르고 싶어 한다. 불행하게도 제주 4·3사건은 지금도 진행형이다.

1947년 제주도에서는 3·1절 기념식을 마치고 시가행진을 하던 군중에게 경찰이 발포하여 사상자가 발생했다. 이에 주민들은 책임자 처벌을 요구하면서 총파업을 벌이며 항의하였다. 그런데 군정 당국은 민심을 수습하기보다 무력으로 탄압하였다.

특히 공산주의자들을 소탕한다는 명분 아래 수천 명의 일반 주민들까지

투옥해 주민들의 반감을 샀다. 이 사건은 이듬해 제주도 4 · 3 사건이 일어나는데 큰 영향을 주었다.

제주 4 · 3 사건은 당시 5 · 10 총선거를 앞두고 좌우 세력이 날카롭게 대립하고 있는 상황에서 4월 3일 500명가량의 좌익 세력이, 단독 선거 저지를 위한 통일 국가 수립, 그리고 경찰과 극우 세력의 탄압에 저항한다는 명분을 내걸고 경찰지서와 서북 청년회 등의 우익 단체들을 습격하면서 점화되었다. 이로써 제주도에서는 총선거가 제대로 실시되지 못하였다. 훗날 역사가들은 제주 4 · 3사건을 이렇게 정의한다.

〈"1948년 4월 3일 남로당 중앙당과 전남도당의 지령을 받은 남로당 제주도당 공산주의자 약 1700명이 대한민국 건국을 저지하고 남한을 북한에 수립된 김일성 공산주의 정권의 통치영역에 포함시키기 위하여 일으킨 폭동 반란이다. 이후 마지막 인민 유격대원을 체포하여 사건이 완전 종결될 때까지 만 9년간 반란을 진압하는 과정에서 수많은 도

민이 무고하게 희생된 사건이다.")〉

　1999년 12월 국회는 여야 의원 216명의 발의로 '제주 4 · 3 사건 진상 규명 및 희생자 명예 회복에 관한 특별법' 제정을 의결하였다. 이에 따라 2000년부터 국무총리를 위원장으로 하는 '4 · 3 사건 진상 규명 및 희생자 명예 회복 위원회'가 구성되었다. 4 · 3 특별법은 제주도 4 · 3사건을 "1947년 3월 1일을 기점으로 하여 1948년 4월 3일에 일어난 소요 사태 및 1954년 9월 21일까지 제주도에서 발생한 무력 충돌과 진압 과정에서 주민들이 희생당한 사건을 말한다"라고 정의하고 있다.

　훗날 국무총리 산하 제주4 · 3진상조사위원회는 "남로당 제주도당이 일으킨 무장봉기가 발단이었다. 다만, 강경진압 과정으로 많은 인명피해를 냈고 다수의 양민이 희생되었다"라는 진상보고서를 확정하였다. 대한교과서에서 만든 고등학교 역사책인《한국 근현대사》에는 이런 문장이 나온다.

　〈…제주도에서 일어난 무장 봉기를 주도한 것은 수백 명밖에 안 되는 좌익 세력이었다. 그런데 국군과 경찰은 이들을 진압하면서 산간마을을 모두 불태우는 초토화 작전을 벌였고, 이 과정에서 무고한 주민이 목숨을 잃었다. …〉

　제주 4 · 3사건으로 인한 사망, 실종 및 희생자의 숫자를 정확히 산출하기 어렵다. 다만 정부 차원에서 진행한 진상조사위에 신고 된 희생자 수는 총 1만4028명이다.

　희생자 중 10세 이하의 어린이와 61세 이상의 노인 그리고 여성의 희생이 컸다. 민간인 사상자를 1만4000명으로 추산하고 진압 군경 사망자는

1700명으로 집계되었다. 민간인 사상자가 많이 발생한 것은 빨치산들이 산에 숨어 살며 산을 오르내리며 산자락의 민간인들을 약탈, 위협하고 그들을 진압군의 총알받이로 앞세웠기 때문이다. 또한 9년이나 계속되는 끈질긴 빨치산의 저항에 많은 군경이 사망했고 피아가 구별되지 않는 진압 과정에서 때로는 토벌군의 무차별 공격으로 민간인 사망자가 늘어났다고 보고되었다.

제주 4·3사건과 지리산 빨치산의 여러 해에 걸친 항거는 대한민국 초기에 일어났던 너무나도 슬픈 비극의 역사였다.

낮에는 대한민국이 다스리고 밤에는 인민공화국이 통치하는 상황 속에서 주민들에게 외부의 힘이 강요되어 목숨을 부지하기 위해서 그들이 택했던 슬픔의 시간들을 정부는 위로할 책임이 있다.

1920년대 초부터 한반도에 전국적으로 일어났던 사회현상이었지만 제주도는 특히 일본과 가까워, 일본에서 공산주의 사상과 신지식을 교육받은 젊은 엘리트들이 지역교사와 지도자로 일하는 경우가 많았다. 이들은 좌익사상을 독립운동, 계몽운동, 노동운동과 결합시켜 어느 다른 남한지역보다 좌파 이념의 영향이 컸다.

그들의 교육내용 일부를 보면

△조국의 해방을 위한 독립투쟁의 당위성 △토지 무상몰수, 무상분배, 무상교육 △노동자·농민 주체사회 건설 △능력에 따라 일하고 필요에 따라 분배 △부자나 빈자가 없는 평등한 이상사회 건설 △모든 학교에서 인민 혁명가를 가르침 등이었다.

일제의 압정 아래서 이런 구호들은 너무나 멋있고, 당연하고 희망을 주는 이념들이었다.

사실, 해방 후 한반도 좌경화 상태는 제주도뿐이 아니었다.

1948년 당시 볼셰비키 혁명 후 전 유라시아 대륙, 동유럽부터 시작해서 헝가리, 체코, 알바니아 등등 구소련, 중국 모두 공산화된 상태에서 오직 이승만이 이끄는 손바닥 만 한 남한만이 자유민주주의를 내걸고 나라를 세우는 기적이 일어났던 것이다.

정부 수립 후 남한 전체에 박헌영이 이끄는 남로당원 수가 20만 명에 이르렀다. "남한 인구의 60%가 사회주의적·공산주의적 사상을 지지했다"는 기록도 있다. 광복 직후 자유민주주의 시장경제가 무엇인지 아는 국민이 얼마나 됐을까. 자유민주주의와 공산주의가 어떻게 국가 미래를 결정할지 누구도 확신할 수 없던 시절이었다.

볼셰비키 혁명(1917년) 이후인 1920년대부터 사회주의·공산주의 책자가 한반도 전역에 침투되어 남한 전체가 적화될 수밖에 없었던 것이 현실이었다. 그 책자들은 완전 평등주의, 평화주의, 상하 귀천이 없는 평등한 사회 같은 '꿈의 세상'(유토피아)을 그려놓았다. "일제의 압정 아래 희망과 꿈이 없이 살아가던 젊은 지식인에게 그런 책자는 마약과 같았다"고 나의 부친께서 말씀하신 기억이 난다.

나는 공산주의 사상에 빠지는 것이 얼마나 무서운 것인지를 목격하였다.

앞에 기술한 것처럼 우리 선대의 반 이상이 그 사상에 빠져 월북했고, 해방 직후 충남 당진 같은 시골 중의 시골에서도 공산당 사주를 받은 좌익 폭동으로 경찰서가 습격 받아 불탔다. 나는 이승만이 남한만이라도 유엔 승인 하에 자유민주주의 체제를 세웠다는 것은 기적이라 생각한다. 미군이 철수한 뒤 6·25 남침을 겪으며 한·미 군사동맹으로 남한이 살아남은 것도 기적이었다.

이러한 고통의 역사를 통하여 대한민국은 태어났고 많은 어려움을 계속 겪으며 한반도 기적의 역사를 쓰게 되었다. 협조자와 부역자와 내통자가 구분이 안 되는 좌익이념의 바다에서 제주도를 지켜내기 위해 싸운 군인, 경찰들을 폭력배처럼 취급하는 현 정권이 한심할 뿐이다.

누가 제주도를 구했습니까? 대한민국을 구했습니까? 좌익 빨치산의 죽음을 마치 국가폭력에 항거한 민주화나 정의의 전사처럼 미화·포장하려는 일부 좌익 역사학자, 거기에 옳다구나 하고 동조하는 정치인도 정신 차려야 된다. 물론 이 과정에서 무고한 주민들이 입은 피해와 상처는 신원(伸冤)을 풀어야 한다.

해방 공간에서 대구도 제주와 같은 아픔이 있었다. 제주 폭동 전인 1946년 10월 1일 일어난 대구 폭동은 어쩌면 더 잔혹했다. 대구 폭동의 주모자가 누구인가. 박정희의 형 박상희였다. 또 1948년 10월 19일 일어난 여수·순천 반란사건으로 박정희 소령은 사형선고까지 받았었다. 우리는 이런 아픈 역사를 올바로 딛고 일어서서 미래를 보아야 한다.

그런데 70여 년이 지난 지금, 진압과정에서 국가폭력이었다고, 민간인 대학살이었다고… 아니올시다. 이런 수많은 어려움을 겪으며 대한민국은 태어났고 지금 우리는 어엿한 성인이 되었다.

대구 10·1폭동, 제주 4·3사건, 여수·순천 반란사건 등은 우리의 몹시 슬프고 뼈아픈 역사의 일부다. 진정한 화해와 반성을 위해서는 좌나 우에 치우친 이념적 굴레에서 벗어나야 한다.

그러나 한 가지 분명한 것은 이 폭동들이 모두 대한민국의 탄생을 중지하려는 남로당 당수 박헌영의 지시를 받은 좌익 폭동들이었다. 그리고 우리가 대한민국이라는 체제 안에 사는 한 이들 폭동의 주체를 미화하고 추모할 수 있는 사건들은 결코 아니다.

문재인 대통령이 지난 2018년 제주 4·3사건 70년을 맞아 제주 평화공원에서 열린 '희생자 추념식'에 참석해 추모사를 했다. 문 대통령은 "국가 폭력으로 말미암은 그 모든 고통과 노력에 대해 대통령으로서 다시 한 번 깊이 사과드린다"고 했다. 그런데 대통령은 추모사 어디에서도 4·3사건을 일으킨 남로당과 배후 세력인 북한 책임을 거론하지 않았다. 세계 어느 나라든 무장 반란이 일어나면 군과 경찰이 진압할 수밖에 없다. 대통령은 이 사실을 분명히 하는 가운데 진압이 지나쳐 관계없는 민간인이 피해를 본 부분에 대해 사과해야 한다. 그런데 대통령은 4·3 당시 전사한 군인과 경찰, 서북청년단 등에 대해 아무런 언급도 하지 않았다.

2018년 3월 30일 무렵 대한민국역사박물관이 주최한 '4·3 70주년 특별전'은 남로당 폭동을 '무장봉기' '항쟁'으로 다루고 있다. 하지만 대통령은 "아직도 낡은 이념의 굴절된 눈으로 4·3을 바라보는 사람들이 있다"고 했다. 4·3사건 주동자 중에 훗날 월북(越北)해 평양 혁명열사릉에 묻힌 사람도 있다. 그런데도 책임자와 범인을 따지지 말라고 했다. 대통령 역시 낡은 이념의 굴절된 눈으로 4·3을 바라보지 말았으면 한다.

민주당을 중심으로 의원 60명이 발의한 4·3 특별법 개정안엔 '4·3 위원회' 결정에 이의를 제기하면 '3년 이하의 징역 또는 3000만 원 이하의 벌금에 처한다'는 처벌 규정이 포함됐다. '위원회 결정으로 인정된 4·3사건의 진실을 부정·왜곡하여 희생자와 그 유족들의 명예를 훼손해서는 안 된다'는 조항이다. 이게 민주화 투쟁을 했다는 사람들의 인식이다.

(2)
5·18민주화운동

"과거의 역사와 현재를 계속 싸움 붙이면 우리는 미래를 잃어버린다."

40년이 지난 오늘까지도 비생산적인 광주 5·18에 관한 논쟁으로 언론과 정치판까지 말려들어 싸우는 것을 보면 답답한 생각이 든다.

광주 5·18민주화운동은 1980년 5월 16일부터 27일까지 광주시 전역에 걸쳐서 일어났던 전두환을 중심으로 한 12·12 집권 세력과 광주 시민, 학생들과의 무력 충돌로 많은 사상자를 냈다.

그 원인을 들여다보면, 1979년 10·26 사태로 유신 체제가 무너진 후 민주화를 요구하는 국민의 시위가 거세게 일어나자 신군부는 사회 안정을 이유로 전국에 계엄령을 선포하여 시위를 무력으로 진압하였다. (1980년 5월 17일)

그런데 5월 18일에 광주에서는 계엄군의 무자비한 시위 진압으로 인해

시민들과 계엄군이 무력으로 충돌하는 사태가 일어났다. 광주 시민들은 이 문제를 평화적으로 해결하기 위해 무장을 해제하고 무기를 반납하는 등 정부와 협상을 시도했으나 계엄군의 강경 진압 과정에서 수많은 사상자가 생겼다. 더욱이 5월 18일부터 27일까지 열흘간 광주는 혼돈의 도시였다. 22일 계엄군이 철수한 후의 닷새 동안은 무정부 상태였다.

사실, 5·18에는 복잡다단한 미스터리가 존재한다. 광주가 국가 공권력으로부터 이탈하면서 193명의 사망자와 3139명의 부상자가 발생한 사실상의 내전(內戰)이기 때문이다. 그나마 불행 중 다행인 것은 세계사의 유사한 사건과 비교하면 피해가 훨씬 작다는 점이다.

5·18은 정치적으로 민주화운동이라는 '법적 지위'를 쟁취했지만, 논란은 그치지 않고 있다. '신군부의 등장과 전국 계엄 선포'라는 5·18의 외인(外因)을 떠나 광주 시민사회의 내재적(內在的) 입장에서 살펴보면, 5·18은 사회주의혁명을 꿈꾸던 운동권과 국가주의자들의 대결이라는 견해가

상존한다.

훗날 광주 5·18의 정신은 이후 반독재 투쟁, 특히 6·29선언으로 이어져 그 의미가 커졌고 대한민국의 민주화 정착에 밑거름이 되었다. 그러나 계속된 진상규명 요구와 명예 회복을 빌미로 반한국, 종북 키즈, 강성 진보 등 좌파 진보 세력의 온상 역할을 하여 때로 불필요한 사회 갈등을 낳았다. 또 한국 사회의 갈등과 불신, 지역감정 등이 그때 잉태되었다는 시각이 존재한다.

영국 800년, 프랑스 200년, 미국 250년이 그들의 민주주의 나이다. 그리고 민주주의는 어디서나 민중의 피를 먹고 자라났다. 이런 면에서 5·18항쟁은 한반도 민주주의 역사에서 큰 의미를 갖는다. 다음은 광주 5·18과 관련된 통계다.

① 사상자 통계(5·18은 엄밀히 1980년 5월 16일 시작, 5월 27일 종료됐다.)

-군인 사망 23명, 경찰 사망 4명

-군경 부상 253명

-시민군 사망 165명 / 실종 76명 / 부상 3515명

② 국가 차원의 조사위원회가 4번 있었고, 5번째 진상규명조사위원회가 마련돼 지금도 조사 중이다.

-1988년 국회 청문회

-1995년 검찰수사

-2005년 과거사 진상규명위 조사

-2018년 국방부 특별조사위원회

-2018년 국회 5·18 진상규명위원회 발족

③ 국가는 5·18 희생자를 위하여 많은 일을 하였다.

-5·18 국립묘지 조성

-5·18 때 사건이 일어난 현장 중 27곳을 사적지로 정하여 관리한다.

-5·18 기념관 건립

-매년 5·18 기념식 거국적으로 거행

-5·18을 다룬 약 30개의 다큐멘터리 생산

④ 5·18 유공자

현재 5·18 유공자로 등록된 사람은 약 5000명에 달한다. 민간인 사상자는 약 2억~3억원의 보상을 받고 유가족도 상당한 보상을 받고 있다. 5·18 유공자에 대한 자격심사는 광주시장이 한다. 광주시장이 선정하여 대통령께 건의하면 된다. 40년이 지난 지금도 유공자 수가 늘고 있다고 한다.

5·18은 40년이라는 세월이 흘렀고 무수히 조사됐으며 책임자들은 처벌을, 피해자들은 어떤 식으로든 보상을 받았다. 다시 진상조사위원회를 꾸려 "전두환이 발포 명령을 내렸느냐, 헬기에 의한 대량 살상이 있었느냐, 대량 암매장이 있었느냐, 공수부대의 강간 행위가 있었느냐, 보안사가 역사를 날조했느냐, 반인륜적 인권 유린 행위가 있었느냐, 북한군 개입이 있었느냐" 등을 조사하고 있다.

지난 40년간 국가는 5·18을 위하여 많은 협조를 하였고 훌륭히 보상이 되었다고 생각된다. 이번 조사를 마지막으로 광주 5·18을 둘러싼 의혹이 해소되길 희망한다. 광주의 상처가 역사적으로 치유되길 간절히 바란다.

한편, 민주당이 2020년 10월 27일 의원총회에서 5·18 광주 민주화운동을 부인·비방·왜곡·날조하거나 이와 관련한 허위 사실을 유포하면 7년

이하 징역이나 7000만원 이하 벌금형에 처한다는 법안을 당론으로 채택했다.

다시 말해 정부 발표와 틀리거나 다른 생각을 공개적으로 드러내고 혹은 집회에서 주장하면 감옥에 보낸다는 것이다. 민주당은 다수 의석을 확보한 만큼 법안 통과의 장애물이 없다. 하지만 과잉 입법에 대한 우려가 상존한다. 헌법상 언론·표현의 자유를 근본적으로 제한할 수 있다. 기존 형법의 명예훼손이나 모욕죄 등으로 처벌할 수 있는데도 그런 법을 만드는 저의가 뭔가. 생각이 다르다고 범죄자를 만들겠다는 발상은 군부 독재와 뭐가 다른가.

(3)
위안부와 강제징용

일본 사학자들은 한국의 역사를 폄훼하며 "스스로 역사를 개척할 능력이 없는 민족"이라고 비하해왔다. 오로지 질곡과 억압만이 존재했던 양 그려내는 것이다. 대한민국이라는 이 나라의 역사를 직시할 경우 성취와 불행이 뒤섞여 있다. 성취는 성취대로 불행은 불행대로 보아야 한다. 무엇보다 균형 잡힌 시각으로 강제징용 판결, 위안부 문제를 현명히 대처해야 한다. 불행한 역사를 감추려 하거나 성취만으로 불행을 가리려 해서도 안 된다.

또한 세계 역사도, 한반도 비극의 역사도 약육강식의 비정한 현실에서 일어났다는 점을 잊으면 안 된다. 당하지 않으려면 힘을 길러야 한다. 위안부 소녀상('평화의 소녀상')으로, 강제징용 판결로 일본을 압박하려 해도 답이 나오지 않는다.

한·일 위안부 합의를 뒤집은 현 정부, 최근 강제징용 배상판결을 한 대법원 모두 몹시 어리석은 처사다. 나라의 지도자들은 국가의 이익을 보호하고 국력을 키워서 미래를 약속하는 것이 그들의 최고 책임이다.

일본과 한국은 영원한 이웃이다. 우리들에게는 과거뿐 아니라 미래가 있다. 지난 역사를 고치지는 못해도 새 역사를 쓰는 것은 가능하다.

2002년 한·일 월드컵 공동 개최 후 두 나라는 가까워졌었고, 일본에서 한류 열풍까지 불었었다. 지금 한·일 관계는 최악의 상태에서 경제·외교 면에서 앞이 보이지 않는다.

일본이 2차 대전 패망 직후 어떻게 살아났는가를 배울 필요가 있다. 일본은 본토에 원자폭탄을 맞아 100만 명 이상의 사상자를 냈으면서도 너그러운 대국 미국에 바싹 붙어 굴욕을 참고 싹싹 빌면서 약삭빠르고 교활하게 태평양전쟁 패전 후 불과 20년 만에 초토화되었던 국토와 경제를 재건하고 세계 2위의 경제 대국으로 성장하였다.

일본 정치인들이 비굴하다고 욕을 먹을지 모르나 국민은 그 덕을 본 것이다. 지금 한국 사회는 일본을 너무 미워하는 분위기로 집권당과 일부 언론이 몰아가고 있는 것 같다. 해방 후 최악의 상황이다.

대통령 직속 '3·1운동 및 대한민국 임시정부 수립 100주년 기념사업추진위원회' 위원장을 맡았던 한완상은 "증오의 감옥에서 탈출할 열쇠는 일본이 갖고 있다"고 했다.

나는 그 말에 반대한다. 그의 주장에 동조할 수 없다. 오히려 우리가 그 열쇠를 갖고 있다. 일본은 무시할 나라가 아니다. 지금도 한국은 일본에서 배울 것이 너무나 많다.

"어리석은 나라는 분노하기 위하여 역사를 이용하고, 현명한 나라는 강해지기 위해 역사를 이용한다"는 명언이 있다. 지금 우리는 어느 쪽인가?

강제징용 판결 이후 일본제품 불매운동이 들불처럼 번졌었다. 일본 여행을 가지 않아 정기 항공편이 결항되는 사태까지 벌어졌다. 정치인들마저 반일 정서에 가세하면서 "일본 제품에 전범 딱지를 붙이자"는 시대착오적 발상까지 나왔었다. 지금은 코로나19로 한·일 양국의 이동이 아예 단절되고 말았다.

좀 더 냉정하게 생각해 보자. 김대기 전 청와대 정책실장에 따르면, 1894년 오스트리아인 헤세 바르텍의 기행문에 기술된 당시 조선은 나라도 아니었다.

이렇다 할 산업 없이 농사와 고기잡이로 연명하는 나라, 도로가 없어 제물포(인천)에서 한양까지 산길이나 뱃길로 가야 하는 나라, 열심히 일해 봐야 세금으로 빼앗기니 차라리 노는 것이 더 나은 나라였다.

국고는 비었고 돈을 찍어 나라를 운영하다 보니 경제는 파탄 났고(당시 1달러가 엽전 6000냥, 무게로는 6kg에 달했으니 지금 베네수엘라보다 더 엉망이었다.), 군대에는 화포 하나 변변히 없었다. 일본과 청나라 군사가 자기들 안방처럼 드나들어도 항의할 힘도 없는 나라, 당시 조선은 스스로 무너지고 있는 나라였다.

나라가 힘이 없으면 백성이 곤욕을 치르게 되어있다. 사실 우리 선조는 일본뿐만 아니라 중국으로부터도 말할 수 없는 화를 입었다.

병자호란 즈음 청천강 이북 지역은 후금군의 약탈과 살육으로 백성은 어육이 되었고, 수십만 명이 포로로 끌려가서 중국 선양에 인간 시장까지 생겼다고 한다. 여인들의 참상은 더하다. 이긍익의 《연려실기술》에는 '강화도에 피신 갔다가 붙잡힌 부녀자들이 겁탈을 피해 자결함으로써 헤아릴 수 없는 머릿수건이 낙엽처럼 바다 위에 떠다녔다'고 기록되어 있다.

이런 중국 역시 청나라 말기 열강들에 호되게 당했다. 일본으로부터 위안부 차출은 물론 난징에서는 수십만 명이 학살되었고 '마루타'라는 반인륜적인 인체 실험까지 당했다. 미국, 프랑스, 독일 등은 톈안먼(천안문)까지 침략하여 중국을 초토화했다.

일본의 사과를 받아내는 것만큼이나 중요한 것이 있다. 첫째는 이득을 따져야 한다. 편협한 민족주의에 의지에 들뜬 감정으로 대하면 당장은 정치적 소란으로 이목을 끌 수 있을 것이다. 그렇겠만 일방적 잣대로 평가하고 적대시하는 낡은 사고는 외교적 외톨이로 전락하고 만다. 책임 있는 지도자라면 국내의 정치적 이득을 떠나서 출구 전략을 고민해야 한다.

둘째, 뼈를 깎는 자성이 필요하다. 남 탓만 하고 있으면 역사는 반복된다. 아무런 교훈을 얻을 수 없다. 아무리 치욕스럽더라도 스스로를 돌아보고 와신상담(臥薪嘗膽)의 시간을 가져야 한다. 섶에 누워 쓸개를 맛보는 괴로움과 어려움을 견뎌내야 한다. 이순신 장군은 "잔혹한 왜인과 같은 하늘 아래 살 수 없다"고 했지만 우리는 1910년 한일병탄으로 다시 더 크게 당했다. 김대기 전 청와대 실장은 《조선일보》 칼럼에 '위안부 할머니께 사과해야 할 사람은 우리 자신'이라며 이렇게 썼다.

〈…우리가 변고를 당할 때는 늘 공통점이 있었다. 첫째, 세상이 요동칠 때 변화에 무능했고 둘째, 우리끼리 한 치의 양보 없이 싸웠으며 셋째, 상공업을 경시했다. 지금도 별반 다르지 않다. 반성하고 바뀌지 않으면 또 당할 수 있다.

국제사회는 도덕이 아니라 힘이 지배한다. 일본이 위안부 할머님과 강제 징용되신 분들에게 사과할지, 안 할지 모르겠지만 그런 나라를 만든 우리 자신이 먼저 반성하고 대한민국을 힘 있는 나라로 만드는 것이 진정한 극일이 아닌가 싶다.…〉

(4)
친일파론 I

일제 36년을 크게 3시기로 나누어 볼 수 있다.

첫째, 1909~1919년 3·1운동까지다.

이 시기는 한일병탄 후 강권 통치의 시대였다. 일본의 정책에 반대하고 독립운동을 하면 모두 잡아 죽이는 정책을 썼다.

둘째, 3·1만세운동~1937년까지다.

일본은 만세운동 후 강권 통치에서 문화 통치로 정책을 바꾸어 한국인의 활동에 어느 정도 자유를 허락했다.

3·1운동 이후 임시정부 탄생뿐 아니라 국내에서 지식인의 교육·언론·종교 등의 활동이 활발히 전개되었다. 장로교·감리교 등 미국 선교사의 포교가 왕성해졌던 것도 이 시기다. 배재학당, 이화학당, 휘문고보, 고려대

등이 탄생할 수 있는 기반이 마련된 것이다. 《조선일보》《동아일보》도 이 시기에 창간할 수 있었다. 넓게 보면 이병철, 정주영이 탄생할 수 있었던 것 도 3·1운동 덕이었다.

셋째, 1937년 내선일체~1945년 해방까지다.

1937년부터 전쟁 협력 강요를 위해 다시 강권 통치로 돌아간 시기이다. 일본이 폐망한 1945년 8월 15일까지 계속되었다.

1937년 일본이 만주 대륙을 접수한 후 중국 본토 침공을 개시하며 조선 전체를 동원 이용하기 위하여 내세운 강압 정책으로 황국식민화(皇國植民 化), 신사참배, 지원병제도, 창씨개명, 일본어 상용(常用), 조선어교육 폐지 등을 들 수 있다. 또 우리말로 된 《조선일보》《동아일보》도 폐간시켰다.

중국 대륙 침공의 전초기지로 한반도에 군수산업을 이식하고 군수물자 생산 자원개발에 조선인을 강제 징용하여 군수품 공장과 광산으로 보냈 다. 이 암흑의 시기 일본은 계속해서 중국과의 전쟁 승리, 군수물자 확보를 위한 동남아 침공, 진주만 승리 등을 내세워 일본이 곧 세상의 주인이 될 것처럼 선전하며 우리 민족의 희생을 강요하였다.

이 과정에서 많은 선각자, 지도자, 교육자들이 친일적 글을 쓰고 친일로 돌아섰다. 김성수(고려대), 백낙준(연세대), 김활란(이화여대) 등이 대표적이다.

친일파 논란과 관련한 소송을 맡았던 엄상익 변호사는《조선일보》기고에서 "일본의 침략전쟁에 끝까지 협조하는 충실한 조선인만이 존재할 수 있다는 압박에 개개인이 일본을 향해 전향한 것이 아니라, 민족으로서 조선인 전체가 일제에 전향했다고 말할 수밖에 없었다"고 말했다.

① 친일파로 몰린 교육자들

식민통치 하에서 교육의 열망은 거셌다. 학교 설립을 위해 기성회를 만들었고 총독부에 진정을 넣기 위해 '민회'를 개최한다는 식의 움직임이 활발했다. 무엇보다 교육열의 백미는 '민립대학 설립운동'이었다. 대표적인 인물이 조만식이다.

조만식은 1923년 인촌 김성수, 고하 송진우 등 여러 인물과 함께 연정회(研政會)를 발기, 이듬해 민립대학 기성회를 조직했다. 일제의 탄압으로 좌절된 뒤에는 숭인중학교 교장이 되었다가 일제 압력으로 교장 직에서 물러났다. 그의 나이 46세 때였다.

일제강점기에 탄생한 민족지는 저항과 계몽 두 과제를 처음부터 짊어졌다. 일제의 경제적 침탈에 맞서 물산장려운동을 주창했고, 우리말과 문화말살 정책에 대항해서 교육과 한글 보급에 앞장섰다.

'조선민립대학 발기(發起)에 취(就)하야, 후진을 위하여 교육의 중요성

을 역설.'

1922년 12월 1일 자에 민립대학 설립운동을 알리는 기사가 실렸다. 조선에 대학이 없음을 개탄하면서 민간이 대학을 세워 최고의 인재를 기르자는 운동이었다. 《조선일보》는 창간 초기부터 민립대학 설립 운동을 적극 보도했다. '민립대학 운동 기관지'란 애기를 들을 정도였다.

광복 후에는 교육열이 더욱 커졌다. 농지개혁으로 자작할 수 있는 땅을 얻게 되자 구슬땀을 흘려 자식들을 도시로 내보내 가르쳤다. 그 시절 대학을 우골탑(牛骨塔)이라 불렀다. 가난한 농가에서 소를 팔아 마련한 학생의 등록금으로 세운 건물이란 뜻이다. 해방 직후 10여 개에 불과하던 대학교가 전국에 400여 개로 늘어나면서 고급인력을 양산하여 대한민국의 성장을 지탱하고 떠받치는 역할을 하였다.

그 뒤에 헌신적인 교육자들이 있었고 이들 교육 선구자들은 식민지 조선의 근대화를 위해 자신의 젊음을 불살라 어린 학생들을 가르쳤다. 그러나 이들 중 몇몇은 일본의 침략전쟁을 합리화하고 학생들과 젊은이들을 전쟁터로 동원하는 일에 앞장섰다는 지탄과 의혹을 받고 있다. 여기에 몇 분만 소개한다.

김활란 – 1931년 한국인 최초의 철학박사
미국 콜럼비아대에서 한국농촌교육 연구
1939년 이화여자전문학교, 이화보육학교 교장
1946~61년 이화여자대학교 초대 총장
1950년 한국여학사협회 창설. 초대 회장
1962, 64, 66년 유네스코 총회 한국 대표

백낙준 – 1927년 미 예일대 철학박사

조선개신교사 연구

1945년 경성대 법문학부 부장

1946~1950년 연희대 초대 총장

1950년 문교부 장관

1957~1960년 연세대 초대 총장

1961~1985년 연세대 명예총장

임영신 – 1925~1931년 미국 남캘리포니아 석사

1957년 미 남캘리포니아 명예박사

1946년 중앙여자대학 설립 – 학장

1948년 상공부장관

1953년 중앙대 초대 총장

1965~73년 교육연합회 회장

1966년 세계교직자연합회 회장

김성수 – 1914년 와세다대 정경학부 졸업

1917년 중앙학교 초대 교장

1920년 동아일보 설립 – 사장

1932-37년 보성전문학교(현 고려대) 교장

1945년 미군정청 한국인 고문단 의장

1951년 2대 부통령

② 친일파로 몰린 대한민국 국군의 창설자들

백선엽 – 육군참모총장, 한국 최초 4성 장군

채병덕 – 육군참모총장

정일권 – 합동참모총장, 국무총리

이형근 – 육군참모총장

신현준 – 해병대 창설의 주역, 초대 사령관

김정열 – 공군창설의 주역, 초대 사령관, 국무총리

이종찬 – 육군참모총장, 국방부장관

이외에도 약 40여 명의 대한민국 건국 초기의 장성들이 친일파 명단에 올라 있다. 일부는 국회의장, 총리 등을 지내면서 정치권력의 최고 정점에 올랐다.

이들은 대부분 일본과 만주 군관학교를 졸업하고 위관급 장교로 임명되어 주로 만주에서, 또는 동남아에서 일본의 만주·중국 침략과 태평양 전쟁에 가담했다. 또 더러는 만주에서 조선독립군과 싸웠다고 기록되어 있다.

그러나 이들 모두는 대한민국 건국 후 일제 강점기에 습득한 앞서간 전쟁기술을 활용하여 국군을 창설했고 6·25전쟁 때 혁혁한 공을 세우며 6·25침략으로부터 대한민국을 지킨 애국자들이다.

③ 학도병

내선일체의 압력으로, 일제 말기 대학과 전문대를 다니다 학병으로 일본군에 자원 입대한 조선 청년들을 말한다. 대략 1917~23년생으로 지금 생존자는 거의 없다. 모두 합쳐 4385명이 입대하였다고 기록되어 있다.

장도영 대장	김수환 추기경	김수영
장준하	김준엽	선우휘
조지훈	김성한	한운사
이기백	이병주	

이들은 모두 친일 부역자로 몰렸다.

해방 이후 정규교육을 받은 4·19 이후 세대들에게, 그리고 386 진보 세력에게 학도병 할아버지들은 친일파 혹은 타도의 대상으로 공격받았다. 그러나 학도병 참전자들은 대개 살아 돌아와 대한민국 건국의 선각자로서 이승만, 박정희 시대에 혁혁한 공을 세운 분들이 많다.

위에 서술된 친일파로 분류된 선각자 이외에도 친일 명단에 오른 많은 지식인들이 해방 후 한강의 기적을 이루는데 기여했다. 이들 없이는 이승만이 대한민국을 건국할 수 없었을지 모른다.

그런데도 일제 36년을 온통 암흑기로만 치부하려는 역사학자들이 있다. 위안부의 시대, 강제징용의 시대, 강제학도병의 시대, 민족반역자의 시대로 역사를 서술한다.

역사를 친일과 반일로 쪼개면 얻는 것보다 잃는 게 더 많다. 우리 민족은 일제 압정에 적응하며 나라는 빼앗겼지만, 상황에 적응하면서 신문명을 받아들이고 배우며 근대화로 한걸음 한걸음씩 내디딜 수 있었다.

나라 잃은 36년간 문명을 발전시켰고 제도도 왕조에서 공화정으로 갈

수 있는 틀을 만들었다. 중국과 일본, 더러는 미국으로 유학하면서 신문명을 깨우치기 시작하였다.

이들이 광복 후에 새로운 나라를 만들 때 적극적으로 기여하여 이승만·박정희 시대에 피땀을 흘려 지금 일본과 맞먹는 나라를 세우는 데 '가장 큰역할'을 하였다. 이들의 공헌 없이 현재의 번영과 부흥의 시작은 없다 해도과언이 아니다.

'가장 큰 역할', 이것이 아주 중요한 다섯 음절의 글자다.

이들은 먼저 세계와 세상이 돌아가는 것을 알고 있어서 대한민국 초기발전에 결정적인 역할을 하였다.

한일합병 직후에 일본이 76명에게 백작·자작·공작·남작 등의 작위를주고 은사금 1000냥 등을 하사했다는 기록이 있다.

이들은 참으로 친일의 주구다.

작위도 뺏고 재산도 몰수해도 할 말이 없을 것이다.

그 외에도 몹시 일제에 협조하여 한국인을 괴롭힌 사람들이 왜 없었으랴.

이들은 벌을 받음이 마땅하다.

그러나 식민 지배자의 장점을 배워 훗날을 도모하려 했다는 사후적 변명마저 묵살해선 곤란하다. 먹고 살기 위해 협력한 이른바 '생계형 친일'에 책임을 물어서 어쩌잔 말인가. 물론 당대 최고 엘리트 집단의 친일행위를 '생계형'으로 몰 수는 없다. 자기반성 없는 합리화, 친일 청산을 요구하는 이들을 빨갱이로 몬 역사도 있다.

서로가 서로를 인정하지 않은 채 자신만의 역사인식을 강요하면서 한국현대사를 왜곡된 시각으로 바라 보아선 곤란하다. 한국의 근현대사가 성취와 영광의 여정이라고 보는 집단과 친일의 독재와 치욕의 세월이라고 보는 집단이 화해할 수는 없는 것일까.

몇 해 전 공영방송인 KBS에서 '이승만은 친일파를 써서 나라를 세운 부끄러운 대통령이니, 그 무덤을 파헤쳐야 한다'고 방송했다고 한다. KBS는 국민의 대표 방송이다.

너무나 부끄럽고 창피한 일이나 좌파 진보가 촛불로 정권을 잡고 세상을 뒤집고 있으니 어찌하랴.

KBS는 또 '해방 직후 이승만 정권의 조직을 이야기하면서 일제 밑에서 남한을 통치하던 경찰조직, 교육자, 도지사, 군수, 군인들, 사업가들이 그대로 남한을 통치하는 친일파 세계의 기막힌 현상이 벌어져 지금까지도 그 부조리의 영향이 남아있다'고 방송했다고 한다. 이승만 정권을 폄훼하기 위함이다. 이승만과 박정희의 공적을 꺼내면 친일과 독재를 변호하고 합리화한다고 비난하기 일쑤다.

원자탄 투하로 갑자기 독립은 찾아왔고 세상은 돌아가야 하는데 지배층을 서서히 바꾸어야지 갑자기 다 내보내면 나라는 어떻게 돌아가나. 농사짓던 사람을 경찰서장으로, 학교교장으로 쓸 수 있나. 무식하고 무지해서 그런 방송을 하는 것이 아니라 반일 감정을 부추겨 정치적으로 이용하기 위함이다.

정의로 포장한 분노와 증오는 대중을 열광시키는 가장 강력한 원동력이다.

일제 식민지 통치의 뼈아픈 역사, 위안부 강제 징용자의 경험을 극대화하여 반일감정을 부추기는 어리석음이 해방 이후 지금까지 계속 된 것은 우리 스스로가 만든 비극이다. 이제 잊어야 할 때가 오지 않았나, 자문해본다.

나는 여기서 다시 한번 강조하고 싶다. 400만 명 이상의 목숨을 앗아간 6·25의 원흉들에게는 왜 말 한마디 못할까.

6·25의 원흉 김일성의 손자 김정은을 껴안은 사진을 보고 소름이 끼쳤다.

위안부 소녀상('평화의 소녀상')을 전국에 전시해 얻는 것이 무엇이고 김정은을 껴안으면 얻는 것이 무엇인가.

정치라는 괴물은 과연 무엇인가. 혼동될 뿐이다.

일제 강점기의 비극도 긴 안목에서 받아들이며 앞으로 나아가야 한다.

일제 강점기 신문명을 받아들인 인사·인재들을 훗날 민족의 중흥을 일으킨 민족과 국가의 자산의 일부로 생각하고 선조가 살았던 슬픔의 시대, 그들의 성취와 좌절을 함께 이해하는 것이 문명 보존의 원칙이 아닐까. 언제까지 친일파 시비로 국력을 낭비해야 할까. "친일 문제는 여전히 과거형이 아니라 현재형"이라는 역사 청산의 정치적 구호를 되풀이해서 들어야 할까.

과거를 돌아보는 일은 잘못을 되풀이하지 않기 위함이라지만 미래로 한 발자국도 못 나가는 형국이다.

영국 처칠 수상의 명언을 다시 상기한다.

"과거와 현재를 싸우게 하면 우리는 미래를 잃게 될 것이다."

우리는 지금 빠른 속도로 미래를 잃어가고 있다.

(5)
친일파론 II

2020년 8월 15일 광복절 기념식에서 참담한 일이 벌어졌다. 김원웅 광복회장이 국론을 분열시키는 파괴적인 연설을 한 것이다.

그의 연설의 요지는 이렇다.

−이승만은 친일파와 결탁하여 나라를 세웠다.

−안익태도 친일의 행적이 있으니 그가 작곡한 애국가를 국가로 부를 수 없다.

−서울 현충원에 독립군 토벌에 앞장섰던 자가 묻혀있다.

−친일 · 친미 청산은 한국 사회의 기저질환이다.

−친일 · 반민족 인사들의 파묘법을 제안하고 싶다.

−한국은 4 · 3항쟁, 4 · 19혁명, 5 · 18항쟁, 6월 항쟁, 촛불혁명은 친일반민족 권력에 맞선 국민의 저항이요 독립운동의 연장선에 있다.

상당히 그럴듯한 연설로 들리나 현 정권에 이용하기 위하여, 우파 보수를 공격하기 위하여 사건들을 나열할 뿐 우리나라가 앞으로 화해와 발전의 길을 걷는 데는 전혀 도움이 되지 않는다.

김능진 전 독립기념관장은 이렇게 말한다.

"정치꾼들이 자꾸 친일 문제를 정략적으로 이야기해요. 도무지 쓸데없는 일이야… 마치 조선시대 3년상(喪)이니 5년상이니 싸울 때처럼 말이죠. 이 나라에 무슨 득이 됩니까."

충남대 명예교수인 그는 "독립운동 정신이야말로 통합의 정신"이라며 "양반, 상놈, 부자, 빈자, 종교, 남녀 다 초월한다"고 강조한다. 그의 말이다.

"한반도의 20세기 100년을 되돌아보면 너무도 넘기 힘든 4개의 큰 산맥을 넘었습니다. 큰 산맥을 역사적 순서대로 나열하자면 일본 제국주의, 공산주의, 빈곤, 권위주의 등이라고 할 수 있어요. 이들 도전 하나하나가 극복하기 힘든 엄청난 과제들이었는데 불과 1세기의 짧은 기간 동안 그런 엄청난 도전들이 연속적으로, 때로는 동시대에 복합적으로, 숨 돌릴 사이도 없이 이루어졌던 것이 우리가 지나온 현대사입니다.

압축된 역사를 거치며 이긴 세력들이 다 같이 공동체에 살다 보니 서로가 서로를 인정 안 해요. 우리 아버지, 할아버지들의 일제와의 투쟁도 위대하였으나 공산 침략이나 민주화를 위한 싸움도 일제와의 투쟁 못지않게 위대한 전쟁이었어요. 산업화를 위한 투쟁, 빈곤과 싸운 것도 얼마나 대단한 일입니까. 서로가 인정을 안 하고 자기주장만 내세웁니다. 김원웅 사태를 겪으며 우리 독립운동 세력들도 겸손해야 한다고 생각해요. 마찬가지로 민주화 세력들이 정권을 잡고 있는데 너무 기세등등해요. 교만하다고 생각해요."

김 전 관장은 친일청산 방법에 대해 "반대파를 청산하겠다는 식이면 정략"이라고 했다.

"정확히 공과(功過)를 따져 친일파를 가려내고 그 외의 경우는 과감히 통합, 화합, 용서해야 합니다. 독립운동가 후손으로서 느끼는 궁극적 친일청산은 극일(克日)입니다. 우리 민족의 역량이 극일을 위한 방향에 맞춰져야 해요. 독립운동 정신은 분열이 아니라 통합의 정신이니까요."

나는 한 발 더 나가 친일파 또 그 후손들의 공헌이 없이 오늘의 한국은 없다고 하겠다. 다시 말한다. 이승만이 나라를 세운 후 친일파 모두 숙청하고 친공산파로 정권을 끌어갔다면 6·25때 한국은 저항도 못해보고 짓밟히고, 인천상륙작전도 없었을 것이며, 지금 우리는 위대한 김일성 수령을 외치며 몸을 조아리고 살고 있을 것이다.

김원웅의 2018년 12월, 김정은 위원장님 서울방문 '위인맞이 환영단' 공개세미나에서 강연한 내용 중 한두 가지만 인용한다.

〈…"왜 우리는 김정은 위원장님을 위인으로 보게 되었는가."

"박근혜보다 김정은이 낫다."

"이명박보다 김정일이 낫다."…〉

그는 지금도 일관되는 친북·반일 발언을 하고 있다.

김일성 3대는 아무리 칭찬해도 좋고 100년 전 친일한 사람들과 그 뒤를 이은 후대는 모두 역적이라는 논리다.

김원웅의 연설은 좌파 진보에서 멋있게 들릴지 모른다. 애국자처럼 보일 수 있다. 그러나 그 내용의 거의 전부가 사실이 아니고, 동의할 수 없는 정치적 선동밖에 안 된다.

해방 후 많은 어려움을 이겨내고 세계에 우뚝 선 나라에서, 소위 지도자라는 사람의 선동적인 국론분열의 연설을 또 들어야 되나. 한심스럽기 끝이 없다. 야당(국민의힘)이 이승만, 박정희의 후계자이니 토착왜구들이라고? 이제 친일파론을 내세워 정치장사도 할 만큼 했다. 그런데 아직도 유효하다고 생각하나 보다.

한강의 기적을 일으킨 공로자들을 다시 열거한다.

1. 이승만 대통령은 자유민주주의 시장경제를 도입하고 전후(戰後) 교육제도를 확립했다. 이승만은 정국안정에 필요한 인재들을 총동원한 정치의 천재다. 한미방위조약도 그렇다.

2. 20세기 나라 잃은 아픔 속에서 선진문명을 받아들인 선각자(일부 친일파를 포함한)들이 해방 후 건국의 바탕을 세우는데 공헌했다.

3. 박정희 대통령은 1965년 대일본청구권조약으로 얻은 자금으로 강력한 공업화, 수출정책 실현했다.

어쩌면 이 중 하나가 빠져도 지금의 한국은 없을지 모른다. 그런데 김원웅은 이승만과 박정희, 선각자들을 모두 친일파, 토착왜구로 규정한다. 왜 2차 대전 종식 후 독립한 동남아 국가들은 한국처럼 기적의 성장을 하지 못했나. 한국처럼 불굴의 의지로 선진문명을 배워 나라를 세운 선각자(일부 친일파)가 없었고 이승만·박정희 같은 지도자도 없었던 탓이다.

친일파의 80%는 지식인이었고 반좌익이었다. 이북에 남아 있었거나

6·25때 월북한 지식인들은 더러 일시적으로 중용된 이가 있지만 대개 계급투쟁에 밀려 숙청되어 버렸다. 북한은 두뇌고갈과 인재부족으로 1970년 이후 성장이 멈춘 채 농업국가에 머물렀다.

① 반일·종북 민족주의, 대한민국을 위협한다

반일·종북 민족주의에는, 북한은 같은 민족이니 무조건 껴안아야 되고 일본은 36년간 우리를 괴롭힌 적(敵)이니 친일파와 그 후손들, 또한 현재 일본 유학을 하고 일본을 가까이 하려는 자들을 토착왜구=반역자로 취급하여 모두 단죄하여야 한다는 주장을 담고 있다. 소설가, 영화인, 정치인 모두 여러 해를 거쳐서 재탕·삼탕 재구성하면서 반일·종북 민족주의는 지금도 현재진행형으로 확대 재생산되고 있다.

한·일 양국은 과거의 덫에 걸려 망국의 길을 가려한다. '관제 민족주의'로 한·일 관계는 벼랑 끝에 서 있다. 친일파가 작곡했다며 초·중·고교 교가를 바꾸려 하고 일제 잔재라며 유치원 대신 유아 학교로 바꾸려고 한다. 관제 민족주의는 이 정권의 '절대 병기'가 되었다. 가량 반일 민족주의를 얼치기로 비판했다가는 토착왜구로 몰려 생매장된다. 야당 정치인, 문약한 기자들도 반일·종북 민족주의, 관제 민족주의 앞에선 오금을 못 편다. 나는 한신대 윤평중 교수가 쓴 '반일·종북 민족주의, 대한민국을 위협하다'를 읽고 무릎을 쳤다. 《조선일보》 2020년 10월 16일자에 실렸다. 일부분을 소개한다.

⟨···반일 감정의 씨줄과 종북 정서의 날줄이 한국 민족주의를 왜곡한다. 북한이 일제

잔재를 없애 민족사적 정통성에서 앞섰다는 거짓 사관(史觀)이 민족주의를 오염시킨다. 감상적 민족주의는 엄혹한 국제정치에 대한 냉철한 인식을 방해한다. 21세기 신(新)냉전에서 한반도는 미·중 두 제국 패권 경쟁의 최전선이다. 민주주의와 시장경제를 공유한 한·일 간 상호 협력은 '제국 중국'의 무한 팽창에서 우리 주권을 지킬 합종연횡의 국가 전략 자원이다. 즉물적 반일 감정을 넘어 냉정한 극일(克日)과 용일(用日)이 새로운 한국 민족주의의 화두가 되어야 마땅하다.

북한은 우리가 생각하는 한민족이 아니다. 스스로 '김일성 민족'을 선포한 지 오래 되었다. 세계 5대 핵강국인 유엔 안보리 상임이사국들 버금가는 핵전략 국가임을 실증한 북한의 군사 굴기로 남북 체제 경쟁은 완전히 새로운 국면에 들어섰다. 한반도 전략 구도의 중대 변환에 직면해서도 공허한 종전 선언에 집착하는 문 정권의 종북 민족주의는 나라를 해치는 망상이다. 정전 협정과 한·미 동맹에 기초한 정전 체제는 한반도의 '사실적·법적 평화'를 70년 가까이 지탱해왔다. 냉혹한 국제정치 현실과 힘의 역학을 외면할 때 남북이 공존하는 한반도 2국 체제 수립은 불가능하다. 6·25전쟁은 열정적 민족주의가 평화는커녕 전쟁을 초래한다는 교훈을 증명한다.…〉

윤평중 교수는 "반일·종북 민족주의가 나라와 시민적 자유를 위협한다"고 주장한다. 맞는 말이다. "반일 민족주의는 시대착오적이고 종북 민족주의는 역사의 반동"이 아닐 수 없다. 그렇다고 민족주의가 만든 국민 국가를 외면할 수 없다. 인류의 엄연한 현실이다. '열린 민족주의'를 가꾸어 혈통과 관습에 매인 종족적 반일·종북 민족 감정을 물리쳐야 한다. 종족적 한계를 떨쳐내는 시민적 민족주의라야 한국 민족주의가 부활한다.

윤 교수는 말한다. "광복 75주년에 실체도 없는 친일파 타령은 자유롭고 정의로운 공화정의 적(敵)"이라고.

② 심훈가의 독립유공자와 친일파

사진 왼쪽부터 심우섭, 심명섭, 심훈[심대섭]이다.

독립유공자로 사후 애국장이 추서된 심훈 선생은 두 형님 우섭, 명섭이 모두 친일파 명단에 올랐다. 나는 친조부 심우섭, 종조부 심명섭 목사님을 어려서 뵈었고 그 두 분이 어떻게 사셨는지 잘 안다. 여기서 그분들이 살아가신 일생을 간략히 서술하여 친일파에 대한 이해를 돕고자 한다. 또한 할아버지 심우섭 선생과 가까우셨던 육당 최남선 선생도 뵌 일이 있다. 평생그 집안과 인연이 있어 그동안 들었던 육당 선생의 맏며느님 말씀 두세 가지를 기록으로 남긴다.

심훈 선생 삼형제는 세종대왕의 장인 영상(領相) 안효공(安孝公) 심온(沈溫·1375~1419)의 19대 손으로 직계에 '영상'의 칭호를 받은 분이 여섯 분이 계신다. 소위 명문의 후손이시다. 선산이 경기도 용인에 있었는데 세 군데 합쳐서 10만여평, 산소지기가 세 가정이나 있었다.

어려서 아버지를 좇아 한식, 추석에 성묘를 다니던 생각이 난다.

세 분 할아버지 모두 구한말 혼란기에 태어나 어린 시절에 일제의 압정을 경험하셨고, 평생 고민과 고통의 삶을 사신 분이다. 세 분 모두 신문명을 일찍 접하셔서 우섭 할아버지는 휘문의숙, 명섭 할아버지는 선린상고, 대섭(심훈) 할아버지는 경성고보를 다니셨다. 안타깝게도 두 분은 친일파 명단에 오르셨다.

먼저 조부 심우섭에 대해 이야기한다. 우섭 할아버지께서는 휘문의숙(현 휘문고등학교)을 1회로 졸업하시고 젊어서부터 최남선·이광수·김성수 씨 등과 의형제처럼 가까이 지내셨다고 한다. 《계명》잡지의 주간을 맡으셨고 《매일신보》와 여러 해 인연이 있었으며 주로 언론인으로 활동하셨다.

조선여자교육회, 조선교육연구회에서도 활동하고 경성방송국 한국어 방송과장을 지내시며 초창기 방송계의 업적을 남기셨다. 태평양전쟁 총동원 독려 순회강연 연사도 하셨다. 1919년 8월 13일에서 1927년 12월 10일까지, 그리고 1929년 8월 17일부터 1931년 6월 17일까지 조선 총독을 두 차례나 지낸 사이토 마코토(齋藤實)와 30차례에 걸쳐 독대면담을 하였다는 기록이 있다.

과연 우섭 할아버지께서는 무슨 생각을 하시며 평생을 사셨을까. 기억하건대 그분은 재물에 관심이 없던 분이셨다. 젊은 시절, 서울 계동에 지은 자그마한 한옥에서 평생 사시다가 해방 후 당진에서 돌아가시기 직전 2년 가까이 사시며 서울을 왕래하셨다. 맏손자인 나를 몹시 아껴주셨지만 용돈 한 번 주신 기억이 나지 않는다. 당진에 내려오실 적에 계동집은 딸에게 맡기고 옷가방 하나 들고 오셨다 한다.

여기서 재미있는 할머니의 증언을 적는다. 많은 일본인 친구들이 집문서,

땅문서를 들고 할아버지를 찾아왔는데 문서 개수가 열두 장이 넘었다고 한다. 할아버지는 한 장도 받지 않으시고 모두 돌려보냈다.

땅 문서 몇 장만 챙겼어도 떵떵거리고 살았을 텐데! 광복 후 일본인이 빈손으로 떠나면서 버리고 간 동산, 부동산이 얼마나 많았던가. 당시 버려지거나 몰수된 미군정 귀속재산은 거의 공짜로 한국인 손에 불하되었다.집안에 할아버지 사진이 많은데 굳은 표정뿐이다.

할머니 말씀이 항상 고민을 많이 하시며 사셨다고 한다. 막내 심훈을 많이 아끼고 사랑하여《동아일보》,《조선일보》에 취직시켜주고, 경성방송국 한국어 아나운서로도 일하게 하셨다. 우섭 할아버지는 어려서 신동(神童)이라 불릴 정도로 명석하셨고, 불같은 성격의 소유자셨다. 천재적 머리는 있었으나 나라 없는 백성으로 평생을 번민 속에서 보내신 조부님을 애도할 뿐이다.

명섭 종조부님은 심훈 선생보다 3년이 위시다. 선린고등상업학교를 졸업하시고 조흥은행에 근무했고 상점을 경영하셨으나 감리교에 입문하신 뒤 3년간 일본 신학대학에 다니셨다.

목사 안수를 받은 뒤 쉰셋 무렵에 일어난 6·25까지 어린 양들을 보살피셨고, 기독교 전파에 평생을 받치셨다.

서울 서대문구 창천교회, 중앙교회 담임목사로 시무하셨고 기독교신문협회 이사, 기독교교육협회 부이사장으로 기독교 언론에 많은 관심을 보이셨다. 40대 초반 태평양전쟁 기간 중 조선임전보국단에 참여해《매일신보》를 통하여 조선청년의 전쟁참여를 독려하는 글을 써 친일파 목사의 명단에 올랐다.

신사 참배한 친일목사로 지목되었으나 부인 권유희씨의 증언으로는 "교회를 지킬 수 있다면, 나무 막대기에 절하는 것이 무엇이 어려우냐"고 하셨다고 한다.

심명섭 목사님은 대쪽 같은 성격이시고 자기주장이 센 분이셨다. 물론 재물이나 명예에 전혀 관심이 없으셨다. 결혼 후 처음 부모가 지어준 조그만 집은 꾸어다 쓴 돈이 너무 많아 차압당하고 삼청동에 조그만 기와집을 다시 짓고 사시다가 6·25때 삼청동 자택에서 납북되셨고 이후 소식이 끊어졌다. 교회서 주는 얇은 월급봉투는 뜯어보지도 않고 부인에게 건넸는데 어려운 살림을 꾸려 가느라 고생이 많으셨다고 한다. 심명섭 목사님은 여러 해가 지난 후에 한국기독교 순교자 명단에 오르셨다.

부인 권유희 권사님은 6·25때 당진 부곡리로 피난 오셨는데 남편이 납북되어 생사를 모르는 중에, 그해 12월 부곡리에 교회를 세워야겠다고 결심하셨다. 지금의 필경사(심훈이 살던 집) 뒷방에 설교모임을 시작하시어 이듬해 부곡감리교회가 세워졌다.

다음은 육당 최남선 선생의 이야기다.

육당 선생은 조부이신 심우섭 선생과 평생친구였지만, 그 분의 맏아들 가정과도 평생을 가까이 지낸 사이다.

나는 1955년경 육당 선생을 우이동 자택으로 아버지(심재영)와 함께 인사드리러 찾아간 적이 있다. 친구 심우섭이 세상을 뜬지 10년이 거의 지났지만 반갑게 맞아주셨다. 커다란 기와집이었고 큰 광이 있었다.

한 가지 기억나는 것은 광문을 열고 안을 보여주시며 "여기에 약 수 만 권의 장서가 있는데 고려대에 기증하려고 한다"고 하셨다. "그간 모은 책이 10만권 정도인데 6·25전쟁 때 소실되고 남은 것"이란다. 훗날 육당 유족들은 고서 2만2000여 권을 고려대에 기증했는데 '고려대 육당문고'에는 《용감수경(龍龕手鏡)》과 《삼국유사》, 《훈민정음》이 포함됐다고 한다.

육당은 책을 너무 좋아하시어 "책을 빌려주는 놈도 바보요, 돌려주는 놈도 바보"라고 하셨다는 이야기를 아버지가 전해주셨다.

큰 며느님이 하신 말씀 중에 1940년에 있었던 일화가 떠오른다.

육당이 《매일신보》에 조선청년 전쟁참여 독려의 글을 쓰신 다음 날에 고려대 학생들이 몰려와 '육당 최남선 장례식' 현수막을 집 앞에 걸어두고 제사상을 차리고 절을 했다고 한다. 육당 선생이 이제 죽었다는 뜻이었다. 며느님 말씀으로는 "3·1독립선언서를 작성한 분이니, 조선총독부에서 늘 찾아오고 회유와 협박이 계속되어 늘 불안하였다"는 것이다.

육당은 서른에 독립선언문을 작성, 낭독하고 독립운동에 참여한 죄로 2년 8개월 동안 옥살이를 하셨다. 그 후 친일행적으로 낙인이 찍히셨으나 끝까지 창씨개명은 안한 분이다.

육당은 조선사편수위원회에 참여하면서 친일성향이 시작되었다고 한다.

1937년 중일전쟁 때, 1940년 태평양전쟁 시작 때 각종 친일 논설을 게재하며 친일파 명단에 오른다. 육당 선생은 평생 고전 정리와 주석 연구, 국사와 고전 서적의 간행·복원, 한글 번역 작업을 하였다. 현대문화와 전통문화의 과도기를 살았던 분으로 한국의 신문화운동에 남긴 업적이 매우 크다고 평가되고 있다.

고려대는 여러 해의 연구 작업으로 1975년, 15권의 육당 최남선 전집을 발간하였다.

장준하씨는 육당 선생을 "경애하는 스승이며 민족사상 고취를 위해 평생 노력하고, 민족의 재흥을 위해 발분망식(發憤忘食)하신 분"이라고 하였다. "민족이 가장 암담한 절망의 골짜기에 처해 있을 때에도 항상 우리와 더불어 있었고 우리의 가장 친근한 벗이며 경애하는 스승"이라고도 하였다. 육당으로 말미암아 "민족의 생명은 싹을 부지하고 겨레는 위안을 받고 희망을 갖추어 광복"에 이르렀다.

육당 선생의 맏손자 최학주는 《조선일보》와의 인터뷰에서 이렇게 말했다.

〈"육당은 학병권유 연설을 친일행적의 증거로 내세우지만 당시 그 연설을 들었던 장준하·김준엽씨 등의 증언이 있습니다. 육당은 천황을 위해 싸워 죽으라는 말을 하지 않았습니다. 잘 싸우고 돌아와 새 나라의 일꾼이 되어라, 전쟁에 나아가 군사기술을 배우고 오라는 것이었지요. 조선사 편수위원회에 참석하신 것은 조선역사에 밝은 사람이 참석하여 조선역사를 바로 쓰도록 해야지 일본인들이 자기들 마음대로 쓰는 것을 되도록 억제하려는 목적이었고 중추원 참의도 임명은 되셨지만 나가신 일은 없다고 하셨습니다."〉

내가 심우섭·명섭 할아버지, 육당 선생의 행적을 서술한 것은 그들의 친일행적을 정당화하고 변호하려는 것이 아니다.

우리 후손들이 선각자로 살았던 그 시대 선조들의 삶과 고통을 이해하고 포용하며 앞으로 나가기 위하여 이해를 좀 돕고자 할 뿐이다.

사실 3·1 독립운동 후 독립을 위해 애국지사들이 만주로 상해로 미국으로 떠났지만 시간이 흐르면서 활동 자체가 어려워졌다. 게다가 일제의 압박이 최고조에 이르러 정신적·물질적으로 거의 포기 상태에서 별안간 독립이 찾아 왔다.

일제가 마지막 발악을 하던 1937~1945년 사이는 사실상 한국인에게 지옥의 시간이었다. 일본은 1937년 만주를 접수하면서 계속해서 중국 서부와 동남아 여러 나라를 점령하고 마침내 하와이 진주만을 기습했다. 그때가 1941년 무렵이었다. 미 해군을 초토화시킨 일본 제국주의는 전 세계의 주인이 될 것처럼 식민지 한국인에게 절대적 충성을 요구했다.

"그런 암흑기에 한국의 독립을 예측한 사람은 거의 없었다"고 선친께서 말씀하셨던 기억이 난다.

앞날을 내다볼 수 없던, 희망이 없던, 눈과 귀를 가리고 오직 일본의 승리만을 주입시키던, 이 시대를 보낸 우리의 선각자들이 갑자기 일본에 원자폭탄이 떨어질 때까지 버티고 살았다는 것 자체가 기적이라 생각한다.

우리는 애국지사들의 고귀한 희생정신을 찬양한다. 그러나 고국에 살면서 일제의 압정 속에서 살아야 했던 2000만 동포는 모두 친일파라서 고국을 떠나지 않고 일본에 협조하며 명맥을 유지하였겠는가?

서울 시청의 옛 청사와 물결치는 파도 모양의 신청사는 '일제의 잔재'와 '한국의 역동성, 도약'이라는 두 가지 상징이 자연스레 극일(克日)과 연결됨을 느낀다. 멀리서 그 건물을 한번 유심히 보라. 그 건물이 우리에게 무언가 말을 거는 듯하다.

이젠 좀 더 성숙한 자세로 일제 36년을 냉정히 평가하고 긴 안목에서 대한민국의 과거와 현재, 미래를 새롭게 설계할 수 있기를 바란다. 수백 만 명의 동포를 아사(餓死)시킨 김일성의 통치는 칭찬하고, 최소한의 생존을 위한 친일까지 무조건 손가락질 하는 것은 지성의 파멸이다. 파괴적 국론분열을 종식하고 극일을 위한 국가적 포용력이 필요한 때다. 과거에 그들의 고통과 공헌 없이 우리의 현재는 없다.

(6)
패자의 국가관,
노예근성의 역사관

좌익 민족주의 정체성에 기반을 둔 민족문제연구소, 역사정의실천연대 등의 입김이 날로 커지고 있다. 보수적 시각의 교과서를 축출했고 전교조 식(式) 역사관만을 학생들에게 주입하려 한다.

일제침략과 위안부 문제를 이야기해 보자. 조선왕조는 아무런 문제가 없고 평화롭게 잘 살고 있는데 일제가 쳐들어와 36년간을 괴롭혔다는 식이다. 당시 고종, 민비, 대원군이 무능했고 신하들이 너무나 부패했으며 세상이 어떻게 돌아가는지 모른 채 정권싸움에만 몰두하여 나라를 빼앗길 수밖에 없었다'는 이야기는 전혀 없다.

'헬조선'이라는 말처럼 구한말 우리 사회는 대다수 백성이 남루하고 게으르며 가난하고 착취와 부패가 만연되어 '망해야 마땅한' 나라였다. 당시 조선을 소개한 많은 외국 문헌들이 이 같은 사실을 전하고 있다.

일진회의 부대가 (1905년에 구성되고 수십만으로 추정) 친일과 합병을 요청했다는 기록이 있다. 일진회는 동학 농민들이 대부분이었다. 끝까지 부패한 양반착취의 축인 조선왕조 보다는 근대화된 일본과 손잡는 것이 오히려 낫지 않겠나 하는 것이었다.

지금 36년간의 간악한 일본 통치를 공격하면 공격할수록 우리가 깨끗해지고 정의로워지는 것처럼 착각한다. 월남파병 때 많은 한국군 기지촌이 형성되어 '라이따이한'이라는 혼혈 사생아가 생겼다. 8000명으로 추산된다. 지금까지 한국정부가 어떤 입장을 내놓고 사죄한 일이 있나? 법정에서조차 혼혈아에게 정의를 세운 일이 없다. 인정도 사과도 없었다.

시민단체 집합체인 역사정의실천연대라는 조직이 있다. 민족문제연구소, 4월 혁명회, 학술단체협의회 등 430개 역사·학술단체가 모인 시민단체다. 이들은 과거 역사를 비판함으로 오늘날의 정의를 구현하려는 모임이다. 모든 문제가 일본 때문에 일어난 것처럼 사고하는 집단이다. 심하게 표현해, 자기 사회의 도덕적 부패와 무능력은 은폐하고 모든 문제를 일본만의 잘못으로 공격한다. 이런 남 탓만으로는 발전이 없다. 왜 그런 비극이 생겨야만 했나, 하는 우리 자신에 대한 깊은 성찰이 미래의 발전을 가져온다.

위안부의 숫자는 약 5만 명으로 추산된다. 그 이야기는 한 쪽으로 너무 부풀려져서 어떤 순결한 소녀가 일본경찰에 잡혀가서 여러 해 강간당하는 식으로만 기술한다. 당시 최하층에 있던 시골의 가난한 집의 처녀들 중 첩의 딸, 머슴의 딸, 기생의 딸, 가난한 소작농의 딸 등 이런 여인들에게는 삶의 미래가 존재하지 않았다. 그래서 상당수의 위안부는 수입이 생긴다는 속임수에 넘어가 끌려갔을 수도 있다. 그것을 무조건 무력으로 처녀들을 잡아다가 강간한 것처럼 일본만 욕하는 것은 노예들의 피해사관밖에 되지 않는다.

위안부 소녀상('평화의 소녀상')이 전국 125곳에 있다고 한다. 이것을 세우는 것이 마치 정의를 세우는 것처럼 자랑스럽게 전국을 덮어도 과거의 기억이 잊히지 않는다. 일본과의 관계도 개선될 일 없다.

아무 득이 없는 어리석은 짓이다. 정부가 반일감정을 부추겨 선거에서 몇 표라도 더 얻고 싶은 것인가. 너무나도 어리석은 짓을 계속하고 있다. 이것이 노예근성이다. '나는 잘못한 것이 아무것도 없는데 모든 것이 왜놈 때문에 일어났다'는 식이다.

반대로 북한 주민의 인권문제는 외면하거나 침묵하고 있다. 지난 2020년 9월 북한군에 의한 해수부 공무원의 사살소각 사건도 정부는 저자세로 철저히 침묵하고 있다.

오히려 미국과 유럽 등 인권을 중시하는 나라들이 더 적극적이다.

2020년 11월 유럽연합(EU)은 인권단체들에게 서한을 보내 북한 인권유린에 대해 문제 제기를 이어갈 계획이라고 밝혔다.

서한에는 '북한에서 벌어지는 끔찍한 인권유린을 국제사회가 잊지 않았다'는 강력한 메시지를 담고 있는데 북한 사형제도와 정치범 수용소, 수감자 성폭행, 이주 제한, 식량권, 타국민 수감 등을 우려하고 있다.

EU는 매년 유엔 북한인권 결의안 작성을 주도하고 있는데 결의안은 2005년부터 2019까지 15년 연속 유엔총회에서 채택됐다. 한국은 2008년부터 2018년까지 공동제안국에 이름을 올렸으나 문재인 정권이 들어선 2019년에는 참여하지 않았다.

현 정부에 묻고 싶다. 6·25 때 김일성, 스탈린의 무력침략으로 억울하게 죽고 피해 본 국민이 수백만이요, 이산가족만도 수십만인데 왜 우리는 김정은에게 물어내라고 하지 않는가.

사실 국회는 2016년 3월 2일 북한주민이 인간으로서의 존엄과 가치를 가지며 행복을 추구할 권리가 있음을 확인하고 북한주민의 인권보호 및 증진을 위하여 236명의 의원 중 단 한 명의 반대도 없이 '북한인권법'을 통과시킨 바 있다.

그러나 대통령, 국회, 통일부 장관은 '북한인권법' 시행 4주년이 넘도록 집행을 하지 않고 있다. 북한 인권 문제에 목소리를 높여온 '한반도 인권과 통일을 위한 변호사모임'(한변)은 이렇게 주장한다.

〈"북한에서 계속되고 있는 조직적이고 광범위하며 중대한 인권침해에 대해서는 지난 6월 22일 제43차 유엔인권이사회의 북한인권 결의안을 비롯하여 오랜 기간 국제사회에서 가장 강력한 용어로 규탄하고 우려해오고 있다. 그런데 정작 대한민국이 이를 외면하고, 나아가 북한인권 개선을 위해 특별히 제정된 법률조차 묵살하고 있으니, 이는 의회민주주의의 자기부정에 해당하고, 위헌적이고 반인권적인 처사로서 북한주민에 대한 인권침해에 해당한다."〉

(7)
동상까지 번진 적폐불길

동상 수난의 역사가 되풀이 되고 있다.

2018년 7월 27일 인천 송학동 자유공원에 있는 맥아더 장군 동상이 불탔다. 맥아더 동상은 북한에 동조하는 종북 세력의 먹잇감이 되어 왔다.

5m 높이의 맥아더 동상은 6·25전쟁이 발발한 지 80일 만에 인천상륙작전으로 전세를 역전시킨 유엔군 총사령관 더글러스 맥아더 장군(1880~1964)을 기념하기 위해 1957년 건립됐다. 당시 국민들이 모금한 1억2000만 환이 들어갔다.

60대 목사 2명을 포함한 단체(미군 추방 투쟁 공대위, 맥아더 동상 타도 특위) 회원 3명은 이날 새벽 2시경 동상 받침대에 사다리를 대고 올라갔다. 맥아더 동상 다리 부분에 이불을 놓고 불을 질렀다.

"점령군 우상 철거! 세계 비핵화! 미군 추방하라!"는 내용의 현수막을 걸

고 이렇게 소리쳤다.

"나는 대한민국의 목사로서 민족 분단의 비극을 안겨준 전쟁 사기꾼 맥
아더 우상을 더는 용납할 수 없다!"

그들이 일부 언론에 보낸 글에서도 맥아더 장군에 대한 적의를 읽을 수
있다.

〈…'공산화를 막아준다는 명분으로 군대를 영구 주둔시키며 전쟁 침략 연습을 하는 미

국은 우리를 지배하려는 전쟁 수탈국 제국주의에 불과하다. 맥아더는 이 땅을 분단시킨 원흉이며, 만주와 우리 땅에 핵폭탄 사용까지 계획했던 장본인임에도 우리에게는 공산화를 막아준 우상으로 떠받들어지고 있다.'…〉

다음날에는 서울 광화문 미국 대사관 앞에서 반미시위가 열렸다. 단체들의 주장 내용은 역시 미군 철수, 자주통일이었다.

"종전을 선언하라, 종전을 선언하라! 우리 이제 새 시대에 걸맞게 미국과 적폐 세력들을 무찌릅시다!"

인천 자유공원에 있는 '맥아더 동상'은 이미 수차례 낙서 테러를 당했다. 김성수 동상, 백낙준 동상, 김활란 동상도 단골 테러 대상이다. 박정희대통령기념관에 세워질 예정이던 박정희 동상은 반대 세력 탓에 사실상 무산되었다. 전쟁영웅 백선엽 동상도 경기도 파주에 건립을 추진하다가 없던 일이 됐다.

'동상 논란'은 "근현대사를 당파적 시각에서 보는 경향이 지나치기 때문" 이라는 지적도 있다. 김윤태 고려대 사회학과 교수는 "과거 역사에 대한 통합적인 해석을 공유하고 사회적 합의를 만들지 못했기 때문에 이런 일이 반복해서 일어나는 것"이라고 했다. 이러다 보니 외국과 비교해 우리나라엔 역사적 인물의 동상이 드물다. 서울 도심엔 광화문광장에 있는 세종대왕과 이순신 장군 동상, 서울역 앞의 강우규 의사 정도다.

해외에서는 주요 도심에 역사적 인물의 동상을 흔히 볼 수 있다. 영국 런던 의회 인근에는 1km 남짓한 거리에 넬슨 장군 등 20여 개의 동상이 세워져 있다. 프랑스 파리에도 나폴레옹, 잔 다르크, 프랑스 혁명을 지지했던 미국 대통령 토머스 제퍼슨 동상들을 볼 수 있다.

전문가들은 동상을 '역사적 교훈을 얻는 조형물'로 생각해야 한다고 조언한다. 신율 명지대 정치외교학과 교수는 "예전에 만들어놓은 동상이고 그것이 그 자리에 있는 것 자체가 하나의 역사"라며 "이를 꼭 공과 과의 잣대로 편 가르기보다 그냥 있는 그대로 놔두고 해석은 각자 저마다 할 수 있도록 하는 것이 오히려 자유롭고 건전한 역사 토론에 유리하다"고 했다.

윤재운 대구대 역사학 교수는 "지금의 역사적 논의가 후에는 어떻게 달라질지 모른다"며 "마음에 안 든다고 무조건 그때 시류에 휩쓸려 있는 동상을 없애버리기만 한다면 남아나는 게 없을 것"이라고 했다.

류근일 전《조선일보》주필은 반미주의의 기원에 대해 이렇게 설명한다. "1980년대에 학생운동-사회운동은 8·15 해방공간 이래의 그런 위장된 '민족' 담론, 궤변적 '평화' 담론을 고스란히 계승했다. 민주화 이후엔 그 흐름이 맥아더 동상 철거, 평택 미군기지 반대, 효순이·미순이 사태, 광우병 소동, 한·미FTA 반대, 사드 배치 반대로 드러났다(소박한 주민들 아닌 운동꾼들이 그렇다). 그러더니 요즘에는 아주 정공법(正攻法)적인 반미투쟁으로 표출되고 있다.

야금야금 작전인 셈이다. 아라비아 사람의 천막 안으로 처음엔 앞다리만 넣자고 하다가 나중엔 네 다리 다 넣고 끝내는 주인을 아예 천막 밖으로 내쫓은 말(馬)의 우화가 꼭 그랬다.

처음엔 저들은 자신들은 반미는 아니고 그냥 '비미'(미국 비판)라고만 했다. 그다음엔 '반미면 어떠냐?'며 반쯤 시인했다. 그러더니 이젠 '그래 우리 100% 반미다, 어쩔래?' 하는 식이다. 그렇게 이 나라는 스스로 지킬 줄을 모른 채 적(敵)을 한 발 한 발 불러들이고 키워주었다."

(8)
8·15 경축일, 건국일

8월 15일은 분명히 우리가 경축해야 할 역사적인 날이다. 이념의 갈등으로 슬픈 날로 만들어서는 안 된다.

1919년 4월 11일 상해 임시정부가 설립되면서 선포한 헌법조항 몇 가지를 살펴보자.

국호 : 대한민국

정치체제 : 민주공화제

종교 · 언론 저작 출판, 집회, 주소 이전 및 소유권의 자유 규정

태극기, 무궁화, 애국가 등 지금과 다름이 없다

반면, 1948년 8월 15일에 탄생한 대한민국의 헌법 제1조는 이렇게 시작한다.

1. 대한민국은 민주공화국이다.

2. 대한민국의 주권은 국민에게 있고, 모든 권력은 국민으로부터 나온다.

이 조문들을 비교해보면 분명히 1948년에 탄생한 대한민국의 헌법정신은 100년 전 1919년 4월 3일에 마련한 임시정부 헌장에 뿌리를 두고 있다.

이런 의미에서 1948년 8월 15일 대한민국 건국 연설에서 이승만 대통령은 "현 정부가 1919년 임시정부의 법통을 이어받고 있다"고 강조한 점에 특히 유의할 필요가 있다. 여기에서 1948년 9월 9일 북한정부 수립정신과 1919년 임시정부 수립 정신을 비교해 보자.

북한은 조선민주주의 인민공화국이다

태극기를 쓰지 않고 인공기를 쓴다

애국가도 다르다

종교·언론 출판 집회, 소유권의 자유도 없다

한마디로 북한 정권은 1919년 4월 11일에 시작된 임시정부와는 근본 체제와 정신에서 완전히 무관하다. 만일 1919년에 대한민국이 건국되었다고 치면 북한정권은 그때 세운 대한민국과 별도의 국가를 세운 반역집단이 된다. 반국가 단체이다. 그래서 북한은 1919년 임시정부 수립을 전혀 인정할 수가 없다.

나는 이승만 정부가 1948년 8월 15일에 1919년 임시정부의 정신을 계승했다는 데에는 전적으로 동의하나, 1919년에 대한민국이 건국되었다는 주장에는 상당한 무리가 있다고 본다.

북한 정권의 반대뿐이 아니다. 1948년 5월 10일 유엔 감시 하에 남한에서 선거가 치러졌다. 남녀동등의 국회의원 선거였다. 그 후 의회가 구성되고, 헌법이 제정되고 이승만을 대통령으로 선출하여 8월 15일에 대한민국이 공식 출범하였다. 영토가 있고, 국민이 있고, 헌법이 있으며, 정부 형태도 갖추고, 국제사회에서 인정하고, 모든 한 국가의 형태가 갖추어진 것이

1948년 8월 15일이다.

1919년 3·1운동 후 8개의 임시정부가 세워졌었다. 한성정부, 노령(露領·러시아 블라디보스토크)정부, 상해정부 등이다. 그중 가장 대표적인 것이 상해임시정부였다. 그리고 1919년 4월 11일 건물 하나에 독립투사 몇 명이 헌법을 제정하고 대한민국 임시정부 수립을 선언하였다.

이런 시점에서 1919년 대한민국 임시정부 수립은 정신적 건국, 이념적 건국이라고 칭하는 것이 마땅하지 않을까. 전에도 1948년 8월 15일을 건국일로 보지 않는 진보좌파, 역사학자들은 많이 있었다.

착실한 기독교인이었던 이승만이 지난 2000년 동안 서방세계를 지배했던 서구문명을 들여와 자유민주주의 시장경제, 남녀평등, 서구식 교육으로 나라를 세웠다. 그러나 이승만을 부정하는 세력들은 6·25에서 미국을 끌어들여 적화통일을 막고 한·미 동맹을 맺어 지금 한국의 주춧돌을 닦은 것이 한국 발전의 기본이 아니라고 부정하고 싶어 한다. 한동안 이승만의 남한 단독 정부수립론이 '분단의 원인'으로 간주하며 조국통일을 방해한 책임자로 몰아세웠다. 그들은 1948년 8월 15일을 대한민국 건국일로, 이승만을 국부로 모실 수가 없는 이념을 가진 사람들이다.

박근혜 탄핵과 함께 2017년 5월 문재인 정권이 들어서면서 '대한민국 건국절' 논란이 심하게 불거졌다. 문 대통령은 취임하자마자 "1919년을 대한민국 건국년"으로 못을 박았다.

3·1운동으로 상하이에 임시정부가 세워진 1919년 4월 11일을 건국 100년으로 기념해야 한다는 것이다. 그리고 2년 후인 2019년 3·1절과 4월 11일 건국일을 대대적으로 기념할 것을 공언하였다.

그런데 이변이 생겼다. 2018년 4월 27일 김정은과의 남북정상회담 후

'1919년 대한민국 건국설'은 자취를 감추었다. '2019년 3 · 1절 100주년 남북공동 축하행사' 제안 이야기도 없어졌다. 북한이 거들떠보지도 않는 임시정부 자체의 100주년 기념을 김정은이 관심을 보일 리가 없다.

임시정부의 국호 – 대한민국, 민주공화 체제, 태극기 사용, 애국가 등 지금 북한정권과는 아무 연관이 없다. 남북정상회담 후 문재인은 "건국 100년"에서 "새로운 100년"으로 슬로건을 바꾸었다. 이제 현 정권은 "임정 100주년"을 "건국 100주년"으로 연관시킬 수 없게 되었다. 김정은의 눈치를 보아야 하기 때문이다.

8 · 15는 독립기념일, 정부수립일, 대한민국 건국일이다. 문 대통령이 과거를 뒤로하고 화해와 치유, 국민통합을 위해서라도 임시정부의 초대 대통령이요, 대한민국의 초대 대통령으로 자유민주주의를 이 땅에 뿌리내린 이승만을 존중하고 추모하는 너그러운 모습을 보여야 한다.

(9)
친일잔재 청산과 만델라

"조선은 우리의 아일랜드다."

제2차 세계대전 후 도쿄대 총장을 지낸 일본의 자유주의 학자 야나이하라 다다오(矢內原忠雄)가 1920년대에 한 말이다. 야나이하라가 아니더라도, 일제시대 이후 '조선은 동양의 아일랜드'라는 말은 널리 회자됐다.

그의 말처럼 한국과 아일랜드는 참 닮은 구석이 많다. 감성적인 국민성도 그렇거니와, 이웃한 제국의 식민지배라는 질곡을 민족적 자존심 하나로 버텨냈다는 점도 비슷하다. 해방 후에도 옛 식민 모국에 대한 분노를 삭이지 못했다는 점도 흡사하다.

1950년대에 한 아일랜드 작가는 "내가 연애를 못 하는 것도 영국 놈들 탓"이라고 투덜댔다고 한다. 아일랜드 자유국 수립으로 사실상 독립을 쟁취한 지 한 세대가 지난 후였지만, 700여 년간 속박과 지배를 받은 원념(怨

念)은 그렇게 쉽게 치유될 수 있는 게 아니었나 보다. 그런데 2005년 실시한 여론조사에서는 아일랜드 국민의 60%가 영국을 '가장 잘 통하는 나라'로 여기고 있는 것으로 나타났다.

대통령과 여당이 앞장서서 '오늘의 대한민국은 다릅니다. 다시는 지지 않습니다'라며 반일독전(反日督戰)을 하고, '독립운동은 못했지만 불매운동은 합니다'라며 죽창을 든 동학농민군이라도 된 양 반일전선으로 달려 나가는 오늘의 대한민국과는 달라도 너무 다른 모습이다.

최근 들어 교육계, 지자체 단위의 '일제잔재 청산' 움직임도 활발하다. 친일파가 작곡한 교가 퇴출, 지명 바꾸기, 일본식 석등이나 학교 조회대 같은 조형물 철거작업까지 이뤄진다.

경기도 고양시와 여주시는 '친일파' 김동진이 작곡한 시가(市歌)를 부르지 않기로 했다. 서울 성북구청은 도로명 '인촌로'를 '고려대로'로 바꿨다. 아예 잔재청산 TF를 만든 지방 교육청도 있다. '유치원'은 일제잔재 용어니 '유아학교'로 바꾸자는 제안도 있다. 문화재로 지정된 친일파의 집이나 적산가옥 보존에 대한 비판적 목소리가 나온다.

문재인 대통령도 이를 언급했다. 2019년 3·1절 기념사를 통해 "친일잔재 청산은 오래된 숙제이자 공정한 나라의 시작"이라고 거듭 청산 의지를 밝혔다. 대통령은 집권초기 '국정원·검찰·경찰 개혁 전략회의'에서 정권의 눈치를 보거나 인권을 경시하는 권력기관 병폐를 '일제잔재'로 규정했다.

친일잔재 청산을 두고 여러 생각이 떠오른다.

2019년 영국 런던의 내셔널 갤러리에서 프랑스 후기인상파를 대표하는 폴 고갱의 초상화 전시회가 열렸다. 고갱 전시회를 앞두고 논쟁이 뜨겁게 일었다. 고갱이 마지막 10여 년을 보낸 타히티섬 등 폴리네시아 군도에서 13~14세 어린 소녀들을 아내로 맞은 비윤리적인 성적(性的) 방종을 문제 삼아 "작품을 전시해선 안 된다"는 주장이 제기되고 있다. 반면 "작품은 어디까지나 작품으로서만 평가해야 한다"는 주장이 나왔다.

유럽에서는 나치 부역논란이 지금까지 이어지고 있다. 오페라를 오락에서 종합예술로 승화시켜 '오페라의 황제'로 불리는 바그너도 유대인을 혐오한 인종주의자로 알려졌다. '지휘계의 황제'라 불린 카라얀 역시 나치 부역자라는 이유로 평생 논란에 휩싸였다.

우리나라도 마찬가지다. 이광수, 서정주, 홍난파, 김성태, 이흥렬, 현제명, 김동진 같은 한국 근현대사에 굵직한 업적을 남긴 예술인들에게 친일 굴레가 씌어져 있다.

친일을 문제 삼아 이광수나 홍난파의 작품이 폄하 또는 배제되어서는 안 된다. 그 누구도 어릴 때나 장성했을 때, 기쁠 때나 슬플 때, 우리 모두가 애창하던 '고향의 봄' '섬집 아기' '동심초' 등을 우리에게서 빼앗을 수 없다. 교가를 만든 이의 친일행적을 문제 삼아 수십 년 동안 수많은 동문이 가곡이나 동요처럼 부른 교가를 지우려는 것은 예술작품에 대한 이해 부족 때문이라 생각한다. "개인적으로 혐오할 정도로 싫어하는 예술가 작품이라도 작품은 그 자체로 만 보아야 한다"고 말한 전(前) 테이트 모던 갤러리 관장 비센테 토돌리의 말은 타당하다.

한편, 친일잔재 청산에는 학술용어나 언어의 문제도 개입돼 있다.
예컨대 일제가 번역해 들여온 자유·권리·개인·민주주의·헌법·철학·예술·사회·문화 같은 수많은 근대 개념어들은 다 어떻게 할 것이냐는 문제가 있다. 여전히 모호한 친일의 경계는 무엇인지, 식민의 역사는 식민의 역사대로 기억·보존하는 것도 그를 극복하는 방법 아닌지, 답 없는 질문이 한둘 아니다.

돌이켜 보면, 노무현 대통령의 '과거사청산위원회'는 일제 치하에서 살았던, 한때 '대단한 분'으로 존경받던 선배들을 하루아침에 '용서받지 못할 친일파'나 '역적'으로 몰아세웠고, '좌파'로 지목 받아 수감생활을 했거나 사형당한 사람들을 하루아침에 '영웅'으로 돌려세웠다.

리콴유는 일본치하에서 먹고살기 위해 일본어를 배워 일본회사에 취직했고, 총리가 된 후에는 "일본치하에서의 경험이 인생에서 가장 소중한 것이었다"고 말하지 않았던가! 박성희 이화여대 교수는 문재인 대통령이 '핍박을 받은 적도 없는데' 적폐청산을 입에 달고 다닌다며 다음과 같이 비판했다.

"만델라는 27년간 옥고를 치르고도 백인들을 용서했는데, 핍박을 받은 적도 없는 우리 대통령은 적폐 청산을 입에 달고 다닌다. 만델라는 국가를 위해 자신의 지지 세력을 설득했는데, 지금 정부는 '촛불 정부'로 스스로를 명명하고 지지층 명(命) 받들기에 여념이 없다. 정치적 관용이라고는 눈곱만큼도 없이 전직 대통령 두 명을 감옥소에 가둬두고 전 세계를 다니며 자신들이 '포용 정부'라고 선전한다."

넬슨 만델라(Nelson Mandela · 1918~2013)는 남아공 백인 정권의 인종차별정책에 폭력으로 맞서 투쟁하다가 27년 6개월 동안 옥살이를 했다. 출옥 후 그는 투쟁 방법을 폭력에서 '화해와 용서'로 바꿔 인종차별정책 폐지를 이끌어냈다. 이 공로로 그는 1992년 74세 때 백인 대통령 데 클레르크와 함께 노벨평화상을 받았고, 대통령에도 당선되었다.

만델라의 진정한 '용기 있는 삶'은 그가 대통령이 되고 나서 "우리는 용서할 수는 있지만 잊어버릴 수는 없습니다"라고 말한 후 '진실과 화해 위원회'를 만들어 '용서와 화해'를 실천했다는 데서 찾아야 한다. '진실과 화해 위원회'는 가해자와 피해자가 함께 살아갈 수밖에 없는 현실에서 비참하고도 추악한 과거사를 밝히기 위해 만들어 낸 타협의 산물이었다. '진실과 화해 위원회'가 정한 원칙은 다음과 같다.

① 샤프빌 학살사건이 일어난 1960년부터 만델라 대통령이 취임한 1994년 사이에 일어난 사건만 조사한다.

② 정치적 동기에 의해 일어난 사건만 다룬다.

③ 사면을 청원하는 사람은 그 사건에 관련된 진실을 모두 충분히 밝혀야 한다.

'진실과 화해 위원회'가 처리한 조사 결과는 다음과 같다.

인종차별 시절 차별 반대투쟁을 벌인 흑인들을 화형이나 총살 등의 잔악한 방법으로 탄압한 폭력 가해자가 진심으로 죄를 고백하고 뉘우치면 사면했고, 나중에는 그들에게 경제적인 보상도 베풀었다. 피해자 가족들에게는 그들의 요청에 따라 피해자 무덤에 비석을 세워줌으로써 아파르트헤이드 시절의 국가폭력 피해자들이 잊히지 않도록 처리했다. 이렇게 하여 만델라의 '용서하는 마음'은 남아공을 '화해의 나라'로 만들었다.

(10)
세월호 침몰 사건

세월호(사진은 전남도 수산자원과 제공)의 침몰은 여러 요인들이 겹쳐서 일어났다. 그 요인들은 본질적으로 도덕심의 부족에서 나왔다.

박근혜와 당시 청와대의 과오로만 몰아선 안 된다. "박근혜 정권을 '인신공양'의 사교"라고 저주하지 않았던가. 사건 당시 박근혜의 7시간 행적을 '밀회'라고 싸잡아 공격하지 않았던가.

소설가이자 사회평론가인 복거일은 "해운회사의 사주, 선박 전문가들, 해운회사 실무자들, 여러 감독 기관들의 요원들, 사고 당시 선장과 선원들 모두에게 문제가 있었다"고 지적한다.

〈…낡은 배를 사서 취미를 즐기려고 회사 돈으로 한 층을 더 쌓아서 배를 위태롭게 만든 해운회사의 사주, 무리한 개축을 "적재 화물을 크게 줄인다"는 조건으로 허가해서 자

신들의 책임을 교묘하게 회피한 선박 전문가들, 과다적재를 강요한 해운회사 실무자들, 안전 점검을 아예 하지 않고 서류만 꾸민 여러 감독 기관들의 요원들, 믿어지지 않을 만큼 도덕심이 부족한 선장과 선원들 – 이들 가운데 최소한의 도덕심을 지닌 사람이 하나라도 있었다면, 그 배는 많은 승객들과 함께 가라앉지 않았을 것이다.…〉

　당연히 정부는 사고를 수습하는 절차를 밟으면서 우리 사회를 보다 도덕적으로 만드는 과제를 수행해야 했다. 원칙과 규정에서 도망친 이유를 가리고 양심을 지웠던 순간들을 돌아봐야 했다.

　물론 세월호 참사와 관련해 진상 규명과 책임자 처벌 절차가 거듭 진행됐다. 검찰 수사와 국회 국정조사, 감사원 감사, 해양안전심판원 조사, 특조위 조사 등 수 많은 '조사'가 있었다. 그 결과, 세월호 선사와 선원, 구조 해경, 해운업계 관계자까지 무려 400명이 입건되고 150명 넘게 구속 기소

됐다. (2019년 11월 현재)

또 재판을 통해 선체 불법 증축과 평형수 부족, 부실한 화물 고정, 운전 미숙, 감독 소홀 등 참사를 야기한 원인들이 드러났다.

그런데도 조사(수사)가 미진하단다. '검찰 세월호 특별수사단'은 2020년 4월 22일 정부 부처들에 대한 대대적인 압수수색을 벌였다. 박근혜 정부가 세월호 특별조사위원회 활동을 조직적으로 방해했다는 의혹을 규명하기 위해서였다.

그동안 세월호 유가족들은 "박근혜 정부가 특조위 예산을 삭감하고 공무원 파견을 고의로 막았다"는 의혹을 제기해 왔다. '사회적 참사 특별조사위원회'도 이러한 의혹을 입증할 증거를 추가로 발견했다며 이병기 전 대통령 비서실장 등 19명에 대해 수사 요청을 하기로 했다. 아직도 밝혀야 할 의혹이 있다는 사실이 놀라울 뿐이다.

세월호 사고는 우리 사회 전체가 안전 문제에 대해 경각심을 갖고 시스템을 정비하는 계기가 돼야 했다. 그러나 몇 년이 흐른 지금, 이 나라가 더 안전해졌다고 생각하는 국민이 얼마나 있을지 의문이다.

안전사고는 세월호가 터지기 이전 3년간(2011~2013년) 88만여 건이었으나 이후 3년간(2015~2017년) 91만여 건으로 오히려 늘었다고 한다. 2017년 해상 조난 사고를 당한 선박은 3160척으로 사상 최다를 기록했다. 희생자도 83명으로 세월호 사고 이후 가장 많았다. 사고원인 96%가 정비 불량, 운항 부주의 등으로 인한 인재(人災)였다.

대형 사고를 뜻하는 '사회적 재난'도 늘고 있다. 요양병원과 다중 이용

건물에서 화재가 나 수십 명씩 숨졌는가 하면 펜션에 투숙한 학생들이 유독가스에 질식돼 여러 명이 희생됐다.

　고속철이 뒤집어지고 건물이 붕괴되는 사고가 잇따랐다. 그럴 때마다 고질적인 '설마' 증후군과 정부의 무능한 대처가 반복되고 있다. 하늘과 땅, 바다 어느 곳도 안전한 곳이 없다. 아무것도 달라지지 않았다.

　어느 국가든지 근대 경제의 발전과정에서 많은 안전사고가 있었던 것은 어쩔 수 없는 역사의 흐름이었다. 1948년 대한민국 건국 이후 수없이 되풀이된 대형사고의 전철을 그저 답습할 뿐이었다. 한국 현대사에 기록된 사건·사고들을 나열하면 이렇다.

1970년 4월 8일 와우 아파트 붕괴 : 사망 33명

1972년 12월 2일 서울 시민회관 화재 : 사망 51명

1974년 11월 3일 서울 대왕코너 화재 : 사망 88명

1977년 11월 11일 전북 이리역 폭발 : 사망 59명

1981년 5월 14일 대구 고산3동 경부선 열차 추돌 : 사망 56명

1984년 1월 14일 부산 대아호텔 화재 : 사망 38명

1987년 6월 16일 경남 거제 극동호 유람선 화재 : 사망 27명, 실종 8명

1993년 3월 28일 구포역 무궁화호 열차 전복 : 사망 73명

1993년 7월 26일 아시아나 여객기 추락 : 사망 66명

1993년 10월 10일 서해 페리호 침몰 : 사망 292명

1994년 10월 21일 서울 성수대교 붕괴 : 사망 32명

1995년 6월 29일 서울 삼풍백화점 붕괴 : 사망 501명

1995년 4월 28일 대구 상인동 가스 폭발 : 사망 101명

1999년 6월 30일 경기도 화성 씨랜드 청소년수련원 화재 : 사망 23명

1999년 10월 30일 인천 인현동 호프집 화재 : 사망 57명

2003년 2월 18일 대구 지하철 화재 : 사망 192명

2008년 1월 7일 경기도 이천 냉동창고 화재 : 사망 40명

2014년 4월 16일 세월호 침몰 : 사망 304명

우리나라를 대표하는 서정시인 정호승은 세월호 참사 직후 방한한 프란치스코 교황에게 편지를 썼다. 그는 "대한민국에 그 어느 때보다 사랑이 필요하다"며 "'나'를 생각하기 이전에 '너'를 생각하는 사랑과 배려의 정신이 결핍돼 있다"고 말했다. 또 "우리는 지금 눈물이 필요하다"면서 "대한민국은 아직 충분히 울지 않았다"고 아파했다.

〈…우리는 지금 눈물이 필요합니다. 대한민국은 아직 충분히 울지 않았습니다. 더 많이 더 진실한 마음으로 함께 손을 잡고 울어야 합니다. 이기와 부정과 부패에 마음을 빼앗겨 이웃의 불행을 함께 아파하는 마음의 눈물을 잃었습니다.

교황님께서도 대한민국 국민 모두를 황금의 돈을 낚는 어부가 아니라 사랑의 빛을 낚는 어부로 만들어 주십시오. 그리하여 세계 유일한 분단국가인 대한민국에 화해와 통일의 빛이 비치게 해주십시오. 남북이 서로 마음을 열어 한민족 한나라로 평화를 이루게 해주십시오. 북한의 인권을 위해 진정 아파하고 기도할 수 있도록 우리의 마음을 열어주십시오.

교황님이 전하시는 '행복 10계명'을 다시 읽어봅니다. 평범하지만 어렵고, 어렵지만 마음만 먹으면 실천할 수 있다는 생각이 듭니다. 특히 '다른 사람의 삶을 인정하고 관대해지라'고 하신 말씀은 평생 가슴 깊이 새기겠습니다. 순교의 나라이자 분단의 나라에 오시

는 교황님을 위해 제 자작시 '작은 기도' 한 편을 바칩니다.

누구나 사랑 때문에

스스로 가난한 자가 되게 하소서

누구나 그리운 사립문을 열고

어머니의 이름을 부르게 하소서

하늘의 별과 바람과

땅의 사랑과 자유를 노래하고

말할 때와 침묵할 때와

그 침묵의 눈물을 생각하면서

우리의 작은 빈 손 위에

푸른 햇살이 내려와 앉게 하소서

가난한 자마다 은방울꽃으로 피어나

우리나라 온 들녘을 덮게 하시고

진실을 은폐하는 일보다

더 큰 죄를 짓지 않게 하소서…〉

(11)
이조시대의 적폐청산과 현대의 적폐청산

　우리가 접하고 있는 현 정국과 사회상을 보면 우리 몸속에는 조상에게서 물려받은 당파싸움의 DNA가 살아서 움직이는 것 같다.

　고려와 조선을 피로 물들인 수없는 당파싸움, 패권정치, 도방정치, 외척정치 등 너무나 우리 귀에 익숙하다. 무오사화, 갑자사화, 기묘사화, 을사사화, 서인·동인·남인·북인·노론·소론의 싸움, 훈구파·사림파의 싸움….

　권모술수로 적을 제거하고 정적의 삼족을 멸하는 소름 끼치는 피의 사화, 옥사와 환국의 당쟁이 너무 많았다. 여기에서 나는 지난 몇 백 년 우리 조상들의 당쟁과 정치싸움의 역사를 돌아보고 현 시점의 한국 정치 현상과 비교해 보고 싶다.

　사화(史禍), 옥사(獄事), 환국(換局) 등은 항상 적폐청산의 이름으로 정

사화 (왕이 모반을 핑계로 죽임)	옥사 (피 흘리며 정권 교체, 대규모 숙청)	환국 (정치세력의 교체)	사옥(박해) (집권자가 일반 백성을 죽인 사건. 주로 남인과 기독교인 탄압)	반정 (신하들이 임금을 폐하고 새 임금을 세움)
무오사화, 갑자사화, 기묘사화, 을사사화, 정미사화, 신임사화	기유옥사, 기축옥사(정여립), 계축옥사, 을해옥사	경신환국(서인 권력장악), 기사환국(남인 권력장악), 갑술환국(서인 권력장악), 신축환국, 을사환국, 정미환국	신해사옥, 을묘박해, 신유사옥, 기해사옥, 병오사옥, 경신박해, 병인박해	인조반정, 중종반정

적의 죄를 물어 처형한다. 그런데 얼마 후 죽임을 당했던 당파가 살아나서 상대를 몰아세워 다시 죽인다.

죽고 죽이는 복수의 무한궤도다. 50년에 걸쳐 일어났던 4대 사화는 인재의 멸종을 부름으로 임진왜란과 병자호란에 이르게 되었고 정여립을 무고하여 일어난 기축옥사는 호서·호남 지도급의 1000여명을 살해하여 인재의 씨를 말린 비극이었다. 이러한 비극의 당파싸움은 결국 이조말 외척의 세도정치로 이어지고 경술국치 한일병탄으로 나라를 완전히 잃게 된다. 이렇게 피를 말리고 인재의 멸종을 부르던 당파싸움이 지금도 대한민국에서 진행형이라는 데에 놀란다.

정권이 바뀌고 전 정권의 핵심인물들이 줄줄이 구속되고 재판받는 모습이 일상사가 되었다. 대기업, 중견기업의 수장들도 굴비 엮이듯 수갑을 차고 검찰로 법정으로 끌려 다닌다. 특별히 김관진, 김기춘, 우병우까지 수갑을 채우는 것을 보니 눈물이 난다. 인간들이 모여 사는데 흠결이 왜 없으랴.

그들은 충신들이었다. 나라가 너무나 좌경화되는 것을 걱정한 것이 죄였다. 지금 진보 좌파는 지난 몇 십 년간의 보수 우파가 한 일을 모두 사악한 적폐로 본다.

대한민국이 건국 된지 70여 년, 1948년 이후 거의 60년을 보수 우파가 한국을 지배하였다. 만일 그들이 사악과 부정과 부패로만 살아왔다면 어떻게 그들 밑에서 국력과 경제가 계속 성장하여 꼴찌 나라를 세계 10위권 경제대국까지 올리고 국민소득 70불에서 3만 불까지 끌어올렸겠는가. 그들의 노력과 성의는 기억하지 않고 그들의 악했던 면, 부패했던 면만 드러내려는가.

지금 현 정권은 적폐청산 또는 정의라는 이름으로 과거 보수정권을 완전히 뒤집어 놓았다. 나는 전직 대통령 두 분을 수감하고 보수정권의 관료들을 처형해도 걱정은 않는다. 나라가 온전할 것인가가 문제다.

지금 나라 안팎에서는 코로나19로 어수선하다. 그러나 북핵문제는 여전히 진전이 없다. 중국·미국·일본은 우리를 압박하는 내지 무시하고 있다.

미·중 갈등은 악화되고 있고 국내 경제는 몹시 어려워진 상태다. 코로나19 여파로 세계경제는 암흑기다. 어떻게 풀어야할지 누구도 대책을 마련하지 못하고 있다. 첩첩산중이다.

과거와의 전쟁을 끝내고 미래와 맞서야 한다. 당장의 경제위기에 힘을 모아야 한다. 지난 보수정권의 정책을 질타하는 일을 그만두고 대한민국의 앞날을 걱정하길 바란다. 많은 국민이 혼란에 빠져있다. '역사는 똑같이 반복되지는 않으나 비슷한 운을 띄우며 흘러간다'(History does not repeat itself, but it rhymes.)고 마크 트웨인이 말하지 않았던가. 과거를 교훈삼아 미래를 준비해야 한다. 앞으로는 탕평의 세월이 올 것을 희망하면서 다음 세대를 이끌 정치·경제 교육지도자들에게 새로운 희망을 걸어본다.

(12)
일제 36년, 6·25전쟁

만일, 만일, 만일 지금의 대한민국의 부흥이, 한강의 기적이 계속 이어져 북핵 폐기와 함께 남북통일을 이룬다면 일제 36년의 고통과 6·25전쟁의 상처는 분명히 축복의 사건으로 역사에 기록될 수 있다.

일제 36년은 부패 무능했던 이조말의 왕정에서 자유민주주의, 새로운 현대문명의 세계로 넘어가는 징검다리 노릇을 해 주었고 6·25전쟁은 그 후 한미방위동맹을 성취함으로 미국의 배려로 국방·경제·교육 등을 발전시킴으로써 극빈의 나라를 풍요의 나라로 이끄는 사건으로 자리매김할 것이다.

만일 1948년에 대한민국이 세워지고 미군이 완전 철수한 후 북한이 1950년대 6·25전쟁을 일으키지 않고 서서히 남한적화정책을 썼다면, 우리는 지금 어떤 상태에서 살고 있을까?

대한민국은 그 후 수년 내로 남한 내의 좌파와 북한의 정치공략으로 적화통일 되었을 가능성이 크다고 보아야 한다. 이미 한국전쟁 발발 당시에도 남한 국민의 반 이상이 좌파사상을 가지고 있었다는 기록이 있다.

6 · 25가 없었다면 아마도 남한 국민 전체가 지금의 북한 국민처럼 극빈 상태에서 김일성 왕조 앞에 몸을 조아리며 눈물의 세월을 보내고 있을지도 모른다.

너무나 과한 상상의 날개를 편 것인가?

중국공산당, 소련공산당, 북한공산당, 남한에 존재한 남로당 등의 정치적 공세에 중국 대륙에 붙어있는 손바닥만한 남한이 자유민주주의를 지키고 지금까지 버티고 있을 가능성은 거의 없어 보인다.

400만 명 이상이 희생되고 피가 강같이 흐르고 남북한의 초토화되었던 전쟁 후, 대한민국의 기적의 부흥이 일어났으니, 6 · 25는 과연 저주인가, 축복인가?

나는 지금 100여 년 전 청일전쟁(1894~1895)과 러일전쟁(1904~1905)도 다시 생각해 보고 싶다.

만일 그때 일본이 청나라나 소련과의 전쟁에 패하여 한반도가 중국이나 소련의 영토에 소속이 되었다면, 어떤 역사의 흐름이 진행되었을까? 물론 한반도는 일본의 지배를, 그러니까 36년간의 지배를 받지 않았을지 모른다.

그러나 지금 우리는 중국의 지배를 받고 있는 티베트나 신장 위구르족 정도의 대접을 받으며 속국으로 살고 있을 것이고, 소련의 지배로 들어갔다면 소련 9개의 위성국들처럼 비참한 몇 십 년을 보내고 지금도 가난에

굶주리며 소련의 영향권에서 벗어나려고 눈물의 세월을 보내고 있을지 모른다.

1910년 강제적인 한일병탄이 이루어질 당시 일본은 세계의 강국으로 등장해 물질문명 정신문명이 중국과 소련을 훨씬 앞섰고 서양 못지않은 선진국 반열에 들어 있었다.

나는 어차피 속국으로 살려면, 그 후 일어난 여러 가지 사건들과 역사의 진행을 볼 적에 일본의 지배를 받은 것이 불행 중 다행으로 본다.

식민지 36년 동안 100% 농경사회에서 현대의 공업사회로 발전해 갈 수 있는 틀이 마련되었고, 중국을 지배하기 위한 수단이었으나 경부선, 경의선 기찻길도 놓고 많은 군수물자와 생필품 생산공장을 세워 근대 공업화의 기본 기술을 많은 한국인이 배웠다는 사실을 잊으면 안 된다. 1945년 해방 당시 약 1000개의 생산 공장이 조선반도에 있었다는 기록이 있다. 이것이 한국 공업화의 시작이었다고 보아야 한다.

또한 기독교의 포교를 허락함으로 선교사를 통하여 배재학당, 이화학당, 세브란스 등의 신교육을 받을 수 있는 교육기관이 생겨서 신문명을 배우고 받아들인 인재들이 각 방면에 육성이 되어 해방 후 대한민국 발전의 기틀이 되었다는 것을 잊으면 안 된다.

우리는 좀 더 크고 너그러운 안목에서 일본의 36년의 지배가 대한민국 발전에 어떤 영광을 미쳤는가를 생각해야 된다.

위안부와 강제징용, 학도병의 시대로만 치부해서는 안 된다.

그것은 패배의식만 심어주는 교육이다.

일본은 한반도에서 무엇을 가져갔을까?

쌀과 콩을 공출하여 가져갔을 것이고 석탄과 철광석을 가져갔을 것이다.

이조 말 조선은 몹시 피폐하고 가난하여 많은 물자를 가져가기는 어려웠을 것으로 생각이 된다.

독일의 재상 비스마르크는 그 당시 유럽을 휩쓸던 식민지 확대에 부정적이었다.

식민지를 세우기 위한 인프라 투자에 드는 비용에 비해 실질적 효과가 별로 없다는 것이 이유였다.

그래서 독일은 식민지 확대 정책을 쓰지 않았다.

일본제국도 한반도에 쏟아 부은 투자비용에 비해 회수는 한없이 미약한 적자 식민지 운영이었다는 기록도 있다.

그러나 일본에게 한반도는 섬나라를 벗어나려는 제국주의의 "국가위신"이었고 중국대륙 침공의 절대적, 군사적 교두보였다.

한반도의 지난 1000년 역사를 돌아보면, 미워해야 할 적들이 너무 많다. 그러나 우리는 수많은 불행한 눈물의 역사를 뒤로 하고 부흥을 이루었지 않은가.

이제 우리는 중국이나 소련의 속국으로 살고 있지 않은 것을 감사하면서 반일·종족주의에서 벗어나 일본과의 외교도 정상화하고 좀 더 성숙한 자세로 일본과의 관계를 정리할 때가 왔다고 생각한다.

우리는 작은 나라지만 좀 대국적으로 생각하며 한국의 미래를 설계할 수는 없을까?

10

한국을 움직일 미래와의 투쟁

민주주의는 여정(旅程)이다. 민주주의는 무궁한 논쟁거리를 제공해준다. '민주주의의 과잉(Excess of Democracy)'을 우려하는 시각이 넘쳐 난다. '되는 것도 없고 안 되는 것도 없게 만드는' 민주주의에 대한 불만이 높아지고 있다. 그러나 민주주의의 존재 이유는 그 도덕적 정당성에 대한 보다 근원적인 질문을 준비하게 만든다.

포퓰리즘은 더는 남미(南美)에 국한된 이야기가 아니다. 포퓰리즘은 민주주의라는 겉옷을 입고 있다. 민주주의는 인민(人民)을 주인으로 떠받드는 정치 체제이나 현실은 다르다. 지도자는 늘 인민을 위협하며 억압하고 착취하려 든다. 포퓰리스트들은 이 점을 파고든다. 포퓰리스트들은 인민주권의 회복을 내세우며 사회적 약자를 위한 정치적 경제적 변화를 약속한다. 지배-피지배 구조가 엄존하는 한, 포퓰리스트가 양생(養生)할 여건은 무한히 열려 있다.

1980년대 이후 우리 사회는 위장명칭을 단 혁명적 사회주의세력이 급성장했다. 이 세력들이 지향하는 길은 포퓰리스트의 길과 크게 다르지 않다.

한반도의 미래, 대한민국의 미래를 위해서는, 계급 사관을 숨긴, 자본주의를 부정하는, 포퓰리스트 정치꾼과 싸워야 한다. 포퓰리즘이야 말로 민주주의의 적(敵)이다. 그리고 미래를 위해 교육대계를 다시 정립시켜야 한다. 교육은 4차 산업혁명으로 가는 지름길이다. 역사 교과서 문제도, 역사를 계급적 관점에서 바라보는 시각에서도 벗어나야 한다. 탈원전의 급진적인 움직임도 경계해야 한다.

(1)
포퓰리즘
(대중영합주의)

포퓰리즘, 대중 영합주의는 엘리트에 맞서 대중을 동등하게 놓고 정치 및 사회체제의 변화를 주장하는 이데올로기 혹은 정치철학으로 라틴어 Populus에서 유래하였다. 포풀루스는 '인민' '대중' '민중'이라는 뜻이다. 사회는 순수한 평민들과 부패와 부정으로 권력과 부를 쌓은 엘리트 그룹으로 나누어져 있다는 주장이다. 포퓰리즘엔 엘리트, 기득권 층에 대한 증오심이 깔려있다.

포퓰리스트들은 이런 증오심을 이용해 집권하는데 문제는 이들도 일단 집권하면 민중을 등에 업은 더 심한 사회의 기득권이 되어버린다는 점이다.

소련·중국·북한의 역사 진행과정을 보라. 포퓰리즘은 엘리트, 기득권이 나쁘다는 간단하고 얄팍한 개념으로 맞서는, '우리만이 진짜'라고 대중이 믿게 하는 것인데, 촛불시위로 온 나라를 뒤집고 집권한 현 정권이 그렇다.

지난 20세기를 통틀어 포퓰리즘을 등에 업고 집권한 진보좌파 정권은 셀 수 없다. 그 중 몇몇은 잠깐 사회평준화의 원칙을 지키며 안정된 정치경제를 끌고 간 나라도 있었다. 그러나 지금 어떤 나라도 경제·정치 민주주의가 제대로 작동하는 나라는 없다. 꿈의 나라, 평등의 나라라고 칭찬받던 노르웨이·스웨덴·덴마크 모두 경제파탄의 늪으로 빠져들고 있다. 그리스·이탈리아·아르헨티나 역시 경제 붕괴로 헤어날 길이 안 보인다.

그럼 한국은 어떤가? 문재인 포퓰리즘 정권이 불과 3년 만에 심각한 경제·사회·노동·교육의 문제가 등장하고 있다. 경제는 급강하의 길로 들어섰다. 공무원과 안하무인의 노조 천국이 되었다.

"이게 나라냐?"고 외치며 촛불시위로 나라를 뒤엎고 새 나라를 세웠는데, 돌아보니 그때 그 나라는 참으로 괜찮은 나라였다. 탄핵 후 지금의 대한민국은 "이것은 정말 나라도 아니다"라고 탄식한다. 아무리 한국이 냄비 체질이라 해도 이럴 수가 있나. 가파른 낭떠러지를 피투성이가 되어 굴러 떨어지는 것 같다. 김동길 박사가 쓴 글을 소개한다.

〈…일전에 어느 방송사가 그리스를 찾아가 크레타섬, 수도 아테네 등 여러 곳을 둘러보며 그 나라의 오늘의 참상을 있는 그대로 보여주었습니다. 정말 놀랐습니다.

소크라테스·플라톤·아리스토텔레스의 철학은 간 곳 없고, 솔론·데모스테네스의 정치는 실종되었습니다.

휴양지의 고급 호텔과 식당, 가게는 손님이 없어서 대부분 문을 닫았고, 도심지의 상점들도 한 집 건너 휴업이며 중류층에는 속했을 것 같은 잘생긴 부인들이 파장된 장터를 헤매며, 팔다 버린 야채 부스러기를 주워 가기에 바쁩니다.

실업자들이 길거리를 메우고 청년층의 50%가 무직이라는 말도 있습니다. 노조는 파업 밖에는 할 줄 아는 것이 없고 날마다 시위행렬은 행길을 메웁니다.

경제의 체계가 완전히 무너진 것입니다.

2004년의 올림픽을 그렇게 훌륭하게 치러 전 세계를 감동시킨 올림푸스의 신들은 다 어디로 가고 제우스의 후손들은 어쩌다 저렇게 '사망의 음침한 골짜기'를 헤매게 되었습니까?

아테네 대학의 교수에게 "위대한 희랍이 어쩌다 이렇게 되었습니까"고 질문을 던졌더니 그 교수가 두 마디로 요약해서 대답할 수 있다고 하였습니다.

"정치인들 때문이죠. 그들이 '포퓰리즘'으로 국고를 탕진하였고, 그 다음은 '탈세'로 공무원과 업자를 살찌게 하였기 때문입니다."

그 말을 들으면서 나는 한국의 오늘을 생각할 수밖에 없었습니다.

'복지정책'이 나라를 망칠 수도 있고, 공직자의 부정부패가 한국을 오늘의 그리스처럼 만들 수가 있을 것 같습니다.…〉

문재인 정부는 최저임금을 급격하게 올렸다. 많은 자유주의 식자들이 신중한 행보를 요구했지만, 독선적인 문재인 정권이 이를 경청할 리 없다. 2017년 가을 최저임금을 전년 대비 16.4% 올려 2018년 최저임금이 7530원이 됐다. '왜 두 자릿수로 최저임금이 올라야 하는지'에 대한 논거는 제시되지 않았다. 최저임금 인상은 일종의 '절대선(絶對善)'이자 '성역(聖域)'이었다.

이로써 문재인 정부는 '증세'와 '최저임금 인상'이라는 최대의 숙원을 2017년에 모두 풀었다. 문재인 정권으로서 그렇게 갖고 싶어 했던 창과 칼을 양손에 들게 된 것이다.

날개를 달았다면 우리 경제는 2018년에 도약을 했어야 맞다. 하지만 현실은 정반대였다. 2018년 한국의 경제성장률(2.66%)은 오히려 미국(2.89%)보다 낮았다. 그리고 세계 성장률 평균은 3.66%이다. IMF 외환위기, 메르스 사태 등 외부 요인에 의하지 않은 정상적인 상태에서 우리나라 성장률이 미국보다 낮은 것은 처음 있는 일이다. 한·미 간의 성장률 역전은 충격적이다.

최저임금이 2019년에도 10.9% 올랐다. 주휴수당까지 법으로 포함돼 사실상 시급 1만원이 넘었다. 2년 동안 무려 29.1% 상승한 것인데, 급격한 최저임금 인상이 고용 참사를 악화시켰다는 것이 속속 입증되고 있다. 근로시간 단축과 연계해 현 정부는 소득을 늘려 경제 성장 효과를 노렸지만, 역효과만 커진 것이다.

최저임금을 아예 주지 못해 처벌받은 사업체가 한 해 전보다 47%가량 급증했다. 대기업들도 벅찰 정도이니 올해 법을 위반할 수밖에 없는 영세업체가 얼마나 될지 가늠하기가 어렵다. 국민이 지킬 수 없는 법을 만들어 죄 없는 사람들을 범법자로 만드는 정책은 누굴 위한 것인가.

그런데 최빈곤층인 소득 하위 20%(1분위)의 경우 2018년 3분기까지 7~8% 정도(전년 동기 대비) 줄던 소득이 4분기에는 18% 가까이 급감했다. 근로소득은 더 줄어 감소율이 37%에 달했다. 역대 최악이다.

현 정부의 소득주도성장은 최저임금 인상과 복지 강화로 저소득층 가구소득을 높여 소비 증가→경제 성장→분배 개선으로 이어지도록 하자는 게 당초 취지다. 하지만 정책 실험은 거꾸로 가고 있다. 오히려 빈곤층을 더 가난하게 내모는 결과를 내면서 분배 악화라는 역효과를 보이고 있다. 전문가들은 "이쯤 되면 정책 실험을 멈춰야 할 때가 됐다"고 입을 모은다. 더 지속하다간 빈곤층을 더 나락으로 내모는 악순환이 고착화될 것이라는 우려다.

그러나 문재인 정부는 경기 상황을 살필 의지도 능력도 없었다. 통상적으로 정권이 출범하면 '출범 100일, 6개월, 1년 평가'를 한다. 문재인 정부는 비판적 시각에 대해 전혀 눈길을 주지 않았다. 소득주도성장이라는 '확증 편향'에 사로잡혀 보고 싶은 것만 봤다. '부분적으로 보완하고 필요하면 속도를 내겠다'는 판박이 말을 무수히 되뇌었다. 통계청도 경기 정점 판정을 적기에 하는 '기민함'을 보이지 않았다. 정책 실패를 드러내는 것이 두려웠을 수도 있다. 이렇게 해서 정책 실기(失機)를 최소화할 수 있는 기회를 놓쳤다.

바른사회시민회의 공동대표인 조동근 명지대 명예교수(경제학)는 "문재인 정부가 경제정책에서 실패할 수밖에 없었던 이유를 '시장과 자유 그리고 개인'의 개념이 없기 때문"으로 보았다. 정부의 역할이 커질수록 민간은 자리를 잃게 마련이다. 일자리 창출을 놓고 정부와 민간이 경쟁하다 보니, 세금을 내는 '40대 제조업 일자리 한 자리'와 세금이 들어가는 '60대 사회적 일자리'가 등가물(等價物)로 통계에 잡히는 이상한 일이 벌어진 것이다. 일자리를 만드는 경쟁에서 '정부가 이길수록' 재정은 탕진되고 일자리 질(質)은 나빠진다는 것이 조동근 교수의 주장이다.

"부가가치를 팔아 현금화한 뒤, 생산에 기여한 사람에게 그 몫을 나눠줄 때 비로소 일자리가 만들어진다. 정부는 부가가치를 생산하는 주체가 아니다. 기업만이 부가가치를 만들 수 있다. 직종과 근로형태가 다양해짐에도 '비정규직=악(惡)'의 시각을 유지하는 것 자체가 시대착오적이다. 4차 산업혁명 시대에 고용경직성을 고집하는 것은 국가적 자해(自害)이다. 최악으로 치닫는 저성장·고착화의 고리를 끊으려면 노동계에 기울어진 운동장을 바로잡고 노동 유연성을 키워야 한다."

여기서 포퓰리즘을 뒤에 업고 현재 한국의 정계를 마음대로 조정하는 현 좌파 진보 문재인 정권을 묘사한《조선일보》김광일 논설위원의 글을 인용한다.

〈…"현 정권은 2년 후 누가 청와대에 들어와도 도저히 앞이 보이지 않을 만큼 나라를 어렵게 만들어 놓고 임기를 마칠 것이다. 그런데도 2년 후 다른 정권은 보수가 아닌 진보일 것이다. 헤어날 수 없는 지경으로 경제파탄이 오는데도 진보가 장기 집권할 모든 태세를 마련해 놓고 떠날 것이라는 이율배반적인 사실이 여기에 있다. 진보는 없는 자와 노동층의 박탈감과 공포와 분노를 조절하여 국민심리를 자기 쪽으로 이끄는 기술을 가지고 있다. 선거 때마다 정권유지를 위해 현금살포, 복지확대, 연금확대를 약속한다. 유권자들은 눈덩이처럼 불어나는 재정적자를 아랑곳하지 않고 제 발등을 찍는 또 제 자식들 발등을 찍는 포퓰리즘에 표를 던질 것이다."…〉

(2)
한국 교육의 과제

대한민국 부흥의 역사는 교육의 결과다. 소 팔고 땅 팔아 자식 대학 입학시키고, 유학하여 선진기술을 배워 온 공학도들의 기여가 없었다면 세계를 누비는 자랑스런 기업도 없었을 것이다. 또 불세출의 정치 지도자들, 경제인들 역시 탄생하지 않았을 것이다.

한국 교육은 국가의 생명이다. 우리는 천연자원이 없다. 국토의 70%가 산이다. 쓸 만한 농경지도 별로 없다. 고등교육을 받은 인재(人才)만으로 10대 강국이 되었다. 우리는 기술력을 높여 남보다 질 좋고 값이 싼 물건을 만들어 외국에 수출하여 외화를 벌어 경제를 유지해 간다.

수출입 의존도가 전 경제활동의 70%이다. 미국은 20%도 되지 않는다. 그런데 이렇게 한국 부흥의 역사에 절대적 주춧돌 역할로 나라를 일으킨 교육에 심한 파열음이 일기 시작하였다.

어제오늘의 토론은 아니지만, 대한민국이 교육제도와 방향을 놓고 심한 논쟁이 연일 계속 된다.

"교육 평준화, 자사고 특목고 폐지 논란"
"대입 수능과 4차 산업혁명 인재 양성"
"고등교육의 위기, 대학교의 위기"

이제 여기서 이 5가지 문제를 진단하고 한국 교육의 문제와 해결, 방향들을 간단히 제시하여 보기로 하자.

① 고교 평준화

고교교육 평준화는 박정희 시대인 1974년부터 도입된 제도로 암기식, 주입식, 입시 위주의 교육폐단을 개선하기 위해 마련됐다. 고교 간 학력 차이를 줄이는 한편 대도시에 집중된 일류고등학교 현상의 폐단을 없앨 목적으로, 모두가 자기 거주지에 있는 고등학교에 입학하는 입학제도이다. 그러나 결과적으로 명문고들을 모두 말살시키는 결과를 가져왔다는 지적이다.

예를 들면, 서울의 경기·서울·경복·경기여고·이화여고·숙명여고를 비롯해 광주일고·전주고·경북고·부산고·대전고 등등의 학교다.

나는 박정희 대통령의 많은 좋은 정책 중에, 고교평준화를 최악의 정책으로 꼽는다. 간단히 말해 당시에는 정당화되었을지 몰라도, 세계 문명국가 중에 명문고가 없는 나라가 없다. 심지어 구소련과 러시아, 중국, 북한에도 있다. 미국의 필립스 아카데미(Philips Academy), 영국의 이튼칼리지 등은 몇 백 년을 두고 세계를 주름잡는 인재를 양성하고 있다. 다행히 김대중 대통령 당시 세계 교육시장에 부응하기 위하여 자사고의 설립을 허락한 바가 있다. 그 후 이명박 정권 시절에 특목고, 외고, 과학고, 영재고, 특성화고, 마이스터고 등이 전국에 생겨났다. 학생들의 학교 선택권을 크게 넓혔다.

사람이 성장하는 과정의 50%는 동료에게서 주고받는 자극이라고 한다. 인재는 인재끼리 가르쳐야 서로 배워 더 빼어난 인물이 나온다. 4차 산업시대에 인재 하나가 몇 십만, 몇 백만 명을 먹여 살린다고 하지 않는가. 그런데 자사고 폐지의 바람이 진보정치권을 통하여 태풍처럼 몰려오고 있다.

문재인 대통령은 선거공약으로 자사고를 모두 폐지하겠다고 선언했고 실제로 로드맵을 발표했다. 자사고와 외국어고, 국제고 등 특목고(특수목적고)를 2025년 일괄 폐지하는 초·중등교육법 시행령이 2020년 2월 25일 국무회의를 통과했다. 반발하던 학교들은 "헌법소원을 제기하겠다"고 벼르고 있다.

묻고 싶다. 자사고·특목고가 있기에 지역 공립고교의 질이 떨어졌을까. 자사고에 응시했다 떨어진 아이들의 패배감이 고등교육에 얼마나 폐해를 가져왔을까. 이는 공교육의 질적 향상을 외면하면서 2%밖에 안 되는 자사고를 탓하는 핑계에 불과하다.

이 대목에서《조선일보》김대중 칼럼(2002년 1월 11일자)을 소개한다. 아주 오래 전 오늘날의 학교 현실을 예견하는 글이다. 선견지명(先見之明)이 놀랍다.

〈…**평준화.**
우리 사회를 근본적으로 좀먹고 있는 것은 바로 이 교육 평준화다. 사람들은 요즘 연일 확대되는 '게이트'성 부정부패로 나라의 기본이 흔들리고 있다고 걱정하지만 그것들은 단편적이고 일회성이다.

진정 나라의 기본을 흔드는 것은 몇 십 년의 회임기간을 가진 교육의 부진이며 공교육의 붕괴다.

교육 붕괴의 핵심원인이 바로 평준화다.

만성적인 이 문제가 새삼 올해의 화두로 등장한 것은 서울 강남지역의 집값 폭등과 이를 막기 위한 정부의 '아파트 10만 가구 건설' 때문이다.

강남 집값의 상승은 올해부터 수도권 7개 신도시 지역의 이른바 신흥 명문고가 평준화의 이름 아래 사라지고, 따라서 그 교육수요가 학원이 밀집한 강남으로 이동하면서 비롯된 것이다.

평준화의 명분은 "고교서열화의 심화로 이른바 명문고 진학을 위한 중학생들의 입시경쟁이 과열되는 등 심각한 교육적 병폐가 발생하고 있다"(경기도교육청 발표)는 것이다.

교육이란 지성의 훈련이다. 인간에 내재한 지성을 깨워서 올바르게 연마하는 과정이다. 그리고 그 훈련과 연마의 핵심과정은 경쟁을 통해서 이루어진다.

그런데 교육에서 경쟁을 제거한다면 무슨 방법으로 교육을 수행할 것인가. 결국 교육의 수준과 질과 내용을 하향시켜 모두를 '도토리'로 만드는 결과를 초래할 따름이다.

모든 경쟁에는 부작용이 있기 마련이다. 인간 만사가 장단점이 있듯이 말이다. 과열도 있을 수 있고, 때론 부정도 있을 수 있으며, 때로 빈부의 문제도 있을 수 있다. 그러나 현명한 사회라면 그 장단점을 비교교량해서 부작용을 줄여가며 본질을 추구할 것이다. 속된 말로 구더기 무서워 장을 안 담글 수는 없다.

평준화가 보편적 덕목이라면 우리는 국제사회에서 왜 차별화되려고 노력하는가? 스포츠의 경쟁도, 월드컵의 16강도 부질없는 과열의 촉진이며 쓸데없는 과욕의 소산이다.

대학입시도, 대기업의 입사시험도, 고등고시도 없애고 순번에 따라 배정하면 된다. 그

것이 사회주의 세상의 사는 방법 아닌가. 또 대통령은 왜 뽑고 선거는 무엇 때문에 하는가. 사실 따지고 보면 정치의 과열경쟁은 입시과열에 비할 것도 없이 망국적이며 해악적이다.

온 세상의 거의 모든 단계가 경쟁이며 투쟁이나 다름없는데, 어찌 청소년 시절부터 선의의 경쟁에 나서는 훈련은 못 시킬망정 그것을 배제시켜 결국 세상에서 낙오하게 만들려 하는가.

이것이 평준화를 요구하는 일부 교사와 학부모들이 바라는 것인가. 신도시의 평준화 찬성론자들이 여론조사 결과(찬성 82%)를 그 근거로 제시했다는데, 그것의 표본성에 대한 의문은 차치하고라도 그것은 '우선 먹기는 곶감이 달다'는 생각일 뿐 자녀들의 장래, 나아가서 나라의 장래를 망칠 수도 있다는 생각은 왜 해보지 않았는가.

교육은 여론에 따라 왔다 갔다 하는 포퓰리즘의 대상이어서는 안 된다. 교육은 미래를 생각하는 장기적 안목의 투자이어야 한다. 비록 오늘 그 값이 '과열'이라고 해도 말이다.

우리가 평준화로 치닫고 있는 이 시점에 미국의 부시 행정부는 엊그제 공교육의 질을 끌어올리기 위해 예산을 작년보다 27%나 증액한 221억 달러의 야심찬 공교육 개혁법을 발표했다. 성적을 끌어올리지 못한 학교의 교장을 교체하고, 학교관리권을 박탈하며, 학부모에 학교선택권을 주는 등 강력하고 강제적인 구조조정이 내용에 담겨있다.

영국에는 식스폼스 칼리지(six-forms college)라고 불리는 4000개의 입시학원이 있다. 고교 1학년쯤 되면 이 학원에 가기 위해 치열한 경쟁을 해야 한다. 여기를 가야 영국의 명문대학에 갈 수 있기 때문이다.

지금 이 시간 약 400만 명의 중국 학생들이 미국 등 해외에서 공부하고 있고 해마다 100만 명의 학생이 귀국해 새 중국 건설에 참여하고 있다.

한국이 이른바 한강의 기적을 일궈냈을 때, 당시 IMF는 그 원동력을 찾던 나머지 한국의 비약적인 발전을 60~70년대 한국인의 폭발적인 교육열과 이로 인한 고등교육자의 양산에 있다는 결론은 내린 적이 있다.

같은 논리로 볼 때 지금 우리 교육의 부진과 공교육의 붕괴위기는 훗날 한국을 세계의 경쟁 무대에 퇴출시키는 결과를 가져올 것이 분명하다.

평준화에 안주하며 과열이 어떻느니 '공부 안 해도 대학 가는' 1인 1기 교육이 어떻느니 노래하면서 경쟁 없는 '공교육의 낙원'을 보내고 나면 우리는 분명 세계무대의 추운 겨울에 베짱이 신세가 되고 말 것이다.…〉

②대입 수능과 4차 산업혁명 인재 양성

중·고교에서 6년간을 열심히 공부하고, 과외활동과 봉사, 독서 등으로 단련하여 미래의 꿈을 키워갈 대학에 입학하는 것은 개인뿐 아니라 국가 장래를 위한 막중한 사업이요, 사건이다.

대한민국은 중등교육에 엄청난 투자를 하였다. 대입제도만 24번 바뀌었다. 그만큼 고민을 많이 했다는 증거다. 현재는 수능과 내신, 수시(논술, 면접)와 정시로 대학입학을 결정한다. 수시 70%, 정시 30% 정도로 진행이 된다고 한다. 나는 수능과 내신이 모두 필요하다고 생각한다. 장단점이 있다.

수능은 원래 종합적·논리적 사고력과 각 중요한 과목의 실력평가를 하겠다는 것이었으나 지금은 고질적, 좁은 의미의 학력고사로 퇴색했다는 지탄을 받는다. 그러나 수능성적은 다른 교사나 지도교수의 영향 없이 자기 혼자의 실력을 보인다는 장점도 있다. 내신은 교과 성적에다 봉사, 독서, 동아리모임, 자격증, 교사추천서, 자기소개서, 학술대회 참여, 수상경력 등 비교과 활동까지 아울러야 해서 어느 것 하나 소홀히 할 수 없다.

인성을 기르는 특별한 교과과정이 없는데 나는 이런 과외활동을 통하여 조금이라도 성숙해지고 안목을 넓히며 어떻게 살 것인가를 배울 수 있는 기회가 아닐까 희망해 본다. 물론 내신 학종(학생부종합전형)은 지도교사의 영향이 너무 커서 비리가 생길 가능성이 있다는 지적도 받으나, 그대로 상당한 장점이 있다.

나는 여기서 한 가지 제안을 하고 싶다. 정부 차원에서 대학 총장, 교수, 교사, 학생, 교육전문가가 참여하는 팀을 구성해 학제가 잘 되어있는 선진국을 직접 방문하여 인터뷰도 하고 학교도 돌아보며 다양한 사례를 연구하여 자사고·특목고 문제, 수시·정시 문제, 대학교 운영과 자율성 등의 해법을 찾아야 한다. 그리하여 적어도 10년 대계(大計)를 세우고 법으로 정책을 세워 학부모와 학생을 혼란에 빠뜨리는 일을 최소화해야 한다.

백년지계라는 교육정책이 10년은커녕 5년도 못 가서 바뀌니 불안한 학생과 학부모는 지푸라기 잡는 심정으로 사교육과 각종 컨설팅에 매달리게 된다. 나는 수능과 내신 학종을 모두 보강하여 발전시켜야 한다고 생각한다. 여기에 대입수능과 내신학종에 관한 좋은 글이 있어 소개한다.

㉮ "수능문제를 보면… 진짜 분노합니다"

《월간조선》이 2019년 2월 포스텍 김도연 총장과 만나 인터뷰한 적이 있다. 김 총장은 교육부 장관 출신이다. (현재 김 총장은 포스텍 총장직에서 물러나 울산공업학원 이사장직을 맡고 있다. 울산공업학원은 울산대와 울산과학대학을 운영하고 있다.)

김도연 총장은 해마다 직접 대입 수능문제를 푼다. 2019학년도 수능 문제도 역시 풀어 봤다. 국어문제의 경우 전체 45문항을 80분에 풀어야 한다.

문제지는 모두 16쪽. 한 페이지를 5분 안에 다 읽어야 겨우 풀 수 있다. 그의 말이다.

"수학이나 과학 같은 과목은 어려워서 못 풀겠고 국어는 문제를 읽을 수는 있잖아요. 2~3년 전부터 수능문제에 관심을 갖고 풀었는데 80분 동안 집중도를 유지하기 어려웠어요. 나이 탓인지, 머리가 복잡해선지…. 하여튼 80분을 집중해서 푼 게 아니라 오전 30분, 오후 30분, 이튿날 20분, 이렇게 시간을 나눠 풀었어요."

기자가 "2019년 수능에서 국어가 특히 어려웠다"고 하자 이렇게 말했다.

"솔직히 복잡하고 긴 지문을 다 읽지 못하겠습니다. 눈대중으로 주르륵 읽으면 되겠지만 정답을 고르기 위해선 그렇게 할 수 없잖아요. 그 유명한 국어 '31번 문제'까지도 못 갔습니다. 그래서 따로 31번을 풀었죠. 진짜 이해를 못하겠던데요. 저는 이해가 안 돼서 대충 찍었는데 정답은 맞았어요. 하지만 알아서 맞힌 게 아니니까….

그런데 꼭 이렇게 80분 안에 풀어야 할까요? 80분 내에 100점을 맞은 사람과 100분 내에 100점 맞은 사람 사이에 무슨 능력의 차이가 있는지 모르겠어요. 전속력으로 100m를 뛰는데 무지막지한 장애물들을 두고서 경주를 시키는 것 같아요. 학생들이 10초 안에 뛰기 위해 얼마나 반복적인 훈련을 했겠어요. 수능문제를 보면… 진짜 분노합니다. 꽃다운 아이들한테 이런 고문이 또 있을까요?

문항도 '~가 아닌 것을 있는 대로 고르시오'라는 식이죠. 뉘앙스로 볼 때, 복수정답일 확률이 높아 보이잖아요. 오지선다 중에서 복수로 답을 고르게 되지만, 놀랍게도 정답이 단수인 문항이 30~40%나 됩니다. 이건 꼼수예요.

'문제 잘 푸는 비결이 뭐냐'고 학생들에게 물었더니 학생들이 그래요. '지금 하라고 하면 못해요'라고. 수능 당일의 문제풀이를 위해 그냥 3년 내내 연습해서, 하루 동안 다 쏟아낸다는 겁니다. 몇 개 잘 찍으면 대박, 못 찍으면 쪽박이고…. 그게 공정한 시험입니까? 전혀 공정하지 않아요."

기자가 다시 "포스텍에 입학하는 학생은 '찍기 도사'들이죠?"라고 물으니 김 총장은 이렇게 답했다.

"물론 잘 찍는 아이들이 옵니다. 하지만 이런 식의 시험은 깊이 생각하는 힘을 현격하게 떨어뜨려요. 정답만 중요하지 과정은 하나도 고려하지 않잖아요. 과정이 다 옳다가도 정답이 살짝 틀릴 수 있는데, 과거 대학 본고사로 학생을 뽑을 때 과정이 맞으면 정답이 아니어도 10점 만점에 8~9점은 줬습니다. 지금은 0점입니다.

저는 서술식이 옳다고 봐요. 사고하는 방식이 중요하지 정답 찾는 게 중요합니까? 지금의 수능은 의미가 없어요.

하루아침에 바꾸면 어떤 학생은 유리하고 다른 학생은 불리하니 1년에 10%씩만 바꾸면 어떨까요? 10년 후 100% 서술형 문제가 될 테니 그때쯤이면 혼란 없이 수용되지 않겠어요?

채점은 어떻게 하느냐고요? 우려할 필요가 없어요. 외국에서 다 하는데 왜 못한다고 생각합니까? 물론 조금은 문제점이 생기겠죠. 그래도 국민이 용납해 줄 겁니다.

현대문명을 만든 사람이 빌 게이츠 아닙니까? 그가 말하길, '1~2년 안에 할 수 있는 일에 대해 사람들은 과도하게 기대하지만 10년 안에 할 수 있는 일에 대해선 과소평가한다'고 했어요. 한국은 1~2년 안에 빨리 바꾸려고 하는데, 그렇게 바꾸면 제대로 안 되죠. 기대대로 안 되니 다시 이전으로 돌아가고, 돌아가고…. 교육은 정권과 상관없이 가야 해요. 특히 입시는 긴 호흡으로 10년, 20년 후라도 그렇게(서술형 문제로) 갈 수 있다면 훨씬 좋은 사회, 좋은 교육체제가 될 것 같아요."

기자가 "역대 정권마다 수능개혁 내지 개편이 구두선에 그치는 이유가 뭐냐"고 물으니 이렇게 답했다.

"어쩌면 그건 교육부가 할 수 있는 일이 아니에요. 사실은 국민 스스로가 해야 해요. 국민이 수능이라는 공정성(公正性)을 선호하는데 그 공정성을 지키면서 점수차를 내야 하고, 학생 간 격차를 내기 위해 문제를 배배 꼬는 꼼수를 쓰고…. 그럼에도· 문제가 쉬우면 물수능, 어려우면 불수능… 해마다 난리가 나죠. 하지만 정부가 긴 호흡을 가지면 된다고 봐요."

김도연 총장은 대입 수능을 SAT 같은 문제은행식 시험이 아니라 프랑스식(式) 바칼로레아(고교졸업 자격시험)처럼 논술형 문제로 바꿔야 한다는 생각이다. 바칼로레아는 보통 1주일간 시험을 치른다. 매우 우수, 우수, 양호의 3개 등급으로 부여하지 점수로 줄을 세우지 않는다고 한다.

"서술형 대입제도가 4차 산업혁명의 창의적 인재를 기를 수 있는 유일한 방법이라 봅니다. 미국의 교육학자 존 듀이는 '오늘의 학생을 어제처럼 가르치는 것은 그들의 내일을 도둑질하는, 빼앗는 것'이라 했어요. 이제는 내일을 준비해서 가르쳐야 합니다."

⑭ 내신 '학생부종합전형'을 위한 변명(이삼호 고려대 경제학과 교수)

최근 대학입시 제도에서 사람들에게 가장 많은 비난을 받는 것은 수시 입학전형, 그중에서도 소위 학생부종합전형인 것처럼 보인다.

수능 점수에 따라 학생을 선발하는 정시에 비해, 학생부종합전형은 수능 최소학력 기준을 제외하면 학생생활기록부를 중심으로 학생을 선발하는 방식이다. 학생부종합전형이 비난을 받는 것은 대략 다음의 이유 때문인 것 같다.

　첫째, 주관적인 평가요소가 많아 공정하지 못하고 결과를 납득하기 어렵다.

　둘째, 학생부에 소위 스펙을 쌓기 위해서 비용이 많이 든다.

　셋째, 그런 이유로 입시의 결과가 부모의 사회·경제적 배경에 따라 영향을 많이 받는다.

　넷째, 극단적으로 정유라의 이화여대 부정 입학 사례에서 보듯이 부정이 끼어들 여지가 있다.

　이런 비난들은 사람들의 경험을 통해 나온 것으로 분명히 타당성이 있다.

　그렇다고 학생부종합전형을 폐지하고 시험 위주의 입시제도로 돌아가기에는 따져야 할 점이 많다.

　우선 평가의 주관성과 이에 따른 불공정을 생각해보자. 평가 과정이 공정하다는 것은 뽑혀야 될 사람이 뽑히는 것을 의미한다. 그런데 주관적 평가는 동일한 기록을 평가자에 따라 다르게 평가할 가능성이 있으므로 불공정해 보인다. 하지만 시험을 통한다고 하더라도 불공정은 발생할 수 있다. 만약 항상 성적이 우수했던 학생이 시험 당일 아파서 다른 학생들보다 시험 성적이 좋지 않았다면 이 시험 결과는 공정한가? 어쩌면 모든 선발 과정에 운이 작용하는 것은 불가피한 현실일 것이다.

　시험은 단지 객관적으로 점수를 확인할 수 있다는 이유만으로 사람들이 쉽게 그 결과를 받아들인다.

공정함을 논할 때 곤란한 점은 누가 뽑혀야 할 사람인지에 대해 정확하게 알 수 없다는 것이다.

어떤 특질이 좋은 학생을 만드는가, 하는 질문에 대한 다른 의견이 서로 다른 주관적 평가로 이어졌을 수도 있다.

이를 시험 점수로 대체하게 되면 그 이견들은 사라지는 것이 아니라 다만 드러나지 않을 뿐이다.

단 한 번의 시험이 아닌 다양한 활동을 위해서는 더 많은 시간과 노력이 필요하고 이를 준비하는 학생의 피로감은 크다.

고등학교 때 다양한 활동을 하기 위해 중학교 때 미리 선행학습을 하는지 모른다는 염려도 깊이 숙고해야 할 의견이다. 하지만 이런 피로감은 순전한 낭비일까? 비교과 활동의 하나인 봉사활동을 예로 보면 학생들은 노인요양원에 가서 어르신들을 돌보고, 저소득층 아이들을 가르치는 활동 등을 한다.

서류에만 나타나는 기록일 뿐이라고, 학생들이 원해서 자발적으로 하는 활동이 아니라고 할 수도 있다. 하지만 이런 요소가 중요해질수록 서류를 조작하는 것은 어려워진다.

무작위의 기숙사 배정을 통해 유색인종과 같이 생활한 학생들이 인종에 대해 더 관대한 태도를 보인다는 실험에도 보이듯이, 학생들은 의도하지 않은 경험을 통해서도 배운다. 똑같은 시간으로 수능문제를 한 번 더 보는 것이 좋을지, 이런 활동을 하는 게 더 나을지 생각해 볼 일이다.

이런 비교과 활동의 소위 스펙들이 부모의 사회·경제적 배경에 영향을 많이 받을까? 소위 입시컨설팅 학원의 존재는 그럴 것 같다는 걱정을 낳는다.

하지만 이런 전형이 확대되면서 이를 준비하는 고등학교가 늘어나고, 대학의 입학사정관들은 이런 학교들에 주목한다.

다른 입학 전형에서 학생의 사회·경제적 배경이 미치는 영향력의 차이는 실증적으로 검토해봐야 할 문제다.

종합적인 결론을 내는 연구를 보지는 못했지만, 몇몇 통계들은 수능을 통한 정시에서 오히려 특수목적고 졸업생의 비중이 높고 저소득층의 비중은 낮다는 사실을 보여준다.

이는 로스쿨제도에 대한 일반의 비판과는 달리 사법시험 합격자들의 사회·경제적 배경이 로스쿨 졸업자들의 사회·경제적 배경보다 더 높더라는 통계와 일맥상통한다.

우리나라는 사회시스템에 대한 신뢰도가 높은 편이 아니다. 따라서 복잡해 보이고 주관적 요소가 개입할 여지가 있으며 결과를 숫자로 비교하기도 어려운 학생종합부전형에 대해 불신이 있는 것도 놀라운 일은 아니다. 하지만 신뢰가 하루아침에 생겨나는 것은 아니며 그렇다고 신뢰가 필요한 제도를 모두 배척할 수는 없다.

현재의 제도가 완벽한 것은 아니지만, 이를 개선하면서 신뢰를 점차 높여가는 과정이 필요한 이유다. (《매일경제》 2018년 1월 3일자 '오피니언' 참조)

③고등교육의 위기, 대학의 위기

몇 년 전부터 모두가 느끼는 것처럼 고등교육에 심각한 문제들이 등장하였다. 고등교육이 삐걱대고 있다. 정부는 대학등록금을 10년째 묶어두고 있고 대학이 뭔가 하려 해도 규제가 발목을 잡는다. 그나마 수도권 대학은 살만하다. 지방대는 존폐 위기를 심각하게 겪고 있다.

현재 국내 4년제 대학은 197개, 전문대는 137개다. 2019학년도 기준 4년제 대학 모집인원은 34만8834명, 전문대 모집인원은 20만6207명으로, 모두 55만5041명이다.

반면 2021학년도 고교 졸업생 수는 약 45만명. 취업을 우선시하는 특성화고 졸업생을 제외하면 약 38만 명에 불과하다. 3년 뒤면 국내 대학은 전체 모집정원의 고작 67%만 채울 수 있다.

국내를 대표하는 사학(私學) 총장들의 긴급 좌담회 기사를 읽다가 공감하는 부분을 스크랩한 적이 있다. 요약해 본다.

"우리나라 대학 상당수가 정원을 채우지 못한다.

절체절명의 위기다. 지방대학 위기만 강조되는데 수도권도 마찬가지다. 수도권도 이미 대학원 정원을 못 채우고 있다. 대학 줄도산은 시간문제이고 이는 교육의 문제를 넘어 사회, 정치, 나아가 경제 문제로 갈 수 있다. 등록금 의존도가 굉장히 높은 상태에서 정원을 채우지 못하면 재정이 압박받고, 이로 인해 교육의 질이 저하되는 등 악순환으로 이어질 수밖에 없다.

우리나라는 국립대와 사립대 비중이 20 대 80이다. 유럽은 국립대 비중이 훨씬 높아 대부분 학비가 문제 되지 않을 정도로 정부가 지원하는 구조다. 선진국은 정부 지원, 기부금, 기업의 연구비 지원 등이 상당하다. 반면 우리나라는 절대금액이 매우 낮다.

사립대는 학생 등록금 의존 비중이 높은데, 등록금이 동결되면서 큰 타격을 입었다. 다른 재원으로 재정을 확충할 수 있는 방법도 많지 않다.

이번 정부는 국가책임을 강조하고 있다. 그것이 공공성 강화다. 정부가 시장의 자율 대신 국가의 책임을 강조하려면 사립대학에 대해서도 국립대학 및 사립 초·중·고교에 상응하는 지원을 해줘야 한다. 사립대학의 재정난을 타개하기 위해 공적자금을 투입하는 방식의 수술이 필요하다. 많은 대학들이 고등교육재정지원법을 제정하고 이에 기초하여 대학재정을 늘려야 한다고 주장하고 있다.

시장이 작동하지 않느냐고 묻는다. 원인을 분석해봐야 한다. 출구가 없다는 게 문제다. 사립대학은 특별히 더 그렇다. 설립자 등 구성원들이 사립대학을 정리하고 잔여재산을 처분해서 다른 걸 할 수 있도록 출구를 만들어줘야 하는데 현행법상 그게 전혀 가능하지 않다.

교육부 힘만 갖고는 절대 할 수 없다. 국회가 나서야 하고 지방자치단체가 나서야 한다. 여러 주체들이 대타협을 이루지 않으면 시장에 의한 자율 구조조정은 이뤄질 수 없다. 한계에 처한 대학 설립자들이 지속적으로 대학을 운영하는 것보다 팔고 나가는 게 더 낫다고 판단할 수 있도록 출구전략을 짤 수 있는 구조개혁법안을 만들어야 한다."(김창수 중앙대 총장)

"(대학의 위기는) 첫째 교육 관련 주변 환경이 급변한 것을 지적하고 싶다.

크게 세 가지다. 먼저 저출산 시대를 맞아 학생과다 시대에서 정원과다 시대로 간다. 둘째는 e러닝 기반의 가상대학(버추얼유니버시티)이 비상하고 있다. 미래학자 피터 드러커는 "실체 대학(피지컬 유니버시티)는 2030년께면 많이 없어질 것"이라고 예측한다. 미국은 대학의 10%가 10년 내 없어지는 것으로 예측한다. 셋째는 학생 유치에 전 세계가 고전하고 있다. 글로벌 환경에서 대한민국 교육환경에 도전이 오고 있다.

카이스트가 제시하는 연봉 등의 조건으로는 외국의 좋은 교수들을 데려올 수 없다.

심지어 카이스트의 좋은 교수들을 외국 대학에 빼앗기고 있는 형편이다. 특히 싱가포르는 소규모 도시국가로서 생존을 위해 대학 경쟁력과 과학기술 발전에 사활을 걸고 투자한다. 1991년 설립된 싱가포르의 난양공대(NTU)는 글로벌 헤드헌팅 회사에 요청해 전 세계 유능한 교수들을 스카우트하고 있다. 난양공대는 최근 10년 새 연구비가 12배 증가해 인구당 가장 높은 연구개발(R&D) 투자를 하고 있다. 난양공대는 1년 예산이 3조원을 넘는다. 젊은 연구자들에게 8억원 가량의 연구비를 제공하니 우수인재들이 앞 다퉈 찾아온다.

대학 스스로도 자구책을 마련해야 한다. 미국의 경우 사립대 등록금이 5000만원 수준이지만 전체 운영비에서 등록금이 차지하는 비중은 3분의 1 정도다. 나머지 3분의 2는 기부금과 기술이전에 따른 수익으로 채워진다. 현재 우리나라 4년제 대학들은 대부분 같은 역할을 수행하고 있다. 전부 연구중심대학이다. 미국은 5%만 연구중심이고 나머지는 교육에 특화돼 있다. 200개 대학이 어떤 특화를 통해 차별성을 가질 것이냐, 이것이 생존을 결정할 것이다. 또 미국의 경우 주립대는 등록금이 싼데, 주정부에서 많이 책임을 진다. 중앙정부에서만 대학을 육성하려 하지 말고 지자체에서 대학에 관심을 갖고 지원을 시작해야 한다. 포스텍과 함께 대학과 도시의 상생을 주장하는 '유니버시티'(Univer+City)가 그런 개념이다."(신성철 카이스트 총장)

"대학 재정에 대한 패러다임 변화가 필요하다. 외국의 경우 하버드가 약

40조원, 매사추세츠공대(MIT)가 약 15조원, 스탠퍼드대가 약 25조원 규모의 발전기금을 운용하고 있다. 국내의 경우 많이 확보하고 있는 학교가 1조원 규모다. 그런데도 우리나라에선 '과도한 적립금 쌓아두기'라는 식으로 비판을 받는다.

등록금이 동결되면서 새로운 교수를 초빙하려 할 때 연봉을 제시하고 나면 오지 않는 경우가 많다. 이 교수들은 중국, 싱가포르, 홍콩을 넘어 심지어 대만까지 간다. 심한 경우 연봉이 10배까지 차이 난다. 우수한 교수 확보가 어려우니 국제 경쟁력은 낮아질 수밖에 없다.

대학 위기는 수요 측면의 위기도 있다. 수요자는 과연 대학이 공급했던 것을 바라고 있나. 예를 들면 장수시대에 100세 이상 살아가는데 대학 지식을 갖고 평생 살 수 있느냐 하는 위기감이 수요자 측면에서 있다. 대학에서 공부한 지식을 인공지식(AI)에 물어보면 금방 얻을 수 있는데 대학에서 이것을 얻는 게 무슨 의미가 있나. 근본적인 측면에서 수요가 없다. 근본적인 정체성 위기가 왔다.

우리나라 대학 등록금이 비싸다는 인식이 퍼졌을 당시, 정부가 내놓은 통계가 경제협력개발기구(OECD)와 비교한 것이다. 그건 완전히 잘못된 것이다. OECD 국가 대부분은 국립대가 큰 비중을 차지해 국가가 재정을 엄청나게 보전해준다. 그 부분은 고려가 안 되고 단순히 국내총생산(GDP) 대비 높다고 지적한다. 이런 인식은 바뀔 필요가 있다."(김용학 연세대 총장)

(3)
4차 산업혁명

정치혁명이란, 헌법의 범위를 벗어나 국가의 통치기초, 경제제도 조직 등 모든 사회제도를 근본적으로 급격히 고치는 일이다. 이전의 관습이나 제도, 방식 따위를 깨뜨리고 질적·양적으로 새로운 사회·경제·문화의 영역을 급격히 세우는 일을 말한다.

그렇다면 4차 산업혁명은 어떤 혁명을 말하는가. 세계경제포럼 회장인 클라우드 슈밥(Klaus Schwab)이 지난 2006년 다보스 포럼에서 "4차 산업혁명은 우리가 하는 일을 바꾸는 것이 아니라 우리 자체를 바꿀 것"이라고 선언했다. 심지어 "우리는 다른 경제모델이 필요하다. 우리는 새로운 교육, 새로운 학습법이 필요하다"고 말했다. 슈밥에 따르면, 지금 우리는 예측불허의 불가능한 미래와 마주하고 있다.

4차 산업은 어떤 산업을 지향하고 있을까. 관련 자료들을 요약해 보면 물질세계, 디지털기술, 생명공학 등 분야 간 융합기술을 기반으로 산업의 디지털 전환을 통해 새로운 가치를 창출하는 산업을 지향한다. 그런 의미에서 4차 산업혁명은 이미 시작되었다.

예컨대 자동 항법 장치(Auto Pilot), 디지털 뱅킹(Digital Banking), 빅 데이터(Big Data), 데이터 분석정보(Analytics), 인공지능 컴퓨터(Intelligent Machine), 인터넷 쇼핑(Internet Shopping), 5G 이동통신, 리빙 네트워크 상용화를 위한 비영리적 협력체(Digital Living Network Alliance) 등의 용어들이 일반적으로 사용되고 있다.

여기서 잠깐! 시대별 산업혁명을 들여다보자.

① 1차 산업혁명(1780년 이후)

증기기관의 출연으로 1780년대 도래했다. 처음으로 인력(人力)이 아닌 에너지가 사용되었고, 석탄·석유·광물 생산도 본격화되었다. 정치인, 자본가와 함께 육체적·정신적 노동자(생산직, 판매직, 변호사, 비서, 교사 등)가 생겨났으며 민주적 정치형태의 사회제도도 만들어졌다.

선박의 대형화, 증기기차가 출현, 새로운 이동수단이 만들어졌다. 이후 유럽국가들의 아프리카, 아메리카, 아시아의 식민지화가 시작된다.

② 2차 산업혁명(1870년 이후)

전기 동력의 출현과 금융의 시대가 도래하면서 시작됐다. 대략 1870년대로 본다. 대량생산, 대량소비 시대가 가능함에 따라 자본주의 시대가 활짝

문을 열었다. 주요 업종으로 기업인, 엔지니어, 디자이너, 판매원이 주를 이루었으며 대량생산과 판매에 필요한 인력이 인적 자원을 형성했다.

③ 3차 산업혁명

지금 우리가 살고 있는 세대의 산업을 일컫는다. 전자시대의 등장으로 컴퓨터, 인터넷, 스마트폰, 정보화 혁명이 가능해 졌다. 정치체제도 민주화 시대에서 정보민주화 시대로 옮겨갔다. 프로그래머, 전문기업인, 정보관리 전문가가 각광받고 있다.

④ 4차 산업혁명

4차 산업혁명을 몇 가지 키워드로 설명하면 이렇다.

▲사물인터넷(사물과 사물이 인간의 도움없이 스스로 연결된다), ▲빅데이터(인간이 쓰는 모든 물건이 인터넷에 연결된다. 나와 내가 소유한 모든 것, 예컨대 인간관계, 취미, 업무, 신용카드, 소비패턴이 연결돼 있다), ▲인공지능(예를 들어 나의 수면습관 분석하고 취침시간을 제안한다. 냉장고 사용빈도, 식습관까지 분석해 다이어트에 도움을 준다), ▲3D프린팅(복잡한 설계가 필요 없다. 모든 기기의 복잡한 세부 구조를 재연할 수 있다. 자동차 생산도 가능하다), ▲5G 이동통신(원격으로 클라우드 스트리밍 등의 속도를 현재에서 20배 빠르고 100배의 용량으로 처리된다) 등이다.

⑤ 4차 산업의 메가트렌드

현대사회에서 진행 중인 거대한 물결인 메가트렌드(Megatrend)는 아래와 같다.

① 물리학 기술 : 무인 운송수단, 3D 프린팅, 첨단로봇공학, 신소재

② 디지털기술-사물인터넷, 스마트센서, 원격모니터링 기술 : 인터넷과 연결된 각종 기계 증가, 플랫폼(Air-bnb, 우버, 페이스 북, 알리바바)

③ 생물학 기술 : 유전학의 혁신, 합성생물학, 유전공학, 생물공학

④ SW(소프트웨어)의 중요성 : ①~③ 모두의 심장 역할을 하는 것이 SW이다. 세계 선진국의 모든 나라는 앞서가는 SW개발로 4차 산업을 선도하기 위해 온 국력을 쏟고 있다.

4차 산업혁명은 새로운 기술이 등장해 새로운 산업 생태계를 만들고, 그것이 인간이 삶을 영위하는 방식을 획기적으로 변화시킬 때 붙일 수 있는 개념이다.

그러나 4차 산업의 새로운 세계에서 극대화되는 생산자동화 스마트공장 출현, 3D프린팅 소프트웨어의 극대화로 현재의 일자리가 어떻게 변할지는 예측하기 어렵다.

한 가지 확실한 것은 강성노조들이 차지하고 있는 대형·중형 공장들의 생산기술은 생산자동화와 SW의 극대사용으로 힘을 잃게 된다는 사실이다. 또 단순 노동인력은 고급 두뇌인력에 밀려날 수밖에 없다.

현재 SW사용은 5~10%인데 향후 50%까지 확대될 것으로 예상된다. 2025년에는 3D프린터가 자동차를 완전 제작할 수 있을 것으로 예상하고 있으니, 요새 대기업을 장악하고 있는 소위 황제노조 체제는 서서히 쇠퇴

할 수밖에 없을 것이다.

4차 산업은 머리싸움이다.

진보가 주장하는 평등 노동가치설은 우월한 지성과 고급지식, 인지능력이 이끄는 4차 산업 앞에서는 할 말이 없다. 진보가 주장하는 교육의 하향평준화는 한 사람의 머리가 10만, 100만 명을 먹여 살리는 새로운 기술개발의 세계와 경제·사회·질서 앞에서 무릎을 꿇을 것이다.

4차 산업혁명이 쓰나미처럼 밀려오고 있다. 육체노동자에서 고급지식노동자로 변신하지 않으면 다 죽는다. 4차 산업시대의 절대 필요능력은 컴퓨터 언어능력, 인간과 인공지능과의 통합적 토론 및 정보정리와 처리능력이다.

이 새로운 패러다임의 시대에서 살아남을 것인가, 도태될 것인가. 두려움이 앞선다. 설비기술과 소프트웨어(SW)가 있어야 스마트 공장을 세우는데, 이 설비기술과 산업용 로봇 SW는 모두 미국·일본·독일제다. 이제는 군대가 쳐들어오는 시대가 아니라 기술이 식민지를 만드는 시대다. 전 세계 모든 컴퓨터 운영 시스템은 미국의 마이크로소프트(Microsoft)의 것이다. 독일은 스마트공장 건설의 표준화를 점령하려 한다.

지금 세계는 괴물처럼 커지고 복잡해졌다. 공부하지 않고 연구하지 않은 정치인이 한국 4차 산업의 어젠다를 결정할 수 없다. 삼성, LG, SK를 찾아가 스마트 공장을 둘러보길 권한다. 정치싸움에만 몰두하지 말고, 한국의 미래가 달린 4차 산업현장에 더 큰 관심을 보여주기 바란다.

4차 산업이 한국에서 얼마나 중요한지를 논한 기사와 논문들이 있다.

제목만 보아도 그 내용이 무엇인지 짐작이 간다. 여기에 그 제목들을 소개하니 참고하기 바란다.

　−손정의, "첫째, 둘째, 셋째도 AI"

　−미래부, 과학기술정보통신부로 변신해야

　−클라우드 컴퓨팅 혁명, 서비스 입는 제조업

　−AI가 선장 겸 선원 無人선박, 2035년 먼 바다 누빈다

　−반도체 신화에 취한 IT강국 한국, 4차 산업혁명서 미·중에 밀려

　−삼성·애플 무너뜨리고 5G 시대엔 중국 천하될 것

　−디지털 혁신 못하면 바로 도태… AI, AR(증강현실)기술 산업현장에 빠르게 확산

　−한강의 기적 일군 기업가정신… 이제 4차 산업혁명이다

　−트럼프·시진핑·아베·마크롱, AI 최우선… 정상들이 진두지휘

　−4차 산업은 인간의 삶을 바꾼다. 국가의 운영 시스템도 바꾼다

　−4차 산업혁명의 엄청난 파괴력

　−4차 산업은 수학이 제일 중요. 물리, 화학, 공학 순…

　−4차 산업혁명 中企경쟁력, 스마트 공장이 답

　−정부, 4차 산업혁명 입법 서둘러 기업하기 좋은 환경 만들겠다

　−싱가포르, 로봇코디 등 2400개 새 직업, 4차 산업혁명 실행 중

　−4차 산업혁명은 제조업 제2의 르네상스 신호탄

　−불붙은 4차 산업혁명 시대 스마트하게 살아남는 법

　손정의 소프트뱅크 회장이 2019년 7월 문재인 대통령을 만났다. 손 회장이 한국에 이런 덕담을 건넸다.

　"한국이 집중할 일은 첫째도 둘째도 셋째도 인공지능(AI)이다."

왜 그런 말을 했을까. 사실 미국·중국을 비롯한 모든 나라가 AI 경쟁력 우위에 서려고 국가자원을 집중 투입하는 총력전을 펼치고 있다. AI가 국가의 흥망성쇠를 결정하고 강대국 패권 경쟁까지 좌우한다.

AI는 자율주행·로봇·블록체인 같은 신산업과 의료·바이오 분야, 나아가 군사·안보와 무기체계까지 송두리째 바꿔놓을 4차 산업혁명의 핵심 중 핵심이다. 한마디로 전 세계가 지금 'AI 전쟁'이다.

한국은 인터넷과 반도체, IT 산업에 민첩하게 대응, 세계 10대 경제국가로 성장했다. 제조업 중심의 2차 산업혁명과 인터넷 중심의 3차 산업혁명에서 선도 국가들의 뒤를 빠르게 추격하는 추격자 전략에 성공했기 때문이다. 한국은 철강, 자동차, 조선 등 중화학공업 중심 산업으로 선진국을 추격해 산업화를 성공적으로 이끌었다. 또 초고속인터넷 보급, 반도체 기기 등에서도 역시 같은 상황을 만들어 냈다.

그러나 현재 한국 정책에서 AI는 우선순위를 매길 수조차 없다. 정책이 없다고 하는 것이 맞을 것이다. 혹자는 첫째, 둘째, 셋째도 '북한'이고 '선거'라는 말을 한다.

낡은 규제가 AI의 발목을 잡고 있고 'AI의 원유'로 불리는 데이터에 대한 규제부터 최악이다. 의료보험이나 은행·금융회사, 유통기업 등에 축적된 방대한 빅 데이터가 있지만 AI 연구자나 기업이 개인정보 보호에 묶여 활용할 수 없다. 이를 고쳐야 할 정부와 정치권은 제 역할을 포기했다. 국회가 2018년 11월 '데이터 3법'을 발의했으나 1년 넘게 계류되다 2020년 1월 9일 열린 본회의에서 통과됐다. 그러나 핵심 규제는 손도 대지 않았다.

주 52시간 근로제 시행으로 오후 6시만 넘으면 기업 AI 개발 부서나 연구기관들이 강제 '칼 퇴근'을 해야 할 판이다. 세계는 지금 휴일도 없이 밤

샘을 하며 AI와 씨름하고 있다.

언론 보도에 따르면, AI 연구·교육 허브라며 출범시킨 서울대 빅데이터 연구원은 학생들을 가르칠 사람을 구하지 못하고 있다고 한다. 미국에서 활동 중인 한국계 AI 인재를 데려오려 했지만 "미 MIT는 1조원의 AI 기금을 조성했다"는 말을 듣고 스카우트 얘기를 꺼내지도 못했다는 것이다.

전성철 IGM 세계경영연구원 회장은 "4차 산업혁명이 무서운 것은 기하 급수적 변화를 가져오기 때문"이라고 진단한다.

왜 1차, 2차, 3차 산업혁명과 달리 이것만 기하급수적 변화일까. 그 이유 는 '융합 혁명'이기 때문이다. 지금까지 인류가 개발한 모든 기술이 한꺼번 에 융합되는 혁명이다.

그렇다면 도대체 무엇이 융합된다는 말인가. 전 회장의 생각은 이렇다.

첫째, 인간과 기계의 융합이다. 기계가 너무 똑똑해지고 그 똑똑해진 기 계가 인간과 융합되면서 인간은 머지않아 한 사람 한 사람이 슈퍼맨과 같 은 힘을 발휘하게 될 것이다.

기계의 잠재력은 사실 무한대이다. 인간은 부모로부터 받은 지능(IQ)을 가지고 평생을 살아야 하지만, 컴퓨터는 학습을 통해 계속, 거의 무한대로 똑똑해질 수 있다. 또 기계는 인간보다 수천, 수만 배의 정보를 저장하고 활용할 수 있다.

이 세상의 모든 기기가 사물인터넷으로 컴퓨터에 연결되고 그 컴퓨터가 인간과 융합되면서 인간의 힘도 거의 무한대로 커질 것이다.

둘째, 현실 세계와 가상 세계의 융합이다. 인간은 지금 사실 또 하나의 우주를 창조하고 있다. 바로 '사이버 스페이스'라는 우주다. 야외 골프장에서가 아니라 스크린 골프장에서 골프를 치듯이 앞으로 인간의 모든 활동이 가상 세계에서도 일어나게 될 것이다. 그것은 훨씬 더 편안하고 아름다운 세상일 수도 있다. 이 융합은 인간에게 무한한 새로운 가능성을 제공할 것이다. 인간이 하는 실수도 다 사이버 스페이스에서 하고 실수에서 새롭게 배우기 때문에 현실 세계에서의 실수는 기하급수적으로 줄게 될 것이다.

셋째, 공학적인 것과 생물학적인 것의 융합이다. 지금까지 인간은 공학적으로 물건을 만들었고 신은 생물학적으로 물건을 만들었다. 그러나 이제 소위 '합성생물학'이란 기술을 통해 인간이 생물학적으로 생명과 사물을 만들기 시작할 것이다.

야광을 발하는 해파리의 DNA를 고양이에게 주입하여 야광을 발하는 고양이를 만든 것은 그 시작일 뿐이다. 머지않아 동네 의사가 사람 기관지를 3D 프린터로 만들어 이식하는 세상이 올 것이다. 문자 그대로 인간과 신의 경계가 없어지는 것이다.

마지막으로, 조직과 비조직의 융합이다. 지금까지는 대기업만이 가질 수 있었던 모든 자원이 소위 공유 경제라는 것을 통해 평범한 시민들도 가질 수 있게 됨으로써 지금까지는 거대 조직만이 할 수 있었던 거의 모든 일을 몇 명의 개인이 할 수 있게 됐다.

크라우드 소싱과 3D 프린팅 등은 개인의 힘을 거대 조직의 힘만큼 올려주기 때문에 조직의 힘이 점점 무의미해질 것이다. 이제 얼마나 큰 회사인가는 아무런 의미가 없어지고 있다.

그런데 정말 무서운 것은 이 4가지 각기 다른 융합이 또 서로 융합된다는 것이다. 그래서 거대한 폭발이 일어나고 있는 것이다.

이것은 개별 기업에게는 잔인한 경쟁을 의미하지만 궁극적으로 인류에게는 너무 좋은 일일 수도 있다.

(4)
교과서 바로잡기

프랜시스 후쿠야마 교수가 "20세기를 지배해온 자유민주주의와 공산주의의 이데올로기 대결에서 자유민주주의가 최종적으로 승리했다"며 '이념의 종언'을 선언한지도 벌써 수십 년이 흘렀다. 그런데 무덤 속에 갇혀 있어야 할 그 '공산망령'이 아직도 우리 역사 언저리를 맴돌며 공산 혁명투사를 길러내는 도구로 쓰일 수 있다는 사실은 무엇을 말하는가.

문재인 대통령은 새정치민주연합 대표 시절인 2015년 11월 5일 박근혜 당시 대통령에게 "대한민국이 1919년 3·1독립운동에 의해, 임시정부에 의해 건국된 것이 아니고, 1948년 8월 15일에 처음 건국됐다는 것이 정부의 견해인지 공개적으로 묻는다"면서 이렇게 말한 것으로 기록되어 있다.

〈"1948년도에 건국됐다면 친일부역배(親日附逆輩)들이 대한민국 건국의 주역이 된

다. 정부와 여당이 하고 있는 국정교과서의 목적이 바로 그것이라고 저는 본다."〉

문 대통령이 취임 이후 가장 먼저 한 일은 대한민국의 정통성 교육을 강화한 국정(國定) 역사교과서를 폐기한 것이다. 2017년 5월 12일 윤영찬 국민소통수석은 이렇게 설명했다.

〈"대통령은 상식과 정의를 바로 세우는 차원에서 역사교육 정상화를 위한 국정 역사교과서 폐지를 지시했습니다. 국정 역사교과서는 구시대적인 획일적 역사 교육과 국민을 분열시키는 편 가르기 교육의 상징으로 이를 폐지하는 것은 더 이상 역사 교육이 정치적 논리에 의해 이용되지 않아야 한다는 대통령의 확고한 의지를 보인 것입니다. 이를 위해 교육부는 2018년부터 적용 예정인 국·검정 혼용체제를 검정체제로의 전환으로 즉각 수정 고시할 것을 지시했습니다."〉

문 대통령은 이어서 대한민국의 정통성을 부정하기 위하여 영문(英文) 해석까지 조작한 학자를 중용한다. 1948년 12월 유엔총회가 '공정한 선거로 출범한 대한민국 정부는 한반도의 유일한 합법정부'라고 인정하는 결의를 했는데, 이를 '38도선 이남에서만 유일한 합법정부로 인정하였다'고 왜곡한 사람을 대한민국 역사박물관장으로 임명한 것이다.

이 정부는 문재인식 역사관을 반영한 듯, 2020년부터 사용되는 중·고교 역사교과서에서 '자유민주주의'와 '한반도의 유일 합법정부'를 쓰지 못하게 하였다. 국가의 정통성과 정체성(正體性)을 집약한 용어를 지운 것이다. 국가의 영혼을 빼버리려 한다.

현재 대한민국 한국사 교과서들은, 출판사를 불문하고 공통적으로 북한

의 문제에 있어서 주체사상을 학생들에게 여과 없이 가르치고 새마을운동
은 폄하하고 북한의 천리마운동은 자세하게 기술하면서 남한이 분단책임
을 지고 있다는 식으로 학생들을 가르친다. 역사 교과서의 이념편향 문제
를 걱정해온 전희경 전 의원의 말이다.

〈"분단의 책임을 오히려 남한으로 돌리면서, 통일을 달성하지 못 하는 이유도 남한에
있다고 가르칩니다. 이러다보니 정부가 세워놓은 교과 과정과 교과서 지침에 따라서 북
한이 남침했다고 기술하면 무엇합니까. 이것은 검정을 통과하기 위한 교묘한 기교에 불
과할 뿐입니다.

'대한민국이 분단의 책임이 있고, 대한민국에서 먼저 단독 정부를 수립하는 바람에 북
한도 정부가 수립되었다'고 쓰니, 학생들이 무의식중에 '북한이 남침을 한 데에도 어떤 그
들만의 이유가 있구나' 남침을 정당하게 생각토록 만듭니다.

이런 교과서로 지금 대한민국 학생들이 역사를 배우고 있습니다."〉

대한민국은 세계가 부러워하는 근대화라는 성공신화를 쓴 나라다.

세계가 부러워하는 압축 성장은 산업화를 통한 경제발전과 민주화를 통
한 민주주의 정착을 동시에 이룩했다. "세계사에 유래가 없는 나라"라는 평
가가 나온다. 그런데 우리 역사교과서는 산업화의 그늘에 대해서만 열을
올린다.

'산업화를 통해 경제발전을 이루었다'고 간략하게 서술하면서 '산업화
과정에서 도입된 외자, 외국의 자본은 한국의 경제를 착취하고 있으며 그
것이 발단이 되어서 결국 외환위기가 발생하고 말았다'는 식으로 설명하고
있다.

반면 '북한은 자주노선이요, 소련과 중공과도 분리된 그들만의 노선을 추구했고, 그 과정에서 사회주의 경제체제를 수립하였다'고 장황하게 기술한다. 이런 식으로 서술한 교과서로 배우는 학생들이 어떻게 대한민국의 번영을 자랑스러워하고 어떻게 앞으로 우리 대한민국이 어떤 방향으로 나아가야 미래 세대가 먹고 살 길이 열리는지를 생각할 수 있을까?

비단 역사교과서만의 문제가 아니고, 가치 판단이 개입될 여지가 있는 교과서 전반에 깔려있는 문제가 이렇다. 경제교과서, 윤리교과서, 사회교과서, 문학교과서 등에서도 좌편향과 반(反)대한민국의 기술 태도는 일관된다. 뿐만 아니라, EBS의 수능강좌 그리고 여러 참고서와 부교재, 일반서적에 이르기까지 광범위하다. 문화·예술계도 예외가 아니다. 이런 산업화 시대의 정치인과 경제인들을 욕보이는 좌편향 된 영화가 반복적으로 제작되고, 이런 영화들이 학문 영역에 침투해서 정설의 자리를 넘보고 있다.

우리 학생들이 지금 볼모로 잡혀 있다. 볼모도 모자라서, 이분들 논리에 파묻혀서 학생들이 거리로 나오고 있는 것이다. 이것이 지금 현재 대한민국 교과서 교육이 가지고 온 참담한 실패의 모습이다.

여러 다양한 학문의 학자들과 여러 정설의 자리를 다투는 노련한 전문가들의 논의 과정에서 품질 좋은 교과서를 만들어내는 것이 시급한 문제다. 대한민국 교과서를 이대로 둘 수 없다. 대한민국의 올바른 역사관, 긍정의 역사관, 품질 좋은 교과서로 학생들을 가르치는 일을 다시 시작해야 한다.

(5)
한국 기독교의 시대

신라, 고려는 불교의 시대였고 이조는 공자, 주자학 문명의 시대였다면 지금의 자유민주주의 시대는 기독교의 시대라고 정의할 수 있다.

약 240년 전에 가톨릭이 전파되었고 약 130년 전에 개신교가 전파되면서 구한말과 일제강점기를 통하여 기독교는 끊임없는 전도와 교세 확장으로 오늘에 이르렀다.

1791년부터 1860년까지 7번의 기독교 박해로 몇 만 명이 생명을 잃었다. 보통 국민이면 기독교를 포기했을 것이다. 우리는 그렇지 않았다.

이조말 동남아 정세가 복잡해지면서, 기독교 박해도 누그러지고 여러 개신교 선교사들의 조선 입국과 교육기관 병원 등의 설립으로 조선은 신문명에 접할 기회를 갖게 된다.

－헨리 거하드 아펜젤러(1858~1902) : 미국 감리교(북감리회) 선교사. 최초의 근대사학인 배재학당(현 배재중학교, 배재고등학교, 배재대) 설립

－윌리엄 베어드(1862~1931) : 미국 북장로교의 선교사. 대구 계명학당(계명대) 설립, 평양 숭실학당(숭실대) 설립

－호러스 그랜트 언더우드(1859~1916) : 한국 최초의 장로교 선교사, 새문안 교회 창립, 재벌 호레스 알렌의 도움으로 세브란스 병원 설립

－메리 스크랜튼(1832~1909) : 기독교 감리교회 선교사. 이화여대와 이화여고의 전신인 이화학당 설립

무수한 박해와 일본의 압제 속에서도 끊임없이 한반도에 전파된 기독교는 건국 후 70여 년간 대한민국 부흥에 지대한 영향을 미치게 된다. 기독교 정신이 사실상 대한민국 건국이념이었다.

그 첫째 이유가 이승만 박사가 기독교인이었다. 1948년 5월 10일 전국 200개 선거구에서 뽑힌 제헌의회 의원 198명은 5월 31일 오전 10시 역사적인 첫 모임을 개최한다. 이 자리에서 연장자인 이승만 박사는 임시의장으로 추대됐다. 임시의장으로 의장석에 오른 이승만은 다음과 같이 말했다.

〈"대한민국 독립민주국 제1차 회의를 여기서 열게 된 것을 우리가 하나님에게 감사해야 할 것입니다. 종교, 사상 무엇을 가지고 있든지 사람의 힘으로만 된 것이라고 우리가 자랑할 수 없을 것입니다. 그러므로 하나님에게 감사를 드리지 않을 수 없습니다."〉

이승만은 측근인 이윤영 의원을 불러 기도를 시작했다. 이윤영은 북한 지역에서 감리교 목사를 하다 월남했다. 제헌 의원들은 모두 일어나 기도

한 것으로 국회속기록에 나타나 있다. 다음은 이 의원의 기도문이다.

〈…(일동 기립) 이 우주와 만물을 창조하시고 인간의 역사를 섭리하시는 하나님이시여, 이 민족을 돌아보시고 이 땅에 축복하셔서 감사에 넘치는 오늘이 있게 하심을 주님께 저희들은 성심으로 감사하나이다.

오랜 시일 동안 이 민족의 고통과 호소를 들으사 정의의 칼을 빼서 일제의 폭력을 굽히시사 하나님은 이제 세계의 양심을 움직이시고 또한 우리 민족의 염원을 들으심으로 이 기쁜 역사적 환희의 날을 이 시간에 우리에게 오게 하심은 하나님의 섭리가 세계만방에 계시하신 것으로 저희들은 믿나이다.

하나님이시여, 이로부터 남북이 둘로 갈리어진 이 민족의 어려운 고통과 수치를 신원하여 주시고 우리 민족 우리 동포가 손을 같이 잡고 웃으며 노래 부르는 날이 우리 앞에 속히 오기를 기도하나이다.

하나님이시여, 원치 아니한 민생의 도탄은 길면 길수록 이 땅에 악마의 권세가 확대되나 하나님의 거룩하신 영광은 이 땅에 오지 않을 수밖에 없을 줄 저희들은 생각하나이다.

원컨대 우리 조선독립과 함께 남북통일을 주시옵고 또한 우리 민생의 복락과 아울러 세계평화를 허락하여 주시옵소서.

거룩하신 하나님의 뜻에 의지하여 저희들은 성스럽게 택함을 입어가지고 글자 그대로 민족의 대표가 되었습니다.

그러하오나 우리들의 책임이 중차대한 것을 저희들은 느끼고 우리 자신이 진실로 무력한 것을 생각할 때

지(智)와 인(仁)과 용(勇)과 모든 덕(德)의 근원이 되시는 하나님 앞에 이러한 요소를 저희들이 간구하나이다.

이제 이로부터 국회가 성립되어서 우리 민족의 염원이 되는, 모든 세계만방이 주시하

고 기다리는 우리의 모든 문제가 원만히 해결되며 또한 이로부터 우리의 완전 자주독립이 이 땅에 오며 자손만대에 빛나고 푸르른 역사를 저희들이 정하는 이 사업을 완수하게 하여 주시옵소서.

하나님이 이 회의를 사회하시는 의장으로부터 모든 우리 의원 일동에게 건강을 주시옵고 또한 여기서 양심의 정의와 위신을 가지고 이 업무를 완수하게 도와주시옵기를 기도하나이다.

역사의 첫걸음을 걷는 오늘의 우리의 환희와 우리의 감격에 넘치는 이 민족적 기쁨을 다 하나님에게 영광과 감사를 올리나이다.

이 모든 말씀을 주 예수그리스도 이름을 받들어 기도하나이다.…〉

이렇게 하나님에게 나라를 부탁하면서 시작한 대한민국이 그 후 70여 년, 한강의 기적을 이루고 정신적 부흥, 경제적·정치적 부흥을 이룬 것이 우연이라고 생각하지 않는다.

오늘의 한국이 있는 것은 8·15해방 이후, 6·25 전쟁 이후 많은 훌륭한 정치적·경제적·교육적 지도자도 있었지만 불길처럼 일어난 기독교의 부흥도 절대적 역할을 하였다고 본다. 한때는 한국 지도자 중 50%가 기독교인이라는 기록도 있다. 그 바쁜 중에도 새벽에 나가 울부짖는 한국 국민을 불쌍히 보시고 축복하셨다고 생각한다.

그 축복이 계속되기만을 기도한다.

지금 대한민국 기독교는 그 절정에 이르렀다. 전 인구의 20% 이상이 교인이라고 집계되고, 세계에서 제일 큰 교회 '여의도 순복음 교회'가 한국에 있다는 것은 큰 자랑이다. 신도가 55만명이요, 선교비 연 350억원, 개척한 교회 500개, 해외파송 선교사 700명, 장로로 봉사하는 성도가 1000명에 가깝다.

1958년 천막교회로 시작하여 60년 동안 이렇게 성장하였다. 대한민국의 발전과 부흥의 모습과 비슷한 양상이다. 이외에도 성도수 몇 만을 자랑하는 교회가 많다. 영락교회, 충현교회, 명성교회, 소망교회, 사랑의교회, 그 이름을 다 올릴 수 없을 정도다. 대형교회 뿐만 아니라 중형교회, 시골 구석구석까지 전도되어 몇 십 명이 모여 예배 보는 교회도 많다.

기독교가 한반도에 전파된지 200년 동안 한국의 영적인 부흥, 정신적 성숙에 기여하여 오늘의 한국의 기적을 이루었다는데, 모든 기독교인은 자긍심을 갖고 앞으로 교회의 쇄신에 더욱 노력하여 사회의 존경을 받는 교회로 거듭나기를 기도한다.

항상 세상사는 절정에 이르면 문제가 생기고 부패할 수도 있고 사회적 물의를 일으킬 수 있다. 한국의 재계도 재벌승계 비리, 갑질문화, 정경유착으로 지탄받고 있다. 그렇다고 해서 한국을 일으킨 그들의 공이 다 무너지고 지탄받아야 되는 것은 아니다.

지금 많은 대형교회들이 평생 바친 전도의 노력과 수만 명의 신도를 모은 공까지 모두 무너뜨리며 비평하는 것은 몹시 조심하여야 된다.

그들의 공(功)은 9고 과(過)가 1정도라고 할 수 있지 않을까? 그들이 있었기에 오늘의 기독교 부흥이 있다는 것을 인정해야 한다. 그러면 기독교는 너무 자주 언론기관의 비판대상이 되면서 전도와 교세 확장에도 악영향을 주는데, 과연 기독교계는 어떤 면에서 쇄신이 필요한가, 언론과 교계 내에서 제시한 몇 가지 의견을 여기에 간략히 소개한다.

성직자가 존경받는 이유는 세속권력이나 권세, 재물, 지위와 관계없이 교리에 따른 종교적 가르침을 몸에 지니고 예수님의 모습을 나타내며 사는 분이기 때문이다. 김수환 추기경, 한경직 목사, 조용기 목사, 옥한흠 목사, 이재철 목사, 이동원 목사, 김삼환 목사 등 그 외에도 많이 있다. 스스로 사는 모습이 설교라고 생각한다.

예수님 냄새도 안 나는 분이 "예수를 배우라"고 외치니 전도가 어렵다. 예수님께서는 거대한 권력체계가 되어버린 유대교를 부수려 하셨다.

루터의 종교개혁도 가톨릭의 막강한 권력체계가 부패하며 성전 짓는다고 면죄부 팔아먹다 일어났는데 지금 우리가 그 지경이 아닌가.

성경이 부여하지 않은 교권을 버리기 위해 저항(Protest)하며 종교개혁을 하였는데 지금 신교는 그때 가톨릭보다도 더 교권과 재물에 관심이 많다는 평이다. 제일 많이 언론에서 강조하는 것은 이것이다. 대형·중형 교회 목사들이 본을 보여 교회의 헌금으로 구성된 재물에 관하여 권한을 완전 포기하고, 교권에서 손을 떼라는 것이다.

길이요, 진리요, 생명이신 예수님을 가르치는 데만 주력하라는 것이다. 이것만 지켜도 성직자들의 자질과 신뢰 회복이 될 것이고, 한국의 젊은이들이 교회를 다시 평가할 것이다.

교회 내에서 재물을 중요시하며 권력 있는 사람, 돈 많은 사람을 우대하는 습성을 고쳐야 한다. 전도에 방해가 된다. 예수님은 가난한 자, 눌린 자, 병든 자를 위하여 왔다고 하셨으니 그 원칙을 버리면 안 된다.

십일조를 강조하지 마라. 오히려 가난한 자, 초심자가 교회 나오기를 어렵게 한다.

마지막으로 교회 자체를 우상으로 섬기지 말라는 것이다.

'우리교회'를 하나님보다도 더 섬기는 교회가 교인들의 우상이 되는 현상이 일어났다. 무슨 방법을 동원하여서라도 우리교회의 힘을 크게 기르자는 것이다. 하나의 예로 대형·중형 교회가 버스를 동원하여 근교의 교인을 싹쓸이하는 현상도 그중의 하나다.

대형교회는 대형교회대로 역할이 있어서 반대하는 것은 아니다. 그러나 5000명의 지역교회가 50명·100명·200명 교회도 살도록 놔두어야지 버스를 돌려서 교인을 싹쓸이하는 것은 잘하는 것이 아니다.

대형교회는 중소교회가 300명 정도의 교회로까지 자라도록 특히 같은 교단의 소형교회에는 너그러움을 베풀어 물심양면으로 도와주어야 하지 않겠나.

종교계에 큰 변화가 일고 있다고 한다.

지금 전체적으로 교인 수가 빠른 속도로 감소하고 특히 젊은 세대의 종교에 대한 관심이 급격히 줄고 있다. 크나큰 위기는, 동시에 교회가 본질로 돌아가 거듭날 수 있는 절호의 기회다. 어쩌면 우리 기독교는 진짜와 가짜가 뚜렷하게 식별되는 분기점에 와 있지 않나 한다.

다시 한 번 건국초기처럼 하나님께 한국의 미래를 의지하여 보자.

한국 기독교계는 지금도 미국 다음으로 많은 몇 만 명의 선교사를 세계 각지에 보내 예수교를 전한다. 교회마다 새벽에 모여 국가와 가정을 위하여 기도하며 하루를 시작하는 나라는 전 세계에 한국교회밖에 없다.

동남아 수십 개의 나라 중에 2차 대전 후 독립하며 건국을 하나님 앞에 기도로 시작한 나라는 대한민국밖에 없다.

나는 그 축복의 기도가 대한민국 부흥에 막강한 영향을 미쳤다고 생각한다. 지금 우리나라는 정치적·경제적·정신적으로 전무후무할지 모르는 총체적 위기에 처해 있다. 과연 하나님께서 이 어려운 시기에 한국을 버리실까?

위기는 항상 기회라는 말이 있듯이, 언론과 사회에서 질타 받는 우리 자랑스러운 1000만 명의 기독교인이 다시 부흥의 불길을 일으켜, 한국 초대교회 섬김의 정신으로 나가야 한다. 앞으로 통일을 이루어 북한 동포에게도 전도하고, 지금 혼란한 이 시기에 기독교 전체가 새로이 부흥하면서 자랑스러운 '예수의 사람들'의 이야기가 새롭게 시작되기를 간절히 기도합니다.

(6)
탈원전

탈(脫)원전은 대한민국 장래에 다가올 국가적 재앙이다.

2019년 6월 4일 드디어 문재인 정부는 국무회의에서 탈원전에 대못을 박았다. 2040년까지 원자력 발전을 크게 줄이고, 현재 재생에너지 비율 7.6%를 35%로 확대하는 방안을 확정하였다. 에너지 정책은 자원수급 문제를 넘어서 경제, 사회, 환경 전체국력에 막대한 영향을 미친다. 2018년 7월 한국원자력학회에서 5000명이 모여 회의를 하고 탈원전 전면 재검토 성명발표도 무시하였다.

앞서 2017년 여름 국민적 대혼란과 갈등을 야기했던 신고리 5, 6호기의 일시 중단을 서막으로, 2018년 초에 발표된 제8차 전력수급 기본계획에서는 탈원전, 탈석탄 정책과 함께 재생에너지의 발전 비중을 2030년까지 20%로 확대하는 3020정책이 확정됐다.

벌써 20년 가까이 전 세계에서 가장 강력하게 에너지 전환정책을 밀어붙이고 있는 독일조차도 탈원전은 하되 석탄 발전은 유지하고 있음을 감안할 때, 탈원전과 탈석탄을 동시에 추진하는 문재인 정부의 에너지 정책은 유례를 찾아볼 수 없을 만큼 매우 강력하고도 급진적인 정책이다.

과연 원전과 석탄 발전소를 모두 없애고 태양광과 가스발전, 풍력만 가지고도 우리 산업과 국민이 필요로 하는 모든 전력을 충당할 수 있을까. 정부의 재생에너지 발전 비중을 2030년 20%, 2040년 35%로 늘리는 것이 기술적 경제적으로 실현 가능한 것일까. 탈원전 운동권과 문재인 정부가 한목소리로 주장하는 것처럼 원전이나 석탄 발전은 위험한 오염덩어리고 재생에너지는 완벽한 청정에너지인가?

특히 앞으로 나머지 80% 이상의 전원 구성을 전적으로 가스발전에 의존한다는 것인가? 연료를 100% 수입하는 액화천연가스(LNG) 발전에 대한 민국의 운명을 맡겨도 괜찮을 것인가?

먼저 각 에너지별 판매단가를 비교해 보자.

원자력은 53원(원/Kwh), 태양광은 243원이 든다. 비교가 안 된다.

세계 에너지원료 매장량을 비교해 보자.

원유(석유)는 1만7300억 배럴이 매장돼 있다. 1년간 전 세계가 350억 배럴을 소비한다고 할 때, 약 50년은 쓸 수 있다. 천연가스는 186TCM(천연가스의 양을 나타내는 단위. 1TCM은 약 0.75t)이 매장돼 있다. 마찬가지로 1년간 전 세계 소비량 3.5TCM을 쓴다고 가정할 때 50년은 쓸 수 있다.

반면 우라늄은 7640킬로톤(KT)이 매장돼 있는데 1년에 전 세계 60~70KT를 쓴다고 할 때 최소 100~130년은 쓸 수 있다는 계산이 나온다.

우라늄은 매장량이 많고 단가도 싸고 지구온난화에 가장 적은 영향을 미치는 원료다.

여기서 왜 원자력 발전이 전 세계적으로 큰 이슈이고 여러 나라가 겪은 경험, 정책들에 관한 기사나 논문이 많은데 제목만을 소개한다. 제목만 보아도 내용이 무엇인지를 상당히 짐작할 수 있다.

-"중국은 중국 동해안에 150개의 원전을 짓고 있다"

-"IEA(국제에너지기구), 전 세계 원전 2040년까지 46% 늘어날 것"

-"중동에 부는 원전 열풍, 사우디 25년간 16기 건설"

-"가발 만들어 팔던 나라가 원전 수출 기적 이제 스스로 허물어"

-"원전 대체할 에너지가 없다"

-"문재인 정부의 탈원전 정책은 산업전략의 오류"

-"탈원전을 추종해온 오인과 착각"

-"원자력 연구인력 엑소더스… 자발적 퇴사 2배, 원자력과(科) 자퇴 1.4배"

-"원전 핵심인력 2030년엔 30% 줄어든다"

-"되돌릴 수 없는 원전 인프라 붕괴 시작되었다"

-"훈장, 포상, 장관 축사도 없었던 원자력 연구원 60주년 기념잔치"

-"극단주의 정부가 초보이론으로 중요정책 강행… 국민을 비극으로 몰고 가"

-"탈원전 지지 환경단체의 비현실적 주장만 반영"

-"한국보다 3배 비싼 전기료…독일, 덴마크 재생에너지의 그늘"

-"심각한 부작용에 국민이 중단시킨 대만 탈원전 정책"

-"무엇이 무서워 탈원전 공론화 않는가"

-"탈원전 국민의사 물어야… 원자력, 화학분야 57개 대학 교수 270명 성명"

-"내년부터 어느 고3이 원자력科 지원하겠나"

-"탈원전 2년… 핵심 부품기업들이 쓰러진다"

-"탈과학, 탈원전은 정권의 비극이다"

-"한국 탈원전으로 주춤한 사이 중·러 세계 원전건설 싹쓸이했다"

-"빌 게이츠, 원자력만이 지구온난화 늦출 수 있는 해결책"

-"원자력을 지배하는 나라는 세계를 지배한다"

-"원자력은 인류가 이룬 가장 놀라운 과학업적의 하나다"

-"4차 산업은 전기 먹고 크는데, 우리는 값싼 원전부터 껐다"

-"독일의 경고 '탈원전과 재생에너지 정책은 국가 재앙이었다'"

-"한전, 한수원의 무모한 계획 '태양광·풍력 발전위해 서울의 1.8배 땅 확보하겠다'"

다음은 원자력연구소 소장을 역임한 장인순 박사가 서울대 트루스 포럼에 올린 '원자력 발전의 미래'를 소개한다. 이 글은 2018년 12월에 올라왔다.

〈…한국은 세계에서 유일하게 3가지의 원자로를 수출할 수 있는 나라다.

1. 대형원자로 140만kw
2. 스마트(smart)원자로 – 소형원자로 10만Kw 전기도 발전하고 해수를 담수할 수 있는 원자로 원자력 잠수함에 실을려고 개발 – 소리가 나지 않음
3. 연구용 원자로 3만Kw 요르단에 수출함

전기발전의 판매단가를 비교해 보자

				판매단가 (원/KWH)	
원자력	석탄	수력	풍력	LNG	태양광
53	66	144	182	185	246

땅이 좁고 인구가 많은 한국 같은 나라는 고밀도에너지 생산이 필요하다. 저밀도 에너지는 태양광이고, 고밀도 에너지는 원자력이다. 여의도 전체 10배 이상을 덮는 땅에 태양광 발전시설이 하나의 대형 원자로를 당하지 못한다.

문재인 정권 3년 동안에 여의도 15배 산림을 파헤치고 호수를 덮어 태양광발전소를 세웠다. 원자력 발전소 2개의 발전량도 못된다. 자연환경의 파괴가 어마어마하다. 앞으로 얼마나 더 파괴가 일어나야 끝이 날까.

북한을 도우려면 싼 전기가 절대 필요한데 제일 싼 원자력 전기를 닫아버린다는 정책은 친북, 통일 문제와도 이론적으로 맞지 않는다. 아마도 얼마 안 있으면 탈원전 정책은 수정되리라 본다. 세계 경제지도를 바꾼 기술이 전기를 통한 에어컨(Air condenser)의 탄

생이다. 에어컨이 싱가포르의 탄생, 중동 산유국들의 부흥, 라스베이거스와 로스엔젤래스, 텍사스의 부흥을 가져왔다.

이처럼 풍부한 전기의 생산은 암모니아 합성으로 인공비료 생산으로 풍부한 농작물 덕택으로 잘 먹고 잘 사는 세상이 온 것과 비교되는, 인류역사의 대변화를 일으킨 사건이다.

현재 서울대 KAIST 원자력과 지망생이 없다는 것이 문제요, 한국의 경험 많은 원자력 기술자를 외국에서, 특히 중국에서 몇 배의 봉급계약으로 빼내 간다는 것이다.

지금 숙련된 몇 백 명의 원자력 기술자가 외국으로 빠지고 몇 년 후 원자력과 지망생이 없어지면 한국의 원자력기술 인프라가 무너져서 회복 불가능의 상태로 가는 것은 시간 문제다.

5년이면 한국의 원자력기술은 다 무너지고 중국이 다 쓸어가지 않을까 걱정이 된다.…〉

(7)
혁명으로 가고 있다
- 과거 운동권들, 3권 장악

2019년 1월 말 경남지사 '김경수 사건'에 대하여 서울중앙지방법원 재판부가 유죄를 선고하면서 김 지사를 법정 구속했다. 그러자 집권 여당은 지도부가 총출동하여 담당 법관을 집중 공격했다.

'탄핵을 부정하고 대선 결과를 부정하려는 시도'로서 '양승태 적폐사단이 조직적 저항을 벌이는 것'이라고 몰아붙였다. 여당 대표는 "상상도 할 수 없는 판결이 선고되었다"고 하면서 "곧 보석을 신청할 것인데 정상적인 법원 판단이라면 도정(道政)에 차질이 없도록 결정하는 것이 상식"이라고까지 언명하였다.

이와 보조를 같이하여 시민단체는 "담당 판사를 탄핵소추 대상에 포함시킬지 여부를 검토하겠다"고 협박하였다. 공격과 겁박은 2심 재판에 대한 압력 행사임은 말할 필요도 없다. 김 지사에게 실형을 선고하고 법정 구속했던 성창호 부장판사는 판결 뒤 법원에 신변보호를 요청해야만 했다.

《중앙일보》보도에 따르면, 최근 김경수 경남지사의 항소심에서 징역 2년을 선고한 함상훈 재판장도 대상포진을 앓았다고 한다. 얼굴에 수포가 번질만큼 심각했다. 함 재판장은 김 지사 판결 뒤에도 김어준씨 등 여권 지지자들로부터 "앞뒤가 안 맞는 판결"이란 비난을 받았다.

현직 판사들은 "법원에 대한 비판은 과거에도 있어왔지만 그 강도가 전례 없는 수준으로 높아졌다"고 말한다. 2020년 광화문 집회를 허용했던 서울행정법원의 박형순 부장판사가 대표적인 사례다. 정세균 국무총리까지 나서서 박 부장판사를 비난했다. 여당은 '박형순 금지법'까지 만들었다고 한다.

법관과 사법부에 대한 집권 여당과 시민단체의 겁박은 처음이 아니다. 이미 지난 2018년 2월 서울고등법원이 '삼성 이재용 사건' 재판에서 일부 무죄와 유죄 부분에 대한 집행유예를 선고하자 집권 여당의 대표를 비롯한 중진들이 담당 법관에 대하여 노골적인 인신공격을 가하였다. 이념세력들이 대거 나서서 담당 법관에게 신상털이식 인터넷 공격을 가했음은 물론이다.

심지어 당시 청와대는 대법원에 담당 법관의 파면을 요구하는 국민청원을 전달하면서 '재판에서도 국민의 뜻을 경청해야 한다'는 언급까지 언론에 흘렸다. 진행 중에 있는 일련의 '박근혜 적폐사건' 재판에 대한 압력 행사임은 말할 필요도 없다.

2018년 7월부터 시작되어 2019년 2월까지 무려 8개월간이나 지속된 전 대법원장과 사법부 구성원에 대한 인류 역사상 유례없는 대규모 먼지털이식 수사를 살펴보자. 지금까지 형사 범죄로 여겨지지 않았고, 그리하여 법원행정처장이 단장이 된 법원 내 3차 특별조사단의 조사결과에서조차 형사 범죄로 될 만한 사안이 없는 것으로 결론이 났다. 그런데도 검찰이 전 대법원장을 포함한 100여 명의 전·현직 법관들을 피의자 또는 참고인으로 소환 조사하는 사법부 초토화 수사 끝에 '직권남용죄'라는 생소한 죄명을 붙여 기소하였다.

오늘날 사법부 재판에 대한 압박은 현 정권이 장악하고 있는 언론으로부터 나온다.

사법부 수사에서 보듯이 '피의사실 공표죄'가 엄연히 살아 있음에도 검찰은 프레임으로 짜놓은 혐의사실을 실시간으로 언론에 흘린다. 그러면 언론은 이를 기정사실로 보도하여 여론화시킨다. 여기에 이념세력이 가세하여 유·무형의 온갖 공격을 해댄다. 인민재판의 분위기가 조성되고 법관들은 벌써 주눅이 든다. 이같은 공격과 겁박은 사법부 독립을 위태롭게 하는 명백하고도 중대한 위협임에 의문의 여지가 없고, 어느 누구도 이에 대하여는 반론을 제기하지 못할 것이다.

아무리 외부 압력이 거세다 하여도 대법원장을 비롯한 사법부 구성원이 재판의 독립에 대한 의지가 강하다면 사법부의 독립은 지켜질 수 있다. 그러면 사법부 내부의 상황은 어떠한가.

먼저, 대법원장의 의지를 살펴보자. 그는 대법관을 거치지 않고 소규모 법원의 법원장에서 대법원장으로 전격 발탁되었다. 이러한 예는 대한민국 사법 역사상에서 없는 파격 인사였다. 그는 법원 내 이념서클인 우리법연구회와 국제인권법연구회를 거치면서 회장까지 역임하였고, 법원 내에서 진보적인 목소리를 대변해왔다.

대법원장에 취임한 이후의 처신을 보자. 앞서 언급한 삼성 이재용 사건의 2심 재판에 대한 외부 공격으로 사법부의 독립이 위협받는 상황이 발생하였을 때 '한반도 인권과 통일을 위한 변호사 모임(한변)' 등은 사법부 독립을 수호하기 위한 대법원장의 입장 표명을 두 차례(2018년 2월 8일과 5월 8일 법률신문 광고)나 공개적으로 요구하였다.

그러나 대법원장은 아무런 조치를 취함이 없이 끝내 침묵만 지켰다. 이번 사법부 사태의 전개 과정에서 그는 적극적으로 정권에 의한 사법부 독립 파괴에 협력하는 행보를 보였다. 보수 성향의 변호사 200인이 '사법부 파괴를 중단하고 즉시 사퇴하라'는 긴급성명을 발표하였으나(2018년 12월 13일 법률신문) 이에 대하여도 침묵했다.

또한 앞서 언급한 경남지사 김경수에 대한 1심 판결로 사법부가 집권당으로부터 명시적이고 노골적인 겁박을 받았을 때, '한변' 등이 나서서 '사법부 독립을 지킬 수 없다면 마땅히 사퇴하라'고 재차 요구하였음에도(2019년 2월 7일 법률신문), 대법원장은 아무런 입장 표명을 하지 않고 있다.

행정·사법부에 대한 일련의 공격은 왕년의 'NL(민족 해방) 민중민주주의' 운동가들의 권력 장악에서 시작되었다. 혁명 주체는 공권력, 행정 부처, 문화 권력, 사법부, 각계각층 공직(公職)의 코드 인사를 통해 국가 전반을 장악했다.

'적폐 청산'을 통해선 반대 세력을 무력화하고, 연방제, 토지 공개념 개헌을 통해선 그들의 혁명을 '새 체제'로 만들려 한다. 《조선일보》 류근일 전 주필은 이런 혁명적 움직임을 매우 우려한다. 그의 주장을 인용한다.

〈혁명의 콘텐츠는 낭만적 민족주의와 민중주의가 뒤범벅된 정서다.

1960~70년대의 제3세계 혁명론, 1980년대의 종속이론, 주체사상, 2000년대의 반

(反) 세계화, 코뮌(주민자치 공동체) 사상, 직접민주주의, 체 게바라, 차베스 같은 것의 잡탕이다.

이 정서는 근대 문명, 세계시장, 도시화, 첨단 기술을 싫어하고 전(前) 근대 농촌 공동체를 좋아한다는 점에서 낭만주의고, 서방세계를 제국주의 약탈자로 본다는 점에서 민족주의이며, 개인의 자유보다 작위적 평등을 지향한다는 점에서 민중주의다. 이런 정서는 8 · 15 해방 공간에도 있었다. 그 극단화한 사례가 박헌영(남로당수), 이현상(지리산 빨치산), 김달삼(제주 4 · 3 주동자)이었다.〉

오늘날 우리 주변에 범람하는 '민족 · 민중' 파고(波高)는 물론 '70년 전'과는 다른 '70년 후' 현상이다. 그럼에도 1948년의 대한민국을 단독정권이라고 왜곡, 폄하하는 점에선 '70년 전'과 '70년 후'가 다르지 않다.

일부에 의하면 "4 · 3 민중 항쟁은 미군정과 이승만의 남한 단독선거 · 단독정부 반대와 민족의 통일 독립을 열망한 민중의 자주적 투쟁이었다"는 것이다. 이렇게 해 놓으면 대한민국은 뭐가 되나? '태어나선 안 될 나라' 밖에 더 되나?

광화문 광장에선 한 · 미 동맹 폐기, 주한미군 철수, 한 · 미 군사훈련 영구 중단 같은 어이없는 외침이 들린다.

여수 · 순천 반란 사건을 '여순 봉기'라고 부르자는 주장도 나왔다. 어쩌자는 것인가? 이게 이 시대 혁명의 귀착점인가?

(8)
386운동권의 변신과 변절

80년대 초 전두환 독재 시절은 대학교가 수없이 늘어나고 시골에서 농사짓던 부모들이 자식들을 모두 대학으로 보내는 것이 가족사의 영광으로 생각하던 시대였다.

그들이 고등전문교육을 받고 고급 두뇌가 되어 폭발적인 한국 경제 발전에 기여한 바가 절대적이다.

동시에 5·18이후, 그것을 바탕으로 시작된 반독재, 민주화시민운동은 대학가의 유행처럼 번져서 민주화운동, 친노동운동, 반일·친북운동 등 셀 수 없이 많은 운동권 학생이 등장했고, 대학교 총학생회장 등 운동권의 중심세력은 그 당시 야당과 손을 잡고 소위 386세력을 이루며 정계에 쉽게 입문하여 출세의 길을 걸었다.

세월은 빨리 흐르나, 세상을 움직이는 주도세력도 한국처럼 쉴 새 없이 바뀌는 나라가 또 있을까?

격동의 1980년대를 보낸 그들은 우리 사회의 기성세력, 기득권자가 되어, 자기들이 타도하려던 소위 적폐세력을 다 누르고 자기들 중심의 세상을 만들었다.

이들 중에 더러는 보수나 중도 우파의 신념으로 나아갔지만 일부는 여전히 말끝마다 정의를 끝까지 외치며 적폐청산, 친일청산, 독재청산, 남북통일 등을 이야기한다. 그들은 자본주의의 단맛에 이골이 나 있는데도 한때 배운 사회주의 이론을 입으로 떠들 뿐이다. 한마디로 필요에 따라 이념과 실리를 오가는 융복합 인재들이다.

진중권 전 동양대 교수는 그들을 누구보다 잘 안다. 좌우 이념을 넘나들며 인터넷과 소셜네트워크서비스(SNS)에서 '모두까기' 행보를 보이고 있다. 똑똑한 좌파 집사(?)였던 그의 공격성은, 진보 진영의 긴장과 갈등을 불러일으키는 '진보의 진보비판'이란 점에서 흥미롭다. 진중권은 뼛속 깊이 '빨간' 고양이였던 만큼 누구보다 진영 논리에 익숙한 '내로남불'과 위선, 거짓, 패악질을 잘 알고 있다. 그가 쓴 글을 소개한다.

〈…운동권, 그렇게 숭고하고 거룩하지 않습니다. 어느새 잡놈이 됐습니다. 그걸 인정해야 합니다.

학생운동이든, 노동운동이든, 시민운동이든, 다 우리가 좋아서 한 겁니다.

누가 그거 하라고 강요하지 않았습니다.

누가 희생해 달라고 요구하지도 않았습니다. 그냥 우리가 '옳다'고 생각해서, 내 삶을 바칠 '가치가 있다'고 생각해서 했던 일입니다.

그거 훈장으로 내세우지 마세요.

"사랑도 명예도 이름도 남김없이" 한 평생 나가자고 뜨거운 맹세를 했죠?

그 맹세, 지켜야 합니다.

더군다나 운동이 '경력'이 되고 '권력'이 된 지금, 명예 타령하지 마세요.

당신들 강남에 아파트 가졌잖아요.

인맥 활용해 자식 의전원 보냈잖아요.

운동해서 자식들 미국에 유학 보냈잖아요.

청와대, 지자체, 의회에 권력 가졌잖아요.

사법부도 가졌고, 곧 검찰도 가질 거잖아요.

그 막강한 권력으로 부하직원들 성추행까지 하고 있잖아요.

다 가지고, 명예까지 바라십니까?

과거에 무슨 위대한 일을 하셨는지 모르지만, 더 이상 보상을 요구하지 마세요.

당신들의 그 빌어먹을 업적, 이 사회는 넘치도록 보상해 드렸습니다.

'명예'를 버린 건 당신들 자신입니다.

자신들이 내다버린 명예, 되돌려 달라고 사회에 요구하지 마세요.

나를 포함해 운동권, 그렇게 숭고하고 거룩하지 않습니다.

우리들도 어느새 잡놈이 됐습니다.

그걸 인정해야 합니다.…〉

386세대의 민주화운동을 배경으로 각계에서 여러 단체들이 구성되어, 각기 국가의 민주화와 정의, 평등을 외치며 사회에 진출하기 시작하였다.

그중에 몇몇만 소개한다.

정의구현사제단	NL 집단
전대협	역사문제연구소
참여연대	민주사회를위한변호사모임
민주언론시민연합	한총련
우리법연구회	범민련 남측본부
정의기억연대	아름다운재단

진중권 전 교수의 외침은 이런 운동권을 배경으로 모여서 세운 단체들의 대표단 소속원들이 모두 국회의원이 되고, 청와대와 법원의 요직을 차지하며, 지방정부와 의회 모두 차지하여 몇 배의 보상을 받고, 강남에 집 몇 채씩 갖고 자식들 유학 보내지 않았느냐, 그것도 모자라 성추행까지 하느냐, 너희들이 위대한 일을 하였다면 사회는 넘치게 보상을 하여주지 않았느냐, 나도 운동권에 속해 여러 해 일했지만 우리들의 요사이 행동을 보면 모두 잡놈이 되었다는 것이다.

다시 강조하지만, 건전한 보수와 진보가 정권을 주고받으며 서로 보완하고 견제하며 나라를 이끌어 갈 적에 그 나라는 발전한다는 것이 절대적 원칙이다.

진보가 망해가고 있다는 진중권 교수의 외침을 기뻐할 수 없다.

이명박 박근혜 10년의 반목과 배신의 세월을 뒤로하고 촛불시위로 진보가 정권을 잡은 지 불과 3년에 진보 자성의 목소리가 나오는 것은 몹시 슬픈 일이다. 보수도 지리멸렬하여 언제 다시 건전한 모습으로 대권 수권의 자세로 변신할지, 요원한 상태다.

현재 진보가 삼권을 완전히 장악하고, 경제·국방·교육 모든 면을 이끌고 있으니 그들이 잘해주기를 바란다. 정의와 평등을 외치며 정권을 잡았으니, 특히 그 면에 더욱 깊이 유념하고 "운동권의 변절"이라는 소리를 듣지 않으면 좋겠다.

여기에 사회원로들의 현 진보정권을 향한 걱정스런 질타의 발언을 몇 개 소개한다.

"'살아있는 권력을 엄정히 수사하라'는 것은 빈 말이었다. 내 편이 아니면 모두 적이라는 잔인한 공격성으로 국가의 공공성을 유린하고 있다.

내 편은 진리라는 권력오만이 친문무죄, 반문유죄의 공포로 몰아가고 있다.

어용언론, 어용시민단체, 어용지식인과 지지자들을 총동원해 정치적 반대자들을 공격하는 형태는 군사정권과 닮았다. 이젠 검찰마저 어용으로 만들려하고 있다.

문 대통령과 민주당은 거울을 들여다보라. 독재와 싸우다가 권력을 잡고나서 괴물이 되어버린 자신들의 모습을 볼 수 있을 것이다." (원희룡 제주도지사)

"부끄러움을 팽개친 자들이 날뛰는 세상이 되었다.

윤미향, 한명숙 사건을 다투는 본인들과 민주당의 발언을 들어보라.

우리는 그들이 이속 챙기고 출세하는 것을 구경하는 단순한 구경꾼인 국민으로 전락하였는가, 통렬한 심정을 토로한다.

문재인의 시정구호는 '공정과 정의'였다. 귀에 못이 박히도록 들었다.

'기회는 균등하고 과정은 공정하며 결과는 정의로워야 된다.'

공정·정의를 부르짖는 이 정권 아래서 3년 동안 반대로 그 적폐가 쌓이고 쌓여서 부끄러움도 없이 천둥벌거숭이처럼 정신대와 종군 피해자 할머니들을 앞세워 앵벌이 짓을 하며, 장관하고 국회의원 하는 이 세대에 대해서 우리가 탄식하지 않을 수 없다."(박찬종TV)

"요새 젊은 친구들은 교육을 잘못 받아, 일어날 기력이 없는 상태다.

대한민국의 올바른 자랑스런 긍정의 역사를 가르치지 못하므로 성공의 역사를 친일·독재·부패의 부끄러운 역사로 가르쳐 패배감을 심어주고 성숙한 인간 교육에 실패하고 있다.

뛰어난 역사 속의 인물들을 아무것도 아닌 존재로 매도하는 교육, 그런 교육을 받은 사람들이 자라서 대한민국을 지킬 수가 있겠습니까?

대한민국 같은 너덜한 나라를 지켜서 뭘 해! 국정교과서 채택의 실패는 사회정의가 살아 있지 않다는 사실을 증명한 역사적 비극이다.

정의가 실종된 상태에서 나라가 움직이면 모든 면에서 좋지 않은 변이가 터진다."(김동길 명예교수)

"정치가 조직폭력배 문화가 되었다. 옳고 그르냐 보다 내 편이냐 아니냐가 모든 것을 결정한다. 윤석열(검찰총장)을 충견, 애완견인줄 알고 임명하였는데 맹견이 되니 무차별 공격을 시작한다.

사정의 중추기관, 법원, 검찰, 감사원을 흔들어 정권의 애완용으로 삼으면 정의는 어디로 가느냐?"(안철수 국민의당 대표)

옵티머스, 유재수, 조국, 최강욱 사건을 검찰이 털어버리고 탈원전 논란을 덮기 위하여 최재형 감사원장을 사임시키려 한다. 정권의 애완용 검사가 승진하는 세상이 되었다. 다음은 여야가 주고 받는 말이다.

"임명받은 권력이 선출 권력을 이기려고 한다. 개가 주인을 무는 꼴."(민주당 이원욱 의원)

"문재인 정부가 임명한 검찰총장이 개라면, 대통령이 개인 줄 알고도 임명한 건가. 설마 대통령도 개라는 건가."(김근식 국민의힘 서울 송파병 당협위원장)

조국 전 장관, 추미애 전 법무부 장관과 윤석열 검찰총장과의 힘겨루기는 우리나라 정의가 죽었다는 비참한 사회적 현상을 노출한 것이다.

안희정, 오거돈, 박원순, 윤미향 사건들은 정의가 죽어있는 사회의 물밑에 숨어있던 아주 작은 몇 가지가 노출이 된 것일 수도 있다.

한국은 지금 총체적으로 정신적 폭망 상태로 가고 있다.

제정신을 가지고 옳은 생각을 하는 사람을 미치게 만드는 분위기가 되어 간다.

정의를 앞세워 정권을 빼앗은 자들이 정의를 짓밟으니 그 나라는 어디로 가는가.

오호 통재라, 오호 애재라!

윤석열의 검찰이 '월성 1호기 원전 경제성 조작' 사건 수사에 속도를 내고 있어 그나마 한가닥 기대를 걸어본다. 문재인의 청와대와 산업부가 미리 '즉시 가동 중단' 방침을 정해놓고 경제성 평가 절차를 이에 꿰맞추려고 했다는 의심이 간다. 최재형 감사원장은 "추가 수사로 범죄가 성립할 개연성이 있다는 부분에 (감사위원) 대부분이 동의했다"고 말했다. 검찰은 청와대 보고 라인과 함께 백운규 전 산업부 장관, 정재훈 한국수력원자력 사장 등을 조만간 불러 소환 조사한다고 한다. 정의가 밝혀지길 고대한다.

이런 가운데 충격적인 사건이 터졌다. 산업통상자원부가 2018년 4·27 남북정상회담 직후인 5월 2~15일 사이 북한에 원전을 지어주는 방안을 검토한 문건을 작성했다는 사실이 확인됐기 때문이다. 감사원의 월성 원전 1호기 감사 직전(2019년 12월) 무더기로 삭제한 파일 중에 '북한 지역 원전 건설 추진'과 관련된 문건 17개가 포함된 사실이 드러났다. 이를 놓고 야당과 청와대가 정면 충돌하고 있다.

국민의힘 김종인 비상대책위원장은 "문재인 정부가 대한민국 원전은 폐쇄하고 극비리에 북한에 원전을 지어주려 한 것은 원전 게이트 수준을 넘어 충격적 이적 행위"라며 "일방적으로 밀어붙인 탈원전 정책이 과연 누구를 위한 것이었는지 짐작할 수 있는 대목"이라고 했다.

청와대는 부인하고 있으나 의혹은 가라앉지 않고 있다. 이와 관련, 4·27 판문점 회담 당일 문재인 대통령이 김정은 국무위원장에게 '한반도 신경제 구상'에 관한 USB를 건넸던 일화가 조명되고 있다.

정의용 외교부 장관은 2021년 2월 3일 "(USB에는) 신재생에너지 협력, 낙후된 북한 수력·화력 발전소의 재보수 사업 등 아주 대략적 내용이 포함됐다"며 "원전은 전혀 포함이 안 돼 있었다"고 부인했다.

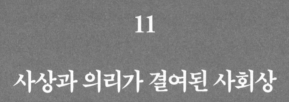

11

사상과 의리가 결여된 사회상

보수정권이 9년 만에 탄핵으로 끝이 났다. 철저한 반성과 참회가 필요하다. 지난 10년간 친박, 친이 간의 정파싸움을 되돌아보고 반성하고 탕평을 길을 모색해야 한다.

한국의 정치엘리트 비극은 파벌 공동체에서 비롯됐다. 파벌 공동체의 구성원인 '나'의 정치적 생존 여부는 '나'를 길러 주고 보호해 주는 '보스'가 얼마나 실리를 주느냐에 따라 결정돼 온 것이다.

3김(김대중 · 김영삼 · 김종필)이 물러나고 민정 · 민주 · 동교동계의 '화신'들이 퇴진하면서 퇴행적 정치파벌은 거의 사라졌다.

그러나 이익을 공유하는 이들이 '무리'짓는, 파벌의 징후는 이명박 박근혜를 중심으로 일어났다. 줄서기 정치의 근본적 문제는 파벌과 파벌 간에 반복되는 끝없는 '이합 · 집산'에 있다.

한 보수인사가 쓴 'MB 박근혜 10년 전쟁'을 읽은 적이 있는데 공감하는 바가 있었다. 양측의 전쟁은 모두 4차례에 걸쳐 이뤄졌다.

① 2007년 한나라당 대통령 후보 경선 싸움
② 2008년 친이계 3인방의 친박계 공천 학살
③ 2012년 박근혜 비대위원장 1차 복수
④ 2016년 친박계의 공천 난도질

(1)
이명박 박근혜, 10년의 참회록

한국 정치파벌의 표류현상은 특정 파벌의 수장이 차지하는 정치적 비중과 그를 둘러싼 인맥을 중심으로 형성된다. 이 현상은 특히 정치적 격변기와 정치폭력에 의한 권력 교체기에 두드러진다.

2007년 대통령 후보 경선은 처절한 싸움이었다. 서로의 가슴에다 비수를 꽂았다. 박근혜 측은 이명박 BBK 주가조작 의혹과 이명박 도곡동 땅 소유 의혹을 제기했다. 이명박 측은 최태민 스캔들, (박근혜의) 사생아설을 주장하기도 했다. 이명박 후보가 경선에서 이기고 대통령에 무난히 당선되었으나 그 감정의 앙금은 가라앉지 않고 수면 밑에 끓고 있었다.

이듬해 2008년 4월 총선을 앞두고 대대적 친박계 공천탈락이 벌어졌다. 이상득, 이재오, 이방오 3인방이 친박계를 대거 낙천시켰다. 분노한 박근혜는 공천에서 탈락한 친박 의원들과 만나 "기준도 없는 표적 공천에 희생당한 여러분을 보니 내 가슴이 찢어진다"고 했고, 기자회견에선 "결국 저도 속고 국민도 속았다"며 "권력이 정의를 이길 수 없다"고 했다. 공천에서 제외되었던 친박 의원들은 '친박연대'라는 간판으로 무소속 출마하여 돌아왔다.

그런데 친박계의 공천학살이 있었던 18대 총선은 역설적으로 한나라당이 역대급 압승을 한 선거로 기록돼 있다. 당시 한나라당이 가져간 의석수만 153석. 친박연대와 친박 무소속 의원, 자유선진당까지 포함하면 약 200석에 가까운 의석을 보수정당이 가져갔다.

어쨌든 2008년 공천 학살 이후, 박근혜 비주류파는 이명박 정권에 전면 협조하지 않는 것으로 복수를 했다. 광우병 사태가 터져 가짜뉴스가 난무해도 박근혜는 이명박을 돕기 위해 적극적으로 나서지 않았다.

천안함 폭침 후에도 박근혜는 이명박 정부를 도와서 통렬하게 북한을 규탄하지 않고 형식적인 의견만 전했다.

세종시 이전 문제도 협조하지 않아 기형적인 쪼개진 행정도시의 모습이 되었다. 만일 손을 맞잡았더라면 세종시는 과학중심기술 도시로 성장해 충청권의 발전을 도모하고 국가적인 폐해도 줄였을 것이다.

2012년 이명박 정권 말기에 한나라당이 위기에 빠지고 이명박의 측근들, 친구, 형 이상득 등 여러 명이 부정부패로 당이 위기에 빠졌다. 박근혜 의원이 비대위원장을 맡아 위기를 넘겨왔다. 그런데 그 과정에서 2012년에 1차 공천 복수를 단행했다.

18대 총선 공천학살에 이어 19대 때도 (학살이) 되풀이됐는데 이번에는 완장 찬 친박계가 친이계를 더 강도 높게 솎아냈다.

마지막으로 4차 싸움은 2016년 끔찍했던 공천파동이다. 만일 이 공천파동이 없었다면 보수도 살았을 것이고 탄핵도 없었으며 대한민국의 역사는 완전히 새로운 방향으로 나갔을 가능성이 많다.

20대 국회의원 총선거에서 새누리당은 122석을 차지하면서 1당 지위를 상실했다. 더불어민주당은 123석으로 1당으로 올라섰고, 국민의당은 38석, 정의당은 6석을 차지했다. 범야권이 167석으로 다수를 차지하게 됐다. 의회권력이 2000년 총선 이후 16년 만에 여소야대로 재편되면서 국정운영 주도권이 야당으로 이동하게 된 것이다. 국민의당은 비례대표 투표에서도 26.7%의 득표율을 올리며 제1야당인 민주당을 제쳤다.

20대 총선 당시 새누리당은 친박계가 이한구를 내세워 당내의 반대파를 치는 공천파동을 자행하였다. 유승민만 쳐내도 될 것을 진박계, 친박계를 자청하며 완전한 공천파동을 저질러 국민이 등을 돌리게 만들었다.

나라의 장래, 보수의 장래를 걱정하기 보다는 감정에 치우쳐서 자기파의 얄팍한 세력 확장과 이익에 몰두했던 이명박 박근혜 10년 싸움이 결과적으로 보수가 궤멸되고 전전, 전 대통령이 감옥에 가고 10년간 정권 요직에 있던 100명의 고관들, 특히 국정원장 4인, 대법원장까지 구속되는 참사로 이어졌다.

(2)
한국의 꿈(韓國夢)은 어디로 갔나

지난 2007년 2월 《월간조선》이 코트라의 도움으로 수출업계 전문가 201명에게 '수출 3000억 달러 달성의 주역이 누구인지'를 물었다.

1위는 정주영 전 현대그룹 회장, 2위는 이건희 전 삼성그룹 회장, 3위는 박정희 전 대통령, 4위는 이병철 전 삼성그룹 회장, 5위는 김우중 전 대우그룹 회장으로 나타났다. 공교롭게도 1910년 이병철, 1915년 정주영, 1917년에 박정희가 태어났다. 이들이 한국 경제의 영웅이었다. 이병철과 정주영은 '사업보국(事業報國)', 박정희는 '민족중흥(民族中興)'을 부르짖었다.

두 번째로 '수출 3000억 달러를 가능케 한 요인은 무엇인가'라고 물었다.

응답자 중 112명이 '국내 기업의 글로벌 기업화 전략과 공격적 해외 마케팅이 가장 큰 요인이었다'고 답했다. 정부의 의지나 지원과 함께 국내 기업들의 성과가 빛을 발했다는 얘기였다.

두 번째 많은 응답은 '박정희의 수출 주도형 전략'이라는 답변이 108표를 얻었다.

1970년대로 돌아가자. 당시 한국에는 국가적 목표가 있었다. 10월 유신, 100억 달러 수출, 1인당 국민소득 1000달러가 구호처럼 울려 퍼졌다고 한다. 박정희 대통령은 수치를 신봉했다. 100억 달러라는 수치를 맨 처음 꺼낸 것도 대통령이었다.

1977년 12월 22일 한국은 마침내 100억 달러 수출 목표를 달성했다. 원래 목표는 1980년이었다. 목표보다 3년을 앞당긴 것이다.

100억 달러 수출에 드라이브를 건 계기는 1972년 5월 30일 오원철 당시 경제2수석비서관과의 대화였다. 그날 무역진흥확대회의 후 대통령은 오수석에게 물었다.

"임자, 100억 불 수출을 하자면 무슨 공업을 육성하지?"

오원철 수석은 "각하! 중화학공업을 발진시킬 때가 됐습니다."

그게 시작이었다.

1973년 1월 12일 박정희는 연두 기자회견에서 대한민국의 새로운 미래 비전을 제시한다. 중화학공업화 정책이 그것이다.

〈"나는 오늘 이 자리에서 우리 국민 여러분에게 경제에 관한 하나의 중요한 선언을 하고자 합니다. 우리나라 공업은 이제 바야흐로 '중화학공업시대'에 들어갔습니다. 따라서 정부는 이제부터 '중화학공업 육성'의 시책에 중점을 두는 '중화학공업정책'을 선언하는 바입니다."〉

이후 이병철의 반도체가 오늘날 세계 최고를 구가하고 정주영의 자동차와 선박이 세계 일류를 달린 것은, 그리고 김우중이 전 세계를 대상으로 무역을 할 수 있었던 것은 박정희의 수출입국(輸出立國)의 의지와 맞아 떨어졌기 때문이다. 그들 덕분에 한국인은 선진국의 꿈, 한국몽(韓國夢)을 감히 꿀 수 있었다.

미국 서부 개척 시대에 이런 얘기가 있었다. 백인과 인디언이 영토 다툼을 할 때, 하루 종일 뛰어가는 곳까지를 자기 땅으로 인정했다. 한국이 그랬다. 한국의 경제 규모가 그랬다. 몸을 움직일수록, 한국 경제의 영토가 커졌다. 부지런할수록 수출이 늘고 기업이 커졌으며 한국 경제의 위상도 높아갔다. 보릿고개의 가난에 익숙하던 한국인에겐 상상도 못 했던 일이었다. 한국몽의 승리였다.

그런데 언제부턴가 한국몽은 연기처럼 사라지고 있다. '나눠 먹자'는 게 대세다. 지난 2020년 4월 총선을 잊을 수 없다. '국민 세금에 빨대 꽂은 정치권력의 실상'을 지켜보아야만 했다. 재난지원금, 아동수당이라는 명목으로 국민의 주머니에다 현금다발을 찔러 넣었다. 《조선일보》양상훈 주필은 '한국몽은 연기처럼 사라졌다'는 칼럼에서 이렇게 말했다.

〈…국가와 국민의 원대한 꿈이 있던 자리에 기초연금, 최저임금, 비정규직, 건강보험, 공무원 일자리가 들어섰다. 목표나 포부 없이 먹방과 예능에 열광하고, 공무원이 돼 작고 안전하게 살려는 게 우리 모습이다.

나라가 잘돼서 이만큼 사는 것이지만 '나라 잘돼봐야 나와 무슨 상관이냐'는 풍조가 만연하다. 정치는 이 풍조를 타파하는 게 아니라 부추기고 영합한다.

생존과 쾌락, 인기 영합 사회는 외부의 위협에도 '설마' 하는 반응을 보이며 현실을 회피하려 한다. 그래서 생존과 작은 쾌락조차 지킬 수 없게 된다.…〉

언제부터인가 우리는 기적을 믿지 않고 있다. 기적은 없다고 생각한다. 정주영, 이병철, 박정희가 먹거리를 남기고 떠난 일을 잊은 지 오래다. 한국인이 꿈을 위해 얼마나 치열하게 달려왔는지, 세계인 앞에 한국인의 저력이 어떠했는지 알면서도 침묵하고 있다. '무엇이든 잘할 수 있다는 열정은 어디로 간 것일까.'

한국몽을 이룬 열정의 거인들을 한 명씩 호명해 본다. 정주영, 이건희, 박정희, 이병철, 김우중, 정몽구, 박태준, 구본무, 구자경….

(3)
누가 대한민국 역사를 훼손하는가

해마다 국가 경제가 어려워지고, 서민들의 지갑이 가벼워지고 있다. 당연한 얘기지만 대통령 지지도도 흔들린다. 대통령이 국민에게 등을 돌린 결과다. 지금 동북아 3국 가운데 가장 심각한 도전에 부딪쳐 있는 나라는 한국이다.

더 위태로운 징조는 '대한민국이란 무엇인가' '대한민국 국민이란 누구인가'라는 국가와 국민 정체성이 동요하고 있는 것이다.

주춧돌이 흔들리니 나라 전체가 요동친다. 대통령은 대한민국 임시정부 수립 100주년 기념 발언을 통해 "인구 5000만 명이 넘으면서 국민소득 3만 달러가 넘는 '30 -50클럽' 7개국 가운데 2차 대전 후 신생 독립국은 한국이 유일하다"면서 "일부에서 대한민국 역사를 역사 그대로 보지 않고 100년의 성취를 깎아내리는 것은 자부심을 버리는 일"이라고 비판했다. 귀를 의심할 이야기다.

대통령 발언 사흘 전 대통령 직속 3·1운동 및 대한민국 임시정부 수립 100주년 기념사업추진위는 정부 청사가 있는 세종로 네거리 빌딩들에 독립운동가 10명의 대형 초상화를 내걸었다. 그러면서 상하이 임시정부 초대 대통령이자 대한민국 초대 대통령인 이승만만 쏙 뺐다.

대한민국은 처음부터 피할 수 없이 짊어져야 할 숙명(宿命)이 있었다. 그것은 건국 당시 양립(兩立)할 수 없는 이념 가운데 하나를 '선택'하는 것이었다. 바로 그 선택이 남과 북의 운명(運命)을 갈랐다.

대한민국이 선택한 자유민주주의 체제의 이념은 미래의 번영을 약속하는 운명적 예약이었다. 그런 점에서 이승만의 자유민주 대한민국의 건국은 그 자체로 예언적 위업이다. 그러나 운명적 선택에는 반드시 짊어져야 할 숙명적 짐이 있다. 그 선택을 지켜내야 한다는 책임이다. 양립할 수 없는 이념 가운데 하나를 택한 이상 그 선택을 부정하는 쪽의 위협과 도전을 피할 수 없다. 그에 맞서 선택을 지켜내지 못하면 예약된 운명이라 해도 미래를 주지 못한다. 따라서 적대적 도전에 맞서는 것은 결코 피할 수 없는 숙명이다.

반일(反日)소동을 벌이며 일본과의 지소미아(GSOMIA·군사정보보호협정)를 파기하겠다던 문재인 대통령은 난데없이 동남아로 날아가 태국과 지소미아를 맺었다. 그러더니 동남아 도처를 돌아다니며 놀라운 언사를 늘어놓았다. "한강의 기적을 메콩강의 기적으로, 양곤강의 기적으로"라는 것이었다.

나라 안에서는 원전 가동을 중지시키면서 밖에서는 원전 사업을 수주하겠다고 설치는 행보를 벌이더니, 이번에는 '한강의 기적'을 팔고 있다. 이율배반적이다. '한강의 기적'은 그가 청산해야 할 '적폐'라 부른 박정희 시대의 성취이기 때문이다.

그들은 박정희 시대의 정치에 대해선 '저주의 염(念)'을 숨기지 않는다. 그들에게 박정희는 정치적으로 그저 두 개의 악한 사건의 주역일 뿐이다. '5·16쿠데타'와 '10월 유신'이다. 박정희는 그 등장부터가 쿠데타에 의한 헌정유린이었으며, 통치 후반기의 10월 유신은 민주주의를 완전 질식시킨 폭거라는 것이다. 단지 편협함의 문제가 아니다. 그들의 정치적 정당성의 근거를 확보하기 위해서다.

지금도 문재인 정부는 전직 대통령을 역사책에서 지우려고 혈안이다. 공영방송 역시 팔을 걷어붙였다. 매년 국민에게 5000억원 가까운 시청료를 반(半) 강제로 걷어 가는 공영방송 KBS는 "이승만과 김일성은 미국과 소련이 한반도를 분할 통치하기 위해 데려온 괴뢰"라면서 "(이승만을) 국립묘지에서 파내야 한다"는 내용을 전파로 내보냈다.

아무리 공(功)과 과(過)는 같이 간다지만, 이건 처칠 빼고 영국 역사, 드골 빼고 프랑스 역사, 아데나워 빼고 독일 역사 쓰는 식이다. 이렇게 각박한 인간들도 김일성 빼고 북한 역사를 쓰겠다고 하지는 않을 것이다.

문 대통령은 2017년 12월 16일 중국의 충칭(重慶) 임시정부 청사를 방문한 자리에서 "임시정부는 우리 대한민국의 뿌리입니다. 2019년은 3·1운동 100주년이면서 임시정부 수립 100주년이 되고, 그것은 곧 대한민국 건국 100주년이 됩니다"라고 했다.

그런데 2018년을 '대한민국 건국 70주년'으로 기리지 않았던 문재인 정부는 2019년을 '대한민국 100주년'으로 기념하지 않고 그냥 '대한민국 임시정부 100주년'이라 한다. 대한민국은 졸지에 생일이 없는 나라가 되어버린 것이다.

문 대통령은 2018년 9월 평양 5·1경기장 연설에서 자신을 '남쪽 대통령'이라고 소개한 뒤 김정은을 '국무위원장'이라고 불렀다. 대한민국을 남쪽이란 지방으로 격하시키고 이른바 조선민주주의인민공화국을 '국가'로 보는 표현법이었다.

국민은 질문할 권리와 의무가 있다. 문재인의 조국은 어디인가? 1948년 건국을 인정할 수 없는 이유가 친일 부역배들이 건국한 나라이기 때문인가? 이승만이 친일 부역배인가? 초대 내각에 친일 부역배로 볼 만한 장관이 한 사람이라도 있는가?

문재인 대통령은 자서전인 《문재인의 운명》에서 마오쩌둥 숭배 좌익학자 리영희씨의 영향을 가장 많이 받았다고 했다. 그가 월남 공산화를 예고하였고, 그것이 현실이 되는 것을 확인하였을 때는 '희열'을 느꼈다고 했다. 문 대통령은 다른 대담집 《대한민국이 묻는다》에선 이렇게 말한다.

《"친일세력이 해방되고 난 이후에도 여전히 떵떵거리고, 독재 군부세력과 안보를 빙자한 사이비 보수세력은 민주화 이후에도 우리 사회를 계속 지배해 나가고, 그때그때 화장만 바꾸는 겁니다. 친일에서 반공으로 또는 산업화세력으로, 지역주의를 이용한 보수라는 이름으로, 이것이 정말로 위선적인 허위의 세력들이거든요."》

대한민국 건국세력을 '친일 부역배'라고 생각하고, 그 뒤의 대한민국 주류세력을 '친일-독재-군부-보수-반공-산업화 세력'으로 규정, '위선적인 허위의 세력'이라고 증오하는 대통령이 그런 세력보다 훨씬 더 위험하고 악독한 김일성 세력에 대하여는 의미 있는 비판을 한 적이 없다.

이런 사람이 과연 김정은의 핵무기로부터 국민의 자유·생명·재산을 지키고 한미(韓美)동맹을 유지하려는 생각을 할까.

(《조선일보》 2019년 4월 13일자 강천석 칼럼 '누가 대한민국 역사를 훼손하는가' 참조)

(4)
이승만의 공적을 박대하는
어리석은 민족

3·1운동 이후 항일 민족운동은 여러 갈래로 전개되었다. 평화적인 시위로는 일제를 몰아낼 수 없다고 느낀 젊은이들이 국외로 망명하여 독립군에 가담하였으며, 국내에서도 구월산대, 천마산대 등의 무장 독립군이 조직되어 황해도, 평안도 지방에서 항일 무장투쟁을 벌였다.

또 일제의 감시와 탄압 속에서도 많은 청년단체와 여성단체 등이 조직되어 민족의식을 고취하고 민중을 계몽하는 등 민족 운동을 적극적으로 펼쳐 나갔다. 대표적인 독립운동가로 안중근·윤봉길·유관순·김구·신채호·김상옥·이봉창·홍범도 등이 떠오른다.

이밖에도 국내에서 중국, 미국에서 반일 운동과 투쟁으로 평생을 바친 분들이 수없이 많다. 그러나 결국 4년간에 걸친 미·일 태평양 전쟁과 원자탄 투하로 우리는 독립을 이루었다. "그날이 오면/ 삼각산이 일어나 더덩

실 춤이라도 추고/ 한강물이 뒤집혀 용솟음칠/ 그날"(심훈의 '그날이 오면'
중에서)을 외치던 수많은 독립투사들의 꿈이 이루어졌다.

**그러나 만일 1948년 대한민국 건국에 실패하였거나, 1950년 시작된
6·25 전쟁에서 패하여 공산화 되었거나, 1953년 체결된 한·미 군사 동
맹이 없었다면 항일 투쟁은 했을망정, 우리는 또다시 공산주의를 벗어나
야 되는, 또 그 지긋지긋한 가난의 굴레에서 벗어나기 위하여 "그날이 오
면"을 다시 외쳐야 했을 것이다. 수많은 독립투사들의 고통과 죽음, 그리
고 6·25 전쟁 때 전사한 군인들, 죄 없이 흘린 양민들의 피의 강을 건너
희망의 언덕으로 대한민국의 기초를 닦은 이가 바로 이승만이다.**

이승만은 미국에 여러 해 살면서, 서양문명이 다른 문명들을 대체해서 인
류문명의 주류로 자리잡는 과정을 살폈고 강대국들이 모두 제국주의를 추
구하던 당시의 국제 질서 속에서 조국이 되살아날 길을 찾았다. 우남(雩
南)에 대해 깊이 연구해서 그의 생각과 역할에 대해 정당한 자리를 마련해
주지 않은 채 우리 역사를 해석하고 기술하는 것은 어리석고 위험하다.

우남의 뛰어난 식견과 지도력은 대한민국의 탄생에 결정적 공헌을 했다.
우남이 약소민족들에겐 더할 나위 없이 야멸찬 국제 질서의 맥락에서 힘이
약한 우리 민족이 독립하고 생존할 수 있는 전략을 찾은 덕분에 대한민국
이 탄생할 수 있었다.

한 나라가 태어나는 일은 워낙 거대한 현상이라서, 그것을 한 사람의 공
으로 돌리는 것은 과장일 수밖에 없다. 만일 그런 과정이 나름의 정당성을
지닌 경우가 있다면, 대한민국의 탄생에서 우남이 한 역할일 것이다.

'국부'라는 호칭이 자연스럽고 정당한 경우가 있다면, 바로 우남의 경우이리라. 그런데 왜 이승만을 홀대하는 사람들이 많은가? 은혜를 모르는 민족은 망할 수밖에 없다.

(5)
이쯤 되면 내일을 생각하지 않는 나라

〈…문재인 정부의 경제 운영엔 정형화된 패턴이 뚜렷해졌다.

①국민을 가난하게 한 뒤 ②세금을 퍼부어 ③정부 지원에 의존하게 만드는 것이다. 문 정부가 추진한 국가 주도의 반(反)시장 정책들은 일관되게 '국민 빈곤화'란 결과로 수렴되고 있다. 성장 동력을 꺼트리고 온 국민이 나눠 가질 경제 파이(전체 몫)를 쪼그라트렸다. 괜찮은 일자리가 사라지게 하고 중산층을 줄였으며 못사는 사람을 더 못살게 해 빈부 격차를 최악으로 벌렸다. 잘못된 정책이 국민 살림살이를 더 어렵게 만들었다. 그래 놓고는 부작용을 보완한다며 세금으로 진통제 주사 놓는 일을 3년 내내 반복했다.

이런 행태는 '재정 중독'이라는 신조어로 비판받고 있다. 상황이 나빠지면 곳간에만 기대고 휘발성 지출만 나열할 뿐, 이렇다 할 대책을 세울 식견도, 정책 오류를 되돌아볼 정직함도 결여됐다는 의미인 듯하다.…〉 (윤희숙 국민의힘 국회의원)

문제는 윤희숙 의원의 지적처럼 "정권을 누가 잡더라도 국가의 미래를 위해 훼손해서는 안 되는 영역, 즉 경제 체질과 제도를 유지하고 발전시키는 사명이 '정치 기술'적 측면 때문에 너무 쉽게 희생된다"는 점이다.

일례로 대외 여건이 좋았음에도 근래 경제 체질이 급격히 악화된 것은 주 52시간 근로와 최저임금의 과도한 상승, 이로 인한 경제 주체의 불안에 주로 기인한다. 점진적으로 추진하기로 합의했던 주 52시간제를 급작스레 시행한 것은 근로자의 임금을 더 인상시키고 사업장 내 노사의 힘 관계를 변화시켜 노조 등 핵심 근로자의 지지에 보은하는 성격이 강했지, 장시간 노동 개선을 위한 진정성은 찾기 어렵다.

옆 나라 일본은 60시간 이상의 심각한 장시간 근로 비율을 2020년까지 6%로 줄이는 것에 초점을 맞추고 있다. 시급한 것부터 부작용을 줄이며 해결하자는 것이다. 반면 우리는 심각한 장시간 근로로 누가 얼마나 고통받는 지는 관심도 없다.

이 정부는 경제를 엉망으로 만들고도 '정권 재창출'을 호언장담한다. 정책 전환도 없다고 한다. 일자리 없애고 국민 지갑을 얇게 만든 빈곤화 정책을 포기하기는커녕 더욱 깊게 대못 박겠다고 한다. 그렇게 국민 살림살이를 궁핍에 몰아넣고도 '20년 집권' 운운한다. 무얼 믿고 이토록 자신만만한 것일까.《조선일보》박정훈 논설실장의 글을 읽으니 그제야 이해가 된다.

〈…'남미의 역설'로 불릴 만한 현상이 있다. 좌파 포퓰리즘이 경제를 황폐화시켰는데 국민은 도리어 좌파 정권을 지지하는 역설이다. 2000년대 들어 남미 곳곳에 들어선 좌파 정권들이 국가 주도의 복지 포퓰리즘을 유행시켰다.

역설적인 것은 아무리 경제를 망쳤어도 선거만 치르면 좌파가 승리하고 있다는 점이다. 베네수엘라는 국민 체중이 10㎏ 감소하고 전 국민의 60%가 '배고파서 잠이 깨는' 나라로 전락했지만 여전히 좌파 정권이 건재하다. 아르헨티나는 국가 부도 위기 앞에서도 복지 축소를 참지 못한 국민이 다시 좌파 포퓰리스트에게 정권을 안겨 주었다. 마약 중독자처럼 국민이 가난해질수록 자신을 그렇게 만든 포퓰리즘 정치에 손을 벌리고 있다. 빈곤화의 역설이다.

현 정권이 남미 모델을 연구했는지는 알지 못한다. 다만 국민을 정부 의존형으로 만드는 국가주의 포퓰리즘 전략이 놀랍도록 유사하다. 이 정부가 일부러 경제를 망치려 한다고는 믿고 싶지 않다. 그러나 국민이 자기 힘으로 잘살도록 하는 데 정책적 관심이 없다는 것만큼은 틀림없다. 경제가 쪼그라드는 것을 뻔히 보면서도 빈곤화 정책을 고집하는 것이 증거다. 무능이라기보다 '미필적 고의'에 가깝다.…〉

3년 전 최저임금이 과하게 인상된 데에는 정부의 다양한 압력이 최저임금위원회에 작용한 것으로 알려져 있다. 그런데도 반발이 커지자 청와대 정책실장은 "인상률이 너무 높아 본인도 놀랐다"는 무책임한 발언으로 국민을 더 놀라게 했다. 성장률 2% 경제에서 최저임금을 16.8% 올리는 무리수로 핵심 기반의 지지를 다진 후, 영세 자영업자의 지지가 휘청대니 나 몰라라 한 셈이다.

연금 제도도 마찬가지다. 연금은 한 나라 복지의 핵심 중 핵심이다. 처음 도입도 어렵지만 세대 간 이해가 다를 경우 사회적 역량을 최대한 모아내야 지켜나갈 수 있다. 그러나 전망은 어둡다. 윤희숙 의원의 말이다.

"현재 국민연금은 길게 봐도 30년 안에 제도의 존립 자체가 위험할 정도의 재정 위기를 안고 있지만, 정부가 내놓은 4가지 개혁안(①보험료 인하 ②연금세 신설 ③기초연금 2배 ④확정기여형)을 보면 어느 하나 해결책을 담고 있지 않다. 심지어 1안은 '지금 이대로'다. 껄끄러우면 안 하는 것도 대안이라니 기가 막힌다. 거기다 보험료 인상을 담은 안들마저도 연금급여 인상을 병행했기 때문에 재정 상황을 거의 개선시키지 않는다. 연금제도를 지키려는 진정성 없이 개혁안을 만드는 척만 한 셈이다. 결국 표에 도움이 안 되는 개혁은 피하고 보겠다는 의지다."

건강보험 역시 정권 입맛에 휘둘려 표류하고 있는 것은 마찬가지다. '국민이 원하면 다 제공합니다'라는 문재인 케어를 앞세우고 있다. 사실 건강보험은 인화성이 강한 폭발물이다. 왜냐면 지출 폭발의 위험이 너무 크기 때문이다. 왜 각국이 의료보장과 보험료를 두고 오랜 세월 진통을 거듭해 왔는지 알아야 한다.

우리나라는 2008년에 34조원이던 의료비 급여 지출이 2019년에는 85조원을 기록했다. 증가율은 OECD 최대 수준이다. GDP 대비 의료비 비중도 OECD 평균에 육박해 의료비 지출이 선진국보다 적다는 것도 옛말이 됐다. 그런데도 선진국이 예외 없이 공적의료비 지출의 총량을 통제하고 급여 항목 선별에 공을 들이는 것과 정반대로 우리는 모든 의료 서비스를 건강보험으로 포괄하겠다고 천명했다. 폭발하는 보험재정에 관해 보건복지부가 내놓은 대책은 '국고 지원을 늘리는 것'이다. 국고건 보험료건 모두 국민의 주머니에서 나온다는 기본 상식마저 가볍게 무시했다.

이쯤 되면 내일을 생각하지 않는 나라, 빚잔치하는 나라 같다. 정권을 잡은 그룹에 '정의'란 정권 재창출, 그 이상도 이하도 아니라고 흔히 체념조로 말하지만, 그 목적을 위해 국가 시스템을 보존하는 역할을 저버리는 것까지 그러려니 해서는 안 된다.

⑥
청년들을 향한
KAIST 이병태 교수의 호소

이병태 KAIST 경영대 교수는 자유주의 진영에서는 '팩트(Fact) 폭격기'라고 불린다. 정부나 좌파 지식인들이 경제에 대한 잘못된 이야기를 하면, 바로 통계 등을 찾아내 사정없이 반박한다. 시장에 대한 규제와 그러한 규제를 뒷받침하는 좌파의 왜곡된 경제 논리, 그에 대한 잘못된 논거들을 지속적으로 비판하는 활동을 해왔다.

이 교수가 지난 2017년 7월 자신의 페이스북에 '젊은이들에게 가슴에서 호소합니다'라는 글을 올렸다. 그의 글은 소셜 네크워크를 돌아다니며 큰 반향을 일으켰다.

이 교수는 "이 땅에 살 만한 정의가 이뤄지지 않았다고 '헬조선'이라 욕하기 전에 한 번이라도 당신의 조부모와 부모를 생각해야 한다"고 주문한다.

또 "일자리가 없어 대학을 나오고도 독일의 광산 광부로 갔고 간호사로 간 할아버지 할머니 시대를 부정하고도 양심의 가책이 느껴지지 않느냐"고 반문한다. 원문을 소개한다. 문장을 '습니다'체로 바꾸었다.

〈…젊은이들에게 가슴에서 호소합니다.

이 땅을 헬조선이라고 할 때, 이 땅이 살만한 정의가 이루어지지 않는다고 욕할 때, 한 번이라도 당신의 조부모와 부모를 바라보고 그런 이야기를 해 주기 바랍니다. 초등학교부터 오뉴월 태양 아래 학교 갔다 오자마자 책가방 팽개치고 밭으로 가서 김을 매고 저녁이면 쇠먹이를 거두려고 강가로 가고 겨울이면 땔감을 마련하려고 산으로 갔던 그런 분들을 쳐다보면서 그런 이야기를 하세요.

초등학교 졸업하는 딸을 남의 집 식모로 보내면서 울었던 당신의 할머니를 보면서 그런 이야기를 하십시오. 대기업이 착취를 한다구요? 한국에 일자리가 없어서 대학을 나오고도 독일의 광산 광부로 갔고 간호사로 갔던 그래서 국제미아가 되었던 당신의 할아버지 할머니 시대의 이야기를 물어 보고 그런 이야기를 하십시오.

지금도 대학을 나오고도 대한민국에 불법 취업을 와서 노동자로 일하는 필리핀과 몽고의 젊은이들을 보면서 이야기 하십시오. 신혼 초에 아내와 어린 자식을 두고 지하 방 반칸 이라도 마련해 보려고 중동의 뙤약볕으로 건설 공사장의 인부로 갔던 당신의 삼촌들을 보고 그런 응석을 부리십시오. 월남전에 가서 생명을 담보로 돈 벌이를 갔던 당신의 할아버지, 삼촌 세대를 생각하면서 그런 이야기를 하십시오.

고맙고 미안하고 그렇지 않나요? 앞 세대의 성취와 피땀을 그렇게 부정하고 폄하하고도 양심의 가책이 느껴지지 않나요?

사람들은 내가 미국 가서 박사하고 KAIST 교수하고 반기업 정서에 대응하니까 무척 금수저인 줄 아는 가 봅니다. 나는 위에 적은 일들을 직접 경험했고 보고 자랐기 때문에 당신들처럼 그런 배부른 소리를 못할 뿐입니다. 나는 부모 모두 무학으로 농부의 아들이고, 그 것도 땅 한 평 없던 소작농의 아들로 자랐습니다. 중학교 때까지 등잔과 호롱불로 공부했습니다.

나보다 더 영특했던 우리 누이는 중학교를 가지 못하고, 초등학교 졸업하고 공장으로 취업해 갔고, 지금까지도 우리 어머님의 지워지지 않는 한입니다. 나는 대학 4년 내내 아르바이트로 내 생활비를 마련하며 다녔고, 때로는 부모님께 도움을 드리면서 다녔습니다. 나는 돈 한 푼도 없이 결혼했고 집 없는 설움을 겪으며 신혼 초에 치솟는 전세값 때문에 서울변두리를 전전하며 살았습니다.

단돈 300만원으로 가족을 데리고 유학을 가서 배추 살 돈이 없어서 김치를 만들어 먹지 못했고, 내 아내는 남의 애들을 봐주고, 딸은 흑인애들이 받는 사회보장 프로그램의 도움을 받아서 우유와 오렌지 주스를 사 먹이면서 학교를 다녔습니다.

나는 회사에 취업해서 주 6일을 근무하던 때에 입사 첫해에 크리스마스 날 단 하루 쉬어 보았습니다. 공장 창고의 재고를 맞추려고 퇴근 안하고 팬티만 입고 냉방도 안 되는 높다란 창고 위를 기어올라 부품을 세면서 생산을 정상화하려 애썼습니다.

그렇게 야근하는 날은 세상에서 제일 맛있는 음식은 삼겹살인줄 알고 살았습니다. 그렇게 살아 왔기에, 무책임한 노조가 망가뜨리는 회사를 보아왔기에, 우리보다 잘사는 것으로 알았던 많은 나라들이 꼬꾸라지는 것을 보았기 때문에, 그리고 미국과 일본이 어떻게 잘 사는 사회인지 보았기 때문에 나는 당신들처럼 아프다고 못하고 힐링해야 한다고 응석을 부리지 못합니다. 제발 당신의 고결한 조부모와 부모들을 더 이상 능멸하지 마십시오. 당신들이 우습게 여기는 대한민국 기업들 가발공장에 납품하는 하청업체부터 시작해서 배워서 지금까지 일군 것입니다. 정부의 벤처 지원책도, 금융도 없었고, 대학도 없었고, 컨설팅 없이 자유수출공단에 진출한 일본인들에게 술 사주고 접대하면서 배우고 일군 것들입니다.

당신의 이모 고모가 그렇게 술 따르면서 번 돈으로 동생들을 공부시켰습니다. 제발 응석부리고 빈정거릴 시간에 공부하고 너른 세상을 보십시오. 우리 사회가 부족하면 부족한대로 이유가 있는 것입니다. 그 이유를 알뜰하게 공부하고 나서 비난해도 늦지 않습니다.

사람값이 싸다고 투덜대기 전에 누구 한번 월급 줘보고 그런 철없는 소리를 하고, 월급 보다 더 가치있는 직원이라고 증명하십시오. 그런 직원 찾으려고 기업주들은 눈에 불을 켜고 찾습니다. 나는 당신들의 그 빈정거림과 무지에 화가 납니다. 그러니 나보다 더 고생하고 생존자체를 위해 발버둥 쳐야만 했던 나의 앞 세대, 내 부모님 세대는 오죽하겠습니까?

당신들이 아프다고 할 때, 나는 그 유약하고 철없음에 화가 머리끝까지 납니다. 당신들이 누리는 그 모든 것들, 스타벅스 커피, 스타크래프트 게임, 해외 배낭여행, 그 어떤 것들도 당신들이 이룬 것은 없습니다.

당신들은 지금 이 사회를 더 좋은 사회로 만드는 것으로 지금 누리는 것에 보답해야 합니다. 우리세대는 누리지 못했기에 당신들이 누리는 것을 보는 것으로 행복할 따름이고 부러울 따름입니다. 그러나 당신들에게 조롱받을 아무런 이유는 없습니다. 당신들의 앞 세대는 그저 물려받은 것 보다 몇 십, 몇 백배로 일구어 넘겨준 죄 뿐이고 당신들에게 인생은 원래 고달픈 것이라는 것을 충분히 알려주지 못한 것뿐입니다. 사기꾼들이 이 나라 밖에는 어디 천국이 있는 것처럼 거짓을 전파할 때 설마 저런 소리에 속을까하며 미리 막지 못한 죄 뿐입니다.

당신들의 부모들이 침묵하는 것은 어이가 없거나, 말해도 못 알아듣거나, 남보다 더 해주고 싶다는 한없는 자식에 대한 애정의 표현이지 당신들의 응석이 옳아서가 아닙니다. 그들은 속으로 울화통이 터져서 울고 계실 것입니다. 나는 그렇게 생각합니다.…〉

(7)
흙수저
금수저

소셜미디어에서 찾을 수 있는 어느 젊은 '흙수저'의 글이다.

〈…부유한 친구를 볼 때마다 가난한 부모님이 아쉽고 불쌍해 세상이 불공평하다고 느껴져 울화가 치민 적이 많았다. 친구가 '있는 집' 자식인 게 부러웠다.

나는 등록금 걱정을 해야 했고, 친구는 차까지 몰고 다녔다. 나는 취업의 고통을 겪는데 친구는 아버지 회사에 쉽게 취직을 했다.…〉

역사를 돌아보면 '차별'과 '격차'가 늘 있어왔다. 진골, 성골, 양반, 상놈은 옛날부터 수천 년간 있었다. 그때에 비하면 지금은 천국이다. 자유민주주의 이념의 위력이다. 사람은 태어날 적부터 같은 게 없다. 키가 다르고, 인물이 다르며 두뇌 수준도 다르고 부모의 지위, 재산, 교육상태도 다르다.

세상 사람이 모두 똑같은 조건으로 태어날 수 없다. 그런데, 이 모든 것이 사회 부조리 때문에 일어나는 것이라고 가르치고 뒤집어엎어야 된다고 가르친다.

이 여러 조건들 중에 많은 것을 못 가진 아이들에게 피해의식을 심어주고 헬조선을 가르친다. 기득권을 가진 사람들은 자기 기득권을 잘 내주지 않는다. 많은 경우에 몇 세대에 걸쳐서 쌓아서 기득권을 얻었다. 돈 뿐 아니라 키나 인물도 몇 대에 걸쳐서 얻었을 수도 있다.

그런데 자기에게 없는 것을 아이들에게 가르치며 피해의식을 주입시킨다. 이 피해의식은 자신에게도 치명적이고 사회 발전에도 치명적이다. 모든 기득권을 부정한 방법으로 얻었다고 가르치기 때문이다.

"이승만은 친일파와 손잡고 나라 세운 더러운 대통령", "박정희는 쿠데타 독재로 나라 세우고, 재벌들만 배불린 대통령", "전두환은 12·12사태를 일으켜 불법으로 정권 잡아 5·18 민주화운동을 진압한 악독한 대통령", "노무현은 자살하고 이명박·박근혜는 부정부패로 감옥 가고" 등등 지난 70여 년간의 한강의 기적은 모두 친일, 독재와 부정부패로 이루어졌다는 패배주의 근성에 입각한 교육으로 세뇌시키니 한심하다. 이 나라의 젊은이들은 자기가 어렵고 잘못되는 것은 모두 남의 탓이요, 헬조선에 태어났다고 가르치니 미래가 암흑이다.

사람이 사는 세상은 몇 천년동안 항상 양반, 상놈, 부자, 가난한 자, 높은 자, 낮은 자로 나뉘어 마치 피라미드 형태로 존재해 왔고 앞으로도 그럴 것이다. "모두가 평등하고, 재산도 나누어 갖고, 모두 행복하게 살게 해준다" 던 공산주의는 많은 피를 흘리게 만들었고 결국 힘을 잃었고 역사에서 사라졌다.

입학정원이 50명인데 100명이 시험을 보면 50명은 떨어져야 되고, 직장에서 1000명을 뽑는데 2000명이 입사시험을 치르면 1000명은 입사를 할 수 없다. 그런데 이 모든 자연현상들도 모두 사회가 부패했기 때문에 내가 떨어졌다고 가르친다.

(8)
외고, 자사고 폐지와
부동산 정책의 추악한 이중성

　전국 사립 외국어고등학교와 자율형사립고(자사고)가 2025년까지 이들 학교를 일반고로 전환한다는 정부의 계획이 발표되었다.

　유은혜 사회부총리 겸 교육부 장관은 2019년 11월 초중등교육법 시행령에서 외고·국제고·자사고의 운영 근거를 삭제하고 2025년 한꺼번에 일반고로 바꾸는 내용을 담은 '고교서열화 해소방안'을 발표했다.

　유 부총리는 "다수 학생이 재학하는 일반고 교육을 저해한다는 경고를 무겁게 받아들이고, 고교 진학부터 대학 입시까지 불공정 없애고 복잡한 고교체계를 단순하게 바꾸려 한다"며 이들 학교를 일반고로 일괄 전환하겠다고 밝혔다.

　이에 따라 교육부는 초·중등교육법 시행령을 개정해 고교학점제가 도입되는 2025년 3월부터 자사고와 외국어고, 국제고를 일반고로 전환한다.

외고는 1984년 최초의 외고인 대원외고와 대일외고가 개교한 지 35년 만에, 국제고는 1998년 도입 후 21년 만에, 자사고는 2001년 도입된 후 18년 만에 역사 속으로 사라지게 된 것이다. 어떤 과격한 정부에서도 보지 못했던 일을 벌이고 있는 셈이다.

전국 사립 외고 16곳의 법률 대리인이 참여한 '전국 외고 연합 변호인단'은 교육부에 '외고 폐지'에 반대한다는 의견서를 제출했다. 외고 변호인단은 "헌법이 보장하는 교육의 자율성·자주성·전문성을 훼손하고 침해하는 외고 폐지는 위헌"이라면서 특히 "시행령을 개정해 외고를 폐지하는 것은 법률의 상식과 기본을 지키지 않은 전횡"이라고 주장했다.

그러면 현 정부의 자식들은 어떤 고등학교를 다녔을까.

사회악처럼 생각하는 외고, 자사고를 다니지 않았을까. 지난 20대 국회 교육위가 재인 정부의 총리급에서부터 장·차관급인 그 사람들의 아들딸들이 어떤 고등학교에 다니고 있는지, 혹은 다녔는지를 조사했다고 한다. (2019년 7월 조사인데 지금은 직(職)에서 물러난 이들도 적지 않다.)

당시 조국 민정수석의 딸은 한영외고, 조희연 서울시교육감 아들 둘은 명덕외고·대일외고, 김명수 대법원장 딸은 한영외고, 강경화 외교부 장관의 딸과 아들은 자사고인 이화여고와 용산국제학교를 다녔다.

국민 억장이 무너지는 것은 현 정부의 고관대작들은 대부분 우수 학생을 따로 뽑는 자사고와 외고에 보내거나 외국 유학을 보냈다는 사실 때문이다. 《조선일보》 김광일 논설위원은 현 정부의 '내로남불'을 이렇게 표현한다.

"이 사람들을 보면 한 마디로 '추악한 가면무도회'를 하고 있다는 생각이 든다. 겉으로는 정의로운 음악에 맞춰 도덕적인 춤을 추고 있는 것처럼 선전선동을 일삼고 있으나 가면 안쪽에는 자기 자식만큼은 철저하게 수월성 교육에 입각해서 알뜰하게 챙기는 매우 이기적이고 추악한 얼굴이 감춰져 있는 것이다."

조국 전 장관의 딸과 아들을 둘러싼 의혹은 국민의 공분을 사고도 남았다. 거짓 스펙을 쌓기 위한 불법 행위를 조 전 장관은 아무것도 몰랐다고 했다. 딸의 병리학 논문 제1 저자 등재에 대해 "내가 봐도 이상하다"고 이 정권의 특징인 유체 이탈 화법을 썼다. 그러면서도 "아이가 학교 선생님이 만든 프로그램에 참여한 것뿐"이라고 했다. 논문 작성 과정도 몰랐다고 했다. 딸을 논문 제1 저자로 올려준 단국대 교수 아들이 조 후보자가 재직한 서울대 법대에서 인턴을 한 사실에 대해서도 "서로 모르고 연락한 적 없다"고 했다. 의대·법대 학부모들끼리 자녀에게 스펙을 주고받은 품앗이가 벌어졌는데 아버지가 몰랐다는 것이다.

조 전 장관은 딸이 서울대 환경대학원에서 2학기 연속 장학금을 받은 것에 대해선 "(장학금을 받기 위해) 신청을 하거나 어느 누구에게도 연락하지 않았다"고 했다. "서울대 동창회 측으로부터 선정됐다고 전화 연락을 받았을 뿐"이라고 했다.

그 딸은 2014년 부산대 의학전문대학원 입시 때 동양대 어학교육원에서 봉사활동을 한 일로 총장 표창장을 받았다고 자기소개서에 기재하고 상장을 부산대에 제출했다. 그런데 동양대 총장은 "그런 표창장을 결재한 적도 없고 준 적도 없다"고 했다.

심지어 부산대 의전원에 입학한 뒤 유급을 하고도 2016년부터 6학기 연속 1200만 원의 장학금을 받았다.

내로남불은 문재인 정권에서 청와대 정책실장이었던 장하성 주 중국 대사도 마찬가지다. 그는 "내가 강남에 살아봐서 아는데 모든 국민이 강남에 살 필요 없다"고 말한 적이 있다. 그때도 국민은 억장이 무너졌었다. 당시 야당에서는 부동산 대책을 발표한 이후에 문재인 정부 주요 공직자의 집값 상승분을 공개했다.

'강남에 살아봐서 아는데 강남에 살 필요 없다'던 장하성 전 정책실장(현 주중대사)의 "아시아선수촌 아파트가 1년 사이 4억5000만 원이 올랐다"고 돼 있다. 2019년 12월 경제정의실천시민연합(경실련) 조사에 따르면 문재인 정부 청와대 참모진이 보유한 부동산 가격이 집권 후 평균 3억2000만원 증가한 것으로 나타났다.

청와대 대통령 비서실 소속 고위공직자(1급 이상)들 65명의 아파트·오피스텔 재산 평균이 8억2000만원(2017년 1월)에서 11억4000만원(2019년 11월)으로 상승했다.

3년간 보유 부동산가격이 10억원 이상 오른 사람도 있다. 주현 중소벤처 비서관은 13억8000만원, 여연호 국정홍보비서관은 11억3000만원, 김조원 민정수석비서관은 11억원이 각각 상승했다.

또 전현직 참모들의 상당수가 서울 강남구와 송파구, 경기도 과천 등 집값이 폭등한 지역의 부동산을 보유하고 있다.

경실련은 "문재인 정부 30개월 중 26개월 동안 집값이 상승했고, 청와대 참모들의 부동산 재산은 폭등했다"며 "소득주도 성장이 아닌 불로소득이 주도하는 성장만 나타나고 있다"고 지적했다.

또 "정부 관료들이 부동산 가격상승의 수혜자라는 비판을 받지 않으려면 정부가 적극적으로 부동산 투기 근절에 나서야 한다"며 "지난 3년여 동안 집값 폭등 사실을 감추고 거짓 보고로 대통령과 국민을 속인 자들을 문책 해야 한다"고 했다.

우리는 똑똑히 기억하고 있다. 김의겸 전 청와대 대변인은 2018 7월 흑석동 상가 건물을 25억 7000만원에 매입했다. 해당 지역은 흑석뉴타운 재개발 지역으로 그가 문재인 정부의 부동산대책 발표 직전 막대한 시세차익을 노리고 투기에 나섰다는 의혹이 제기되면서 대변인직을 사퇴했다.

김상곤 전 교육부장관은 "집이 강남과 분당에 한 채씩 있는데 팔려고 해도 팔리지 않는다"고 했다가 야당 의원과 신랄한 설전을 벌이기도 했다. 멀리 갈 것 없다. 목포 문화재 거리 부동산을 대거 매입했던 손혜원 전 의원은 부동산 투기 혐의로 재판을 받고 1심에서 징역 1년 6개월을 선고받았지만 법정구속이 되지 않았다.

지금 집권한 세력들은 전 정권 비리는 이 잡듯 뒤지고, 자신들의 비리에는 아주 관대하다. 남의 눈에 티는 보면서 제 눈에 들보는 보지 못하는 사람들이다. 흔히 현 정권의 특징 중 하나로 '내로남불', 내가 하면 로맨스요 남이 하면 불륜이다. 아니, '내로남불'이 아니라 그것은 추악한 위선이다. '정치적 죄악'에 가깝다.

(9)
구한말과 대한민국,
고종과 문재인

　AI는 모든 분야에서 '생각하는 기계를 추구'하는 새로운 학문이다. 현재의 AI는 일주일 내내 하루 24시간씩 쉼 없이 학습하면서 아무리 사소한 것도 잊지 않는 절대적 기억력을 지닌다. 그렇게 쌓인 빅 데이터를 체계적으로 정리하는 일은 그야말로 빠르고 정확한데, 이런 능력만이라도 당연히 모든 일에 큰 도움이 되고 또 혁신을 가져올 것이 자명하다. 그런데 이제는 AI 스스로가 자신의 능력을 높이는 단계에까지 이르고 있으니, 미래의 인류는 결국 이러한 '생각하는 기계'와 공존하며 살아갈 수밖에 없다.

　20세기에 들면서 자동차가 등장했고 문명국의 시민 모두가 결국 운전을 필수로 삼게 된 것처럼, 이제 21세기는 모두가 AI를 다루는 시대가 될 것이다.

　각국이 AI 주도권 다툼에 혈안인데 한국은 낡은 프레임에 발목 잡혀 제대로 된 준비가 없다. 비단 산업기술 문제가 아니다. 국제 정세와 강대국 갈등, 무역·통상에서 지정학적 환경까지 100여 년 전 구한말을 연상케 하는 일련의 상황이 펼쳐졌다. 제국주의 열강이 우리 목을 조여온 19세기 말처럼 또다시 내 편이냐 아니냐의 선택을 강요받고 있다.

여기에 한일 두 지도자가 있다.

일본 전 총리 아베는 메이지 유신의 주역들이 걸은 길을 걸었다는 평가가 나온다. 혹자는 이토 히로부미에 비유된다고 말하는 이도 있다. 몇 해 전 미국을 방문한 아베의 연설문은 두고두고 회자된다.

"이제 일본은 (뒤에 앉아 있는) '2열 국가'가 되지 않을 것입니다. 제가 돌아왔습니다. 일본 역시 돌아올 것입니다."

100여 년 전 이토의 제국주의 팽창을, 아베 역시 따라 걷겠다는 의미다. 그렇다면 문재인 대통령은 어떤 길을 걷고 있나. 결론적으로 문 대통령의 리더십은 아베와 정반대의 길을 걷고 있다. 아베가 부국 강병론자라면, 문 대통령은 노동 중시의 분배론자다. 《조선일보》 박정훈 논설실장의 지적이다.

〈…'강한 일본'(아베)과 '포용국가'(문)의 슬로건만큼이나 차이가 크다. 아베는 국제적 영향력 확대를, 문 대통령은 국내적 공정·평등을 우선시한다. 아베가 밖을 본다면, 문 대통령의 시선은 안을 향해 있다. 외교 노선에서도 현실적인 아베와 이상주의자인 문 대통령은 대조적이다. 아베가 '트럼프의 푸들'을 자처한 반면 문 대통령은 미·중 간 '중재자론'을 내걸었다. 미·일이 유례없는 밀월인데 한·미 동맹이 서먹해진 것이 두 사람의 리더십과 무관하진 않을 것이다.…〉

박 실장은 "구한말 격동기, 지도자의 역량 차이가 조선과 일본의 운명을 갈랐다"라고 말한다. 이토를 비롯한 일본의 리더들은 밖을 향해 눈과 귀를 열어놓고 있었다. 국제 정세에 기민하게 대응하면서 힘을 키워 근대화 문턱을 넘는 데 성공했다.

우리에겐 그런 지도자가 없었다. 대한제국 황제 고종은 제국주의 침탈을 헤쳐 나갈 만큼 역량 있는 통치자가 아니었다. 스스로 개혁 군주임을 자처했지만 실상은 봉건 군주의 한계를 넘지 못했다. 고종의 좁은 세계관과 빈약한 국가 비전이 망국을 앞당겼다.

이런 관점에서 조선왕조가 대한제국으로 바뀐 것은 이름뿐이지 실제는 친러시아적이고 수구적인 정치세력이 대한제국을 지배하면서 독립협회를 중심으로 하는 민중의 개혁 요구를 거부하다가 결국 일본의 식민지로 전락하는 길을 걸었다. 조선은 외침(外侵)에 앞서 지도자의 무능과 무기력, 무전략 때문에 자체 붕괴했다.

지금의 현실은 구한말만큼이나 어지러운 난세(亂世)다. 박정훈 실장은 이렇게 말한다.

〈…세상은 약육강식의 정글이 됐는데 문 정부는 안에서 적을 만들고 편을 가르는 내부 경쟁에 몰두하고 있다. 바깥세상을 보지 않고 우리끼리 지지고 볶겠다는 편협한 리더십에 머물러 있다. 그 모습에서 100여 년 전 고종의 이미지가 연상되는 것은 어쩔 수 없다.…〉

서울시는 최근 고종이 러시아 편으로 도피한 아관파천(1896) 경로 일부를 복원했다. '근대를 향한 고종의 열정' 등으로 아름답게 포장했지만 그 길은 결코 미화될 수 없는 망국의 길이었다. 구한말과도 같은 격변의 시대,

문 대통령이 갈 길이 '고종의 길'일 수는 없다.

고종은 강대국 역학관계를 잘못 읽고 치명적 판단 미스를 범했다. 고종은 한반도 주변 열강의 역학관계를 잘못 판단했다. 대한제국이 성립된 1890년대 후반은 한반도를 둘러싼 러시아와 일본의 세력이 날카롭게 대립했던 시기이다. 또 조선 국내에서는 독립협회 등이, 그리고 국제적으로는 영국이 러시아 세력의 조선 침투를 강력히 반대했다. 그러나 고종은 당대의 패권국 영국 대신 비주류 러시아와 손을 잡으려 했다. 고종의 아관파천을 본 영국은 6년 뒤 영일동맹을 맺어 조선을 일본에 넘겨주었다.

문 정부도 비슷한 오류를 범하고 있다. 오랫동안 피와 땀으로 맺은 미국과의 동맹 대신 속내를 알 수 없는 중국과 균형을 맞추겠다고 생각한다. 한마디로 "패권을 쥔 미국과의 동맹을 약화시키고 패권에 도전하는 중국과 균형을 맞추겠다"고 한다.

또 고종은 힘이 지배하는 국제사회의 냉정한 논리를 알지 못했다. 광무개혁은 기술적 경제적 교육제도적인 면에서 어느 정도의 근대적인 개혁을 추진하여 갑오개혁을 이어갔지만 의지도 노력도 약했다. 문 정부의 국정도 부국강병과는 결이 다른 방향을 향하고 있다. 국력을 키우기보다 경제를 쪼그라트리고 군사력을 약화시키는 쪽으로 국정을 이끌고 있다. 현실 대신 이념에 매달려 축소와 문약(文弱)의 길을 걷고 있다. 문재인이 가는 길이 고종이 걸었던 길이 아니길 바란다.(《조선일보》 2019년 6월 28일자 박정훈 칼럼 '문 대통령은 '고종의 길'을 가려 하는가' 참조)

아베 이후 한일 관계는 어떻게 될까.

여전히 한일 관계는 경색돼 있다. 문재인 대통령이 대일(對日) 기조 전환을 예고했지만 아직은 효과가 없어 보인다. 그러고 보니 최근 스가 요시히데(菅義偉) 일본 총리가 국제 회의에서 일본 외교 정책의 방향을 설명하며 한국을 의도적으로 외면했다.

《조선일보》 2021년 2월 1일자 보도에 따르면, 스가 총리는 1월 29일(현지 시각) 세계경제포럼 화상 연설에서 "우리와 근본적 가치를 공유하는 나라들과의 파트너십을 강화하겠다"며 아세안과 인도, 호주를 거론했다.

또 "이웃과의 관계 개선을 위해 지난한 노력(endeavor)을 하겠다"며 중국과 러시아를 언급했다. 어찌된 일인지 한국은 쏙 뺐다. "한국을 언급하지 않은 것은 다분히 의도된 것으로 보인다"는 이야기가 흘러나왔다.

일본은 최근 '호칭'을 통해 한일 관계의 불편함을 드러낸 바가 있다. 《2020 방위백서》에서 한국을 기술하며 '폭넓은 협력'이란 표현을 지워 버렸다.

또 스가 총리는 2020년엔 한국을 '극히 중요한 이웃국가'라고 했지만, 2021년 1월엔 그냥 '중요한 이웃국가'라고만 표현했다.

위안부 문제와 강제 징용 피해자와 관련한 한국 법원의 배상판결이 반영된 결과다. 일본의 반성없는 역사인식도 왜곡된 한일 갈등을 방치하고 있다. 이런 상황을 우방인 미국이 걱정하고 있다. 미국은 한미일 삼각협력을 간절히 바라고 있다.

마크 내퍼 미 국무부 부차관보는 《조선일보》와의 인터뷰에서 "한일과의 협의는 미국이 향후 북한에 취할 모든 접근 방식의 중심이 될 것"이라며 "한일 관계보다 미국에 더 중요한 관계는 없는데 솔직히 말해 관계 악화가 안타깝다"고 탄식했다.

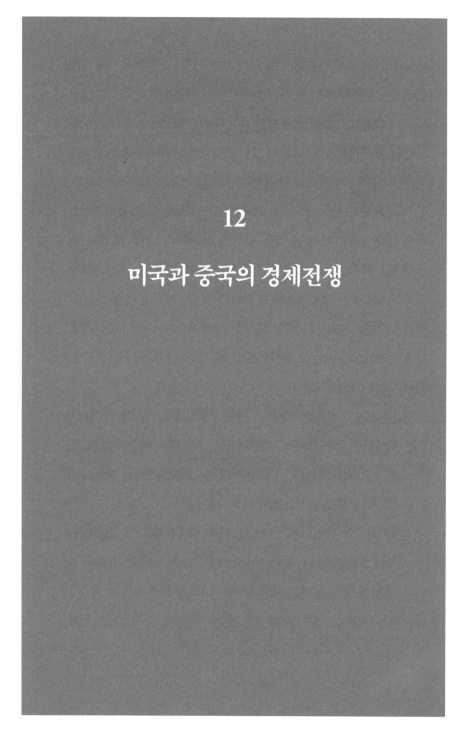

12

미국과 중국의 경제전쟁

미국은 이미 오래 전부터, 트럼프 정부 이전부터, 중국 등 비공정한 플레이어에 의해 세계 자유무역 체제가 훼손되고 있다고 생각했다. 지난 미 대선에서 공화당 후보였던 트럼프는 민주당의 표밭인 노동자들의 거주지들을 파고들어 갔다. 미시건, 펜실베이니아, 오하오 주 등 미국의 공업지대로 강철 벨트(Steel Belt)라 불리던 주(州)들은 세계화 이후 중국 등 제3세계로 떠난 기업들의 녹슨 공장시설만이 흉측스럽게 남아 있는 녹슨 벨트(Rust Belt)가 되고 말았다. 민주당 정부의 세계주의에 분노하던 실직한 노동자들은 세계화에 반대하는 트럼프를 대통령으로 당선시켰다.

트럼프는 대통령 선거 유세 기간 중 "중국 때문에 미국 기업 6만개가 문을 닫았고, 미국 노동자 320만명의 일자리가 없어졌다"고 외쳤다. 그 외침은 주효했다.

트럼프는 2011년 저술한 《터프해져야 할 때(Time to Get Tough)》라는 책에서 미국은 중국이 '정당한 게임(Fair Game)'을 벌이고 있는 나라라고 보지 않는다. '정당한 게임'이 아니라는 말은 중국이 자유무역을 악용하고 반칙을 범하고 있다는 말이다.

국제정치학적인 관점에서 말하자면 미중 무역전쟁은, 중국이 더 이상 미국에 도전하는 나라가 아니게 되었다고 미국이 인식할 때 끝난다. 지금의 중국 경제는 여러 면에서 어렵다. 중국이 진정 미국을 능가하는 패권국이 되기 위해서는 자유주의 경제 체제로 개혁을 해야 한다.

(1)
미국은 '용의 발톱'(중국)을
좌시할 생각이 없다

우리가 언론을 통하여 미국과 중국이 경제적, 정치적으로 불편한 관계로 들어가고 있다는 소식을 들어 온 것은 거의 10년 가까이 되었다. 이제 우리는 이 미·중간의 경제·군사 패권경쟁이 전쟁 수준에 이르렀다는 보고를 접하게 되었다. 미·중 경제·군사 대결은 미국과 중국뿐 아니라 전 동남아 국가들의 미래에 먹구름을 가져오고 벼락이 칠지 모르는 심각한 수준에 이르렀다.

특히, 한국은 수출입의 50%를 미국과 중국에 의지하고 한·미동맹과 북한 핵무장 해제와도 맞물려 현 정국의 최대 관심사라고 할 수 있겠다.

미국과 중국의 패권경쟁은 단순한 무역 불평등의 문제가 아니라, 미국이 중국을 불신하고 경제적 군사적 부상을 끝까지 제재하겠다는 것이 미국의 정책이다. 미국의 대중 정책을 압축한 것이 2018년 10월 4일 마이크 펜스 부통령의 허드슨 연구소에서 행한 연설이다. 요약하면 아래와 같다.

〈…1) 우리가 중국을 포용한다면 완벽한 정치적·경제적 협력이 가능할 것이라고 생각했다. 아니다. 중국은 이란과 북한의 핵무기 개발 억제에 아무 도움도 주지 못했다.

2) 우리는 중국이 민주주의의 길을 걸을 것이라고 가정했다. 아니다. 서방과는 완전히 다른 중국 특유의 권위적 자본주의가 강화되고 있다.

3) 중국은 무너지기 쉬운 나라다. 아니다. 중국붕괴론을 믿고 중국을 지원해 준 것이 오히려 부메랑이 되어 돌아오고 있다.

4) 중국은 미국처럼 되고 싶어 한다. 아니다, 그것은 미국의 착각이요, 오만이다.

5) 중국의 강경파는 영향력이 미약하다. 아니다, 그들은 건재하며 자유주의 세력을 압도하고 있다.

우리는 중국이 자유세계가 될 줄 알았다. 그래서 WTO 가입을 지지했고 중국의 개혁개방을 도왔다. 그러나 중국은 자유와는 먼 나라가 되었다.

중국은 도와주면 미국이 원하는 방향으로 따라올 것으로 기대하였지만 결과는 반대였다. 중국은 미국을 무너뜨리기 위해 속으로 힘을 키우고 공작을 해왔다. 도광양회(韜光養晦·숨어서 조용히 힘을 기른다)다.

시진핑 2차 집권 차에 드디어 중국은 발톱을 드러냈다. 우리는 중국에 속아왔다. 그러나 트럼프 행정부는 절대 속지 않을 것이다.

이제 미국은 미국의 이익을 위해 긴 싸움을 시작할 것이다. 미·중 무역전쟁은 단순한 관세뿐 아니라 글로벌 헤게모니 싸움이다. 이미 신 냉전은 시작되었고 미국은 공화당이 집권하거나 민주당이 집권하거나 물러서지 않을 것이다. 이제 한마디로 중국은 무찔러야 할 적이다.…〉

펜스 부통령은 그해 11월 15일 연설에서도 "인도 태평양지역에서 중국제국과 침략이 존재할 자리가 없다는데 대하여 우리는 모두 견해가 일치했다"고 했다. 중국 도전에 모든 면에서 정면으로 대응하겠다는 선언은 제2의 냉전(Cold War)의 선포다. 이는 펜스 부통령의 개인의 선포라기보다 미국정부의 선포로 보아야 한다.

트럼프 대통령이 재임에 실패했지만 바이든 당선자도 대중 행보만큼은 트럼프의 길을 걸을 것이란 전망이 다수다.

트럼프 행정부 시절의 미 국방부 안보전략 보고서나 국가정보국(DNI), 중앙정보국(CIA)들의 보고서는 21세기 미국의 패권을 위협하는 최대의 적은 '중국'이라고 명시한다. 중국의 무역장벽과 기술이전 강요, 공해인 남중국해의 군사화, 인권·종교 탄압, 정부 주도의 사이버 해킹 등 모든 분야에서 중국이 행동을 바꿀 때까지 맞서겠다는 내용을 담았다고 한다.

2018년 10월 5일 미 국방성은 1년에 걸친 중국 영향력 연구결과를 발표했는데 그 내용은 충격적이다.

중국정보기관이 미국사회의 개방성을 악용하여, 특히 과학계·기술계에 다양한 방법으로 침투하고 있다는 것이다. 이제 중국은 미국의 생산력, 군사력과 군사기지까지 위협하는 존재가 되었다. 또한 미국의 국가안전을 위협하는 희소광물, 합금, 특수광물, Rare Earth(희토류), Permanent Magnet(영구자석) 등에 대한 순탄한 보급도 장담할 수 없게 되었다.

베이징 정권은 정치·경제·군사 선전 등을 동원하여 미국 내에서 중국의 이권과 영향력을 높이려 하고 있다. 중국은 모든 수단을 동원하여 미국 내의 정책과 정치에 영향을 미치려 하고 있다. 그리고 미국의 선거에도 사이버공격으로 영향을 미쳐왔고, 그 범위는 러시아에 비하여 몇 배 컸다. 중국이 더 성장해지고 힘이 세지면 과거의 독일, 일본, 러시아처럼 무섭고 독한 국가가 된다는 주장이다.

시진핑 주석은 덩샤오핑의 '도광양회'를 버리고 '대륙굴기(大陸崛起)'를 택했다.

시진핑은 중화인민공화국 건국 100주년을 맞는 2049년까지 미국을 제치고 세계최강국이 되겠다는 '중국몽(中國夢)'을 제시했다. 대륙굴기를 외치는 그에게 '차기 1등 패권국' 중국은 너무나 자명한 명제로 읽혔는지 모른다. 그러나 미국은 중국이 내미는 용의 발톱을 좌시할 생각이 없다.

과연 이제 시작된 미중 패권전쟁, 내전이 어떤 양상으로 흘러갈지, 얼마나 오래갈지 예측하기 어렵다. 미국과 러시아의 냉전은 40~50년 계속되었고 세계 곳곳에서 수백만이 피를 흘리는 전쟁을 치렀고 한때는 10개 나라에서 미·러가 동시에 뒤에서 지원하는 전쟁이 일어난 곳도 있었다.

펜스 부통령은 "너의 도전이 끝날 때까지 싸우겠다. 체질 변화를 하든지 무너지든지 할 때까지 싸우겠다"고 선언했다. 무서운 선언이다. 지난 200년 동안 세계사에서 1등 패권국가는 2등 패권국가가 도전할 적에 한 번도 평화롭게 1등을 내준 일이 없었다. 포르투갈, 스페인, 영국, 독일, 일본 모두 전쟁을 치렀다. 미국·러시아도 수많은 곳에서 대리전쟁을 치렀다. 미국이 중국에게 전쟁에 버금가는 압력 없이 경제적·군사적 1등 국가의 위치를 내 줄 가능성은 거의 없다.

여기 재미있는 전 미국 합참의장의 선언이 있다. "미국을 상대하고자 하는 자, 먼저 신을 이기고 올라와라"고. 시진핑이 용의 발톱을 너무 일찍 내보였다.

상대가 누군지도 모르고 샴페인을 너무 일찍 터뜨렸다.

(2)
미국과 중국 국력비교

미국과 중국은 똑같이 몹시 무서운 나라다. 각자가 가진 전략적, 경제적, 정치적, 재원적 장단점이 있으나 둘 다 한국의 운명을 좌우할 수 있는 힘을 가진 나라들이다.

1989년 소련이 붕괴되면서 미국은 30년간 세계의 선한 지배자로서 정치적, 경제적, 문화적, 무역, 여행 등 모든 면에서 세계를 일으켜 세웠다.

지난 30년은 미국을 위협할 상대가 없이 독주하였다. 그 중 제일 덕을 본 나라(Benefactor)가 중국이다. 중국에서 생산되는 생필품을 무한정 사주었고, 매년 5만 ~7만 명의 중국 유학생이 미국에 와서 첨단과학기술과 중국 발전에 필요한 지식을 얻어갔다.

지금도 미국에는 5만 명 이상의 중국 유학생이 있다. 그런데 20년, 30년 후 중국이 미국의 위협으로 등장한 것이다.

1992년 중국은 전 세계 GDP의 2%였고 미국은 26%였다. 2017년 중국은 전 세계의 15% GDP를 차지하고 미국은 24%에 머물렀다.

미국이 손을 놓고 있으면 10년, 20년 후에는 중국이 미국을 앞설 수도 있다는 예측이 미국경제 및 기업연구센터(Center for Economic and Business Research)에서 나왔다.

현재 중국은 전 세계 제일 중요한 기술력 20개 중 9개를 차지하고 있다. 이것을 위협으로 보는 것이다. 트럼프 행정부는 이제 손을 놓고 있을 때가 아니라는 판단을 하였다. 중국은 과거 악했던 패권국의 행태를 보이므로 그냥 놔두면 세계질서가 무너진다는 판단이다.

나치 독일, 스탈린의 소련, 일본의 천왕 패권처럼 시진핑 패권이 세계질서를 무너뜨리기 전에 적으로 취급하여 강력한 제재를 가해야 된다고 판단한다.

미국과 중국을 G1, G2로 부르지만 양적으로는 G2라도 질적 사고에서는 몇 가지 첨단기술을 빼면 부상하는 정도로 보아야 된다.

미국은 세계 첨단기술 전체를 100년 이상 지배했고 중국은 이제 30년의 부단한 노력으로 부상 중인 신흥국가 정도로 보아야 된다.

우선 미국이 가진 3가지 강점을 짚어보자.

① **국방비** : 미국 6100억 달러

중국 2280억 달러

러시아 663억 달러

인도 639억 달러

일본 454억 달러

독일 443억 달러

한국 392억 달러

북한 60억 달러 (22%의 GDP)

미국의 현재 군사력은 세계 1위인데 2위부터 15위까지를 합친 것과 맞먹는다. 세계의 경찰 노릇하기에 충분한 위용을 갖고 있다. 2위부터 15위까지 중 오직 2위, 3위인 중국과 러시아만이 적대 국가이고 나머지 4위부터 15위까지는 미국과의 동맹국이다. 미국은 45개의 동맹국을 갖고 있다. 중국은 1개의 동맹국이 있다. 바로 북한이다.

② 미국의 셰일 오일 혁명

지난 10여 년 사이 두 가지의 상황변화로 전 세계는 새로운 원유시대를 맞고 있다. 미국의 셰일 오일(shale oil) 혁명으로 석유가 풍부해졌으며, 2015년 기후변화협약의 체결로 화석연료의 장기적 전망이 불투명해진 모습이다. 또한 프래킹(fracking)이란 신기술로 셰일가스-오일이 생산되면서 세계 석유산업의 연극은 이제부터 '수요와 공급에 근거하여' 석유가격이 책정되는 제4막이 열렸다. 그래서 '현실주의 시대'라는 이름을 붙였다.

낡은 구(舊)석유 질서에서 가격의 수용자로, 석유 정치는 물론 생산량 결정에서 구경꾼에 불과하였던 미국이었다. 그러나 2008년부터 시작된 셰일 오일 생산으로 에너지의 국제적 신질서가 전개되고 있다. 유가하락을 예언한 대니얼 여긴(Daniel Yergin)은 "핵 협상에서 미국이 이란에 핵 협상

압력을 넣은 것도 셰일 오일의 힘"이라고 했다. 세계가 소비하는 9500만 배럴에 비하면 미국이 생산하는 하루 200만 배럴이란 여분의 원유는 아주 적지만, 한계생산인 점에서 세계 경제뿐만 아니라 유가의 변동성을 줄이고 있다.

미국의 셰일 오일은 하루 500만 배럴이 생산된다. 5%의 적은 셰일 오일이 2014년 여름 유가하락을 불러왔다. 현재 유가는 50달러 내외이지만, 셰일 오일이 없었더라면 배럴당 100달러가 넘었을 것이다. 사우디아라비아는 미국의 셰일 업체를 몰아내기 위하여 원유를 증산하지만, 세계 경제의 회복 둔화로 반등의 기미는 거의 보이지 않는다.

재래식 유전개발은 수백억 달러가 필요하나, 셰일 오일 개발은 1000만 달러면 족하다. 석유 생산비가 배럴당 20달러 내외인 중동에 비하여, 셰일 오일은 배럴당 50달러 언저리로 2배 이상 높다. 재래식 유정(油井)은 20년 이상 생산이 되지만, 첫 2년 사이에 절반이 생산된 셰일 유정은 쉽게 생산을 늘리거나 줄일 수 있다. 투자와 생산 간의 짧은 시차와 유정의 급속한 생산 감소로 셰일 오일은 재래식 원유보다 가격 반응이 빠르다. 가격이 낮아지면 투자와 생산이 줄고, 가격이 인상되면 투자와 생산이 증가하는 셰일 오일은 석유 가격의 충격 흡수자(shock absorber)가 될 수 있다.

하루 3000만 배럴의 원유를 생산하는 OPEC는 전 세계 생산량의 35% 정도를 차지하며, 이 중에서 사우디만 신축성을 가지고 생산량을 쉽게 증감할 수 있다. OPEC와 석유 대기업들이 앞으로 걱정할 것은 당장은 유가하락이지만 이는 주기적으로 반복되는 심한 감기 같은 현상이다. 문제는 앞으로 보다 근본적으로 생존 자체를 위협하는 전기자동차와 화석연료 반대 등과 같은 변혁이 찾아온다는 점이다. 셰일 오일과 힘든 전쟁을 치르고 있는 OPEC가 아직은 주도권을 셰일 오일에 넘겨준 것은 아니지만 셰일 오일이란 복병으로 시장 안정화 능력이 많이 약화되었다. 유가가 일시적 충격으로 변화할 때는 OPEC의 역할이 중요하지만, 미국의 셰일 오일이나 전기자동차처럼 지속적으로 진행되는 충격에 대한 OPEC의 시장 안정화 능력은 줄고 있다

③ 미국 교육이 가져온 민주화와 세계화

미국의 교육은 선택과 책임을 중시한다. 교육에서 부모의 역할이 더욱 커진 형태이다. 각자가 낸 세금으로 마을마다 학교를 운영하고, 국가의 통제를 최소화하는 것이다. 미국의 공립교육에서는 담임이라는 제도가 없다. 학생 자율권을 보장하는 교육이 제공된다. 따라서 중등학교부터 수강신청과 이동교육을 실시한다. 유치원부터 재능아반을 편성하는 것도 같은 원리다. 국가에서 검증하거나 정해준 교과서도 없다. 모든 것은 시장 원리에 따라 간다.

미국은 이미 서부의 실리콘밸리, 스탠포드 공대, 칼텍 공대(California Institute of Technology), 동부의 보스턴, 뉴욕 중심으로 MIT, 하버드 등 최고의 인재가 몰려 있고 최첨단 과학연구소들이 수없이 많이 있어서 기술 면에서 근현대 세계를 이끌고 있는 많은 현재 IT기술이 이곳에서 개발되었다. 특별한 미국의 강점은 전 세계 수재들이 다 몰려 연구와 공부를 병행한다. 상당한 숫자는 본국으로 돌아가지만 많은 인재들이 미국에 남아 세계 첨단기술 개발을 이끌어 간다는 점이다.

④ 중국의 장점

그렇다면 중국의 장점은 뭘까. 시진핑 주석은 지난 2018년 3월 17일 열린 전국인민대표대회(전인대·국회격) 전체회의에서 총투표 수 2970표, 반대·기권 각 0표의 만장일치로 국가주석 및 중앙군사위원회 주석에 재선출됐다. 이와 함께 국가주석 연임 제한이 철폐됐다. 시진핑은 공산당 총서기와 군사위 주석, 국가주석까지 임기 제한 없는 당·정·군(黨政軍) 권력을 모두 거머쥐며 장기 독재체제를 구축했다.

전체주의의 성공을 추구하는 '붉은 황제' 시진핑은 이미 중국 내부 통제력을 확보하고 갈수록 국제적 영향력을 키우고 있다. 그는 무서운 지도자로 미국과의 대결을 잘 이끌어 갈 지도자로 세계는 평가한다. 독재지만 이보다 더 사회 안정과 경제발전을 이룰 체제가 없다고 판단한다. 또 중국 고위지도자들이 세계화에 대한 이해도와 경제혁신, 경제운영, 4차 산업혁명 등에 대한 이해도가 높다고 평가한다.

박정희 독재시절처럼, 필요하다면 많은 국력을 제일 중요한 몇 곳에 몰아서 지원하여 국가발전 속도를 빠르게 진전할 수 있다는 장점이 있다. 6세대 지도자가 될 수 있는 10명 이상의 인재들을 모든 면에서 특별교육하고 있다는 소식도 있다.

시진핑은 2017년 10월 25일 제19차 당대회 연설에서 '신시대 중국특색 사회주의 건설'을 반복해서 강조했다. 시진핑은 2기 집권에서 자신이 주도하는 위대한 프로젝트이자 공산당의 역사적 사명으로서 '신시대 중국특색 사회주의 건설'을 설정한 것이다. 중국특색 사회주의에 대해 시진핑은 네 가지로 구분해 설명했다.

첫째, 중국특색 사회주의의 '노선'은 사회주의 현대화의 실현과 인민의 아름다운 생활을 창조하기 위한 필수적인 노선이다.

둘째, 중국특색 사회주의의 '이론체계'는 당과 인민이 중화민족의 위대한 부흥을 실현하도록 지도하는 정확한 이론이다.

셋째, 중국특색 사회주의의 '제도'는 현 중국이 발전하는 근본적인 제도를 보장한다.

넷째, 중국특색 사회주의의 '문화'는 전 당원과 전국의 각 민족과 모든 인민들을 독려해 힘차게 전진하도록 하는 강력한 정신적인 힘이다.

시진핑은 "급변하는 세계정세에서 중공이 항상 시대의 선두에 서서 국내외의 각종 위험과 경험에 대응하고 이러한 역사적 흐름에서 전 인민의 중추가 돼야 한다"며 중국 공산당의 역할과 사명을 강조한다. 그런데 "당이 위대한 프로젝트를 새롭게 건설하려고 한다"는 시진핑의 말에는 어떤 의미가 숨겨져 있을까.

김상순 동아시아평화연구원장은 '1인 천하의 당위성'을 암시한다고 했다. 시진핑이 언급한 '당'은 표면적으로는 '중공'이지만 실제 의미는 '시진핑 자신'이라는 느낌을 지울 수 없다.

달리 표현하면 시진핑이 중공과 중국이 위대한 프로젝트 건설을 추진해야 하고, 이에 필요한 것이 중국을 강력하게 리드할 수 있는 '1인 천하 체제'라는 점을 반복해서 강조한다.

이와 같이 현 중국의 가장 큰 장점은 시진핑을 주축으로 하는 반(半)독재 사회주의 신(新)권위주의로 중국을 하나로 묶고 있는 정치체제다. 중국은 민주주의를 실시하면 곧 붕괴될 수도 있다. 중국 국민에게 자유가 주어진다면 사회분열과 다양한 극심한 대립으로 중국 전체가 심각한 혼란에 빠질 수 있다.

⑤ 중국이 풀어야 할 난제들

중국은 통제경제를 실시하면서 항상 강력경제부양책(Huge Stimulus)을 써서 매년 6~10% 경제성장을 하였으나 이제 회사, 개인, 정부의 빚이 GDP 의 300%가 넘었다. 미 · 중 경제 냉전이 계속되면 중국은 국가부채 증가 한 도의 영향으로 일본의 80년대처럼 장기 불황에 빠질 수 있다. 민주화와 경 제성장률은 반대로 간다.

중국은 큰 산을 넘어야 한다. 언제 그렇게 될지 몰라도 평균 개인소득이 1만 불을 넘으면 민주화 요구가 강해질 것이고, 사회가 혼란해지면서 경제 성장률은 반으로 떨어질 것이다.

중국이 더 성장하고 민주화되면 티베트 독립, 위구르족 독립, 내몽골 독 립, 대만 독립, 홍콩 독립 등으로 온 나라가 혼란에 빠질 수 있다. 독립 요구 를 막기 위해 시진핑 독재는 계속 될 것이라는 시각이 존재한다.

⑥ 한국이 풀어야 할 난제들

시진핑은 중국을 다시 왕년의 황국(皇國)으로 만들려 한다. 그의 중화주 의는 어느 의미에서 새로운 형태의 식민주의다. 해양 육상 '일대일로'의 착 상도 여기에서 시작된다. 주변 국가와 친구로 가는 것이 아니라 종주(從 主) 개념으로 군림하려 한다.

강력한 '1인 천하'의 시진핑 시대는 우리에게 위기와 기회가 병존하는 혼란과 혼돈의 시대이자 도전의 시대가 될 것이 분명하다.

사드사태 이후 한국을 아랫나라 대하듯이 하는 중국은 더 이상 우리의 동등한 선(善)한 이웃이 아니다. 2017년 4월 미·중 정상회담 당시 시진핑 주석이 트럼프 대통령에게 "한국(한반도)은 역사적으로 중국의 일부였다"고 말한 것도 같은 맥락이다. 중국은 중화적 우월주의가 지배하는 민족국가다.

지난 3000년 동안 바뀌지 않았다면 앞으로도 바뀔 가능성은 낮다. 심각한 문제는 지금 대한민국은 70년 전에 새로이 시작된 서구식 자유민주주의, 경제체제 아래에 있다는 것이다. 중국의 전체주의 시스템과 충돌한다. 그런데 한국 무역의 25%가 중국과의 교역으로 이뤄진다. 대중 관계가 흔들리면 한국은 심각한 상처를 입을 수 있다.

이 경제·정치의 패권싸움은 10년 전 금융위기와 성격이 다르다. 당시는 G20을 주축으로 각국이 협력하며 공생을 모색했지만, 지금은 '너를 죽여야 내가 산다'는 생존게임이다. 무역 분쟁과 제조업 경쟁을 넘어 첨단 ICT(정보통신기술), 인공지능, 빅 데이터, 바이오헬스 등 4차 산업혁명 전 분야에서 우위를 점하려는 각축전이기도 하다.

한국은 국민총소득에서 수출입이 75% 이상을 차지할 정도로 대외 의존도가 높고 그중에서도 미국, 중국과의 교역이 절대적 비중을 차지한다. 신용평가기관 피치(Fitch)는 미·중 경제전쟁의 피해를 가장 크게 볼 나라로 한국과 멕시코를 꼽았다. 미·중 패권전쟁은 한두 해 사이에 끝날 일이 아니다.

20~40년을 계속 다툴 것이라는 예상도 있다. 지금껏 우리나라가 경험해보지 않은 대형악재가 다가오고 있다고 준비해야 한다.

미국과 중국이 코로나19 사태를 계기로 정치·외교·안보·경제 전반에 걸쳐 패권정책을 한 단계 더 높이려 한다. 트럼프의 백악관은 의회 보고서에서 "중국은 생명과 자유 등에 대한 미국의 기본 신념을 흔드는 정책을 추진하고 있다"고 비판하면서 사실상 중국에 대하여 공개적 압박과 경제봉쇄 등 장기적 신(新)냉전을 선언했다.

한국은 전염병 확산과 그로 인한 경제적 난관을 극복하기도 힘겨운 상황에서 미·중 대충돌이라는 악재의 도전까지 맞게 되었다. 미국은 한국의 혈맹이자 안보의 보루다. 반면 수출입 경제의 의존도에서는 중국이 조금 앞선다. 미국은 중국을 빼고 안보상 믿을 수 있는 나라들끼리 글로벌 공급망을 새로 짜자는 '경제 번영 네트워크(EPN)'을 들고 나와 한국의 참여를 종용한다. 과연 현 정권은 여기에 어떻게 대처 할 것인가? 쉬운 답이 없다.

우리 기업들은 세계무대에서 숱한 경쟁과 위험을 뚫고 한국을 세계 10위권 경제로 성장시켜온 경험과 실력을 갖고 있다. 대한민국 기업만큼 전쟁에서 살아나는 법, 이기는 법을 잘 아는 경제주체는 없다. 정부가 뒤에서 밀어주고, 좋은 정책을 세워주고 기업의 앞길을 방해하지 않으면 오히려 좋은 기회로 삼아 더욱 발전하는 계기가 되지 않을까 희망해본다.

다만 2020년 미국 대선에서 민주당 바이든 후보가 당선돼 변수가 생겼다. 바이든 행정부는 갈등으로 치달은 대중국 정책을 어떻게 풀어갈까. 2020년 11월 12일 바이든 당선자는 문재인 대통령과의 통화에서 한국을 "인도·태평양 지역에서 안보와 번영의 핵심축(linchpin·린치핀)"이라고 표현했다. 이 표현은 최근 마이크 폼페이오 국무장관이 강경화 외교장관과의 회담에서도 썼다. 트럼프 행정부의 대중국 견제 정책의 골격이 바이든 시대에도 그대로 유지될 것임을 보여주는 발언이라는 분석이 나왔다.

(3)
바이든 당선과
미국, 중국의 미래

．

　미국 대선이 존 바이든의 승리로 끝이 나자 중국이 발 빠르게 움직이고 있다. 시진핑 중국 국가주석이 2021년 상반기에 방한할 가능성이 점쳐진다.

　외교 소식통에 따르면 한중 양국이 오랫동안 시 주석의 방한을 추진해 온 것으로 알려졌다. 2021년 상반기 미국 대통령 취임 직후 방한이 유리하다는 전망이 흘러나오고 있다

　양제츠 중국 외교 담당 정치국원이 2020년 8월 한국을 방문한 것도 실질적으론 시 주석의 방한 문제를 논의하기 위한 것으로 전해졌다. 그러나 한국에서 코로나19 집단 감염이 확산되면서 다시 중단된 것으로 관측됐다.

　문재인 대통령과 시진핑 중국 국가주석은 2021년 1월 26일 정상간 통화를 했다. 양 정상은 통화에서 시진핑 주석의 방한을 포함한 고위급 교류 활

성화를 위해 긴밀히 소통하고 협력해나가기로 했다.

시 주석의 방한이 다시 거론되는 것은 조 바이든 대통령이 트럼프 전 대통령과 달리 우호국 내지 동맹국 네트워크를 강조하고 있는 만큼 한미 동맹관계가 보다 공고해 지기 전에 한국을 찾는 것이 유리하다는 것이다.

중국은 미국과 갈등이 고조되는 상황에서 한국이 어느 편에 서지 않고 최소한 중립을 유지해줄 것으로 원하고 있는 것으로 알려졌다.

이와 관련, 장하성 주중대사가 2020년 11월 10일 미국 대선 직후 우장하오 중국 외교부 아시아지역 담당 부장조리와 만나 시 주석의 연내 방한 문제 등을 논의한 것으로 나타났다.

우 부장조리는 "중국과 한국은 상호 우호적인 이웃이며 중요한 협력 파트너"라며 "현재 양국 관계는 잘 발전하고 있다. 한중간 전략적 파트너십의 발전을 촉진하자"고 언급했다. 시 주석 방한과 관련한 직접적인 언급은 없었던 것으로 알려졌다.

시 주석 방한과 관련 외교부 관계자는 "시진핑 주석의 구체 방한 시기는 아직 정해진 바 없다"며 "한중 양측은 코로나19 상황이 안정되어 여건이 갖추어지는 대로 시진핑 주석의 방한을 조기에 성사시키기로 한 공감대 하에서, 방한 시기 등 구체 사안에 대해서는 외교 당국간 지속 협의 중"이라고 말했다.

이재웅 외교부 부대변인도 전날 정례브리핑에서 시 주석의 연내 방한이 무산됐느냐는 질문에 "중국 고위인사의 방한이 양국의 협력관계 발전에 굉장히 중요하다는 생각을 가지고 있다"고 언급했다.

중국의 움직임이 무척 빨라졌지만 미국 대선 전만해도 트럼프의 대중국 입장은 강력했다. 트럼프의 분신(分身)이랄 수 있는 마이크 폼페이오 당시 미국 국무장관이 가장 적극적이었다. 폼페이오는 "닉슨 전 대통령이 추진했던 미국과 중국의 데탕트가 실패했다"면서 새로운 중국 정책을 적극 추진하는 데 앞장섰다.

폼페이오 전 장관은 2020년 7월 23일 미국 캘리포니아 주 오렌지카운티 요바린다에 있는 닉슨 도서관에서 '공산주의 중국과 자유세계의 미래(Communist China and the Free World's Future)'라는 제목의 연설에서 "역대 미국 정부의 포용(engagement) 정책은 중국을 변화시키지 못했다"고 밝혔다. 또 "우리가 중국의 세기가 아니라 자유로운 21세기를 바란다면 중국에 대한 맹목적인 포용정책의 낡은 패러다임으로는 이를 실현할 수가 없다"고 강조했다.

폼페이오 전 장관은 "미국과 동맹국들이 중국 국민과 힘을 합쳐 중국 공산당을 변화시켜야 한다"면서 중국 공산당 정권에 대한 비판을 넘어 이른바 '레짐 체인지(regime change · 정권 교체)' 의지를 보였다. 당시 연설을 요약하면 아래와 같다.

–중국 공산당으로부터 자유세계를 지키는 것이 우리 시대의 사명이며 미국은 이에 앞장서겠다.

–중국의 세계지배의 꿈을 무너뜨려야 된다.

–지난 50년간 추진해 왔던 중국공산국가의 정상화를 위한 '대 중국 포용정책'의 폐기를 선언한다.

–시진핑 주석은 '파산한 전체주의 이데올로기의 진짜 신봉자'이다.

–우리가 지금 중국을 바꾸지 않으면 중국이 우리를 바꿀 것이다.

–실질적인 중국 공산당과의 결별과 시진핑 체제의 전복 또는 변화를 추구할 것이다.

－"중국공산당과 더 이상 상종하지 않겠다."

－이 정책의 실행을 위해 반체제 인사를 포함한 중국인들과 손을 잡고 자유세계 민주국가들과의 새로운 동맹을 추진하겠다.

폼페이오의 발언을 근거를 통해 미국의 대중국 정책을 5가지 포인트로 정리할 수 있다. 새로 출범한 바이든 행정부와 반드시 일치하지 않겠지만 대중국 기조는 유지될 것이란 전망이 아직은 높다.

① 중국을 더 이상 맹목적 포용하지 않겠다.

그동안 대중국 포용정책은 중국을 정상국가로 이끌어 내는데 실패했다. 오히려 중국이라는 거대한 괴물 '프랑켄슈타인'을 만들었다.

중국은 그동안 자신을 키워준 미국과 서방을 공격하고 말살하려는 가장 위협적인 존재가 되었다. 이제는 더 늦기 전에 중국의 위협을 제거해야 될 때가 왔다는 것을 대내외에 선포한다. 우리는 중국의 악성 공산주의 속성에 순진했고 중국의 평화적 부상이라는 말에 속아 왔다.

② 앞으로 중국을 정상국가로 대접하지 않겠다.

중국은 국제적 약속을 수시로 깨면서 외국과의 교역을 세계지배의 통로로 삼고 있는 나라이기 때문에 더 이상 법을 지키는 정상국가와 똑같이 대접할 수 없다. 중국공산당 통치자들의 궁극적 야심은 미국과의 교역이 아니라, 미국을 습격하는 것이다.

③믿지 말고 불신하라. 그리고 검증하라.

공산주의자들은 항상 거짓말을 한다는 것을 명심하고 믿지 마라. 중국 공산당의 말을 믿지 말고 행동을 보고 판단하고 검증하고 대응하라.

④ 민주국가동맹이 하나 되어 중국 공산당을 바꾸자.

중국 공산당은 외국의 적보다 자국 국민의 정직한 의견을 더 무서워한다. 우리는 역동적 중국 국민들과 연계하여 그들에게 힘을 실어주어야 한다. 미국은 지난 수십 년 동안 중국 반체제 인사들의 발언을 무시하고 과소평가 했다. 이제부터는 반체제 인사들을 적극적으로 대우하고 타이완의 친구들과도 적극 협력하겠다.

중국 공산당을 바꾸는 것은 이제 중국인뿐만 아니라 전 세계 자유인의 책임이다.

지금 자유세계는 이 새로운 독재에 맞서 승리하기 위하여 민주국가들의 새로운 동맹을 결성할 때이다.

⑤ 지금이 중국을 바꿀 때이다.

지금 우리가 행동하지 않으면 중국 공산당이 우리 자유를 침식하고 법치기반 질서를 뒤집을 것이며 그 결과, 우리들 자손들의 삶은 중국공산당에 좌우될 수도 있다. 중국은 우리의 미래를 훔치려 하고 있다.

지금이 자유국가들이 행동할 완벽한 타이밍이다. 지금 자유국가들이 동맹하지 않으면 중국이 우리를 바꿀 것이다. 과거 구소련에 취했던 봉쇄정책은 중국에는 통하지 않는다.

나토(NATO), G20 등을 통하여 새롭고 강력한 복합적인 대응책을 동원해야 된다.

폼페이오 전 장관은 연설을 마치며, 낙관적으로 선언하였다.

"우리는 지금도 승리의 길을 가고 있으며 앞으로도 우리가 최후 승리를 얻을 것이다. 나는 우리가 이 싸움에서 이길 수 있는 모든 수단을 가지고 있다고 확신한다. 이제 확고한 의지만 있으면 된다."

중국은 사라지지 않을 거대한 이웃이다. 미국은 한국에 독립을 안겨주었고, 한국의 안보와 경제에 절대적 도움을 주었다.

한국은 두 나라를 모두 필요로 한다. 미국의 전 국무장관 폼페이오가 대포의 방아쇠를 당기기 직전, 결연한 선언을 하였다. 한국은 과연 이 선언을 어떻게 받아들이고 대응하여야 되는가. 이 선언으로 이제 미·중 관계는 더 이상 원점으로 돌아가 다시 시작할 수 없게 되었다는 것이 확실하다. 두 나라의 고래싸움에 한국의 새우등 터져선 곤란하다.

대중국 전쟁에서만큼은, 여러 면에서 각을 세우는 미국의 공화당과 민주당 지도부도, 똘똘 뭉쳐 한 목소리를 내고 있다는 점을 주목해야 한다. 현재 민주당의 지도자 하원의장인 펠로시는 트럼프보다도 더 강하게 중국을 비판하는데 앞서고 있다. 미국과 중국은 다투어 한국에 압박을 가하며, 자기편에 설 것을 강요하고 있는 형편이다.

우리는 두 나라가 다 필요하다. 위기는 또한 기회라는 말이 있다.

미·중 갈등과 냉전은 몇 십 년이 갈 수도 있다. 현 정권과 또 앞으로 한국의 장래를 끌고 갈 정치인, 경제인들의 현명한 판단과 정책적 결정에 기대를 걸어 본다.

13

박근혜 대통령의 공과(功過)

박정희와 박근혜는 떼어놓고 말할 수 없다. 아버지 박정희가 서거한 1979년 10·26 때의 일이다. 당시 김계원 대통령 비서실장은 박근혜 영애에게 "김재규(金載圭)가 경호실장을 향해서 잘못 쏜 총에 대통령이 돌아가셨다"고 전했다. 부친의 사망이라는 충격적인 소식을 들은 박근혜의 당시 첫 반응은 "휴전선은 괜찮으냐"는 물음이었다고 한다.

박근혜 주변 인사들은 "'혁명가 박정희'의 딸로 성장하면서 어려서부터 몸과 마음에 자연스럽게 밴 정신이 위기 상황에서도 그렇게 표출되는 것"이라고 설명한다. 작위적인 연출이 아니라 본능적으로 그렇게 행동하고 말한다는 것이다.

박근혜가 아버지 박정희에게 물려받은 것 중 하나가 말을 많이 하지 않는다는 것이다. 딱 필요한 말만 한다. 보고를 받을 때도 다 들은 후 "알았습니다" 하는 말이 거의 전부다. 간단, 명료, 부스러기가 없는 말이 특징이었다.

집권 초기 박근혜는 박정희를 뛰어 넘을 것으로 기대했다. 그럴 능력이 있다고 국민은 환호했고 기어코 대선에서 박근혜를 찍었다. 그러나 아버지를 넘지 못했다. 미완으로 남았다. 탄핵의 비극으로 끝나고 말았다.

(1)
박근혜 영욕(榮辱)의 그림자

사실 박근혜의 인생유전은 기구하다. 그녀의 삶에 드리운 영욕(榮辱)의 그림자는 너무 짙고 촘촘해 안을 들여다볼 수 없다. 1979년 10·26 사태 이후부터 1997년 12월 정계에 입문하기까지 그녀의 18년은 실존적 진공상태였다.

1974년 8월 15일 육영수 여사가 문세광의 흉탄에 쓰러진 뒤 박근혜는 퍼스트레이디가 되어 어머니의 빈자리를 채웠다. 그러나 5년 뒤 1979년 박정희 대통령마저 쓰러졌고 그녀는 하루아침에 청와대를 떠나야 했다.

쓸쓸히 '서울 신당동 62-43번지' 집으로 돌아왔을 때 심경이 어땠을까. 당시 그녀가 남겼던 짤막한 말이다.

"앞으로 아버지께서 심혈을 기울이신 이 나라 이 사회를 위해 조그마한 정성을 기울이며 조용히 살아가겠습니다."

　'조그마한'과 '조용히'라는 수식어는 그녀가 살아가는 삶의 지표가 되었다. 이후 1998년 4월 15대 대구 달성 국회의원 재보궐 선거에 당선되며 세상 밖으로 나왔다. 이후 화려한 스포트라이트를 받으며 '선거의 여왕'으로 등극했다. 그리고 결국 2013년 18대 대통령 자리에 올랐다.

　하지만 탄핵으로 대통령 자리를 잃었고 영어의 몸이 되어 재판을 받게된 사실은 한 개인의 행·불행을 떠나 온 나라의 수치이다. 어떻게 이런 일이 일어날 수 있고, 일어나야만 하는가. 아무리 좋게 생각을 하려 해도 대한민국의 비극이다. 우리는 이것밖에 안 되는가. 여기서 나는 간단히 그의 공과 과를 서술하고 왜 탄핵이 일어났는가를 설명하고자 한다.

(2)
박근혜의 업적과 인간 박근혜

박근혜 대통령은 재임 4년 동안 상당한 업적을 세우고, 업적으로만 보면 훌륭한 통치자였다. 지지자들은 다음과 같은 업적을 열거한다.

1. 한·미연합사 전시작전권 환수 무기한 연기

2. 한·중 FTA 체결, 한·뉴질랜드 FTA, 한·캐나다 FTA 체결

3. 종북 성향 통합진보당 해산

4. 사드 도입 결정

5. 30년 동안 해결 못한 한·미 핵연료 재처리 협상 타결

6. 공직사회 기강확립, 뇌물 100만 원 이상 받으면 공직 퇴출, 저성과 공무원 퇴직

7. 40년 동안 해결 못한 공무원 연금 개혁 추진

8. 30년 동안 누적된 방산 비리 및 포스코 비리, 자원외교 비리 척결

9. 60세로 정년 연장

10. 2018년부터 종교인 과세… 47년 만에 입법화

11. 한·일 간 과거사 문제의 걸림돌이었던 '위안부 문제' 해결

12. 만 5세까지 국가 무상보육 및 무상유아교육

13. 암, 심혈관, 뇌혈관, 희귀난치성 4대 중증질환의 경우 건강보험이 100% 책임(암 희귀병 유전자 검사 등 130 여개 보험 적용, 선택진료비, 상급병실료, 간병비 부담을 줄이기 위한 3대 비급여제도 개선, 4대 중증질환 부담 줄임. 수면 내시경 검사비용 절반이하 인하 등)

14. 재난적 의료비 지원 사업(저소득층 중증질환 의료비 지원)

15. 연금주택 제도 시행

16. 지하경제 양성화로 부정부패 척결 및 재정 확충

17. 고액 전세자 공공임대 입주불가

18. 일본 위안부 사과 받아냄

19. 독립유공자 손, 자녀후손 지원금(소득비례) 대폭인상

20. 우즈베키스탄과 3조 3000억 가스전 직접수주(4년간 사업 지지부진, 박 대통령 '삼고초려 끝에 단 3개월 만에 계약서 도장')

21. 10년 동안 좌파정권의 대북 퍼주기를 상호주의 원칙 대응

22. 사우디와 2조원대 스마트 원전 2기 건설계약

23. 아시아 최초 한미 우주협력협정 공식 서명

24. 30년 동안 풀지 못했던 경제성장과 일자리 창출을 위한 규제개혁 시동

25. 전교조 법외 노조화

26. 좌경화된 역사교과서 국정화

이외에도 업적을 더 열거할 수 있다. 그러면 이런 많은 업적에도 어떻게 탄핵사태까지 가는 자신과 국가적 불행을 가져왔는가.

뒤에서 조종한 좌파 진보 세력이 촛불을 동원하여 나라를 뒤엎은 것은 사실이지만, 그 이전에 '인간 박근혜'에게 문제가 있었고 청와대에 입성하면서 사람이 달라졌다는 것이 일반적인 평이다. 포용으로 끌어안기보다 호·불호가 너무 분명하여 반대하는(싫어하는) 사람들을 밀어내었다. 친박 핵심인 이한구를 앞세운 공천 파동으로 결국 민심이 등을 돌렸고 한때 지지자들조차 배신하게 만들었다.

여기서 박근혜 대통령을 가까이 바라보았던 분들의 생각을 들어보자.

"청와대에 들어가면서 무서운 사람이 되었다. 무서운 사람이라면 인간관계를 칼같이 맺고 끊고 냉혹하다는 것이다. 여러 가지로 해석할 수 있다. 그분을 처음 만났을 때는 개인적으로 느낌이 아주 좋았다. 여러 면에서 상당히 훈련이 돼 있었다.

어머니(육영수 여사)한테서 지도자로서 갖춰야 할 소양에 대해 트레이닝을 받은 것 같았다. 우리 정치인으로는 드물게 품격을 갖춘 분으로 보였지. 다만 청와대에 들어간 뒤로 달라졌다. 대통령 주위에는 자신의 입장과 다른 참모들도 있어야 하는데, 그걸 용납하지 못 하는 것 같다."(최병렬 전 한나라당 대표)

"박근혜 2~3년간의 정치는 말 그대로 '×판'을 방불케 했다.

새누리당 안에서 벌어진 일련의 비상식적인 일들은 자신들의 몰락은 물론이고, 국력의 추락까지 불렀다. 그 무리수의 시작이 국회의장에 대한 직권상정 압박이었다. 퇴임 후 복당하지 않은 거의 유일한 국회의장 아닌가. 정이 떨어져서인가? 정 때문이라기보다는 나도 내 조국 대한민국에 대한 비전이 있다. 그런데 그것을 위해서는 새누리당이 그래서는 안 되었다.

대통령이 된 후 새누리당 안에서 벌어지는 일을 보면 그것은 내가 그동안 사랑했던 신한국당, 한나라당이 아니다. 박근혜 사당이었다. 개인 정당에는 도저히 들어갈 수 없었다."(정의화 전 국회의장)

"박근혜 대통령의 계파였다가 결국 등을 지게 된 사람은 많다. 그 사람들이 공통적으로 하는 얘기는 '박 대통령은 우리를 신하(臣下)로 여긴다'는 것이다. 박 대통령은 이 얘기를 어떻게 생각할지 모르겠지만 그들은 그렇게 느꼈다는 것이다. 당 대표와 따르는 의원이 왕과 신하 같았다면 대통령이 된 지금은 아랫사람들이 어떻게 느낄지 짐작하기 어렵지 않다. 대통령과 장관, 수석 사이는 임금과 신하의 관계라고 해도 과언이 아닐 정도로 벌어져 있다.

박 대통령의 불통 논란에 대해 어떤 이는 '왕과 공화국 사이의 불통'이라고 했다. 박 대통령이 여왕이라고 해도 개인 이익을 추구하는 왕이 아니라 종일 나라를 생각하는 왕임에는 틀림없다. 그러나 지금 이 시대는 아무리 나라 걱정을 하고 잘해 보려고 해도 그게 옛날 제왕식이면 통하기 어렵다. 이번 일로 참 많은 지식인이 환멸을 느끼는 걸 보았다. 몸에 밴 사고 체계와 스타일을 바꿀 수 없다면 '인자하고 겸허한 여왕'이기라도 했으면 하는 바람이다."(《조선일보》양상훈 주필)

"한국의 가장 큰 문제는 민주주의가 민심(民心)에 기반한다는 아주 강한 믿음이다. 한국에서는 어떤 쟁점에 대한 대중의 정서가 특정한 임계질량에 이르면 앞으로 뛰쳐나와 모든 의결 과정에 압도적인 영향력을 행사하는 '야수'로 변모한다. 한국인들은 이 '야수'를 민심이라고 부른다.

한국 민주주의에 대해 문제의식을 갖게 된 것은 박근혜 전 대통령의 '탄핵과정'을 지켜보면서다. 수백 만 명이 거리에 쏟아져 나와서 시위했고 '시스템'은 그에 응답했다.

'공화국(Republic)'이란 의미는 제도에 의한 통치를 뜻하는데 한국식 사고에서는 '민중'이 통치다. 그건 혼돈이다. 그리스도는 민심에 의해 살해당했다.

'민심'이라는 아이디어는 굉장히 위험하다. 그는 박근혜 대통령의 형량을 언급하면서 '스위스 은행'에 수십억 달러가 있거나, 청와대에 시체가 숨겨져 있다면 30년 넘게 감옥에 가는 게 가능하겠지만 나는 '박 전 대통령이 무엇을 잘못했는지 모르겠다'고 했다. 내가 볼 때 박 전 대통령에 대한 혐의 중 증명된 것은 아무것도 없다. 사람들이 나더러 박근혜 지지자라고 하는데, 나는 '정의(Justice)'의 지지자일 뿐이다. 내가 만일 '판사'라면 수백만 명이 나와 데모하든 말든 상관없이 내 할 일을 하겠다."(외신기자 마이클 브린)

"오늘 감옥에 간 이는 박근혜이지만, 진정으로 구속된 것은 한국의 법치주의이다. 죄가 없으면 만들어서라도 모든 국민을 법의 이름으로 다 잡아넣을 수 있고, 이를 언론이 열렬히 응원하고, 비판적 소수의견은 무시되는 나라가 되었다. 언론독재, 법의 독재이다. 이런 상황을 종북 좌파 세력이 주도하고 이를 북한노동당 정권이 응원하고 있다.

박근혜 대통령의 구속은 기자, 검사, 판사만 짜면 5000만 국민 누구라도 잡아서 감옥에 넣을 수 있다는 점을 증명하였다.

김평우 변호사의 예언대로 박 전 대통령은 한국 법치주의의 순교자가 되는 길을 걷고 있다. 다섯 달 동안 뒤져도 돈 한 푼 받은 적이 없는 것으로 밝혀진 대통령을 파면한 데 그치지 않고 특가법상의 뇌물죄로 구속할 수 있다면 사법시험은 무고한 사람을 법의 이름으로 엮어 넣을 수 있는 기술시험에 지나지 않는다. 박 전 대통령 구속 사유 중 하나는 이른바 블랙리스트 작성 및 집행 지시행위이다. 문화인들의 활동을 제한한 것이 아니고 반(反)국가적이고 반사회적인 좌편향 예술 문화 활동을 규제한 것도 아니다. 좌편향 문화인들에 대한 국가 예산의 지원을 제한하려 한 행위, 이게 범죄(직권남용)로 규정되었다.

국군과 국가를 모독하는 행위에 면죄부를 준 것을 넘어서 이런 활동에 국가예산을 지원하지 않은 행위를 범죄로 규정한 셈이다. 구속영장을 친 검사와 발부한 판사의 국적이 의심스럽다. 대한민국일 순 없다.

언론, 검찰, 법원, 국회, 헌법재판소, 좌경노조는 한국 사회를 지배하는 특권층이다. 법률의 이름으로 인권을 파괴하고 사실의 이름으로 진실을 짓밟고 정의의 이름으로 불의를 저지르고도 응징을 받지 않는다. 신종 양반계급이다. 조선조 양반은 당파성이 강했지만 선비정신은 지켰다. 21세기 한국의 양반은 그마저 없다.

한국 자본주의의 중심인 이재용 삼성 부회장, 반공 자유민주주의의 수호자였던 박근혜 전 대통령은 무죄인(無罪人)이면서도 구속되어 있다.

세계 언론역사에 남을 수많은 오보와 조작과 선동으로 '언론의 난(亂)'을 일으켰다. 박근혜 구속을 '우리의 승리'라고 자축했다. 그러나 감옥 간 것은 한국의 법치주의이다. 박근혜를 뽑았던 국민 모두가 인권을 유린당한 날이다. 다음에 감옥 갈 이들은 애국자인가 독재자인가? 토마스 제퍼슨이 말한 대로 '민주주의라는 나무는 독재자와 애국자의 피를 마시면서 자란다'고 한다."(조갑제 기자)

(3)
박근혜 탄핵이 위헌적이라는 변론

헌법재판소는 2017년 3월 10일, 8명의 헌법재판관 전원 일치로 박근혜 대통령을 탄핵하는 결정을 내렸다.

이 탄핵 결정의 이유, 즉 탄핵 사유는 박 대통령이 최순실의 사익(私益)을 위하여 대기업 사장들에게 지시하여 미르재단, 케이스포츠재단을 설립하게 하고 그 기본 재산을 출연하게 하였으며, 대기업들에게 최순실에게 특혜를 주도록 지시하는 등으로 대통령의 권한을 남용하였다는데 있다. 즉 '권한 남용'이 탄핵 이유이다.

그런데 이 '권한 남용'은 국회가 2016년 12월9일, 국회의원 234명의 찬성으로 결의한 탄핵 소추장의 탄핵 사유에는 없다. 뿐만 아니라 '권한 남용'이라는 용어는 형법상의 죄명도 아니고(형법에는 '직권 남용죄'는 있어도 '권한 남용죄'는 없다). 헌법상의 죄명도 아니다. 이건 탄핵 심판에서 헌법재판소가 처음 만들어 사용한 죄명이었다.

결국 2016년 12월 9일부터 2017년 3월 10일까지 진행된 헌법재판소의 박근혜 대통령 탄핵 심판 과정을 변론 조서 등의 자료로 분석하여 보면, 헌법재판소 재판관들, 특히 강일원 주심 재판관 등은 처음부터 박 대통령을 탄핵하겠다는 목표를 세워 놓고 하루 빨리 탄핵 심판을 하여 끝낼 의도로 가능한 졸속으로 재판을 진행하고 판결하였다. 그 명백한 증거가 바로 헌법재판소 재판관이 '권한 남용'이라는 기상천외한 탄핵 사유를 새로 만들어 재판한 것이다. 그 외에도 재판과정에서 위헌적 요소가 다분하다. 김평우 변호사의 변론을 통해 들여다보자.

① 왜 2017년 3월 13일까지 헌법재판이 끝나야 되었나. 왜 날짜를 못을 박고 재판을 시작했나. 그날이 지나면 2명의 헌법재판관이 임기가 끝나서 당시 황교안 대통령 권한대행에게 임명권이 생긴다.

② 최순실의 국정농단의 단초였던 태블릿 PC 자체가 거짓이었다. 최순실의 태블릿으로 증명되지 않았다. 태블릿 PC가 가짜일 수 있다는 의혹보도가 나가자 최초 보도했던 JTBC 측은 "태블릿 PC 따위는 필요치도 않다"고 말했다.

③ 검찰수사의 명칭은 '최순실 국정 농단 비리 의혹 조사'이지만 실질은 '박근혜 대통령 국정농단 비리 탄핵 의혹 조사'였다. 그 수사 결과가 최순실에 대한 여섯 차례의 검찰 기소다. 검찰은 기소장에서 검찰이 피의자로 정식 입건, 조사하지도 않은 박근혜 현직 대통령을 최순실의 공동정범이라고 명기하여 언론에 공표하였다. 이는 법률상으로는 피의사실 공표죄, 명예훼손죄에 해당하는 범법 행위이다.

④ 재단 설립 및 출연(기부)의 자유와 권리가 있음을 간과하고 직권 남용죄, 강요죄를 적용하였다. 전경련이나 그 회원사들이 공익 재단을 설립하고 그 기본 재산을 출연할 법적 의무는 없다. 그러나 재단을 설립하고 그 기본 재산을 출연(기부)할 자유와 권리는 누구에게나 있다.

또 최순실은 전경련 사람들과 만난 적이 없다. 따라서 직권 남용죄, 강요죄의 공동정범이 될 수 없다. 만일 검찰의 주장대로 전경련 회장단에게 재단설립과 기본 재산 출연을 권고한 것이 직권 남용 및 강요죄의 범죄 행위라면, 그러한 범죄 행위를 실행한 박근혜 대통령과 안종범 비서관 두 사람이 공동정범이다.

따라서 헌법 제84조 규정 때문에 박근혜 대통령을 직접 조사, 기소할 수 없다면 안종범을 기소하여야지, 전경련 회장단을 알지도 못하고 만나본 적도 없는 최순실을 공동정범으로 기소할 아무런 근거가 없다.

또 최순실은 공무원이 아니므로 공무원 신분 범죄인 직권 남용죄나 뇌물죄의 공동정범이 될 수 없다.

⑤ 검찰은 삼성그룹의 재단 출연금 204억원, 동계 스포츠 영재 센터 후원금 16억원, 롯데그룹 추가 출연금 70억원, 에스케이그룹 출연금 등에 대하여 직권남용죄 및 강요죄와 동시에 뇌물죄를 적용하였다.

그러나 직권 남용과 강요죄는 출연자나 후원자인 대기업 측이 아무런 법적 의무가 없는데 박근혜 대통령, 최순실 등으로부터 폭행과 협박을 받고 강요당하여 출연, 후원한 것이라는 전제이다. 따라서 출연자, 후원자는 범죄의 피해자가 된다.

반면에 뇌물죄는 제공자가 공무원에게 청탁을 받고 그 대가로 출연 또는 후원한 것이므로, 피해자가 아니라 범죄인이 된다. 따라서 논리적으로 뇌물죄는 직권남용 및 강요죄는 양립할 수 없다. 그런데 박영수 특검은 대기업의 출연금, 후원금에 대하여 서울지검이 기소한 직권 남용, 강요죄와 병행시켜 추가적으로 특수뇌물죄를 기소하였다.

⑥ 박근혜와 최순실은 경제공동체다. 최순실이 돈 받은 것은 박근혜와 받은 것과 같다.

박근혜 탄핵사건은 대한민국의 근본 방향을 바꾸는 엄청난 역사적 사건으로 기록될 수 있다. 촛불시위 현장에서 나온 구호들은 체제부정의 이념적 혁명에 가까웠다는 점에서 우려스러웠다. 그러나 이미 돌아오지 못할 강을 건너 버렸다.

"사회주의가 답이다"

"자본주의가 문제다"

"국가보안법 폐지"

"미군 철수"

"한·미동맹 폐기"

"노동자가 주인이 되는 세상"

일반시민도 많이 있었지만 그 시위의 주체는 민노총, 전교조, 전국농민회 총연맹을 중심으로 하는 세력이었다. 퇴진행동본부에서 동원된 좌파 진보 세력이 뒤에서 조종했다. 탄핵 심판 당시 헌법재판소 앞에 몰려가 끈질기게 압박하며 데모한 사람들은 모두 좌파 진보에서 지휘하던 세력들이었다. 평화적이고 정당한 시위처럼 보였지만 국회와 사법부, 헌법재판소를 겁박하여 자기들의 뜻을 이루려는 시위였고 결과는 뜻대로 되었다. 그때 문재인은 '탄핵이 기각되면 혁명으로 간다'는 성명을 내었다. "잘 훈련된 1%가 세상을 지배할 수 있다"는 공산주의 신념이 한국에서 일어난 사건이었다.

촛불집회 시위와 박근혜 탄핵, 헌법재판소의 심판은 지난 30년 가까이 한국사회의 저변에서 힘을 키우며 집요하게 집결하여 힘을 키워온 386세대 좌파 진보 주역들의 최후 승리이다. 한국사회의 기초를 흔들어 놓은 엄청난 사건이었다.

남한의 좌파운동은 노골적 데모와 기동전(상황에 따라 재빠르게 움직이는 전술) 중심의 투쟁에서 1990년대 중반부터는 진지전 중심으로 투쟁을 전환하였다. 진지전이란 행정, 사법, 입법부에 침투하여 진지를 만들고 그곳을 중심으로 사회주의 혁명 헤게모니를 확산시켜 아래로부터의 혁명을 말한다. 노조, 학계, 언론계, 예술계, 종교계 등 사회 전 분야에 침투해 참호를 만들고 자본주의를 부정하는 이념을 확산시켜 이데올로기적 주도권을 잡는다는 전략을 갖고 있다.

이러한 줄기찬 노력의 결과로 남한사회의 모든 분야에서 헤게모니에 준하는 아주 강력한 영향력을 행사하게 되었다고 볼 수 있다. 이명박과 박근혜는 비록 청와대를 장악했지만, 사사건건이 보수정권을 뒤흔드는 민주노조와 언론계가 주도하는 시위에 휘말리다 결국 촛불 탄핵까지 온 것이다. 나약하고 의리 없고, 줏대 없는 당시 친박 의원들은 촛불시위의 위력에 벌벌 떨었다. 호랑이에 쫓기는 토끼처럼 박근혜는 인민재판의 희생물이 되었다. 인민이라는, 여론이라는, 촛불이라는 광기의 폭탄이 이 나라를 다시 흔들어서는 안 된다.

'박근혜 변호인'이었던 채명성 변호사가 쓴《탄핵 인사이드 아웃》(2019)이란 책 서문에 다음과 같은 문장이 나온다.

〈…돌이켜보면 탄핵 사태는 있지도 않은 귀신을 몰아낸다며 온 나라가 미쳐 돌아간 한판 푸닥거리가 아니었을까 하는 생각마저 든다. 굿판에는 온갖 사람들이 몰려든다. 누구는 "저 여자에게 귀신이 들렸대"라고 수군대고, 누구는 무당의 현란한 칼춤을 보며 연신 두 손을 비빈다. 그런가 하면, 굿이나 보고 떡이나 먹자며 숟가락을 챙기는 이들도 있다. 그러나 우리는 정녕 귀신을 내몰기나 한 것일까? 아니, 애당초 귀신의 실체가 정말로 존재하기나 한 것일까?…〉

김평우 변호사는《대통령의 변호인》(2019)을 펴내며 글의 말미에 "박근혜 대통령은 비겁하고 탐욕스러운 법조인과 정치인들에게 배신당했다"고 썼다. "법조인들은 죄없는 그녀를 탄핵하고 죽이기 위해 증거도 없이 사실을 인정하고, 선례도 없이 법을 만들었다"고 비난했다. 마치 프랑스 희곡 작가 몰리에르가 말한 대로 "먼저 사형을 시킨 후에 재판을 하는 식"이었다. 다음은 책의 일부분이다.

〈…(법조인들은) 촛불을 들고 혁명을 외치는 데모대의 함성 앞에 꼬리를 감추어 숨을 자리를 찾거나, 앞다투어 달려가 무릎을 꿇었다. 30년간 한국에서 살며 한국의 격동하는 정치·경제·역사의 현장을 지켜본 영국인 특파원이, 이번 탄핵과정에 대하여 "한국의 민주주의는 법이 아닌 야수가 된 인민이 지배 한다"고 한탄하였다. (중략)
나를 비롯하여 많은 국민들은 박근혜 대통령이 수백억 원의 뇌물을 받은 부패한 정치인이라는 검찰의 기소와 법원의 판결을 믿지 않는다. 오히려 박근혜 대통령이야말로 한국 역사에서 가장 청렴하고 정직한 대통령이라고 믿고 있다.

실제로 박근혜 대통령은 2016년 9월, 공무원과 교사 등이 5만 원 이상의 선물을 받으면 이를 신고하게 하는 내용의 강력한 부패방지법을 시행한 대통령이다. 또한 그녀는 결백증(潔白症)이라고 할 정도로 평생 자신의 사생활을 엄격하게 관리하여, 스캔들이 전혀 없는 유일한 정치인이다.

이러한 그녀를 친구 최순실과 공모하여 수백억 원의 뇌물을 기업인들로부터 받은 부패한 대통령이라는 황당한 죄명으로 탄핵하고, 33년의 징역형을 선고하는 검찰과 법관을 어떻게 신뢰할 수 있겠는가?

박근혜 대통령은 비록 비겁하고 탐욕스러운 법조인과 정치인들로부터 배신당하였지만, 많은 국민들이 박근혜 대통령을 신뢰하고 존경하며 사랑하고 있다. 박근혜 대통령은 그들에게 대한민국의 자랑이고 상징이다.…〉

박근혜 탄핵은 나라를 두 동강, 세 동강으로 자르는 사건이었고 앞으로 어떻게 결말이 나고 정국이 변하느냐에 따라서 대한민국 앞날에 엄청난 변화를 가져올 사건이라는 것은 우리가 모두 인지하는 바다. 여기에 관하여 수많은 기사들이 있었는데 제목 몇 개만 소개한다.

"국회의 박근혜 탄핵소추는 대국민 사기, 헌재는 공범" (월간조선)

"박근혜 대통령 탄핵의 도화선이 된 태블릿 PC 세 대의 진실이 드러나고 있다" (월간조선)

"檢, 최순실 태블릿 PC 조작설 변희재에 징역 5년 구형 '악의적 모함'" (동아일보)

"오늘 감옥에 간 것은 한국의 법치주의다" (조갑제)

"검찰의 최순실 태블릿 보고서가 보여준 진실" (월간조선)

"대통령의 비운, 박근혜로 끝날 것인가" (조선일보)

"어쩌면 태블릿 PC 따위는 필요 없었는지 모릅니다" (손석희)

"이명박 전 대통령을 왜 써먹지 않았나" (조선일보)

"최순실 추문 DJ의 불법 대북송금보다 중대 잘못 아냐" (복거일)

"공주(公主)에서 폐주(廢主)로, 그래도 종북은 막았다" (월간조선)

"박근혜를 지킬 참모가 없었다" (월간조선)

박근혜는 비록 외형은 가냘프지만 정신은 어느 누구보다도 강한 철(鐵)의 여인이다. 그녀의 인생 좌우명은 "절망은 나를 단련시키고, 희망은 나를 전진하게 만든다"이다. 다시 한 번 불사조처럼 비상하길 꿈꾼다. 권력의 시녀로 전락한 부끄러운 법치의 역사가 지워지길 희망한다.

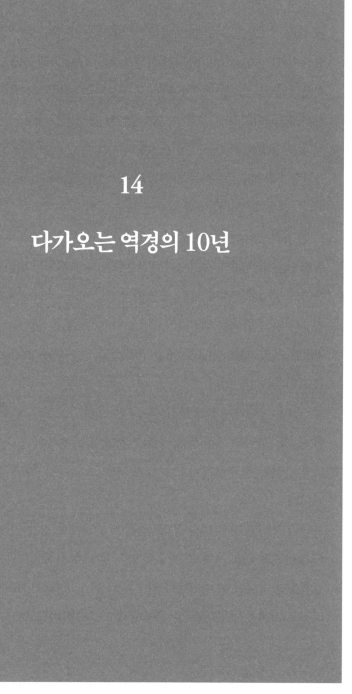

14

다가오는 역경의 10년

'충성과 신의를 잃었을 때 제국은 몰락했다'는 유명한 말이 있다. 나라를 위한 충성심보다 자기 당파의 이익을 추구하고 주군을 위한 최소한의 신의도 못 지키면 나라가 망한다는 것이다. 보수를 자칭하는 야당(대개가 국민의힘) 정치인들의 행태를 그대로 표현한 것일지 모른다.

보수는 '역사의 주류라는 자신감을 공유한 집단'이 지향하는 이념이다. '진보가 역사를 바꿔 왔다면 보수는 역사를 창조하고 지켜왔다'는 자부심이 있다.

세계 양차대전 때 영국 귀족의 자식들과 미국 오피니언 리더의 아들들이 자진해서 전장에 나가 목숨 바쳐 싸운 것도 앞서서 국가와 국민을 지켜야 한다는 책임감의 발로였다. 국민이 존경할 수 있는 진정성과 사회규율을 몸소 지키고 먼저 실천하는 전통이야말로 보수를 지탱하는 힘이었다.

대한민국 역사의 주류도 분명히 보수다. 그들의 노고로 경제부흥을 이루었고 '한강의 기적'을 완성했다. 지난 10년 정권을 누리던 이명박 박근혜가 감옥에 갔다고 해서 보수가, 보수의 정신이 망한 것이 아니다.

야당이 무너진 것은 당의 정책노선이 잘못되어서, 경제·안보 노선이 잘못되고 나라의 경제·외교를 망쳐서가 아니다. 이명박 박근혜 업적을 살펴보면 현 정권보다 비교가 안 되게 잘했다. 그러면 야당이 왜 어려움을 겪고 있는가? 어떻게 해야 다시 살아날 수 있을까.

(1)
보수의 살 길

보수의 살 길은 무엇인가.

첫째, 건국 대통령 이승만이 남긴 유훈을 통해 미로와 같은 답을 찾을 수
있다.

United We Stand – 뭉치면 살고

Divided We Fall – 흩어지면 죽는다.

지난 10년간 이명박 박근혜 파로 갈라져 싸움을 하면서 당을 사분오열
로 가르고, 나라의 앞날보다 자기 이익과 자기 세력의 셈 추구에 정신이 팔
린 동안 국민은 등을 돌렸고, 촛불데모에 쫓겨 박근혜 탄핵으로 이어지는
비극을 초래했다. 이 상황에서 자기 주군까지도 버리는 최소한의 의리와

신의도 지키지 못 했다. 책임의 주역인 박근혜 이명박도 보수의 지도자로서 무엇을 해야 하는지 모르는 것 같았다.

수많은 좌파 진보 단체를 등에 업고 민주당은 촛불집회로 온 나라를 뒤집었다. 무엇이 옳고 그르고, 어디까지 사실인지 모르게 혼란의 극치 속에서 박근혜는 탄핵되고, 좌파 진보 정권이 들어섰다. 어쨌든 온 국민이 문재인 정권에 기대를 걸었고 그가 잘해주기를 바랐다. 나라를 위하여….

나도 문재인 대통령의 자서전을 읽고 상당히 호평을 하고 기대를 걸었었다. 그러나 집권 후 3년의 성적은 낙제점수 정도가 아니다.

"탈(脫)원전 자해극"

"최저임금 급(急)인상으로 경제 파탄"

"주 52시간 제한으로 기업 줄도산 가능성"

"공무원 늘리기"

"나라 빚 늘려 무상복지 확대"

"사상 최대의 재정 적자 초래"

"외교의 완전 실패"

"조국 법무부 장관 임명 강행"

"과도한 정치적 적폐청산 이름으로 보수 궤멸"

국가의 틀을 완전히 바꾸어 놓고 새로운 나라를 세우려는 것 같았다. 이렇게 나라의 근본이 흔들리는데도 진보 좌파는 맹목적으로 문 대통령에게 박수를 보낸다. 볼셰비키가 "잘 훈련된 1%가 나라를 움직일 수 있다"고 한 그 명언을 다시 생각나게 한다.

둘째, 보수가 사는 길은 좌파 진보의 과거행태와 현재의 실정을 끝까지 물고 늘어지는 것이었다. 그러나 2020년 4·15 총선은 보수의 대패로 끝이 났다.

그렇다고 보수가 영구히 망한 것이 아니다. 2년 후 대선이 있다. 역사는 계속 흘러가고 정치도 계속 되어야 한다. 2년간 잘 준비하면 충분히 승산이 있다. 앞으로 2년간 진보 정권이 많은 어려움을 겪을 것이다. 충분히 승산이 있다.

전 세계를 둘러보라. 많은 나라가 보수와 진보로 나뉘어 정권을 주고받았다. 그러나 진보 좌파가 장기 집권했던 이탈리아, 그리스, 스페인, 브라질, 베네수엘라, 아르헨티나 등 나라들은 경제정책이 실패하고 나라 빚이 크게 늘면서 망국의 상태에 이르렀다. 진보의 15년, 20년 집권이면 충분히 나라를 흙탕물 속에 빠뜨릴 수 있다는 것을 명백히 증명해 주었다. 어느 한 나라도 진보 좌파가 경제를 살리고 나라를 부흥시킨 역사가 없다.

이제 대한민국이 그 길로 들어서는 시작으로 보인다. 드루킹의 여론 조작과 진보 좌파의 촛불시위 등 민중을 움직이고 흔드는 실력은 감히 우파가 근처도 못 간다. 언론인 류근일은 '좌파 10단의 수(手)에 우파 1단이 맞서려면'이라는 칼럼에서 "보수 야당은 의회주의·법치주의·원내중심주의만은 모범생처럼 잘 지키지만 극렬 혁명꾼들은 그런 것을 최대한 활용하되 온갖 반칙과 거짓을 다 동원한다"면서 이렇게 개탄했다.

〈…그들은 수단 방법 가리지 않는 반칙, 꼼수, 거짓 선동(미국 쇠고기 먹으면 뇌 송송 구멍 탁), 가짜 뉴스(정유라는 박근혜 딸), 경찰 두들겨 패기(민노총), 홍위병 폭거, 킹크랩 여론조작, 친일 프레임 등 온갖 수법을 다 구사한다. 기성 보수는 그런 점에선 혁명꾼들의 맞수가 되지 못한다. 그저 '규정대로 선거운동이나 열심히 하면 되겠지' '다른 방법 뭐가 있나?' 하며, 죽었다 깨어나도 역동적 체질 변화는 할 줄 모른다.…〉

류근일은 "지금 전체주의 혁명꾼들의 '죽창가'에 맞서 피를 토하는 자유 레지스탕스 '출정가(出征歌)'부터 불러야 한다"라고 주장한다.

출정가는 말하자면 옛날의 구호인 "못 살겠다 갈아보자" 식의 구호와 다르지 않다. 많은 국민은 이미 이 정권이 우리를 어디로 몰고 갈 것인지에 대한 두려움을 갖고 있다.

야당이 할 일은 그 두려움과 불안을 국민에게 각인하는 것이다. 사람들에게 민주당 정부는 대한민국의 정통성을 이어가기는커녕 훼손하고 다른 길로 가려는 것을 일깨워주는 것이다. 우리가 지난 70여 년에 걸쳐 역경을 딛고 이끌어온 자유와 민주의 나라 자체가 정말 망할 수 있다는 처절함을 알리는 것이다.

셋째, 보수가 다시 의리를 지키는 성숙한 당파로서 국민 앞에 새 모습으로 다가서야 한다.

자살을 결코 미화할 수는 없으나 노무현은 죽음으로 모든 것을 책임지고 갔다. 그 후 진보 좌파는 10%의 지지에서 50%의 지지를 얻으며 끝내 권력을 교체하였다. 노무현의 비서실장이던 문재인은 노무현 영정을 가슴에 안고 진보의 재기를 노리는 지조와 의리를 보였다. 폐족이라고 불리던 열린우리당이 불과 12년만에 집권 여당이 되었다. 세상은 참으로 빨리 바뀐다.

그동안 이명박 박근혜는 서로 죽고 죽이는 정치 난투극 속에서 10년을 보냈고 결국 두 분 다 영어의 몸이 되고 보수의 몰락과 선거 참패로 이어졌다.

박근혜 탄핵은 한국 보수의 슬픈 자화상이자 역사적 비극이었다. 있을 수 없는 일이 벌어진 것이다. 친박 비박으로 나뉘어 싸운 행태는 국민이 얼굴을 돌릴 수밖에 없도록 만든 추태의 연속이었다. 이러한 극한 상태에 있을 적에 이명박 박근혜는 보수의 수장으로서 살신성인(殺身成仁)의 지도자상을 보여줄 수도 있었다.

다시 상처를 아물라고 대통합의 길을 여는데 얼마든지 기여할 수도 있었다. 그러나 모든 것을 남 탓, 부하 탓으로 미루고 침묵하였다. 보수 몰락의 가장 큰 책임이 자기들 두 어깨에 있다는 것을 몰랐던가!

이제라도 힘을 내어 재기를 꿈꾸며 의리와 단합, 성숙의 보수로 거듭나기를 빈다. 2021년 4월 서울시장, 부산시장 선거와 국회의원 보궐선거에서 우선 승기를 잡아야 된다.

⑵
진보의 살 길

진보는 지난 300년의 세계사에서 왕권과 싸우고 독재와 싸우며 만민평등과 경제민주화, 사회정의를 구현해온 집단이다.

유럽에서는 영국의 마그나카르타(Magna Carta), 프랑스 대혁명, 스페인 혁명, 볼셰비키 혁명이 있었고 한국에서도 4·19 혁명 이후 줄기찬 민주화 운동으로 사회가 변하며 오늘에 이르렀다.

오늘날 세계사의 많은 인간평등, 사회평등 발전의 대부분은 그들 덕일지 모른다. 공산주의, 사회주의, 포퓰리즘 모두 그들이 만들어낸 사회현상이다.

어느 새 세상이 완전 바뀌어 기득권에 항거하던 그들이 기득권자가 되어 왕권과 독재가 부패했듯이 그들 민주화세력이 독점과 부패를 자행하는 역설적 세상이 되었다. 러시아와 중국, 북한, 폴란드가 좌파 독재이고 아르헨티나, 그리스, 이탈리아, 스페인, 브라질, 베네수엘라, 쿠바 등 모두 사회주의 독재형태의 나라가 되었다.

항상 세상은 이쪽에서 저쪽으로 기울어지면서 흘러가지 공평하고 평등한 세상을 만들기가 어렵나 보다. 대한민국 진보의 현주소는 어떠한가?

21대 4·15 총선에서 크게 이겨 민주화 세력들의 세상이 된 것처럼 보인다. 그러나 한국 사람은 냄비체질이다. 광복 후의 역사를 돌아보면 진보가 쾌재를 부르며 방심할 때가 아니다. 한국의 정치사도 권력이 한쪽으로 기울어진 때가 여러 번 있었다. 그러나 아름다운 모습으로 끝을 맺은 적이 없었다.

이승만 시절이다.

이승만 정부는 광복 직후 친일 청산과 좌우 이념 갈등, 6·25 전쟁을 겪으며 어떤 식으로든 민족 분열주의를 극복해야 했다. 그러나 경제적 상황과 정치적 갈등도 극심하였다. 이런 구조적 제약 때문에 농지개혁, 반민법 제정 및 반민특위 활동은 실패할 운명이었다.

이승만은 이런 극심한 좌우 대결의 혼란 속에서 대한민국 건국에 성공한 건국 대통령이다. 국가 멸절의 위기, 6·25 전쟁을 무사히 치르고 한미동맹 체결에 성공한 초대 대통령으로 기억한다. 12년간의 통치가 너무 길었던가.

12년간 이어온 반(半) 독재정권이 1960년 이기붕의 3·15 부정선거 획책으로 4·19 혁명이 일어났으며 이기붕 일가족은 자살하고 이승만은 하와이로 유배되었다.

박정희 시절이다.

18년간의 독재로 나라를 다스리며 정권을 장악했다. 집권 초기부터 민주주의에 대해 유보적 태도를 보이며 민족주의를 바탕으로 경제적 자립과 자주를 강조했다. 박정희에게 유신(維新)체제는 한국적 민주주의를 위해 불가피하다고 보았다. 박정희식(式) 한국적 민주주의는 비록 개인의 인권과 자유를 침해했으나 민족국가주의를 바탕에 둔 것이었고 전무무후한 경제발전을 이루어낼 수 있었다.

유신은 경제발전과 안보를 정치적 기반으로 삼고 있지만 1970년대를 지나 노동문제와 사회경제적 불평등이 심화되면서 기층 민중과 노동자들의 반발이 점점 거세졌다. 1979년 10월 부마 항쟁이 결국 터졌고 10월 26일 가장 믿고 따르던 김재규의 총탄에 쓰러졌다.

전두환 시절이다.

12·12 사태로 권력을 장악하고 철권통치로 5공화국을 다스렸다. 힘으로 누를수록 민주화 운동은 더욱 뜨거웠다. 박종철 고문치사 사건을 은폐·조작하려한 사실이 드러나자 저항은 온 국민으로 이어졌다. 1987년 6월 민주항쟁은 우리나라 민주화를 새로운 단계로 진입시키는 계기를 마련했다. 제도적으로 대통령직선제 개헌을 쟁취했다는데 우선적 의미를 부여할 수 있지만 더욱 중요한 것은 넥타이 부대의 등장이었다. 명동 등 서울 도심에서 30대, 40대 직장인들이 호헌철폐와 독재타도를 외치는 모습은 과거 어떠한 민주시민운동에서 볼 수 없던 현상이었다. 전두환 대통령은 퇴임 후 역사바로세우기 재판에 의해 처벌받았다. 지금도 5·18 당사자에 대한 사자(死者) 명예훼손 혐의로 재판을 받고 있다.

김대중 노무현 시절이다.

줄기차게 정치 민주화를 외치던 진보가 마침내 청와대를 장악하고 민주화의 한을 푼 10년의 세월이었다. 단절됐던 남북 대화를 복원시켰다. 냉전의 굴레에서 전쟁을 겪었고 휴전 후 군사적 대치 상황에 있던 남북한이 대화와 협상의 물꼬를 텄다. 김대중 대통령은 국제평화에 기여했다는 공적으로 우리나라 최초로 노벨 평화상을 수상했다. 그러나 대북 불법송금으로 햇볕정책과 남북 정상회담의 빛이 바래졌다.

노무현 대통령은 한국정치에 새로운 바람을 불러일으켰다. 국민 참여경선을 통해 대선후보로 선출되었다. 3김 정치의 종식과 권위주의적 통치양식(정치문화) 탈피를 이뤄냈다. 지역주의를 타파하고자 선거공약으로 신행정수도 이전을 내세워 파란을 일으켰다. 그러나 퇴임 후 박연차 게이트 사건 관련 수사를 받던 도중 투신하여 비극적인 최후를 맞았다. 그를 따르던 친노 정치세력은 폐족으로 자멸하고 말았다.

이명박 박근혜 시절이다.

잿더미에 묻혀 있는 것 같은 지리멸렬해진 진보세력을 누르고 쉽사리 대권을 잡아 10년 가까이 통치하였다. 이명박 대통령은 CEO 리더십, 실용주의 리더십, 경제 대통령을 강조하며 권력에 올랐다. 이념보다 실용을 중시, 그를 지지해온 전통 보수층의 기대를 저버렸고 반대세력과의 대화나 소통을 위한 노력이 부족했다.

박정희 대통령의 후광과 보수 이념의 뿌리를 강조하며 권력을 잡은 박근혜 대통령 역시 소통의 부재로 국민에게 실망을 안겼다. 10년 가까이 친이-친박, 친박-비박, 친박-진박으로 나뉘어 치열하게 치졸하게 싸우며 내내 계파갈등에 시달렸다. 결국 박근혜는 비선조직에 의존해 권력을 통치하다 탄핵되었고 이명박도 부패혐의로 영어의 몸이 되었다. 안타깝게도 보수의 자멸로 진보 철권 통치시대를 열어주고 말았다.

문재인 정권은 이제 3년 밖에 안 되었으나 과거 박정희 전두환 시대에 못지않은 전권을 장악하였다. 문재인 독재시대의 현주소를 살펴보자.

-행정부, 국회, 대법원, 헌법재판소, 중앙선거관리위, 방송통신위를 모두 장악.

-3군 수뇌부, 경찰 수뇌부 장악.

-언론계, 교육계, 문화예술계 모두 장악.

-지방행정과 지방의회 권력 모두 장악 (17개 광역자치단체 중 14곳을 민주당이 차지. 서울시 25개 구청장 중 24개 구청장의 당적이 모두 민주당.)

-사법부 : ①문재인 정부에서 11명이 대법관이 됐는데 이중 6명이 우리법연구회, 민변 출신. 진보성향이 7명. ② 2019년 4월 '진보·중도 성향'으로 분류되는 문형배·이미선 헌법재판관이 정식 임명. 헌법재판관의 성향은 진보 4명, 보수 2명, 중도 3명으로 구성. ③ 사법개혁 작업을 민변, 우리법연구회, 참여연대 출신의 진보인사에게 맡겨.

와! 와!

이것이 정치 민주화, 사회평등, 정의를 외치던 주인공들이 세워온 대한민국의 사회바탕인가! 과거 독재시대보다 더 무섭고, 완전히 기울어진 운동장이 되었다.

이승만 박정희 전두환 노태우 등으로 이어진 보수 정권은 비록 독재와 인권 탄압의 멍에를 짊어졌으나 경제·교육·국방 등에서 전무후무한 발전의 시대를 구가(謳歌)하였다. 오늘날 대한민국 바탕을 이뤄온 시기였다.

지금 진보 좌파 세력은 장기집권을 논한다. 장기 집권이 문제가 아니다.

경제를 살리고 국방을 튼튼히 지키면 국민은 행복할 것이다.

과연 앞으로 다가올 2년(문 정권의 잔여기간) 후 새로운 정권 창출과 함께 20년, 30년 후 대한민국은 어떤 모습으로 변화될까. 지금 세상이 돌아가는 것을 보면 진보 정권의 앞날이 밝은 것이 아니다. 이미 소득주도성장, 52시간 근로제, 문제인 케어, 무상복지, 탈원전 등으로 국민의 삶이, 특히 영세 상공인들 삶이 상당히 어려워졌다. 그 위에 코로나19까지 덮쳐 온 국민이 죽을 맛이다. 경제파탄의 지옥문이 열리지 않을까 걱정이다.

어려울 때는 원칙으로 돌아가는 것이 제일 상책이다. 진보도 살고 나라도 사는 길은 가까운데 있다. 이념에 사로잡히지 않고 다른 나라들이 썼다가 모두 망한 포퓰리즘을 버리고 경제를 살리는 방향으로 정책을 틀면 살 길이 생긴다. 우선 소득주도성장 정책을 비롯한 온갖 친노동, 반기업 정책을 풀고 많은 기업을 옥죄는 정책도 완화하여 기업과 수출을 살리는 경제체제로 돌아가면 모두가 산다. 탈원전도 재고해야 한다.

이미 코로나 충격 전에 한국경제는 심각한 하강국면을 맞았었다. 경제는 깊은 수렁에 빠져들고 있고 실업자는 급증하고 있다. 언제 어떻게 이 사태가 끝이 나고 정상으로 돌아올지 짐작도 할 수 없다. 전무후무한 재정을 풀어 경기부양을 하고 있으나 그 효과를 장담하기 어렵다.

4·15 총선의 민심은 지금의 진보정권에게 코로나 경제위기를 해결하라는 주문이었다. 경제 실정, 정권 심판을 택하지 않을 하등의 이유가 없었지만 국민은 미우나 고우나 현 정권에 힘을 실어주었다. 오만함을 버리고 겸손한 자세로 야당과 협의하고 국민에게 의사도 물으며 1997년 IMF에 버금가는 이 위기를 극복하길 기대해 본다. 잘못되면 진보도 죽고 나라도 폭망하는 비극이 온다.

이 대목에서 포퓰리즘으로 망국의 길을 걷고 있는 여러 나라 중 두 나라의 예를 살펴서 교훈으로 삼기를 원한다.

▲**그리스** : 1980년대 초 요르요스 A. 파판드레우가 이끄는 좌파 그리스 사회당이 총 300석 의회의 173석을 차지하는 압승을 거두고 시작된 포퓰리즘이 그리스 운명을 갈랐다. 그의 정책은 "국민이 원하면 무엇이든지 다 해 줘라"였다. 국민 무상교육, 무상의료, 무상 대중교통 요금, 공무원 늘리기, 주택 수당, 연금 대체율 95% 등등 재정지출을 확대하고 말았다. 보수당이 아무리 걱정을 해도 일부 지식인의 호소에도 공짜에 맛을 들인 국민, 기득권층이 되어 버린 공무원, 노조의 반대로 번번이 마이동풍(馬耳東風)이었다.

IMF와 유럽 중앙은행에서 415조원의 구제 금융을 받은 그리스는 혹독한 대가를 치르고 있다. 아테네의 관문 피레우스 항은 중국에 팔아넘겨 항만관리국에는 중국의 오성기가 휘날리고 있다. 청년 실업률이 한때 50%를 넘어 거리에 백수들이 넘쳤고 경기 파탄으로 최저임금은 한국의 반도 안 된다.

문명의 발상지, 올림픽의 발상지, 한때 세계 제1위의 해운강국의 비참한 몰락이었다.

▲**아르헨티나** : 자원부국이면서 곡물, 육류, 수출 강국으로 세계 5대 경제 대국이었던 나라가 2020년 4월 9번째 채무 디폴트를 선언하고 다시 IMF에 구제 금융을 신청했다. 벌써 22번째 구제금융 신청이다. IMF는 2018년 외환위기 이후 아르헨티나에 440억달러를 구제금융으로 지원한 바 있다.

아르헨티나는 페론 집권 이후 페론주의 포퓰리즘이 나라를 여러 해 지배해 왔다. 급격한 임금 인상, 복지제도 확대, 기업 법인세 인상, 공무원 늘리기 등으로 재정고갈 → 부채증가 →인플레 →경제 위기의 악순환이 끝을 모르고 되풀이되고 있다.

아르헨티나는 한때 유럽인들이 꿈꾸며 살고 싶어 하던 부유한 나라이자 남미판 '아메리칸 드림'의 무대였다. 그러나 지금은 유행가 가사처럼 '아 옛날이여'를 부르고 있다.

(3)
2020년 총선 결과,
우파는 건재하다!

　보수와 진보는 민주주의 역사를 긍정적으로 발전시키는 수레의 두 바퀴다. 한쪽이 망가지면 그 수레는 앞으로 전진을 못하고 그 자리에서 맴돌 수밖에 없다.

　근대 세계 역사에서 이 두 이념이 건전하게 공존하는 체제를 유지해온 나라들은 모두 성공했다.

　한 축이 완전히 무너질 때 대부분 나라들은 국가의 경제 정치도 망국의 길을 걸었다.

　대한민국은 독재와 민주화 양극의 투쟁 속에서 줄기차게 경제발전과 민주화를 함께 이룬 운이 좋은 나라로 세계사에 기록될 것이다. 대한민국 건국 후 40년 동안은 보수가 너무 강해서 수레의 한 바퀴가 아예 빠져 버린 것처럼 걱정하며 독재타도를 외치는 민주화운동이 격렬했다.

이후 김대중 노무현 정부가 정권 교체를 이루며 진보의 시대를 열었다. 그러나 '국민의 정부' '참여정부'는 수권 능력이 부족했고 부패하기로는 별반 다르지 않았다.

국민은 이명박 박근혜 정부를 택하며 보수의 길을 열었다. 하지만 '최순실(최서원으로 개명)'이라는 비선 실세가 드러나면서 보수는 탄핵과 함께 자멸의 길을 걷고 말았다. 그리고 문재인 정부가 등장했고 2020년 4·15 총선을 치렀다.

언론마다 보수가 장례식을 치러야 하는 것처럼 호들갑을 떨었다.

"길 잃은 미래통합당"

"당 해체, 탈 영남이 살 길"

"자민련의 길을 걷나"

"당을 망친 5적"

"국민이 버렸다"

"낡은 꼰대정당, 보수이념을 버려야 산다!"

2016년 이후 네 차례의 전국 규모 선거에서 진보가 승리했다고 한국의 보수가 죽은 것이 아니다. 4년에 걸친 4번의 선거에서 졌다고 보수가 끝난 것처럼 떠들어대는 것은 진보의 작전이요, 보수의 자괴밖에 안 된다. 광복 후 이어온 성공 역사가 4년 동안에 완전히 무너지지 않는다. 단지 심한 고통 속에서 갈 길을 잃고 헤매고 있는 것은 사실이다.

지난 네 차례의 전국 선거에서의 보수 패인을 살펴보자.

한마디로 진보파는 매번 운이 좋았고, 군중동원과 언론동원에 능숙하였다. 보수 지도부는 매번 분열되어 싸우면서 자충수로 스스로 표를 갉아 먹었다. 진보가 국정운영을 잘하고 정치를 잘해서 이긴 것이 아니라는 사실에 여야가 모두 주시할 필요가 있다.

① **2016년 총선** : 친이 친박 싸움, 그리고 '진박'을 위한 공천 파동으로 국민이 등을 돌렸고 질 수 없는 선거를 졌다. 그래도 보수는 40% 이상의 지지를 받았다.

② **2017년 대선** : 탄핵 직후 치러진 대선은 촛불시위의 여파와 문재인 후보의 '나라다운 나라를 만들겠다'는 구호에 승패를 결정했다. 문재인은 40%의 지지율로 당선되었다. 반대가 60%였다는 점에 유의해야 했다.

③ **2018년 지방선거** : 싱가포르 북미 정상회담 하루 후에 치러진 선거는 보수의 분열과 남북평화가 왔다는 초대형 이슈가 결정타였다. 진보가 당선자 수로는 절대적이었으나 그래도 보수는 40% 안팎의 지지를 받았다. 여기서도 유의할 점은 진보가 정치를 잘 해서 이겼다기보다 여전한 보수의 분열, 선거 하루 전에 북미회담을 열도록 주선할 수 있는 문 정권의 정치적 수완이 배경으로 작용했다.

④ **2020년 총선** : 2월초 40%였던 문재인 지지도가 선거 직전 57%로 치솟았다. 정국은 코로나 블랙홀에 빨려 들어갔다. 경제파탄, 외교실패의 정권 심판론이 코로나 사태의 경제파탄 절박감에 몰려 오히려 문 정권에 크게 힘을 실어주게 되었다. 정권의 현금 살포 정책, 야권의 공천 잡음, 막말

파동 등도 선거에 영향을 미쳤으나 코로나19의 영향이 모든 것을 다 덮었다. 게다가 선거 막판 긴급재난지원금 이슈 같은 유권자 지갑에 현금 꽂아주는 정책을 중앙정부와 지방정부가 앞 다퉈 내놓았다.

외국의 사례를 살펴보자.

코로나 사태에 잘 대응한 지도자는 인기가 치솟았다. 독일 메르켈 총리 79%, 이탈리아 콘테 총리 70%, 오스트리아 제바스티안 쿠르츠 77%, 네덜란드 뤼테 75% 지지율 등이 뒷받침한다.

지금 우리가 겪고 있는 정도의 경제·외교·국방·교육의 실정(失政)이라면 과거에는 정권유지도 못하고 국민 심판을 받았을 것이다. 또 한 번 진보가 4·15 총선에서 운이 좋아 대승을 하였다. 운이 좋은 것이지 정치를 잘해서가 아니다.

그러나 코로나19는 현 정권에 축복과 저주를 함께 가져다줄 것이다. 선거에서 대승은 축복이다. 그러나 코로나로 인한 전 세계적 경제침체는 한국에 보다 심한 지옥과 같은 어려움을 가져올 것이라는 예측이다. 현금 살포로 선거에 이기고 임시방편으로 경기부양책을 쓰고 있으나 지속되는 경기침체는 국가재정이 바닥날 날이 코앞에 있다. 코로나 전에 이미 경제는 심한 하강국면에 들어 서 있었다.

지난 3년간 문 정권이 세금을 걷어 펑펑 쓸 수 있었던 것은 박근혜 정부가 세제 개편을 해놓은 덕이다. 이제부터 본격적으로 코로나 경기부양책으로 돈을 써야 하는데 재정실탄은 고갈 직전이다. 코로나 이후 경제 대국들은 수출입을 최대한 줄이고 각자 자국 내 생산에 의존하는 각자도생(各自圖生)의 길로 갈 것이라는 예측이다.

한국은 수출입에 경제의 70% 이상을 의존한다. 앞날이 순탄해 보이지 않는다. 4·15 총선에서 크게 이긴 집권여당은 겸손한 자세로 임하면서 앞으로 다가올 엄청난 위기에 잘 대응하길 바란다. 진리는 가깝고 쉬운 데 있다. 소득주도성장, 52시간 규제, 기업 옥죄기, 탈원전만 풀어도 숨통이 트일 것이다. 10년, 20년 집권해도 좋다. 나라를 낭떠러지로 몰아가지 않기를 바란다.

바라는 바는 아니지만, 심각한 코로나 사태와 문 정권의 실정으로 2022년 보수에게 좋은 기회가 오리라는 것을 예견한다. 보수의 갈 길을 서너 가지만 제안하고 싶다.

그 기회를 놓치면 마지막이라는 각오를 해야 한다. 역시 살 방도는 어쩌면 가깝고 쉬운데 있을지 모른다.

―계파 싸움에 종지부를 찍고 야권 통합을 이룰 수 있는 야당 지도부의 피나는 자성이 필요하다. 그 바탕에서 화해의 장이 마련되어야 한다.

―박근혜 탄핵 찬성파와 탄핵 반대파의 화해도 반드시 큰 틀과 포용 속에서 이뤄져야 한다.

―태극기 집회의 지도부는 좀 더 겸손하고 성숙한 자세로 국민의힘 지도부 밑에 들어와야 한다.

―야당 지도자를, 야권 통합 대선 주자를 뽑았으면 존중하고 따라야지 내부 분열과 총질은 안 된다.

―소위 보수라 칭하는 지도자급 사람들 중에 왕년에 한자리 했던 사람들이 너무 많다. 모두 너무 잘났다. 겸손과 성숙의 미덕을 보이며 자기가 맡은 자리에서 윗사람의 통제를 받으며 단합된 모습을 보여야 한다.

—무엇보다 믿음이 가는 성숙한 지도자들이 모인 정당이라는 기대감을 국민에게 심어 줘야 다시 살아날 수 있다.

사실, 나라를 걱정하는 많은 이들이 "2020년은 대한민국 미래 운명을 결정짓는 해"라며 4·15총선 이후 정국을 걱정했었다. 불행하게도 그 걱정이 현실이 되었다. 집권여당이 선거를 휩쓴 뒤 일방통행의 국정을 이끌고 있다. 이미 기울어진 운동장에서 야당은 점점 존재감을 잃고 있고 아무런 견제를 못하고 있다. 국회 상임위원장 18석 모두를 여당이 가져간 상태다.

추미애 전 법무부 장관은 '검찰 개혁'을 한다며 울산 선거 청와대 개입, 펀드비리 등 정권 범죄 수사를 막고 있다는 의혹이 파다했다. 윤석열 검찰총장과도 사사건건 부딪혀 국민이 피로를 호소했었다.

김현미 전 국토교통부 장관은 '무너진' 규제 일변도 부동산 정책으로 '미친' 집값을 촉발시켰지만 정책 실패를 호도하며 시장에다, 국민에다 책임을 전가시키다가 결국 경질됐다.

강경화 외교부 장관은 국제 사회에서 존재감이 없고 대일 외교 갈등, 미북간 북핵 협상 과정에서 '중재자'의 역할을 못하고 있다. 그런데도 강 장관은 "기를 쓰고 다 하는데 여성이기 때문에 패싱당한다"며 엉뚱한 이야기를 한다.

바이든 미 대통령의 당선으로 2020년 이후 한반도 미래는 시한폭탄을 안고 살아야할지 모른다. 앞으로 대한민국은 오랫동안 겪어보지 못했던 격변의 시간을 보낼 것임이 분명하다.

문재인 정권은 총선 승리를 바탕으로 달콤한 정책과 세금을 퍼부어 땜질하면 2년 후 재집권도 가능하다고 생각할지 모른다. 그것도 안 되면 적당히 통계를 마사지해 국민의 눈과 귀를 가리면 그만이다. 하지만 뜻대로는 되지 않을 것이다.《조선일보》박정훈 논설실장은 '선거가 끝나고 진실의 지옥문이 열렸다'고 했다. 그의 말이 무시무시하게 느껴졌다.

〈…그러나 그들 생각대로는 되지 않는다. 문 정권이 계산에 넣지 못한 것이 있다. 경제 환경이 천국에서 지옥으로 바뀌었다는 사실이다. 문 정권 전반기는 글로벌 경제가 더할 나위 없는 호조였다. 덕분에 아무리 경제 운영을 엉망으로 해도 '폭망'까지 가진 않았다. 이제 코로나 위기가 닥쳐왔다. 그 좋은 여건에서도 부진에 시달렸는데 초유의 경제 위기가 펼쳐지면 어떤 일이 벌어질까. 무능함이 입증된 이 정부가 미증유의 코로나 지옥을 이겨낼 수 있을까.…〉

코로나19가 문재인 정권의 경제 실패를 더욱 가속화시키지 않을까 우려스럽다. 코로나 쇼크라는 세계 공통의 위기 앞에 이념적 포퓰리즘 정책으로 국민을 현혹한다면 대한민국은 정말 나락으로 떨어질 수밖에 없다.

코로나가 덮치기 전에도 수출이 10% 이상 감소했다. 미중 무역 분쟁에다 정부가 강행한 일련의 자해(自害) 정책으로 수출 경쟁력이 약화된 탓이었다. 최저임금 급등 등에 따른 비용 부담증가, 무리한 근로시간 단축, 경쟁국보다 불리한 각종 규제, 노동개혁 후퇴 등의 반기업 정책이 수출기업들의 경쟁력을 깎아 내렸다.

코로나 경제위기를 타개하기 위해선 수출기업들의 경쟁력부터 복원시켜야 한다.

그나마 정부가 40조원 규모의 기간산업 안정 기금을 만든다고 한다. 7대 기간산업인 항공·해운·자동차·조선·기계 등에 지원키로 했다. 정부는 또 10조원을 투입해 기업들의 고용 유지를 돕겠다고 밝혔다. 미국·중국·유럽 등 주요 수출 대상국의 소비가 살아날 때까지 버틸 수 있는 시간을 벌게 해주겠다는 의미다.

언론에서는 "한국 경제에 꼭 필요한 기업을 잘 선별해 꼭 필요한 만큼의 자금만 핀셋 수혈하는 정교함이 필요하다"고 지적한다. 당장 숨이 넘어가는 기업부터 찾아가 정부의 행동과 실천을 보여야 한다. 사후약방문 정책은 절대 금물이다.

영광의 대한민국, 경제·정치·외교·교육의 성공 역사를 써온 한국이 어떤 모습으로 다시 살아날까? 살아날 수 있을까? 그날을 기다리며 기대해 본다.

15

우리는 어디로 가는가

얼마 전 옛 친구에게서 문자메시지가 왔다. 초등학교 3학년 다니는 손자에게 "이승만 박사가 누군지 알아?"라고 물었더니 친구의 손자가 이렇게 말했다.

"응. 김구 죽인 사람."

"어디서 배웠어?"라고 물으니 이렇게 답했다고 한다.

"학교에서 배웠어요."

이 몇 마디 대화는 한국사회가 직면하고 있는 이념 갈등에 따른 현대사 왜곡의 일면을 보여주는 단면이다. 대한민국 정통성을 부정하는 좌파 진보 진영은 이승만과 박정희의 업적을 가볍게 여긴다.

첫째, '미국의 앞잡이 이승만은 친일파와 손을 잡고 민족의 자주성을 팔아먹고, 자신의 사리사욕을 채우기 위해 미국이 원하는 반쪽 나라 대한민국을 세웠다'고 주장한다.

둘째, '박정희는 만주군관학교와 일본 육사를 졸업하고, 천왕의 장교가 되어 만주에서 독립군을 토벌하다가 해방 후 남로당 군사총책으로서 비밀지하 혁명동지를 팔아먹고 목숨을 건졌다'고 비난한다.

반면, 우파 보수라고 부르는 자유파는 '이승만 대통령이 대한민국 건국의 아버지, 박정희 대통령은 한강의 기적을 만든 영웅'이라 생각한다. 자유파는 '이승만이 없었다면 대한민국 건국 자체가 어려웠고, 박정희가 없었다면 대한민국 산업화 자체가 어려웠다'고 생각한다. 이렇게 말하고 나니 가슴이 답답해진다.

(1)
사상의 대결

대한민국에는 두 개의 나라가 공존한다. 심지어 임시정부 수립 100년을 보는 시각도 진영과 이념에 따라 양극단으로 쪼개진다. 한국의 근현대사가 성취와 영광의 여정이라고 보는 집단이 있는 반면, 불의와 치욕의 세월이라 폄하하는 집단이 충돌한다.

경제적 번영을 자부하는 진영에는 산업화 보수세력이 버티고, 친일과 독재를 깎아내리는 진영에는 민주화 진보세력이 포진한다. 현 진보정권은 독립운동가, 민족주의자, 민주화운동의 맥을 계승한다고 자부한다. 3·1운동, 독립투쟁, 4·19혁명, 5·18항쟁, 촛불혁명에 이르기 까지 모두 자기 진영의 공으로 미화한다.

보수세력은 친일-독재정권-반북냉전-산업화 기득권층이란 프레임에 넣고 오직 배척의 대상으로 치부한다. 어느 대학생의 토로를 인용한다.

〈…"대학생이 돼서 역사 공부를 새로 했습니다. 대학에 오기 전까지 배운 것은 이승만은 '미국의 앞잡이'였고, 박정희는 '친일 독재자'라는 것이에요. 교과서에서 그렇게 명시하지는 않았지만 선생님들의 설명을 들으면 그렇게 생각할 수밖에 없었어요.

그렇다 보니 '대한민국은 적폐세력이 완성한 국가'라는 생각이 있었습니다. 내가 살고 있는 국가에 대해 너무 창피하잖아요. 대학에 와서 역사공부를 새로 시작하면서 큰 충격을 받았습니다.

이승만 대통령, 박정희 대통령의 공과에 대해 알게 되면서 내가 잘못됐다고 생각했던 대한민국이 좋은 국가였다는 생각이 들었고, 삶의 뿌리가 바뀌었습니다. 무너졌던 질서가 바로 서는 느낌이 들었어요. 역사왜곡, 언론의 거짓 프레임 등으로 인해 거짓말에 기초한 가치관이 20대들에게 심어져 있으니 방향이 엇나갈 수밖에 없는 것이죠."…〉

현 정권의 핵심은 200여개의 좌파 사회주의자 그룹, 민노총, 전교조, 386 운동권, 강남 좌파들이다. 그들은 볼셰비키가 말하는 '잘 훈련된 1%의 운동권'이다! 그들과 함께 북한 동조 세력과 북한·중국의 '보수 세력 궤멸 사이버 공격단'이 끊임없이 수면 아래 움직이고 있다. 한반도는, 아니 남한은, 자유민주주의와 시장경제를 지키기 위한 세력들 간의 대결장이 되어 있다.

남한은 두 개의 역사관·정치관이 보수와 진보의 탈을 쓰고 힘겨루기를 하고 있다. 북한의 3대(김일성·김정일·김정은) 사교집단과 남한 좌파 운동권이 힘을 합쳐 북쪽으로 끌어가느냐, 아니면 남한 자유민주진영의 자유통일 여망과 북한 주민의 자유통일 여망이 힘을 합쳐 남쪽으로 끌어오느냐의 사생결단이다. 핵을 가진 김정은이 먼저 자빠지느냐, 아니면 대한민국이 먼저 부서지느냐의 어쩌면 빠를 수도 있고 어쩌면 아주 긴 전쟁의 서막일 수도 있다.

    한반도의 운명은 현명한 남한의 정치인과 자유를 열망하는 국민, 남한을 돕는 미국과 유엔의 대북 최대압박이 얼마나 성과를 거두느냐에 달려 있다.

(2)
다시 떠올려 보는
1965년 한일 협정

지난 70여 년 동안 한국에서 일어났던 많은 중요한 역사적으로 의미 있는 사건들을 요약한다면 이렇다.

민족 광복과 한반도 분단

신탁통치 찬반운동

대구 10·1 사건, 제주 4·3 사건, 여수·순천 사건

대한민국 건국

3·15 부정선거와 4·19 학생혁명

5·16 군사정변과 제3공화국 출범

1965년 한일협정

10월 유신

5·17 비상계엄 확대와 5·18 광주 민주화운동

1987년 6월 민주화운동

1988년 서울올림픽 개최

1996년 OECD가입

2008년 광우병 사태와 촛불시위

위에 상기한 역사적 사건들이 모두 중요하고 이외에도 많은 역사적 사건들이 대한민국의 오늘을 만드는데 기여하였지만, 여기서 특별히 1965년 한·일 협정을 언급하고자 한다. 이 협정은 요새 불거진 한일 관계의 냉각과 화이트리스트 배제 등과 관계가 있어서 더욱 중요한 의미를 갖는다.

한마디로 박정희 대통령이 1965년에 한일협정을 반대하는 국민의 극렬한 반대데모를 비상계엄으로 제압하고, 일본과 협상하여 무상과 유상을 합하여 5억 달러의 대일청구권 조약을 맺은 것은, 결과적으로 한국 초기 경제발전의 초석을 닦게 된 천재적 발상으로 역사에 남을 것이다.

1965년 6월 22일에 조인된 한일협정에 따라 당장 현안으로 떠오른 것은 대일 청구권 자금을 어디에 어떻게 사용할 것인가의 문제였다. 예상대로 일본이 약속한 무상 3억 달러, 유상 2억 달러의 청구권 자금이 우리 손에 들어오고 또 그 자금의 집행까지는 오랜 시간이 걸리고 숱한 논란을 거쳐야 했다.

청구권 자금은 한일기본조약 발효일인 1965년 12월 18일부터 1975년 12월 17일가지 10년 동안 연차적으로 도입되었다. 자금 운용에 대한 논의는 1965년 11월 27일 정부가 외자 5억 3800만 달러, 내자 738억 원

규모의 청구권 자금 사용방안을 최종 확정·발표함으로써 본격화되었다.

1965년 당시 일본의 외환 보유액이 21억 달러라는 점을 감안하면 엄청난 큰돈이다. 오늘날 수백 조원에 이른다고 보아야 한다. 천문학적 숫자다. 그 돈을 기반으로 포항제철, 경부고속도로, 울산 석유화학단지, 세계 최고의 해운업 기지, 새마을운동과 농업개량 등등 한국경제 발전의 밑거름이 된 것이다. 이 청구권 조약의 중요성은 한미방위조약에 버금가는 한국 산업화의 기틀이 되었다.

정부는 당시 징병 및 징용피해 위로금으로 8500명에게 총 25억 원 가량을 지불하였다. 또 일제강점기 시대 재산권 보상 명목으로 7만4000명에게 총 66억 원을 지급했다는 기록이 있다.

2008년에는 태평양전쟁 강제 동원 등 지원에 관한 법률이 발효되어 두 번째로 정부 차원의 보상이 시작되어 징용 및 징병으로 사망하거나 부상한 유가족에게는 2000만 원의 보상금이 지급되었다. 노무현 정부 들어 민관 공동위원회를 구성하여 연구를 다시 해 '1965년 대일청구권 결정'을 인정하고 '개별적 배상청구권은 없다'고 결론지었다.

1965년 대일청구권 조약은 미국의 중재로 이루어졌는데 '1951년 샌프란시스코 조약에 준한다'는 문구가 있다. 미국은 일본과 전쟁한 수십 개 나라의 일본에 대한 전쟁보상청구권을 포기시켰다. 일본은 난징에서 중국인 30만 명을 도륙하고, 만주와 베이징 등지에서도 수많은 만행을 저질렀다. 동남아에서도 잔학한 살생을 자행했다. 태평양전쟁 초기에만 진주만 공격으로 미 해군 3000명과 미 해군 전체 함정의 3분의 2를 침몰시켰다.

여기서 우리가 다시 생각해야 되는 것은, 한국에 보상한 5억 달러 외에 어떤 나라도 전쟁보상을 받은 나라가 없다는 것이다. 당시 박정희 정권은 경제개발을 위한 자금이 필요했고, 일본은 한참 달아오른 일본의 '신무 경기'를 이어갈 새로운 시장이 필요했다. 미국으로서는 양국의 안정은 더 이상 미룰 수 없는 과제였다. 한일회담의 최대 걸림돌은 여전히 돈이었다. 돈의 성격을 놓고 한국인 식민지배에 대한 배상 성격의 청구권 자금을 주장했으나 일본은 경제협력 자금임을 고집했다.

어쨌든 북한은 이 보상에 참여할 수가 없었다. 왜냐하면 1948년 유엔 헌장에 대한민국이 한반도 전체를 대표하는 유일한 합법정부였기 때문이다. 미국의 영향력이 여기에서도 대한민국 장래를 위하여 크게 작용하였다는 점에 감사해야 한다.

그런데 2018년 10월 대법원은 일본기업이 징용피해를 다시 배상해야 한다는 판결을 하고, 일본정부가 협조하지 않으면 한국 소재의 일본회사를 강제 매각까지 하는 방향으로 가닥을 잡았다.

일본은 즉각 반발했다. 당시 아베 총리는 "강제징용 배상문제는 1965년 한일 청구권 협정에 의해 완전하고 최종적으로 해결됐다"며 "이번 판결은 국제법에 비추어 볼 때 있을 수 없는 판단"이라고 강하게 비판하였다. 그리고 한국에 대한 외교·경제보복을 준비하여 2019년 7월부터 한일 갈등이 악화일로를 걸으며 장기화하고 있다.

반도체 소재 3개 품목에 대한 수출 규제 이후 백색국가 제외, 지소미아 파기 등 강력한 쌍방의 대응이 이어지며 과거사에서 경제·군사·안보 영역으로 갈등이 확대되어 가고 있다.

양국 정부는 바닥으로 떨어진 외교관계를 사실상 방치하고 있으며 한일 갈등을 양국 정상이 모두 정치적 계산으로 이용하려는 것이 아니냐는 의

구심마저 제기된다. 다행스럽게도 일본의 새 총리로 스가 요시히데가 선출돼 변수가 생겼다. 아베의 노선을 탈피할지, 기존 적대적 노선을 그대로 따를지 현재로선 알 수가 없다.

문재인 대통령은 스가의 취임식에 맞춰 보낸 축하 서한에서 "가장 가까운 친구인 일본 정부와 언제든지 마주 앉아 대화하고 소통할 준비가 돼 있으며, 일본 측의 적극적인 호응을 기대하고 있다"고 말했다. 그러자 스가 총리도 "어려운 문제를 극복해서 미래지향적 양국 관계 구축을 기대한다"고 답했다.

앞으로 한일 양국이 험난한 고비를 넘어 공동 번영의 길을 걷길 기대한다. 한 가지 당부하고 싶은 말이 있다.

민족주의에 기반을 둔 신경질적인 반일(反日)이 잠깐 한국인의 인기를 끌지 몰라도, 멀리 보면 우리가 손해 보는 인기몰이밖에 안 된다. 실질적으로 우리가 얻을 것이 아무것도 없다. 일본과의 경제·안보 전쟁이 금융으로 옮아 붙으면 외국 자본의 유출로 한국 경제에 최악의 국면에 부딪칠지도 모른다고 우려하는 전문가들의 시각이 많다.

일본은 우리보다 훨씬 강한 상대라는 것을 잊으면 안 된다. 미국과 중국의 경제패권 전쟁, 한국과 일본의 과거사 전쟁, 이 두 전쟁이 비슷한 양상으로 흘러가는 것 같다. 일본의 국력은 우리의 4배요, 결코 만만한 상대가 아니다.

현명히 대처하지 않으면 한국 경제가 큰 타격을 입을 수 있을 가능성이 높다.

(3)
문재인 독재시대

문재인 대통령은 국내 정치세력을 움직이는 데는 천재다. 그가 경제와 외교도 그만큼 잘했으면 한국은 한 걸음 더 크게 도약할 수도 있을 것이다.

문 대통령은 정치 10단이다. 김영삼·김대중씨를 정치 9단으로 불렀으니 그가 권력을 잡는 데는 한 수가 더 높다.

삼권(입법·사법·행정권)을 완전히 장악했고 언론·방송도 허수아비로 만들었다. 국회를 완전 장악하여 청와대 지역출장소 정도로 전락했다. 대법원, 헌법재판소도 한쪽으로 기울었다는 이야기가 나온다. 추미애 법무부 장관은 윤석열 검찰총장의 대검 참모 등 현 정권 비리 수사 지휘부 전원을 좌천시킨 데 이어 수사팀 중간 간부들까지 쫓아내는 '2차 학살'까지 감행했다. 이번 인사(2020년 1월 23일 단행된)로 대검 반부패부와 공공수사부 간부가 대부분 교체됐다. 윤 총장이 "대검 기획관·과장은 전원 유임시

켜 달라"는 의견을 냈으나 완전히 묵살했다고 한다. '총장 의견을 들어 인사를 하라'는 검찰청법을 정권이 다시 어겼다. 문 대통령의 검찰개혁의 의지에서 비롯된 인사라는 지적이 나온다.

여기에다 2020년 21대 총선에서 크게 이겨 개헌을 빼고 무슨 법이든 처리할 수 있다. 무소불위의 권력을 쥐게 된 것이다. 문 대통령은 자신의 정치노선을 숨기지 않는다. 자기가 존경하는 사람들이 호치민·신영복·리영희·윤이상 등이며 베트콩 승리에 무한한 희열을 느꼈다고 그의 저서《운명》에 적었다.

나는 문 대통령이 보수가 저지른 적폐를 청산하고 정치를 상당히 잘 할 것으로 기대하였다. 대통령 취임사는 다시 봐도 명문이다. 광화문 시대의 평범한 국민과 소통하는 대통령, 인재 삼고초려 외에도 환호를 보낼만한 좋은 많은 약속이 담겨 있다.

〈…"기회는 평등할 것이요, 과정은 공정할 것이며 결과는 정의로울 것입니다."

"저를 지지하지 않았던 국민 한 분 한 분도 저의 국민이고 우리의 국민으로 섬기겠습니다."…〉

얼마나 명문인가! 그러나 집권 3년이 지나자 그가 보인 정치·경제·외교의 행보는 국민과의 약속과 완전히 다른 길로 갔다. 촛불세력을 주도한 민중공동체, 민노총, 사회주의자그룹, 좌파 언론, 386 운동권, 강남좌파 등 자기세력을 뒤에 업고 민중·민주주의의 이름으로 대한민국 70여 년간의 근간을 흔드는 체제전복이 시작되었다. 전직, 전전직 대통령을 옥에 가두고 우파 측근들 100여명, 전직 국정원장 3명, 전직 청와대 수석들과 장관들, 보수정권 요직에 있던 인사들을 모두 구속시켰다.

보수 근간을 무너뜨려 소위 '좌파 100년'의 집권기초를 닦는가 싶다.

그뿐이랴! 이승만 박정희 공적도 지운다. 건국일도 없앤다.

탈원전을 시작으로 4대강 보(洑)를 부수고, 최저임금 인상, 주 52시간 근무제, 소득주도 성장, 외고 자사고 폐지 및 평준화 교육, 대북 친화적 외교 강화 등 모든 체제를 바꾸려 하거나 바꾸었다. 보수의 역사인 이승만 박정희가 쌓아올린 한반도 역사에 없던 강력한 문명의 구축, 자유민주주의, 시장주도 경제를 무너뜨리려고 한다. 대한민국의 근본체제를 전복하면서 새로운 사회주의로 가는 혁명이 시작된 것 같다.

3·1운동 100주년 기념사진에서 이승만을 빼버리는 대담함도 보인다.

이승만 박정희가 세운 문명세계가 아닌 다른 체제로 가겠다는 의도로 밖에 보이지 않는다. 자유시장경제주의자 공병호 박사의 관찰이다.

〈…권력이란 항상 질기고 강하고 중독성까지 있다. 권력에 입문하기 이전과 이후에 사람에 따라서는 완전히 다른 사람으로 변할 수도 있다. 권력을 일단 쥐면 양식이나 이성을 마비시키는 경향이 강하다. 그래서 멀쩡한 사람이 정치판에 뛰어들어 권력을 휘두르면 사람 자체가 완전히 바뀌는 것을 목격할 때가 많다.

인간은 나약하고 불가사의해서 권력에 눈이 멀어지면 어떤 일이든 자신을 합리화시키는데 뛰어난 능력을 발휘하게 된다. 이러한 현상들이 현재 문재인 정권의 권력자들에게서 잘 관찰되고 있는 현상이다.…〉

(3)
미국이 떠난 한반도

친구는 선택할 수 있어도 지정학적 이웃은 선택할 수 없다. 한반도는 중국과 일본 사이에 끼여 반만년 간 수없는 침략을 받고 지배를 받으며 조공을 바치고 명맥을 유지하느라 피눈물의 세월을 보냈다.

그런데 기적이 일어났다. 지난 30년 동안 한국은 피와 땀을 흘려 세계 10대 강국으로 발돋움했다. 중국과 일본에 손가락질도 하였다.

하계·동계 올림픽, 월드컵, 세계육상대회 등 글로벌 스포츠 축제를 모두 치른 몇 나라 중의 하나요 녹색성장의 모델 국가, 세계 최고의 반도체 산업국가, 보건의료의 나라로 성장하였다. 벌거숭이산들이 지금은 숲으로 차 있고, 수변녹지가 조성돼 화려한 금수강산이 되었다. 서울과 부산의 도심지는 세계 어느 대도시에 뒤지지 않는다. 깡촌이던 충남 당진에서 태어나 6·25를 치른 나로서는 남한이 어떤 형편이었는지 잘 안다. 당시 서울의 제일 호화건물은 3층짜리 반도호텔이었다. 무슨 일이 일어난 것일까?

훌륭한 정치지도자, 탁월한 경제인이 나라를 이끈 덕이지만 나는 한마디로 "지난 100년 동안 미국과 친해서 잘못된 나라가 없고, 러시아·중국과 친해서 잘된 나라 없다"는 표현으로 결론을 짓고 싶다.

우리는 50·30클럽에 들었다고 큰소리친 지가 몇 년 밖에 안 된다. 그런데 이 두 조건에 모두 파열음이 일어났다. 인구는 줄고, 경제가 동력을 잃고 있다. 외교·군사적 강대국이 장기판의 졸(卒)로 갑자기 전락해 버렸다고 할까. 우리는 외톨이가 되고 있다.

문재인 정권은 4·27 판문점 선언, 9·19 남북 군사합의로 북한과 경제협력으로 생산공단도 여러 개 만들고 서해안 동해안을 잇는 철도 구상도 하며 남북 간의 자유로운 여행도 꿈을 꾸었다.

그러나 김정은은 이런 약속을 모두 파기하고 방사포, 대륙간탄도미사일(ICBM) 테스트를 계속하며 문 대통령에게 "삶은 소대가리는 조용히 있으라. 우리는 미국과 직접 협상한다"고 큰소리친다.

2020년 6월에는 개성 남북 공동 연락사무소를 무단 폭파하면서 남북간 관계가 조금 풀려가나 했던 희망이 완전히 무너지고 말았다. 이제 남북 대화의 문까지 완전히 닫힐 지경이 되자 통일부 장관을 교체했다. 또 북한 김씨 왕조와 가까운 박지원 전 의원을 국정원장에 앉혔다.

일본은 한국을 화이트리스트에서 제외하며, 반도체 핵심소재 3개 품목의 수출규제 등 경제 전쟁을 시작하였다. 지소미아 동맹은 우리 스스로 파괴하였다. 미국은 수수방관하고 미군 방위비를 크게 올려 버렸다.

일본은 인도·태평양 전략에서 한국을 배제시켰다. 이 사실은 앞으로 한국과 미·중, 북한과의 군사역학에 막대한 영향을 미칠 수 있다. 한국을 배제시키려는 일본 측의 의도와 가장 개연성 있는 시나리오는 중국·북한의 탄도미사일 사정권 안에 들어 있어 실질적으로 방어가 어려운 한국을 차제에 중국의 지배권 아래로 넘기려는 의도가 아닌가 하는 설명이다.

그러니까 인도·태평양 전략의 대중(對中) 방어전선은 일본·뉴질랜드·호주·동남아·인도로 이어지는 라인이 되고 여기서 한국을 빼자는 것이 일본의 전략일 수 있다. 이것은 '신 애치슨라인(Acheson Line)'으로 평가받을 수 있다. 이런 태도는 일본이 마침내 골치 아픈 한국을 잠재적 적국으로 규정함과 동시에 중국 진영으로 떠넘기기 위한 보이지 않는 작전에 착수한 것이 아니냐는 의심을 불러일으킨다. 과거 식민지와 침략에 대한 책임과 사과·보상을 끊임없이 요구하는 한국과는 뭐든지 함께 하고 싶지 않은 것이다.

물론 미국의 묵인 하에 이루어지는 것이다. 한국의 진보정권이 북한에 대한 압박과 제재 보다는 남북 대화에 더 중점을 두면서 한미 간에 보이지 않는 갈등이 나타나자 이를 미·일 동맹 강화를 위해 활용해 오고 있다는 측면이다.

일본은 북한의 비핵화에 실패하고 한국과 일본이 핵보유국으로 가는 경우를 생각해서 이미 3개월 이내에 핵폭탄 6000개를 제조할 수 있는 플루토늄을 보유하고 있다. 한국은 원자로 폐기정책으로, 원폭 생산기술이 완전 파괴되어 가고 있는 것이 현실이다. 이렇게 되면 남한은 4개의 핵보유국 러시아·중국·북한·일본에 둘러싸인 외톨이 신세가 될지 모른다.

중국은 급속한 경제성장으로 한국을 옛날 속국(屬國) 정도로 생각한다. 방중(訪中)한 한국 정상에게 '혼밥'을 먹인다. 중국은 북한의 비핵화에 관심이 없다. 남북한이 통일되어 중국의 강력한 경쟁자가 되는 것을 원치 않는다. 지금의 상태를 그냥 계속하며 시간을 끌면서 남한을 하수인격인 자기편으로 끌어들이려는 노력만 한다. 중국이 원하지 않는 한 한반도는 통일이 되지 않는다. 김정은 정권이 무너져도 북한에 대한 영향력을 계속 행사할 것이다. 아직도 우리가 의지할 곳은 미국밖에 없는데, 요새는 그것마저 흔들리는 것 같다.

한·미 동맹은 북한 도발이나 남한의 안전만을 위한 것이 아니라 서태평양지역, 아시아 극동지역의 평화를 위하여 존재한다. 남한이 적극적으로 미국을 내몰지 않는 한 남북 평화협정 후에도 중국·러시아의 동북아 위협을 견제하기 위하여 한국에 계속 주둔하기를 원할 가능성이 높다. 우리 정부로서는 미군이 떠남과 동시에 외국자본이 대거 이탈해 경제 붕괴가 일어날 것으로 우려한다. 아무리 친북좌파라도 감히 미군 철수 요구는 입에 담지 못한다.

이것이 현실이요 최소한의 안전장치이다. 미군 주둔 없이 한국의 안보는 존재하지 않는다. 그러나 미국은 멀리 있는 나라다. 언젠가는 떠날 것이고 우리는 홀로 서야 할 때가 올 것이다.

미국이 떠난 한반도를 심각하게 생각해 볼 필요가 있다. 우리는 중국, 북한, 러시아, 일본 사이에 끼어 있다. 북한은 무력통일이 변함없는 국시(國是)이다.

최근 미 정보국 보고서에 따르면 북한은 핵폭탄 30~60개 보유, 대륙간탄도미사일 발사능력 향상, 탄저균과 각종 화학무기 5000t(이 추정이 맞다면 세계 3위 보유국이 된다.)을 보유하고 남한을 계속 위협하고 있다.

중국은 한국 GDP의 10배요, 경제적으로는 절대적 중요한 이웃이다. 그러나 김일성을 도와 6·25 남침을 일으켰고 직접 참전해 통일을 저지 했다. 어쩌면 중국이 우리 5000년 역사에 준 피해와 고통은 일제강점기 36년의 몇 십 배에 달할지 모른다.

일본은 어떤 존재인가? 역사적으로 한반도에 큰 피해를 입힌 인접국이다. 노략질과 전쟁으로 양민들을 괴롭혔다. 태평양전쟁 패배 후, 다행히 공산화 되지 않고 미국과 밀접한 동맹국이 되면서 한국의 동반자는 아니라도 우방국으로 미국과 힘을 합쳐 경제적·군사적으로 도움을 주고 있다.

미국은 언젠가는 떠나간다. 너무 멀리 있다. 그때를 예기하면서 도광양회(韜光養晦), 즉 조용히 국방력과 경제력을 기르며 시간을 벌어야 한다. 언젠가는 북핵이 해체되고 김정은 정권도 사라질 것이다. 자립할 수 있는 국방과 강한 경제력이 있어야 주변국의 간섭을 막고 남북을 잇는 도로와 철도, 항만, 공항을 놓을 수 있다.

광복 후 쌓아온 이 기적의 대한민국을 온전히 후대에 물려주고, 더 키워서 남북통일의 날을 기다리게 할 수 있도록 현 세대는 온 힘을 쏟아야 할 것이다. 이제는 다시 중국과 일본의 멍에를 지는 시대, 그들의 바짓가랑이를 기어 다녀야 하는 참혹한 시간이, 다시는, 결코 와서는 안 된다.

(5)
2022년과
그 후를 생각한다

2020년 6월 16일 개성 남북연락사무소가 폭파되었다. 그리고 얼마 후 개각명단에 대북정책 3인방의 이름이 올랐다.

박지원·이인영·서훈. 이들은 모두 잘 알려진 친(親)북한파이다.

나는 후보자 발표를 접하고 귀를 의심했다. 복지사회로 향한 대한민국의 길이 얼마나 어려워질까 하는 생각과 함께 앞으로 대한민국의 근본체제가 바뀌겠구나, 하는 두려움에 가까운 결론을 내렸다.

박지원·이인영·서훈이 대북관계 책임자로 임명될 적에, 대북 국방정책의 근본 방향이 무너지지 않을까 하는 걱정은, 조국·추미애가 법무장관으로 임명될 적에, 대한민국의 법과 원칙이 무너질 것으로 걱정한 바와 같다.

이것은 여러 보수언론이 나라를 걱정하는 통탄의 외침에서도 확인할 수 있다.

이인영 통일부 장관은 임명 후 첫 공식일정인 현충원 참배에서 "폭탄이 떨어져도 평화를 외치는 사람만이 더 정의롭고 정당할 수 있다", "대동강의 맥주와 남한의 쌀을 맞바꾸어 먹자"고 말했다.

정치 수사적으로는 너무나 멋있는 발언일지 몰라도 실질적으로는 아무런 의미가 없는 공허한 외침이다. 자기 지지자들만 만족시키는 선거공작에 가까운 발언이다. "한반도는 지금 엄중 상황이다. 이 장관은 꿈속에 사는 듯하다"고 탄식하는 이들이 적지 않다. 남북연락사무소 폭파와 관련해 이 장관은 이런 입장도 냈다,

"원인이 남측의 대북 전단 살포와 남북합의 이행 부진 탓이었다. 북한에 손해배상 책임을 묻기 어렵다."

이인영 장관은 4선 국회의원이고 민주당 원내대표를 지낸 중견 정치인이다. 그러나 1980년대초 주사파 단체인 전대협(전국대학생대표자협의회) 1기 의장이었다. 전대협의 많은 문건에 "세계 민중의 철천지 원수 아메

587

리카의 파쇼 정치가 한국의 모든 악의 근원"이라는 섬뜩한 반미(反美)구호가 등장한다. 이러한 사상과 역사관을 가진 이가 통일을 책임진 수장이 된 것이다.

심지어 그는 이승만을 국부(國父)로 인정하지 않는다. 인사청문회에서 "이승만 정부는 괴뢰 정권인가"라는 야당의 추궁에 이인영 장관은 "우리의 국부는 김구가 됐어야 했다는 역사 인식을 갖고 있다. 이승만이 국부라는 주장에 솔직히 동의하기 어렵다"고 말했다.

박지원 국정원장은 한술 더 떴다. "평화에 도움이 된다면 북한 방문을 열 번, 스무 번이라도 하겠다"고 목소리를 높였다.

이인영·박지원·서훈의 발언은 국민의 통일에 대한 염원을 장밋빛으로 포장하는 정치적 평화쇼로 밖에 볼 수 없다. 지난 몇 십 년 동안 좌파진보는 이런 비현실적인 안개 발언으로 국민을 현혹시켜 선거에서 재미를 많이 보았다. "민중의 마음을 흔드는 데 정치공작 10단"이란 말이 그냥 나오지 않았다.

평소 외교·경제적 손실도 따져 보아야겠지만 결정적 순간, 철저히 자신들의 진영논리와 이익에다 나라의 운명을 맡겨 버린다.

사드 배치 갈등은 아주 작은 한·중 간의 문제일지 모른다.

그러나 중국의 온갖 '갑질' 행태를 보면서 너그러운 대국(大國)의 그릇인지 의심스럽다. 지난 여러 해 동안 한·미 동맹관계가 없었다면 우리는 어떻게 중국의 횡포를 견딜 수 있었겠는가. 어쩌면 '속국'처럼 대접 받으며 중국의 심기를 살피며 변방의 국가로 전락하지 않았을까. 하지만 현 정부 들어 안타깝지만 점점 그 길로 가고 있다는 우려가 나온다. 지금 대한민국은 반일·친중·친북 정책으로 내닫고 있다. "미국은 지금은 절대로 필요하니 적당한 거리에 두고 이용하다가 버릴 때가 되면, 버리면 된다"는 식이다.

북한과 중국은 남한의 총선, 대선이 있을 적마다 온갖 수단을 동원하여 친북·친중 정권을 세워 미국, 일본을 밀어내고 자기 쪽으로 끌어들이기 위한 공략을 계속할 것이고, 한국의 좌파 진보 정권은 모르는 척하고 그들의 작전을 묵인하면서 선거에서 덕을 볼 것이다.

북한과 중국의 사이버 공격능력은 세계의 최강이다. 미국의 선거에도 영향을 미치고 있다고 미국 정계가 크게 걱정하고 있다는 보도가 있었다. 이들의 영향력에서 남한은 벗어날 수가 없다. 남한 내에 북한, 중국 스파이가 몇 만 명이나 있는지 모른다. 지금 중국·북한·러시아의 통치형태와 정치·경제 철학은 근본적으로 대한민국의 철학과 병행할 수 없다. 매일 신문을 읽으며 TV의 뉴스를 보면서 이 나라가 어디로 가고 있는지 의심스럽다. 외교·경제·국방 정책에서, 그리고 정의·자유 등 민주주의적 공동가치에서 나라의 방향이 헷갈리고 있다.

지금 우리는 민주화운동, 주사파운동의 주역들이 촛불시위를 등에 업고 독재적 전권을 쥔 채 정의, 평등, 기회균등, 번영 등의 구호를 외치며 '적폐 청산', '이승만 박정희 지우기' 등으로 세월을 보내는 동안 경제·외교·국방 모두 허술해지고 코로나19까지 겹치면서 전무후무한 사회 혼란의 진흙탕의 시대가 도래했다.

격렬하게 민주화운동을 해서 정권을 쥔 현 586세대는 더 격렬한 생존경쟁을 해야 살아남는 암울한 과도기로 한국을 몰아넣고 있다. 이 과도기는 경제·외교·국방력에서 우리의 생사를 결정한다.

남한의 많은 원로 정치인은 "우리 진보세력의 특성은 너무 자기들 편하게 인권을 생각한다는 점"이라며 "독재와 싸우며 정의를 내세워 정권을 잡았으면서도 독재의 극단이라 할 북한 정권에 대해서는 나몰라라 내지는 칭송한다"고 지적했다.

1968년 김일성은 함흥과학원을 방문하여 "미국까지 공격할 수 있는 핵무기와 장거리 미사일을 자력으로 개발·생산하는 것이 급선무다. 6·25전쟁에서 미국의 개입으로 통일에 실패했으니 이제 동지들은 적화통일에 대비해 미국의 한반도 개입과 방어를 저지할 수 있는 수단을 가져야 한다"고 독려했다는 기록이 있다. 저들은 인민의 생명이 아닌, 김씨 일가의 생존을 위해 핵무기 개발을 택했다.

반면 남한은 이승만 박정희 전두환 독재정권을 통하여 "경제발전이 오직 살 길"이라는 북한과 다른 통치원칙으로 오늘에 이르렀다. 그 결과, 2020년 남한의 GDP는 북한의 50배가 넘고 무역액은 400배가 넘었다. 사실, 남한과 북한은 시작부터 서로 병존할 수 없는 헌법 아래서 시작하였다.

북한의 헌법은 이렇게 시작한다.

조선민주주의 인민공화국은 위대한 수령 김일성 동지의 사상과 령도를 구현한 주체의 사회주의 조국이다. 위대한 수령 김일성 동지는 조선민주주의 인민공화국의 창시자이시며 사회주의 조선의 시조시다.

그러나 대한민국의 헌법 제1조 1항과 2항은 이런 내용이다.

1. 대한민국은 민주공화국이다.

2. 대한민국의 주권은 국민에게 있고, 모든 권력은 국민으로부터 나온다.

이렇게 완전히 두 개의 다른 세계가 250km의 휴전선을 사이에 두고 6·25전쟁 후에도 수없는 도발과 대결의 세월을 보냈다.

정치적으로는 그동안 남한은 계속되는 좌파 진보, 우파 보수의 대결로 혼란을 거듭했으나 경제는 외풍을 이겨내며 튼튼히 계속 성장해왔다.

그러나 이제 믿었던 경제마저 무너지는 조짐을 보인다. 코로나19 팬데믹으로 전 세계 경제가 얼어붙었다. 만일 경제가 이대로 진흙탕 속으로 빠져들어가면 이제 한국은 정치·경제·사회 등 모든 면에서 나라 근간이 무너지면서 참담한 진영 간의 비극으로 들어가지 않나 싶다.

남북한 평화의 갈 길은 크게 두 가지로 볼 수 있다.

하나는 남북한 체제에 대한 논란을 종식하고 평화공존을 위해 6·25 종전 선언을 한다. 미국을 설득하여 비핵화 없이 북한을 무조건 지원하며 남북 경제협력을 본격화 하는 것이다.

다른 하나는 북한에 대한 지원은 굶주린 주민을 위한 인도적 차원에 한정하고, 비핵화를 전제로 대북제재를 유지하는 방식이다. 튼튼한 한미동맹을 강화하면서 북핵 위협에 대처하며 남한의 경제·외교·국방을 강화하여 장기전으로 들어가는 것이다.

이럴 경우, **첫 번째 선택**은 북한을 핵보유국으로 인정하고 핵을 가진 북한의 눈치를 보며 굴종적 평화를 유지하면서 무조건 북한을 경제적으로

도와 김씨 왕조 체제도 유지시킨 채 북한 주민을 돕는 식이다.

이런 상태에서 종전선언까지 하면 한미동맹도 약화되고 남한의 현 체제까지 위협받을 수 있다.

북한은 핵 위협과 남한에 심어 놓은 스파이, 친북 지도자들을 모두 동원하여 낮은 연방제로 가는 통일전략을 세울 것이다.

김정은의 꿈을 실현하기 위해서는 무조건 남한에 친북정권이 존재해야 한다.

힘 안 들이고 남한이 쌓아 놓은 부를 이북으로 빨아들이고, 김씨 왕조도 유지해 가는 것이 그들의 목적이다.

두 번째 선택은 북한의 비핵화 없이 한반도에 평화가 도래할 수 없다는 대전제를 유지하며, 미국과의 방어조약을 더욱 공고히 하고 남한도 핵폭탄을 보유할 경우에만 가능한 선택이다.

오직 이것만이 남한의 장래가 보장되는 길이다.

저명한 전쟁전략가의 말이다.

"핵을 가진 나라와 안 가진 나라와의 전쟁은, 전쟁을 시작하기 전에 핵을 안 가진 나라가 항복하고 시작하는 것과 마찬가지다."

20세기 전쟁사에 강대국과 소강대국 간에 많은 전략적인 평화조약, 불가침조약이 있었다. 그러나 그 모든 조약들은 군사력의 힘이 한쪽으로 심히 기울어지는 순간 휴지조각이 되어 버리고 전쟁은 시작되었다.

남북한은 1953년 휴전 이래로 수많은 평화회담을 하였고 평화통일 선언을 하였다. 기억나는 합의 선언은 아래와 같다.

박정희 대통령 : 1972년 7 · 4 남북 공동 선언(김일성)

노태우 대통령 : 1991년 12 · 13 남북 기본 합의(김일성)

김대중 대통령 : 2000년 6 · 15 남북 공동 선언(김정일)

노무현 대통령 : 2007년 10 · 4 남북 공동 선언(김정일)

문재인 대통령 : 2018년 4 · 27 판문점 선언(김정은)

문재인 대통령 : 2018년 9 · 19 군사 합의(김정은)

이 모든 남북 공동 선언과 합의는 2020년 6월 16일 남북 공동연락사무소 폭파로 휴지조각이 되어 버렸다. 북한은 최근 문재인 정부를 향하여 끝없는 무례 이하의 안하무인 발언을 한다. 욕설도 서슴지 않고 퍼붓는다. 의도가 무엇일까.

'우리는 핵이 있고 너희는 없으니 상대가 안 된다'는 하수인 취급을 하는 것이다. 김정은은 트럼프에게 '남한의 군대는 나의 상대가 못 된다. 너와 직접 협상하겠다'고 한다.

남한은 미국이 주도하는 '북핵 CVID'(Complete, Verifiable, Irreversible Dismantlement), 즉 '완전하고, 검증할 수 있으며, 돌이킬 수 없는, 북한의 비핵화'에 적극 동조하는 길만이 우리가 사는 길이다. 그런데 문재인 대통령은 한 번도 '북핵 CVID'를 강력하게 주장한 일이 없다. 어물쩍 말의 성찬뿐이다.

핵도 유지하고 제재도 풀겠다는 김정은의 핵 · 경제 병행노선을 지지하는 입장을 남한의 외교부 고위 인사가 외국에 다니며 설득하니 국제 외교가의 웃음거리가 되었다.

대북제재는 남한의 군사적 안전을 위하여 미국 주도로 유엔에서 하는 것인데 그것을 풀어야 평화가 온다니? 그 평화는 어떤 평화인가? 미국이 북한을 조여서 죽기 직전인데 대북제재를 완화하여 산소 호흡기를 꽂아주고 영양관을 넣어주자고?

또한 국회는 종전(終戰)선언을 들고 나왔다. '한반도 종전선언 촉구 결의안'과 '한반도 평화를 위한 북한 개별관광 허용 촉구 결의안'이 국회 외교통일위원회에 자동 상정된 것이다. 사실 종전선언과 유엔군사령부 해체는 북한이 들고 다니는 단골메뉴다. 논리적으로, 전쟁이 끝났는데 외국군이 한반도에 주둔할 필요가 없다로 연결된다. 유엔군사령부 해체, 한미연합사 해체, 주한미군 감축 내지 철수로 이어지는 것은 자연스런 과정이다. 이런 위험천만한 요구를 북핵 제거 없이 정부 여당에서 추진한다. 믿을 수 없는 일이다.

지금도 미국의 핵 추진 항공모함들과 전술핵, B-52 폭격기, 스텔스기 등을 총동원하면 사흘 내에 북한 군사력을 완전 초토화 시키고 전쟁을 종식시킬 수 있는 보고가 있다. 그런데도 현 정부는 무엇이 불안해서 안달을 하며 온갖 굴종의 대북 외교를 펼쳐나가야 되나?

국지 도발로 몇 명, 몇 십 명의 사상자가 나는 일은 수십 번 있었다.

국지 도발은 있으나 없으나 근본적 남한의 국방체제에는 전혀 위협이 되지 않는다.

현 정권과 2022년에 들어설 새 정권이 대한민국의 장래를 위하여 현명한 선택을 할 것을 기대한다.

눈에 보이는 자기 정파의 이익과 선거에서의 승리만을 노리며 대한민국을 위험한 길로 끌고 가서는 안 된다.

너무 많은 정치 지도자들이 먼 장래를 위한 역사의 긴 호흡을 잃어가고 있지 않은가 걱정스럽다.

지금 대한민국 앞에는 전무후무한 경제파탄과 사회혼란의 어두운 세월이 우리를 기다릴지도 모른다. 노파심일까, 걱정이 앞서는 것을 어찌하랴!!

그러나 희망을 걸고 살아보자.

세월은 우리 편이고 꿋꿋이 버티고 기다릴 줄 아는 편이 최후의 승리를 쟁취한다는 희망을 갖자.

세계 역사의 흐름이 증명한다.

동독이 제일 먼저 넘어졌다.

소련 공산당도 넘어지고 9개의 위성국가들이 독립했다.

중국도 공산독재를 버리고 경제 중심의 수정사회주의로 간지 오래요, 좌파 독재의 베네수엘라도 폭망 상태다. 쿠바도 끝까지 버티다가 거지가 다 된 상태에서 미국의 경제 협력을 요청하며 손을 들었다.

이제 오직 전 세계에서 북한만이 남아있다.

오호통재라! 그들은 지난 1000년을 한 나라에 살던 동족이 아닌가!

참으로 한반도에 격동의 세월이 도래함을 어찌하랴!

어려울 때일수록 지도자들은 기로에 선 한국의 장래를 위하여 공산독재 국가들의 흥망의 역사를 잘 연구하여 우리나라 장래의 좌표로 삼기를 바란다.

시간은 반드시 우리 편이라고 확신한다.

남한의 경제만 튼튼히 보존한다면, 한미방위조약이 살아있는 한 북한이 손들고 항복하고, 남한의 경제·과학의 도움을 청할 평화의 날이 올 것을 믿는다.

기다리는 동안 우리 내부의 분열로 스스로 무너지면 안 된다.

30년, 50년, 100년 후라도 좋다.

이 부강하고 자랑스런 한반도가 한 나라가 되어 세계를 향하여 더 크게 소리칠 날을 꿈꾸어 보자.

역사의 긴 안목을 갖고 인내하는 우리 모두가 되기를 간절히 바란다.

우리는
돌아오지 못할 강을
건너고 있다

그리스, 이탈리아가 그랬고 베네수엘라, 브라질, 아르헨티나 정권이 포퓰리즘에 넘어가 고통 속에 있다. 프랑스, 스페인도 중병(重病)에 걸리기 직전이다.

세계문명의 발상을 이룬 선망의 대상인 그리스·이탈리아…, 선조들이 남겨놓은 유적들만으로 먹고 살 수 있는 나라가 어찌 파산을 해야 하는 지경에 이르렀나!

그러면 우리는 어떤 형편인가?

수천 년 중국 옆에 붙어서 고난의 세월을 보냈던 한반도의 남쪽 반을 붙들고 일어난 기적의 부흥이 이제 서서히 막을 내리는가 싶다.

2차 세계대전 종전 이후 포퓰리즘과 좌파 진보의 위세에 몰려서 폐허가 된 나라가 한둘이 아니다.

나는 꼭 우리의 민족성이 그리스, 이탈리아만 못해서 그렇다고 보지 않는다.

이것은 인간의 본성을, 인간의 취약점을 파고드는 좌파 진보의 힘이 어디서나 작용한다는 것을 증명하는 것이다. 지금 미국, 일본만 굳건히 버티고 있다. 독일, 영국마저도 위태롭다. 프랑스는 지금 중병에서 벗어나려고 몸부림 치고 있다.

이제 우리도 돌아오지 못할 숙명의 강을 건너고 있지 않은가 싶다. 피안에 도착하면 적이 기다리고 있을지 모르는데, 구멍 난 목선보다는 조그만 군함 몇 척이라도 준비해야 하지 않을까 걱정이 되어 이 책을 쓰는 것이다.

실낱같은 희망의 끈이라도 놓지 않기를 바라면서….

폐허에서 세운 자랑스런 한국의 현대사, 이제 우리는 환멸의 미래를 바라보아야 되나! 2020년, 우리의 숙명적 슬픔의 미래가 시작되지 않나 걱정스럽다.

70여 년의 부흥과 발전이 막바지에서 후퇴하고 있다는 사회적 파열음이 곳곳에서 일어나고 있다. 경제·국방·외교·교육 모든 면에서 심상치 않은 조짐들이 나타나고 있다.

첫째, 우리가 중국 대국으로 빨려들어 가고 있다는 현상들이 나타난다.

한국인이 보수건 진보건 도저히 용납될 수 없는 것들이 있다. 세습권력, 우상화 독재, 공개처형 등이다. 그걸 다하고 있는 북한노동당 앞에서 한국의 집권여당 지도부가 쩔쩔맨다. 우리를 겨냥한 핵을 개발하고 미사일을 쏘아대며, '삶은 소대가리', '삽살개'라고 해도 꿀 먹은 벙어리다. 눈치만 살

핀다.

2017년 중국을 방문한 문 대통령은 "중국은 높은 산봉우리"라면서 "한국도 작은 나라지만 중국몽(中國夢)에 함께 할 것"이라고 했다. 자기 나라를 작은 나라라고 하면서 중국을 우러러 보는 것이다. 그리고 "한국과 중국은 오랜 역사를 공유한 운명공동체"라고 했다. 이렇게 중국공산당에 대한 '특별한' 배려가 없었다면, 쉽게 3불(不·사드 추가 배치 반대, 한국의 미국 미사일방어체계 편입 반대, 한·미·일 동맹 반대)을 허락하지 않았을 것이다. 참으로 개탄스럽다.

둘째, 지금의 친미·친일 보수세력은, 국내의 진보 좌파 세력과만 싸워야 되는 것이 아니다. 중국·러시아·북한이 남한을 향하여 행사하는 영향력과도 싸워야 된다.

중국과 북한의 사이버 공격이 국내여론 몰이에 크게 영향을 미치는 상황이다. 촛불집회를 부추겨 탄핵에 이르게 하고, 반기문 전 유엔 사무총장의 대권의 꿈을 한방에 날릴 정도로 무섭게 작용하고 있다. 미국은 북한 정찰총국의 통제를 받는 세계 최정상급의 해커팀, 안 다니엘의 존재를 공개했다. 또 최근 중국 공산당의 지령에 따라 활동하던 중국 첩보요원 왕리창(王立强)이 호주로 망명을 신청한 일도 있다. 왕씨는 홍콩에 있는 중국군 고위 정보장교들의 신원과 이들이 벌인 공작에 대한 세부 정보를 호주안전정보원(ASIO)에 제공한 것으로 알려졌다. 또한 중국 내에는 20만 명 가까운 사이버 해커 요원들이 중국을 위하여 국내 국외 정치경제를 향한 여론조작에 봉사한다는 보도가 있다.

이러한 내부 외부의 사이버 테러와 해커들의 공격에 맞서서 한국의 자유민주주의, 시장경제가 살아남을 수 있을까? 미국은 국법으로 외국에 대한 사이버 공격을 금하고 있다.

셋째, 한국 보수의 응집력, 투쟁력은 너무 허약하다. 보수의 근간인 의리와 단결로 무장을 해도 힘들 텐데, 사분오열되고 뒤에서 지도부를 향하여 총질이나 하고 있다.

광역단체장은 서울시장, 경기도지사 자리를 포함해 진보 진영에게 내준 지 오래고, 전국 교육감 선거 역시 단일 후보를 내지 못하고 전교조 출신 후보가 대거 차지하는 상황이다. 10년 전부터 이명박 박근혜파로 나뉘어 싸우던 보수는 결국 자기들의 수장을 탄핵시키고 수감 중인 박근혜를 탈당 조치하는 잔꾀를 부리는 바닥의 정략을 보였다.

2020년 4·15 총선에 대패하고서도 지금의 국민의힘은 단합의 모습을 보이지 못하고 추태의 연속이다. 어쩌면 이 모든 보수궤멸의 현상도 국운이 다했다는 징조가 아닌가 생각된다. 아마도 우리는 여기까지인가 보다.

넷째, 지금 전 세계는 코로나19 팬데믹(대유행) 이전의 세계와 이후의 세계가 완전히 다를 것이라고 걱정하고 있고, 한국도 코로나 충격파가 예상보다 빠르고 강하게 우리 경제를 덮치고 있다. 이러한 국난을 맞은 때에 집권당은 선거 대승의 기세를 몰아 사회주의 완성의 개헌론에 불을 지피고 있다. 국민개헌 발안제, 이익공유제, 토지공개념을 비롯해 대통령 중임제 등 통치 구조 변화를 위한 주장이 나오고 있다.

이러한 극단의 제안들은 정계와 재계를 더욱 혼란에 빠뜨리고 코로나 쓰나미의 한 복판에서 생존에 허덕이는 국민과 기업을 더 깊은 나락으로 밀어 넣지 않을까 걱정이다.

다섯째, 한국의 진보 좌파의 여론몰이는 타의 추종을 불허한다. 정치도 그만큼 잘했으면 얼마나 좋을까! 거의 모든 역사적 사건을 자기편의 표몰이로 이용하고 있으나 보수의 대응은 미지근해서 줄곧 당하고만 있다. 광우병시위, 제주 4·3항쟁, 광주 5·18항쟁, 세월호사건, 위안부문제, 촛불시위 등 뜨거운 현대사의 쟁점마다 보수를 몰아세우고 표를 얻는데 이용돼 왔다.

싱가포르 위장 평화쇼를 주선해 2018년 지방선거를 대승하는데 써먹었다는 싱가포르 회담의 진실을 담은 볼튼 회고록이 얼마 전 출간됐다. 남한은 북핵 제거에 목적이 있었던 것이 아니라 남북평화가 올 것처럼 국민을 흥분시키고 속여서 선거에 이기려고 가짜 춤판을 벌였다는 것이다. 선거 하루 전, 온 국민을 평화가 온 것처럼 흥분시켜 지방자치단체장 선거를 싹쓸이 했다.

이런 한국의 현 정세를 돌아 볼 적에, 우리는 앞으로 10년 아니 30년까지도 좌파 진보의 지배 밑에서 살아야 할 운명이 아닌가 생각한다.

현 정권 아래에서 나라가 못살게 되면서 경제파탄이 헤어날 수 없는 지경으로 치달을 것이다. 이율배반적이게도 진보가 실정에 책임을 느끼기는 커녕 장기 집권을 위해 더욱 몸부림친다. 결과적으로 여론은 진보 쪽으로 기울어지고, 2년 후 놀랍게도 보수가 아닌 진보 정권이 재집권할 것으로 예상한다. 보수인 국민의힘은 지금도 수권 상태가 아니지만 2년 후에도 현 여당의 상대가 되지 못할 것으로 보인다.

대중의 박탈감을 정의·평등이라는 구호로 위장한 체 나라를 걱정하는 국민심리를 쥐고 흔들어 대중을 들뜨게 하고 혼란에 빠뜨려 집권을 유지하는 식이다. 좌파 진보 정권은 나라를 어지럽게 만들어 대한민국 건국 후 70여년을 통틀어 한국사에 전무후무한 최악의 정권으로 남게 될 가능성이 아주 높다. 경제만이 아니라 안보·외교·국방·교육 등 모든 면에서 낙제

점을 받을 것이다.

고위공직자범죄수사처장(공수처장)을 누구로 하고 검찰총장을 누구에게 맡기며 법무장관은 누구냐는 것은 별문제가 아닐지 모른다. 몇 년 후 다른 사람으로 바꾸면 된다. 그러나 한번 기울어진 경제를 살리는 것은 기적에 가깝게 어려운 일이다. 외국의 사례가 그것을 증명하고 있다.

지금 우리가 직면한 제일 심각한 문제는 경제가 장기불황으로 들어가는 것이다. 한번 들어가면 빠져 나오기 어렵다. 정권이 바뀌어 청와대에 새사람이 들어온다고 해결되지 않는다.

근현대를 통틀어 진보 좌파의 망국적 정치·경제 철학은 어느 나라에서도 아주 비슷했다. 그 끝장도 비슷했다.

노동자와 공무원의 임금과 일자리를 보장하고, 사회보장제도를 확대했다. 경기침체를 핑계로 대대적 공공사업을 일으켰으며 저소득층에 보조금과 수당을 뿌렸다. 대대적으로 예산을 풀어 노동자와 조합원들의 조직화된 힘을 이용하여 선거에서 표를 샀다.

그러나 급격한 재정지출 확장정책 후에는 반드시 세금을 올려야 한다. 재정수지, 무역수지, 경상수지가 적자로 전환한다. 엎친 데 덮친 격으로 반(反)시장 반기업 정책으로 경기침체가 지속된다. "못살겠다. 갈아보자!"며 바닥에 떨어진 경제를 살리라고 국민이 보수에게 정권을 주면 긴축재정을 해야 하는데, 공짜에 익숙한 전국적 긴축정책 반대데모에 견디지 못하고 손을 든다.

보수정권은 그렇게 망하고 다시 진보가 정권을 잡는다. 또 돈을 푼다. 나라 빚이 더 늘어난다. 더 심한 불황이 온다. 헤어날 수 없는 악순환의 계속이다.

마약처럼 중독된 포퓰리즘, 나랏돈을 펑펑 써서 즐긴 대가는 20~30년 후에 젊은이들이 감당해야 할 빚 청구서로 돌아온다. 국가 부도까지 가는 경우도 많다.

지금 한국은 경기불황 문제뿐 아니라, 보수 진보의 사상적 극한대결로 사회가 둘로 나뉘어 이어지는 양 진영의 집회와 파열음으로 앞날이 보이지 않는다.

촛불데모로 사회 정의와 평등을 외치며 정권을 쥔 좌파 진보, 그들의 민낯은 조국 사태, 울산시장 선거개입 의혹, 추미애·윤미향 감싸기 등을 겪으면서 백일(白日)하에 드러났고 공수처법, 선거법, 예산안 등의 날치기 통과를 자행하는 이 정권은 이제 사회 정의, 법치, 만민 평등, 한반도 평화를 입에 담을 명분과 염치마저 잃어버렸다.

오히려 대통령 중심의 전체주의, 사회주의 체제로 나라를 몰고 가지 않나 의심스럽다. 나라가 갈기갈기 찢기고 도덕적·법적 기준마저 좌우 진영의 논리에 함몰된 지금의 혼돈과 무질서의 사회상에 누가 책임져야 하나? 모두 상대방에게 손가락질만 하고 있다.

촛불시위에 등장했던 많은 시민들의 소원은 나라다운 나라를 만드는 것이었다. 벌써 여러 해가 지났다. 지금 우리가 사는 한국이 촛불을 들었던 이들이 원하던 나라인가?

2020년, 그리고 앞으로 올 세월들은 공감과 화해·연민보다는 경제 파탄과 파벌 간의 극한대립으로 더 난폭한 세상이 올 것 같아 걱정이다. 진영 간의 극한적 적대와 증오는 상대방에 대한 최소한의 예의도 저버린다. 최소한의 시민적 덕성과 인간의 품격까지 사라지고 있다. 국민이 믿고 신뢰

해야 되는 언론도 제구실을 못하고 있다. 많은 신문사며 방송사 모두 좌파진보 진영의 논리로 몰아가고 있다.

불행하게도 한국의 언론은 정권의 시녀노릇을 해왔다는 비평을 듣는다. 독재시절은 정권의 지시를 따르지 않으면 살아남을 수가 없었다.

그러나 민주화 이후 30년은 달랐다. 계속 되는 진보 좌파, 민노총의 진지전으로 언론노조가 장악되어, 이명박 박근혜 정권 밑에서도 좌파 진보의 경향을 견지했었고 박근혜 탄핵에 절대적인 영향을 미쳤다.

교육도 전교조, 진보 교육감들의 지배 하에서 북한정권의 정당성을 가르치고 남한이 일군 성공의 역사는 폄하하고 왜곡한다. 그런 배경을 바탕으로 독재타도와 정의·평등을 외치며 진보세력이 세상을 장악했다. 이미 교육은 한쪽으로 기운지 오래 되었다. 자랑스런 한국보다는 부패·부정이 세운 친일·친미 '헬조선'을 비관하는 패배감을 심어준다.

우리는 최빈국(最貧國)에서 세계경제 10위 대국을 이루었고 폐허에서 기적을 이루었으며, 국가멸절 직전 6·25 전쟁에서도 살아남았다. 그러나 지금의 위기는 우리가 경험하지 못한 총체적 위험으로 다가오고 있다. 광복 후 이뤄낸 기적은, 어쩌면 한반도의 긴 흥망성쇠의 여정에서 잠깐 나타났다가 사라지는 작은 '행운'으로 몰락할 수도 있다. 정말 그런 일이 일어나선 안 된다.

오호통재(嗚呼痛哉)라!!

그러나 어찌하랴. 운명적으로 우리는 그 길로 가고 있다는 걱정을 떨칠 수 가 없구나!

위기에서 나라를 살리는 이승만 박정희 같은 큰 지도자가 다시 한 번 나타나 주기를 간절히 소망하면서 글을 마친다.

당진에서 심천보

에필로그 II

그날이 와서!

심훈 선생이 나라 잃은 슬픔을 비통해 하며 '그날이 오면'을 노래한 지가 90년 전 인데, 독립도 찾아왔고 번영도 이루었지만 그 후손이 나라를 다시 잃을까봐, 나라가 바로 서기를 탄원하면서 '그날이 오면'을 다시 외치게 될 줄이야!

이 책을 쓰기 시작한 지가 벌써 4년이 지나갔습니다. 박근혜 실정을 규탄하며 촛불시위가 시작되던 때인데, 애당초 쓰려고 시도했던 내용과는 많이 다른 내용들이 포함이 되어 있고, 여러 해에 걸쳐 쓰다 보니 중복되는 곳도 있고 매끄럽지 못한 곳도 많다는 것을 양해해 주시기 바랍니다. 여기까지 읽어주셔서 감사합니다. 또한 여기서 월간조선 김태완 기자님에게 감사의 말씀을 드립니다. 여러 달 동안의 협조와 전문적인 편집의 도움 없이 여기

까지 올 수가 없었습니다.

앞에 있는 사진은 아버님 심재영 선생께서 1930년에 지으신 사랑방인데 1932~1934년 심훈 선생이 사셨고, 선생의 형님이신 우섭·명섭 할아버지도 기거하셨으며, 1950년부터는 아버님께서 평생을 지내셨던 공간입니다. 저는 그 사랑방에서 심훈, 심재영 선생의 사진을 바라보면서 많은 생각에 잠깁니다.

사람은 한 번 태어나고 한 번 죽는데, 과연 어떻게 살아야 되는가?, 하고 말이죠.

저는 심훈 선생보다 2배를 살았는데 하루 밥 세끼나 치우며 사는 식충이로 살다가 그냥 가나, 아버님은 열아홉에 이 집을 지으시고 1943년까지 농촌운동을 하셔서 소설《상록수》탄생에 공을 세우시고 세상을 떠나셨는데, 저는 너무 편안하게 아무 한 것도 없이 80여 년을 살았구나 하는 어쩌면 깊은 한탄도 나옵니다.

이제 글을 모두 마치면서 몇 가지 지난날의 경험과 최근 읽은 글들을 소개할까 합니다.

지금 한국은 코로나19에 대응을 잘 해서 정치권이 전 세계적으로 칭찬도 받지만 이미 한국의 문화적 저력을 드높인 인물과 사건들이 많이 있습니다.

BTS가 빌보드 싱글차트 1위에 오르고, 영화〈기생충〉은 아카데미상을 휩쓸었으며, 박세리·김연아·드라마〈대장금〉·싸이의 말 춤은 세계를 흔들어 놓았습니다.

우리는 OECD에 들어간 지도 오래요, G20회의도 주재했고 세계 최고·최신의 롯데타워, 삼성전자, 현대자동차는 세계의 자랑입니다.

세계의 대통령인 유엔 사무총장 반기문도 배출했습니다. 이렇게 외국인들이 한국의 문화적 저력에 감탄하는 나라가 되었습니다. 이렇게 해외에서 바라보는 국가 이미지는 올라가고 있는데 진정한 우리의 모습은 어떤가요? 심각한 성찰을 할 때가 오지 않았나 싶습니다.

'잘 살아보세'로 시작한 경제는 발전을 거듭하며 부를 쌓아오기에 바빴고, 독재 타도와 친일청산, 축적한 부의 격차를 줄이자는 민주화 투쟁은 지금도 진행형입니다.

'공부만 잘해서 좋은 대학 가면 된다', '돈만 많이 벌면 된다', '아니다. 부정으로 쌓은 것들을 다 부수어야 한다', 이렇게 두 파로 갈라져서 정치인들이 '자기편은 선이고 상대편이면 악'이라는 품격 없는 형태를 보인지 30여 년이 지났습니다. 보수 진보를 가리지 않고 인격(人格)을 길러야 국격(國格)이 바로 선다는 기본 교육정신을 망각하고 당파싸움에 매몰되어 버렸습니다. 이제 '우리는 과연 선진국의 품격(品格)을 가지고 있는가'라는 심각한 자성의 질문을 할 때가 되었습니다. 염재호 전 고려대 총장의 글을 인용합니다.

〈…사회의 지도층이 품격을 갖추어야 국가는 신뢰와 안정을 확보할 수 있고 성숙한 민주주의를 이끌어 낼 수 있다. 돈만 쫓는 탐욕스런 자본주의의 패러다임이 바뀌어야 되는 것처럼 표만 쫓는 탐욕스런 민주주의의 패러다임도 바뀌어야 한다.

성숙한 민주주의를 만들고 국가의 품격을 바로 세우는 것이야말로 우리가 고민해야 할 최우선 과제. 언론도 극단적 소수이념 집단의 목소리나 품격 없는 정치인들의 일상을 증폭시켜 전달하길 멈추고 사회의 목탁이 되어야 한다.…〉

염 전 총장의 말대로 보수 진보 모두 통렬한 자성과 화해, 그리고 '당파의 이익보다 나라의 장래를 먼저 걱정하는' 성숙한 자세 없이 지금 한국은 한 발자국도 앞으로 갈 수 없는 형국이 되었습니다. 이명박 박근혜를 거친 10년의 보수 정치판은 새로움에 대한 기대나 사람의 마음을 설레게 하는 동력을 보여주지 못하고 있습니다.

자기파의 정치 전략에 매몰되어 과거 보수가 세워놓은 정치의 정도를 다 말아먹고, 마치 당파싸움에 매몰된 동인과 서인, 노론과 소론의 다툼과 다를 바 없습니다.

그러면 지금의 좌파 진보는 어떤가요? 앞에서 여러 번 서술되어 재론하지는 않겠습니다. 다만 지금 정치판은 보수 진보할 것 없이 모두 내로남불의 중병, 불치병에 걸려있습니다.

많은 인재들이 이 풍진 정치판을 등지고 모두 숨어있고, 잡놈들만 잘났다고 나대고 있는 것은 아닐까요? 권력 근처만 가면 자기들이 저지른 불의가 모두 정의가 되는 시대입니다. 군부 독재 시대에도 없던 일입니다. 2000년 전 그리스 철학자 플라톤이 후세에 남긴 말입니다.

〈"인격(人格)과 지혜를 갖춘 사람들이 정치를 외면한 대가는 가장 저질스러운 인간들에게 지배당하는 것이다."〉

이 시점에서 우리는 우리의 자식과 후배들을 기르는 기본정신에서 실패하지 않았나 자성할 때가 된 것 같습니다. 좋은 대학 가고 좋은 직장만 얻으면 무조건 성공이라는, 출세와 부를 쌓는 것이 절대 선(善)이라는 것만을 가르쳤습니다. '공부만 잘하면 무엇이든지 괜찮아', 그 과정에서 정직과 정의가 수반해야 된다는 성숙한 인간적 바탕 위에 인생길을 쌓아가는 것을 잊었습니다.

정치도 마찬가지입니다. 수단과 방법을 가리지 않고 자기 정파의 이익을 위해 혈안입니다. 이명박 박근혜 10년 집권 실패의 근본은 철저한 자기반성을 통해 보수의 가치를 재정립해 국민에게 새로운 비전을 보여주지 못했기 때문이요, 정의를 외치던 386세대의 변절과 내로남불의 정신적 폭망 역시 현실에 안주해 기득권에 집착한 탓이라고 봐야 합니다. 서구의 근대 역사가 웅변하듯이 바람직한 사회 발전은 보수와 진보 사이의 열린 경쟁과 토론을 통해서 성취되어 왔습니다.

나훈아씨의 말처럼 위정자(爲政者·나라와 국민을 위한 정치인)와 위정자(僞政者·거짓, 가짜 지도자, 가짜 정치인)를 구별 못하는 정치판이 되었습니다. 정의와 평등을 외치던 당파가 정권을 잡았고 국회의 절대 다수인데 나라가 폭망의 상태로 가는 이유도 '건전한 정치적 바탕'이 없기 때문입니다. 386세대가 외치던 구호대로, 정의와 평등의 세상을 구현하면 이 나라는 다시 급부상하지 않겠습니까.

우리는 우리 자신을 심각하게 되돌아보고 왜 자존심과 자긍심을 내팽개친 사회가 되었는지, 왜 부끄러움을 모르는 사회가 되었는지, 심각하게 돌아보고 자성의 길을 걷지 않으면 앞으로 더 나아갈 수 없습니다.

우리는 수단과 방법을 가리지 않고 출세해야 하고, 돈을 벌지 못하면 무능하고 멍청한 사람으로 취급하는 비참한 사회가 되었음을 깨달아야 합니다. 여기서 벗어나야 살 길이 보이고 품격있는 인간이 될 수 있습니다.

여러 해 전에 있었던 참신한 이야기 하나를 소개합니다.

1994년 일입니다. 김대중 대통령이 대통령에 당선되기 꼭 3년 전의 일입니다. 당시 야인(野人)이던 그는 미국 외유 중 몇 번 제가 다니는 교회에 와서 강연한 일이 있습니다. 경상도 출신 집사님 한 분이 정치자금을 여러 해 보낸 덕분입니다.

마지막 강연은 DJ 연세가 일흔이었고 무릎이 아파 강단에 서지 못하여 의자에 앉아야 될 정도로 많이 약해 보였습니다. 강연 후 마주 앉아서 저녁 식사 자리에서 자기는 "건강도 나쁘고 이제 정치투쟁도 다 끝이 나고 할 만큼 다 했다"며 마치 유언 같은 인사말을 하였습니다. 그 때 받은 제 인상은 참으로 무게가 있고 깊이 있는 인격을 가진 분이라는 인상을 받았습니다. 그런데 그 후에 놀라운 일이 일어났습니다.

1년 후 영국으로 건너갔다가 귀국하여 1997년에 대통령에 당선이 된 것입니다. 제가 DJ 이야기를 여기서 꺼내는 것은 그가 당선 후 발언 때문입니다.

"나는 지난 몇 십 년 나를 괴롭혔던 정적들의 죄를 물어 단죄하지 않겠다. 이제 여·야, 보수·진보의 화합의 장을 열어 나라의 앞날만을 걱정하겠다."

참으로 역사에 남을 선언입니다.

넬슨 만델라가 27년 억울하게 감옥살이를 마치고 남아프리카 대통령이 된 후, 흑백간의 화합의 장을 열고 나라를 앞으로 전진시킨 정치적 발언과 맞먹는다고 볼 수 있습니다. 이제 한국도 박근혜 대통령이 감옥 간 마지막 대통령이 되었으면 좋겠습니다. 한국 최고 통치자의 말로(末路)는 지난 70여년간 계속된 치욕의 역사였습니다. 지금 1년여 남은 문재인 정권의 가는 길도 걱정이지만 그 후가 더 걱정입니다.

요 사이 더불어민주당 이낙연 대표가 대권주자로 자주 등장하는데, 저는 그에게 상당히 좋은 인상을 받았습니다. 그의 발언이나 모든 행적이 중후하고 DJ처럼 무게가 있는 사람이 아닌가 기대해 봅니다. 이 대표는 농사일을 하던 분의 아들로 알려져 있습니다. 농사꾼의 자식으로 도지사, 총리, 집권당의 대표까지 했으니 평범한 가정 출신으로 참으로 크게 출세한 분입니다.

몇 년 전 6·25 때부터, 박정희 전두환 시대까지 혁혁한 공을 세우며 한강의 기적과 부흥에 참여했던 분들이 적폐에 몰려 어려움을 당했습니다. 민주화운동을 하다 출세한 386세대한테 공격당한 것입니다. 저의 세대처럼 산업화에 앞장섰던 사람들은 이렇게 말입니다.

"누구의 덕에 농사꾼의 자식이 넥타이를 매고, 국회의원·장관까지 됐는데 배은망덕도 분수가 있지 조금 잘못했다고 몰아붙여 고생을 시키느냐!"

저는 이낙연 대표에게 묻고 싶습니다.

"당신의 가슴 속에는 과연 어떤 생각을 하고 있습니까?"

제가 사는 당진시의 시장, 국회의원 모두 부모가 농사짓던 분들이라고 알고 있습니다. 그들은 어떤 생각을 하고 있을까요?

이승만·박정희의 덕이 클까요, 민주화운동의 덕이 클까요.

이 책의 정식출간에 앞서 원고를 가제본해 여러 친구·친지에게 보내어 평을 부탁했는데 많은 조언을 해주어 도움이 되었습니다. 그분들 모두에게 감사드립니다.

여러 조언 중에 하나는 책 내용이 현 정권을 많이 비판하는 내용이라서 혹시 저에게 해가 돌아오지 않을까하는 염려였습니다. 저는 그분들에게 최근 다시 본 연속극 〈상도(商道)〉의 마지막 장면을 이야기하였습니다. 주인공 임상옥이 반역의 난을 일으켰다가 역적으로 몰려 사망한 홍경래의 무덤을 찾아 술 한 잔을 따르는 장면입니다.

임상옥은 그때 이미 수염이 허연 노인이 되어 많이 벌었던 재산도 다 나누어주고 임금이 하사한 높은 벼슬도 내어 놓았습니다. 세상을 떠나기 전 마지막으로 마음의 빚을 갚으려 여러 해 동안 찾았던 역적 홍경래의 무덤 앞에 서서 술 한 잔을 따르며 이렇게 독백을 합니다.

"간신들이 들끓고 백성을 토착하는 세상을 바로잡기 위해 젊은 목숨을 걸었던 자네의 모습을 보고 많은 것을 배웠네. 평생 그 정의를 위한 정신에 빚을 지고 살면서, 나는 비록 거사에 동참은 안 했으나, 일평생 최선의 노력을 다했네. 내가 지금 자네에게 배운 그 배움의 빚을 갚으려 자네 무덤 앞에 술 한 잔을 따르네. 나도 곧 세상을 하직하겠지."

옆에 서서 이 모습을 지켜보던 삿갓 쓴 한 젊은이가 놀라며 "역적의 무덤을 찾으면 참수 당하는데, 어찌 이 위험한 짓을 하시오"라고 말합니다. 임상옥의 답이 멋집니다.

"내가 한평생을 다 살고 이 나이까지 왔는데, 지금 무엇이 무서워 할 일을 못하겠소."

임상옥은 젊어서 '장사는 돈을 남기는 것이 아니라 사람을 남기는 것'이라고 배워 평생을 그렇게 살아간 훌륭한 대상(大商)으로 알려져 있습니다.

이제 한국의 정치도 권력을 남기는 것이 아니라 사람을 남기고 덕과 의리를 남기는 풍조로 바뀔 것을 희망해 봅니다.

오오, 그날이 오면!

자유민주주의 깃발 아래 대한반도가 통일이 되고 광화문 광장에 이승만 동상이 높이 서고 이승만 기념관도 세워지는 그날이 오기를 외치며 글을 마칩니다.

심훈가 종손 심천보

614

우리는 누구인가

우리는 어디로 가는가

초판 1쇄 발행 2021년 1월 31일
2판 1쇄 발행 2021년 3월 25일
2판 2쇄 발행 2021년 4월 13일
—
발행인 이동한 | **지은이** 심천보 | **진행** 김태완 | **디자인** 유미정
—
발행 (주)조선뉴스프레스
주소 서울시 마포구 상암산로 34 DMC 디지털큐브빌딩 13층
등록 제301-2001-037호 **등록일자** 2001년 1월 9일
문의 tel. (02)724-6875 / fax. (02)724-6899